PHP Design Patterns

PHP Design Patterns

Stephan Schmidt

Beijing · Cambridge · Farnham · Köln · Paris · Sebastopol · Taipei · Tokyo

Kommentare und Fragen können Sie gerne an uns richten:
O'Reilly Verlag
Balthasarstr. 81
50670 Köln
Tel.: 0221/9731600
Fax: 0221/9731608
E-Mail: kommentar@oreilly.de

1. Auflage 2006
2., korr. Nachdruck 2007

Bibliografische Information Der Deutschen Bibliothek
Die Deutsche Bibliothek verzeichnet diese Publikation in der
Deutschen Nationalbibliografie; detaillierte bibliografische Daten
sind im Internet über *http://dnb.ddb.de* abrufbar.

Lektorat: Alexandra Follenius, Köln
Fachliche Unterstützung: Gerd Schaufelberger,Weingarten, Carsten Lucke, München &
Frank Kleine, Karlsruhe
Korrektorat: Sibylle Feldmann, Düsseldorf
Satz: Finn Krieger, Wuppertal
Umschlaggestaltung: Michael Oreal, Köln
Produktion: Andrea Miß, Köln
Belichtung, Druck und buchbinderische Verarbeitung:
Druckerei Kösel, Krugzell; www.koeselbuch.de

ISBN-10 3-89721-442-3
ISBN-13 978-3-89721-442-2

Dieses Buch ist auf 100% chlorfrei gebleichtem Papier gedruckt.

Inhalt

Einleitung

Design Patterns bieten Lösungsmuster für häufig auftretende Entwurfsaufgaben in der Software-Entwicklung, aber sie gelten als sehr kompliziert und werden oft mit komplexen UML-Diagrammen und schwer zu verstehenden Architekturen assoziiert. Diese Komplexität mag auf den ersten Blick nicht zu der Programmiersprache PHP passen, doch wird Ihnen dieses Buch zeigen, dass Design Patterns nicht so kompliziert sind, wie sie nach dem Lesen eines der Standardwerke erscheinen. Anhand von praxisbezogenen Anwendungen in PHP werden Sie verschiedene Entwurfsmuster kennen lernen, die Sie bei Ihrer täglichen Arbeit unterstützen und für die es nicht nötig ist, große Meetings einzuberufen oder mehrseitige Diagramme zu erstellen.

Haben Sie erst einmal gelernt, ein Standardproblem zu erkennen und eine Lösung aus dem Pattern-Katalog darauf anzuwenden, werden Sie dieses Pattern beim nächsten Auftreten desselben Problems intuitiv einsetzen – wie Sie es auch mit einer PHP-Funktion wie `str_replace()` machen, wenn Sie eine Zeichenkette innerhalb eines Textes ersetzen möchten. Durch die Anleitungen in diesem Buch werden Design Patterns zu einem Werkzeug der PHP-Entwicklung, das Ihren Programmieralltag sowohl erleichtert als auch bereichert.

PHP 5 brachte eine Menge Neuerungen für PHP mit sich. So wurde zum Beispiel die XML-Unterstützung komplett überarbeitet und braucht sich nicht mehr vor anderen Sprachen zu verstecken. Außerdem ist die Nutzung von Webservices über SOAP nun ein Kinderspiel und wird durch die neue SOAP-Erweiterung automatisch von PHP unterstützt. Der Zugriff auf die verschiedensten Datenbanken ist dank PHP 5.1 und PDO nun auch über eine einheitliche Schnittstelle möglich.

Doch diese verschiedenen APIs allein ermöglichen es noch nicht, professionelle Anwendungen in PHP zu realisieren. Dafür sorgt erst die Zend Engine 2 mit dem komplett überarbeiteten Objektmodell. Dieses bietet nun Features wie Sichtbarkeiten für Methoden und Eigenschaften, Interfaces, Exceptions oder auch abstrakte und finale Klassen. Dadurch wird es Ihnen als PHP-Entwickler nun möglich, Software-Architekturen zu entwerfen und umzusetzen, die denen von Java- oder C++-Entwicklern in nichts nachstehen.

Dieses Buch wird Ihnen zeigen, wie die neuen Sprachfeatures von PHP 5 genutzt werden können, um Software so zu designen, dass sie modernen Standards entspricht, zukunftssicher ist und sich problemlos erweitern lässt, wenn sich die Anforderungen ändern. Neben einer kurzen Einführung in die neuen Sprachkonstrukte erläutert Ihnen das Buch grundlegenden Richtlinien, die Sie beim Design einer Applikation beachten sollten. Darüber hinaus bieten Ihnen Design Patterns eine Sprache, in der Sie sich mit anderen Entwicklern über häufige Probleme und deren Lösungen austauschen können, ohne dabei jedes Detail bis ins Kleinste erläutern zu müssen. Dadurch können Fragen des Software-Designs schneller diskutiert und somit auch gelöst werden.

An wen sich dieses Buch richtet

Dieses Buch richtet sich an Entwickler, die bereits Erfahrung mit PHP-Programmierung haben.[1] Optimalerweise haben Sie bereits in PHP 4 oder PHP 5 auf objektorientierte Programmierung zurückgegriffen, um eine Anwendung zu realisieren, doch werden in diesem Buch keine tiefergehenden Kenntnisse der objektorientierten Programmierung in PHP 5 vorausgesetzt. Sollten Sie bisher nur PHP 4 verwendet haben, finden Sie in Kapitel 1 zunächst eine Einführung in die neuen Sprachfeatures von PHP 5, die vor allem in Bezug auf die Objektorientierung einige Neuerungen mit sich bringen.

Auch müssen Sie sich nicht zuerst durch ein Buch zum Thema UML kämpfen, um die Erklärung eines Patterns zu verstehen. Neben einer kurzen Einführung in die Unified Modeling Language bietet Ihnen dieses Buch Diagramme, deren Inhalt sich Ihnen auch erschließt, ohne dass Sie dazu ein UML-Profi sein müssen.

PHP Design Patterns wurde für Programmierer geschrieben, die bei der Entwicklung neuer Anwendungen auf objektorientierte Programmierung zurückgreifen möchten, um professionelle Architekturen aufzubauen. Der Schwerpunkt dieses Buchs liegt dabei auf dem Design der Software-Architektur, vernachlässigt wird die Implementierung von Low-Level-Logik wie Dateizugriff, Parsen von XML-Dokumenten oder Datenbankzugriff über SQL. Wenn Sie Lösungen für diese Art von Problemen suchen, ist das *PHP 5 Kochbuch*, das ebenfalls im O'Reilly Verlag erschienen ist, die beste Wahl.

Sollten Sie wenig Erfahrung mit PHP haben, jedoch in anderen Sprachen schon Entwurfsmuster eingesetzt haben, können Sie dieses Buch auch lesen, um dabei Imple-

1 Sollten Sie noch nicht mit PHP vertraut sein, sollten Sie zunächst *Einführung in PHP 5* aus dem O'Reilly Verlag lesen, um Grundlegendes über die Sprache zu erfahren.

mentierungen verschiedener Patterns kennen zu lernen, die nur in PHP auf diese Art realisiert werden können.

Aufbau dieses Buchs

Dieses Buch kann auf zwei Arten verwendet werden. Zum einen können Sie es linear von Anfang bis Ende lesen, um Schritt für Schritt die einzelnen Entwurfsmuster kennen zu lernen, und zum anderen kann es wie ein Katalog genutzt werden, in dem Sie das Entwurfsmuster, das Sie einsetzen möchten, direkt nachschlagen und sich nur mit dessen Implementierung befassen. Die Entwurfsmuster sind dazu in einzelne Gruppen untergliedert, die jeweils innerhalb eines Kapitels abgehandelt werden.

Dabei werden bei manchen Patterns zwar andere Entwurfsmuster referenziert, jedoch ist es auch möglich, die Patterns unabhängig voneinander anzuwenden. Sollten Sie noch keine oder wenig Erfahrung mit objektorientiertem Softwareentwurf und Design Patterns haben, finden Sie am Anfang des Buchs eine Einführung in diese Themen.

Kapitel 1, *Schöne neue Welt: Objektorientierte Programmierung in PHP 5*, stellt Ihnen die neuen Sprachfeatures vor. Dabei beginnt das Kapitel mit der Definition von Klassen und Objekten und reicht bis hin zur Fehlerbehandlung mit Exceptions. Das Kapitel geht auch auf spezielle Features von PHP ein und zeigt, welche Interzeptoren PHP bietet und wie diese zu Ihrem Vorteil eingesetzt werden können. Weiterhin ist die Standard PHP Library (SPL) sowie die von dieser Erweiterung mitgelieferten Interfaces und Klassen Teil dieses Kapitels.

Kapitel 2, *Gutes Software-Design*, zeigt Ihnen, wie die im ersten Kapitel vorgestellten Sprachfeatures verwendet werden. Es demonstriert an einem Beispiel, welche Fehler beim Entwurf einer Architektur vermieden werden sollen, und leitet daraus allgemein gültige Regeln ab, die als Basis der Design Patterns in diesem Buch dienen. In diesem Kapitel wird auch die Unified Modeling Language behandelt und die Struktur der folgenden Kapitel erklärt.

Nachdem diese beiden Kapitel die Grundlagen objektorientierter Programmierung behandelt haben, widmen sich die folgenden Kapitel den Design Patterns:

In Kapitel 3, *Erzeugungsmuster*, werden Entwurfsmuster behandelt, die sich um die Erzeugung von Objekten kümmern.

Kapitel 4, *Strukturmuster*, stellt verschiedene Design Patterns vor, die sich mit der Komposition verschiedener Objekte befassen. Dabei lernen Sie Strategien kennen, die diese Kompositionen erweiterbar halten.

Kapitel 5, *Verhaltensmuster*, befasst sich schließlich mit der letzten Gruppe der klassischen Entwurfsmuster. Diese Patterns lösen Probleme, die häufig bei der Interaktion verschiedener Objekte miteinander auftreten können.

Kapitel 6, *Enterprise-Patterns: Datenschicht und Business-Logik*, stellt Entwurfsmuster vor, die nicht mehr als Teil der klassischen Patterns angesehen werden. Diese Patterns sind aus Enterprise-Anwendungen und vor allem aus der Java-Programmierung bekannt. Dieses Kapitel behandelt auch die Datenbankabstraktion basierend auf Propel.

Kapitel 7, *Enterprise-Patterns: Die Präsentationsschicht*, befasst sich schließlich mit Entwurfsmustern, die Probleme bei der Darstellung der Daten und der Interaktion mit dem Benutzer lösen. Da PHP häufig für die Implementierung von Webanwendungen eingesetzt wird, werden die Patterns in diesem Kapitel in einer Webumgebung realisiert. In diesem Kapitel wird auch die Template-Engine patTemplate vorgestellt.

Anhang A behandelt schließlich die Installation von PEAR, das in den Kapiteln 6 und 7 eingesetzt wird.

Weiterführende Quellen

Eine Reihe von Websites und Büchern bieten weitergehende Informationen rund um Design Patterns und PHP:

Websites

Das Internet wächst ständig weiter, und so ist es auch eine gute Quelle, wenn Sie nach neuen Entwurfsmustern suchen. Gute Anlaufstellen sind immer die folgenden Websites:

phpPatterns

http://www.phppatterns.com

Diese Website war die erste, die sich mit dem Thema Design Patterns im Zusammenhang mit PHP befasst hat. Hier finden Sie Codebeispiele, die Ihnen die Anwendung der bekanntesten Design Patterns in PHP zeigen.

Patterns for PHP

http://www.patternsforphp.com/

Diese recht neue Seite hat es sich auch zum Ziel gemacht, Referenzimplementierungen in PHP für die bekanntesten Design Patterns zur Verfügung zu stellen.

Website von Martin Fowler

http://www.martinfowler.com/

Auf der Website von Martin Fowler befinden sich einige interessante Artikel zum Thema Enterprise-Patterns. Er bezieht diese zwar nicht auf PHP, jedoch können sie problemlos auch in PHP angewandt werden.

Core J2EE Patterns

http://java.sun.com/blueprints/corej2eepatterns/

Sun bietet auf dieser Seite eine Liste von Standard-J2EE-Patterns an, von denen Sie einige auch in diesem Buch wiederfinden werden.

PHP Design Patterns

http://www.phpdesignpatterns.de

Auf der Website zum Buch finden Sie alle Codebeispiele zum Download.

Neben Websites speziell zum Thema Patterns sind natürlich auch Websites interessant, die sich generell mit dem Thema PHP beschäftigen.

Das PHP Handbuch

http://www.php.net/manual/de/

Im PHP Handbuch finden Sie die Dokumentation zu allen Standardfunktionen, aber auch zu sehr vielen PHP-Erweiterungen. Interessant ist hierbei auch das Kapitel über Klassen und Objekte.

PHP Wiki

http://wiki.cc/php

Im PHP Wiki finden Sie einige interessante Artikel, die sich mit der Standard PHP Library befassen.

PEAR

http://pear.php.net/

Die offizielle PHP-Klassenbibliothek ist eine gute Anlaufstelle, um nach Anregungen in Bezug auf Software-Design zu suchen. Viele der Pakete setzen Design Patterns ein.

Zend Developer Zone

http://devzone.zend.com/

In der Entwickler-Zone der Zend-Website werden regelmäßig Artikel und Tutorials veröffentlicht, die sich mit fortgeschrittener PHP-Entwicklung befassen, unter anderem auch mit Design Patterns.

Bücher

Natürlich können in diesem Buch nicht alle Design Patterns bis ins letzte Detail behandelt werden. Wenn allerdings Ihr Interesse an der Pattern-basierten Entwicklung geweckt wurde, finden Sie im Folgenden noch eine Liste von Büchern, die die angesprochenen Themen vertiefen.

- *Entwurfsmuster – Elemente wiederverwendbarer objektorientierter Software* von Erich Gamma, Richard Helm, Ralph Johnson & John Vlissides (Addison-Wesley). Das Standardwerk zum Thema Entwurfsmuster und für jeden, der sich mit Design Patterns befasst, ein absolutes Muss. Auch als das *Gang-of-Four-Buch* bekannt, basierend auf dem Spitznamen der vier Autoren.
- *Entwurfsmuster von Kopf bis Fuß* von Eric Freeman & Elisabeth Freeman (O'Reilly Verlag). Dieses Buch vermittelt einen praxisorientierten Einstieg in die Welt der Entwurfsmuster. Es behandelt sowohl die klassischen Gang-of-Four-Patterns als auch Themen wie den Model-View-Controller.
- *Patterns für Enterprise Application-Architekturen* von Martin Fowler (mitp). In diesem Buch finden Sie Patterns, die nicht zu den klassischen Gang-of-Four-Entwurfsmustern zählen. Interessant ist dabei besonders das Kapitel, das sich mit Mustern für Webpräsentationen befasst.

Natürlich gibt es neben diesen Büchern noch weitere, die Ihnen bei der Umsetzung von Entwurfsmustern in PHP gute Dienste leisten werden. Einige davon sollen nun noch kurz genannt werden:

- *Programmieren mit PHP* von Rasmus Lerdorf (O'Reilly Verlag)
- *Professionelle PHP 5-Programmierung* von George Schlossnagle (Addison-Wesley)
- *Professionelle Softwareentwicklung mit PHP 5* von Sebastian Bergmann (Dpunkt)
- *Umsteigen auf PHP 5* von Adam Trachtenberg (O'Reilly Verlag)
- *PHP 5 Kochbuch* von David Sklar, Adam Trachtenberg, Ulrich Speidel & Stephan Schmidt (O'Reilly Verlag)
- *PHP in a Nutshell* von Paul Hudson (O'Reilly Verlag)

In diesem Buch verwendete Konventionen

Für viele Entwurfsmuster existiert sowohl eine englische als auch eine deutsche Bezeichnung. In diesem Buch wird primär die englische Bezeichnung verwendet, da diese sich, wie so oft in der Softwareentwicklung, gegenüber den deutschen Begriffen durchgesetzt hat. In den einzelnen Pattern-Beschreibungen wird jedoch auch die deutsche Bezeichnung verwendet, damit Sie diese dem Pattern zuordnen können, falls Sie sie in einem anderen Zusammenhang hören sollten.

Programmierkonventionen

In allen Beispielen wurden die Anfangs- und Schlusskennzeichen <?php ?> weggelassen, da grundsätzlich nur PHP-Code verwendet wird. Als Bezeichner für Klassen und Methoden werden englische Begriffe verwendet, eine Technik, die auch für Ihre Projekte zu empfehlen ist, da die Bezeichner dabei besser zu den nativen PHP-Funktions- und Klassennamen passen.

Aus Gründen der Übersichtlichkeit wurde auf den Einsatz von Kommentaren weitestgehend verzichtet. In Ihren eigenen Anwendungen sollten Sie darauf achten, zumindest API-Beschreibungen im PHP-Doc[2]-Format einzusetzen.

Alle Beispiele sind so geschrieben worden, dass sie mit PHP 5.0 und PHP 5.1 laufen. Ist eine Methode oder Funktion erst ab PHP 5.1 verfügbar, wird darauf beim Quellcode hingewiesen.

Typographische Konventionen

Dieses Buch verwendet die folgenden typographischen Konventionen:

Kursiv
: Wird für URLs, die Namen von Verzeichnissen und Dateien, Optionen und gelegentlich zur Hervorhebung verwendet.

`Nichtproportionalschrift`
: Wird für Codebeispiele, den Inhalt von Dateien und sowie für die Namen von Variablen, Befehlen und anderen Codeabschnitten verwendet.

`Nichtproportionalschrift fett`
: Wird in Codebeispielen verwendet, um wichtige Codeteile hervorzuheben.

Dieses Symbol zeigt einen Tipp, einen Vorschlag oder einen allgemeinen Hinweis an.

Dieses Symbol zeigt eine Warnung an.

2 *http://www.phpdoc.org*

Verwendung der Codebeispiele

Dieses Buch soll Ihnen bei Ihrer Arbeit helfen. Es ist allgemein erlaubt, den Code aus diesem Buch in Ihren Programmen und Dokumentationen weiterzuverwenden. Hierfür ist es nicht notwendig, uns um Erlaubnis zu fragen, es sei denn, es handelt sich um eine größere Menge Code. So ist es beim Schreiben eines Programms, das einige Codeschnipsel dieses Buchs verwendet, nicht nötig, sich mit uns in Verbindung zu setzen; beim Verkauf oder Vertrieb einer CD-ROM mit Beispielen aus O'Reilly-Büchern dagegen schon. Das Beantworten einer Frage durch das Zitat von Beispielcode erfordert keine Erlaubnis. Verwenden Sie einen erheblichen Teil des Beispielcodes aus diesem Buch in Ihrer Dokumentation, ist dagegen unsere Erlaubnis nötig.

Eine Quellenangabe ist zwar erwünscht, aber nicht obligatorisch. Hierzu gehört in der Regel die Erwähnung von Titel, Autor, Verlag und ISBN, zum Beispiel: »*PHP Design Patterns* von Stephan Schmidt. Copyright 2006 O'Reilly Verlag, ISBN 3-89721-442-3.«

Falls Sie sich nicht sicher sind, ob die Nutzung der Codebeispiele außerhalb der hier erteilten Erlaubnis liegt, nehmen Sie bitte unter der Adresse *kommentar@oreilly.de* Kontakt mit uns auf.

Die Codebeispiele zu diesem Buch

Zu den *PHP Design Patterns* gibt es eine Website des Autors, auf der Sie die Codebeispiele sowie Errata und weitere Informationen zum Buch finden. Die Adresse lautet:

http://www.phpdesignpatterns.de/

Die Codebeispiele zum Buch und weitere Informationen finden Sie auch auf der Website von O'Reilly unter:

http://www.oreilly.de/catalog/phpdesignpatger/

Danksagungen

Dieses Buch ist meiner Frau Sandra gewidmet, ohne deren Liebe und Unterstützung es nicht möglich gewesen wäre. Sie hat während der unzähligen Wochenenden, an denen ich mich nur mit Klassen und Objekten befasst habe, dafür gesorgt, dass ich immer genug zu essen und zu trinken direkt am Laptop stehen hatte und es mir auch sonst an nichts fehlte. Auch als ich meinen halben Jahresurlaub für Kapitel 3, 4 und 5 statt für einen Urlaub im Süden verwandt habe, hat sie mich immer unterstützt. Dank gebührt auch meinen Eltern, die mich schon seit frühester Kindheit unterstützt haben, als mir Basic und Assembler wichtiger erschienen als vieles andere, und ohne die ich heute dieses Buch niemals geschrieben hätte. Natürlich möchte ich mich auch bei meiner wunderbaren Lektorin Alexandra Follenius bedanken, die von Anfang an an das Projekt geglaubt hat und mir bei jedem Problem mit Rat und Tat zur Seite stand.

Ich danke auch den Menschen, die das Manuskript vor der Veröffentlichung fachlich begutachtet haben: Gerd Schaufelberger, mit dem ich jeden Dienstag während der Entstehung dieses Buchs lange Diskussionen über die verschiedenen Patterns geführt habe und der mich vor Jahren erst zum Thema Entwurfsmuster gebracht hat. Er hat jede Seite des Buchs genau unter die Lupe genommen und mir oft als Motor bei den einzelnen Beispielen zu den Patterns gedient. Carsten Lucke hat akribisch die einzelnen Kapitel gelesen und korrigiert und mir bei vielen Patterns eine andere Sichtweise eröffnet, auch wenn wir beim Thema Java Server Faces wohl nie einer Meinung sein werden. Frank Kleine hat durch Diskussionen über die verschiedenen Patterns und seine genaue Betrachtung der einzelnen Codebeispiele auch merklich zur Verbesserung dieses Buchs beigetragen.

Mein Dank gilt auch Georg Rothweiler; ohne ihn wäre ich sicher nie so lange bei der Programmierung geblieben. Seine fantastischen Ideen und Grafiken in den letzten 20 Jahren haben mich immer wieder angespornt, neue Wege zu gehen, sei es bei der Programmierung in Assembler oder bei der Umsetzung von Webanwendungen. Dasselbe gilt für Sebastian Mordziol, mit ihm zusammen habe ich viel gelernt, was schließlich in diesem Buch mündete. Auch er hat mich immer wieder ermutigt, Architekturen noch flexibler zu gestalten. Diesen beiden danke ich auch für die Website zum Buch (*http://www.phpdesignpatterns.de*).

Ich danke auch allen meinen Freunden, die ich während der Arbeit an diesem Buch mehr als einmal vernachlässigt habe, für deren Geduld. Sie alle mussten von mir regelmäßig den Satz hören: »Nein, da muss ich schreiben.«

KAPITEL 1

Schöne neue Welt: Objektorientierte Programmierung in PHP 5

Auch wenn die PHP-Dokumentation zu PHP 4 bereits ein Kapitel zu objektorientierter Programmierung enthielt, so war es doch vor PHP 5 nur schwer möglich, Architekturen, die auf objektorientiertem Software-Design aufsetzen, zu implementieren. PHP 4 bot zwar die Möglichkeit, Klassen zu definieren und davon Objekte zu instanziieren, jedoch waren diese intern kaum mehr als assoziative Arrays. Wenn Applikationen größer wurden und sich nicht mehr mit einfachen Skripten reproduzieren ließen, führte dies häufig zu Problemen. Diese Probleme waren kaum zu lokalisieren, und noch seltener konnten sie zufrieden stellend gelöst werden. Hinzu kam noch, dass die Funktionalitäten, die aus anderen objektorientierten Sprachen bekannt waren, in PHP 4 nur sehr begrenzt implementiert waren. So suchte man Destruktoren oder auch Schlüsselwörter, die die Sichtbarkeit eingrenzen, vergeblich.

Bei der Entwicklung von PHP 5 wurde somit das Hauptaugenmerk auf die Weiterentwicklung der OO-Fähigkeiten von PHP gelegt und nahezu alle Möglichkeiten bereitgestellt, die erfahrenere Programmierer aus Sprachen wie Java oder C++ kennen. In diesem ersten Kapitel werden Sie einen kleinen Streifzug durch die Welt der objektorientierten Programmierung in PHP wagen und sehen, wie die neuen Möglichkeiten angewandt werden. Zwar ist dies ein Buch über Entwurfsmuster und nicht über objektorientierte Programmierung, jedoch basieren nahezu alle Design Patterns auf Klassen und Objekten sowie deren Beziehungen zueinander, daher ist ein umfassendes Wissen über die objektorientierte Programmierung in PHP unerlässlich.

In diesem Kapitel werden Sie sich also zunächst mit den Grundlagen objektorientierter Programmierung sowie deren Implementierung in PHP 5 vertraut machen. Weiterhin werden Sie Funktionalitäten kennen lernen, die PHP 5 zu einer einzigartigen Sprache im Bereich der objektorientierten Programmierung machen, und lernen, wie Sie sich mit Hilfe von Interzeptoren in den Kern von PHP, die Zend Engine, einhängen können, um das Verhalten Ihrer Objekte zu beeinflussen. Weitere Themen sind die vordefinierten Klassen und Interfaces, die Ihnen die Standard PHP Library bietet, sowie das verbesserte Fehlermanagement mit Hilfe von Exceptions.

Sollten Sie bereits mit objektorientierter Programmierung in PHP 5 vertraut sein, können Sie die nachfolgenden Seiten getrost überspringen und direkt in das Kapitel zum Software-Design einsteigen. Sie sind noch da? Gut, dann können Sie sofort mit dem Streifzug beginnen.

Klassen, Interfaces und Objekte

Sollten Sie sich schon auf die eine oder andere Weise mit objektorientierter Programmierung in irgendeiner Programmiersprache befasst haben, sind Ihnen sicher auch schon die Begriffe *Klasse*, *Objekt* und vielleicht auch *Interface* begegnet. Im Folgenden erfahren Sie, wozu diese verwendet werden und worin sie sich voneinander unterscheiden.

Klassen – Baupläne für Objekte

Wie die Überschrift schon sagt, sind Klassen so etwas wie Baupläne für Objekte. Eine Klasse beschreibt alle Eigenschaften, die ein Objekt besitzt, sowie das Verhalten und die Operationen, die damit möglich sind. Das Konzept der Klassen stellt einen Versuch dar, die Dinge aus der realen Welt, mit denen eine Applikation zu tun hat, auf die »programmierte Welt« zu übertragen. Stellen Sie sich vor, Sie hätten eine Applikation zu implementieren, mit deren Hilfe eine Autovermietung ihren kompletten Fuhrpark zu verwalten hätte. Sicher müssten Sie für jedes Auto, das die Vermietung besitzt, eine Repräsentation in Ihrer Applikation speichern. Jedes dieser Autos besitzt verschiedene Eigenschaften, aber trotzdem ähneln sich alle Autos in gewisser Weise. Um nun eine Repräsentation für ein beliebiges Auto zu schaffen, implementieren Sie eine neue Klasse:

```
class Car {
    public $manufacturer;
    public $color;
    public $milage;
}
```

Die Deklaration einer neuen Klasse wird über das Schlüsselwort `class` gefolgt vom Namen der Klasse eingeleitet. Innerhalb von geschweiften Klammern werden nun verschiedene Eigenschaften der Klasse über das Schlüsselwort `public` deklariert.

Ihre Repräsentation eines Autos hat also drei Eigenschaften: den Hersteller, die Farbe sowie die bisher gefahrenen Meilen. Sicherlich wird die Autovermietung als Ihr Auftraggeber noch weitere Daten zu jedem Auto speichern wollen, doch für dieses Beispiel reichen die Daten aus. Nun stehen die Autos in der Autovermietung nicht nur auf dem Parkplatz, sondern sind schließlich dazu da, dass mit ihnen gefahren werden kann. Also muss die Repräsentation eines Autos in Ihrer Applikation auch Aktionen bieten. Diese Aktionen werden in objektorientierter Programmierung *Methoden* genannt. Um mit dem Auto auch fahren zu können, fügen Sie Ihrer Klasse drei Methoden hinzu.

```
class Car {
    ... Eigenschaften der Klasse ...
    public function startEngine() {
    }

    public function driveForward($miles) {
    }

    public function stopEngine() {
    }
}
```

Eine Methode besteht immer aus zwei Teilen:

1. Der *Methodendeklaration*, die definiert, wie die Methode heißt und welche Parameter ihr übergeben werden können und müssen. Der Name der Methode sowie die Parameter, die ihr übergeben werden, werden auch als *Methodensignatur* bezeichnet, da dies alle Informationen sind, die man zu einer Methode kennen muss, um sie aufzurufen.
2. Dem *Methodenrumpf*, in dem der PHP-Code implementiert wird, der bei Aufruf der Methode ausgeführt wird. Dieser besteht aus beliebigem PHP-Code, der zwischen der öffnenden und schließenden geschweiften Klammern notiert wird.

   Im obigen Beispiel sind die Methodenrümpfe aller Methoden leer.

Da Klassen Baupläne für Objekte sind, kann die Klasse Car jetzt dazu genutzt werden, beliebige viele Objekte zu konstruieren, die die Eigenschaften und Methoden bieten, die in der Klasse definiert wurden; man spricht dabei von *Instanziieren der Objekte*. Dazu bietet PHP den new-Operator:

```
$bmw = new Car();
$vw = new Car();
```

Auf die Eigenschaften und Methoden kann nun über den *Pfeil-Operator* zugegriffen werden:

```
$bmw->manufacturer = 'BMW';
$bmw->startEngine();
```

Nach Erzeugung eines neuen Autos hat dies jedoch weder Informationen zum Hersteller, noch zu seiner Farbe oder dem Kilometerstand gespeichert. Um das zu ändern, implementieren Sie als Nächstes einen *Konstruktor* für die Klasse. Dieser ist eine spezielle Methode, die immer beim Erzeugen eines neuen Objekts aufgerufen wird. Sollten Sie bereits Klassen und Objekte in PHP 4 verwendet haben, werden Sie hier den ersten Unterschied zwischen PHP 4 und PHP 5 feststellen, da der Konstruktor in PHP 5 immer __construct() genannt wird, während er in PHP 4 noch abhängig vom Namen der Klasse war. Möchten Sie, dass bei der Erzeugung eines neuen Autos zumindest Hersteller und Farbe übergeben werden, dann fügen Sie den folgenden Konstruktor in die Klasse ein:

```
class Car {
    ... Eigenschaften des Autos ...
    public function __construct($manufacturer, $color, $milage = 0) {
        $this->manufacturer = $manufacturer;
        $this->color = $color;
        $this->milage = $milage;
    }
    ... andere Methoden ...
}
```

Die Methode `__construct()` Ihrer Klasse akzeptiert nun drei Parameter, die ersten beiden müssen beim Instanziieren eines neuen Objekts übergeben werden. Für den dritten Parameter `$milage` wurde ein Standardwert definiert, der verwendet wird, falls der Parameter nicht angegeben wird. Innerhalb des Methodenrumpfs kann über die Pseudovariable `$this` das soeben erzeugte Objekt referenziert werden. Über den Pfeil-Operator werden dadurch die Eigenschaften des neu erzeugten Autos mit den Werten initialisiert, die an den Konstruktor übergeben wurden.

Durch diese Änderung muss natürlich auch der Code geändert werden, der ein neues Objekt erzeugt, ansonsten wird PHP mit einer Fehlermeldung reagieren.

```
$bmw = new Car('BMW', 'blau');
$vw = new Car('Volkswagen', 'rot', 100000);
```

Offensichtlich handelt es sich beim Volkswagen um einen Gebrauchtwagen, da dieser bereits 100.000 km auf dem Tacho hat.

Jetzt können Sie zwar neue Autos Ihrem Fuhrpark hinzufügen, jedoch sind die Methoden immer noch leer, und somit können die Autos bisher nur auf dem Parkplatz herumstehen. Um dies zu ändern, müssen Sie schließlich noch den eigentlichen PHP-Code für die Methodenrümpfe implementieren. In realen Applikationen werden Sie diesen PHP-Code später als *Geschäftslogik* bezeichnen. Um ein Auto bewegen zu können, müssen die folgenden Schritte erledigt werden:

- Anlassen des Motors mit der Methode `startEngine()`.
- Bewegen des Autos mit der Methode `driveForward()`. Hierbei sollte überprüft werden, ob der Motor denn auch schon läuft. Danach muss der Kilometerstand um die gefahrenen Kilometer erhöht werden.
- Abschalten des Motors mit der Methode `stopEngine()`.

Um diese Funktionen in Ihrer Klasse zu implementieren, fügen Sie zunächst eine Eigenschaft hinzu, die angibt, ob der Motor gerade läuft. Danach können die Methodenrümpfe mit wenigen Zeilen Code implementiert werden:

```
class Car {
    public $engineStarted = false;

    public function startEngine() {
        $this->engineStarted = true;
    }
```

```
    public function driveForward($miles) {
        // Wenn der Motor nicht läuft, kann nicht gefahren werden.
        if ($this->engineStarted !== true) {
            return false;
        }
        // Kilometerstand erhöhen.
        $this->milage = $this->milage + $miles;
        return true;
    }

    public function stopEngine() {
        $this->engineStarted = false;
    }
}
```

Nun sind die Autos der Autovermietung bereit zum Einsatz, und es kann mit ihnen gefahren werden:

```
$bmw = new Car('BMW', 'blau');
$bmw->startEngine();
$bmw->driveForward(500);
$bmw->stopEngine();

print "Kilometerstand des BMW ist {$bmw->milage} km.\n";
```

Führen Sie dieses Skript nun mit PHP aus, wird der aktuelle Kilometerstand des blauen BMWs ausgegeben, nachdem jemand mit ihm 500 km gefahren ist. Der Fahrer scheint ein umweltbewusster Mensch zu sein, denn nachdem er die Fahrt beendet hatte, hat er auch direkt danach wieder den Motor abgestellt. Was jedoch, wenn er dies vergessen hätte und PHP das BMW-Objekt nach Beendigung der Applikation aus dem Speicher löscht? Dann würde der virtuelle Motor ständig weiterlaufen, und falls dies nicht nur eine Eigenschaft Ihres Objekts betreffen würde, sondern zum Beispiel dauerhaft in einer Datenbank gespeichert werden würde, stünde dort eine falsche Information.

Ein sehr häufig in PHP 4 auftretendes Problem war, dass Objekte, die eigentlich nicht mehr genutzt wurden, dies der Außenwelt nicht mitgeteilt haben, wenn der Entwickler nicht darauf geachtet hat, die nötigen Methoden aufzurufen. PHP 5 bietet hier in Form von Destruktoren eine Möglichkeit, dieses Problem zu beseitigen. Analog zum Konstruktor ist ein *Destruktor* eine Methode, die einer bestimmten Namenskonvention folgen muss, sie muss immer `__destruct()` genannt werden. Jedoch wird die Methode nicht beim Erzeugen des Objekts aufgerufen, sondern bevor das Objekt aus dem Speicher gelöscht wird. Somit kann die Methode verwendet werden, um belegte Ressourcen freizugeben oder sonstige »Aufräumarbeiten« durchzuführen. In Ihrem Fall würde einfach noch der Motor des Wagens abgeschaltet, indem Sie den folgenden Code in die Klasse einfügen:

```
class Car {
    ... Eigenschaften des Autos ...

    public function __destruct() {
```

```
            if ($this->engineStarted) {
                $this->stopEngine();
            }
        }
        ... weitere Methoden des Autos ...
        }
}
```

Nun kann der Autovermietung auch ein unachtsamer Fahrer nichts mehr anhaben. Spätestens wenn sie abends geschlossen wird, werden bei allen Autos noch laufende Motoren abgestellt.

Klassengesellschaft – Klassen erweitern

Mit der aktuellen Klasse kann Ihre Applikation nur Autos verarbeiten, die nicht viele Extras bieten, Sie können lediglich den Motor anlassen und mit dem Auto fahren. Nun wird Ihre Autovermietung aber spätestens im Sommer auf die Idee kommen, zusätzlich Cabrios vermieten zu wollen. Und bei einem Cabrio ist es natürlich besonders wichtig, dass sich das Dach öffnen und schließen lässt, was bei einer Limousine nicht der Fall ist. Ein Cabrio-Objekt sollte also neben den Methoden, die ein Auto bereits zur Verfügung stellt, zusätzlich noch zwei weitere Methoden bieten, um das Dach zu öffnen und zu schließen. Mit Ihrem bisherigen Wissen über Klassen und Objekte könnten Sie einfach eine zweite Klasse `Convertible` erstellen und die Methoden und Eigenschaften der Klasse `Car` per Copy-and-Paste übernehmen. Erfordert Ihre Applikation allerdings, dass die Klasse `Car` um neue Methoden erweitert wird, müssten Sie diese Methoden nach der Änderung auf die Klasse `Convertible` übertragen – ein sehr umständlicher Weg.

Um dies zu vermeiden, bietet die objektorientierte Programmierung die Möglichkeit, bei der Definition einer Klasse eine weitere Klasse anzugeben, deren Eigenschaften und Methoden geerbt werden sollen. Diese werden dann aus der Ursprungsklasse kopiert und stehen sofort auch in der neuen Klasse zur Verfügung, ohne dass sie erneut implementiert werden müssen. Um eine bestehende Klasse zu erweitern, wird der `extends`-Operator verwendet. Man spricht dabei von einer *abgeleiteten Klasse* oder auch *Unterklasse*. Die Klasse, die erweitert wird, wird als *Eltern-* oder *Superklasse* bezeichnet.

```
class Convertible extends Car {
}
```

Nun können Sie bereits ein neues Cabrio instanziieren, den Motor starten und eine Spritztour machen:

```
$peugeot = new Convertible('Peugeot', 'schwarz');
$peugeot->startEngine();
$peugeot->driveForward(100);
$peugeot->stopEngine();
```

Allerdings kann das Dach Ihres Peugeot-Cabrios bisher nicht geöffnet werden, da dazu noch keine Methode implementiert wurde. Dies können Sie allerdings ganz einfach nachholen; dazu werden der neuen Klasse eine Eigenschaft und zwei Methoden hinzugefügt:

```
class Convertible extends Car {
    public $roofOpen = false;

    public function openRoof() {
        $this->roofOpen = true;
    }

    public function closeRoof() {
        $this->roofOpen = false;
    }
}
```

Über die Eigenschaft `$roofOpen` kann jederzeit festgestellt werden, ob das Dach gerade offen oder geschlossen ist, die beiden neuen Methoden `openRoof()` und `closeRoof()` dienen dazu, das Dach zu öffnen oder zu schließen. Alle anderen Methoden werden einfach von der Klasse `Car` übernommen.

In manchen Fällen ist es aber gar nicht erwünscht, alle Methoden aus der Elternklasse zu übernehmen. Angenommen, Sie wollen sicherstellen, dass immer zuerst das Dach geschlossen wird, bevor der Motor abgestellt wird. In dem Fall können Sie die dafür zuständige Methode des Cabrios einfach *überschreiben*.

```
class Convertible extends Car {
    ... Eigenschaften und Methoden des Cabrios ...

    public function stopEngine() {
        // Falls das Dach offen ist, dieses zuerst schließen.
        if ($this->roofOpen) {
            $this->closeRoof();
        }
        $this->engineStarted = false;
    }
}
```

Wird nun die `stopEngine()`-Methode eines Cabrios aufgerufen, wird zuerst überprüft, ob das Dach offen ist, und dieses gegebenenfalls geschlossen. Danach wird der Motor abgestellt. Das folgende Codebeispiel wird verwendet, um das Verhalten zu testen.

```
$peugeot = new Convertible('Peugeot', 'schwarz');
$peugeot->openRoof();
$peugeot->startEngine();
$peugeot->driveForward(100);
// Motor abstellen, ohne das Dach zu schließen.
$peugeot->stopEngine();
```

```
if ($peugeot->roofOpen === false) {
    print "Das Dach ist geschlossen.\n";
}
```

Wenn Sie dieses Beispiel ausführen, erhalten Sie die Meldung »Das Dach ist geschlossen.«, da die Implementierung der `stopEngine()` dies sicherstellt. Ein Nachteil dieser Methode ist allerdings, dass das tatsächliche Abschalten des Motors in zwei Klassen implementiert werden musste. In beiden `stopEngine()`-Methoden wurde die folgende Zeile implementiert:

```
$this->engineStarted = false;
```

Sie haben also doch wieder Code dupliziert und müssten bei einer Änderung (falls zum Beispiel die Information, ob der Motor noch läuft, in einer Datenbank gespeichert wird) den entsprechenden Code in zwei Methoden implementieren. Um dies zu verhindern, bietet PHP die Möglichkeit, eine bestimmte Methode in der Elternklasse aufzurufen. Dazu wird das Schlüsselwort `parent` verwendet. Anstatt allerdings die Methode, die aufgerufen werden soll, über den Pfeil-Operator anzugeben, müssen zwei Doppelpunkte verwendet werden. Damit wird die entsprechende Methode aus der Elternklasse aufgerufen, der Kontext bleibt jedoch beim aufrufenden Objekt. Somit ist es Ihnen möglich, den Motor abzuschalten, wie es in der Elternklasse `Car` implementiert wurde, ohne deren Implementierung zu kennen. Nötig ist dafür nur eine kleine Änderung in Ihrer überschriebenen Methode:

```
class Convertible extends Car {
    ... Eigenschaften und Methoden des Cabrios ...

    public function stopEngine() {
        // Falls das Dach offen ist, dieses zuerst schließen.
        if ($this->roofOpen) {
            $this->closeRoof();
        }
        // Den Motor mit der Implementierung
        // in der Klasse Car stoppen.
        parent::stopEngine();
    }
}
```

Es ist möglich, jede Methode einer abgeleiteten Klasse zu überschreiben, dies betrifft auch den Konstruktor und den Destruktor einer Klasse. Dabei können Sie auch die Methodensignatur (also die Anzahl und Art der akzeptierten Parameter) verändern, indem Sie zum Beispiel weitere Parameter hinzufügen oder Parameter weglassen.

Auch wenn PHP 5.1 es Ihnen erlaubt, die Signatur einer überschriebenen Methode zu verändern, sollten Sie von dieser Möglichkeit keinen Gebrauch machen. Ab PHP 5.2 wird PHP in diesen Fällen mit einer Fehlermeldung reagieren.

Weiterhin ist es möglich, von einer abgeleiteten Klasse beliebig viele weitere Unterklassen abzuleiten. Sie könnten zum Beispiel eine Klasse für Cabrios erstellen, deren Dach sich automatisch öffnen lässt, sowie eine Klasse für Cabrios mit manuell zu bedienenden Dächern.

Um zu überprüfen, ob ein Objekt eine Instanz einer bestimmten Klasse oder ihrer Elternklasse ist, existiert in PHP 5 der `instanceof`-Operator. Wollen Sie also überprüfen, ob der gerade erzeugte Peugeot tatsächlich ein Auto ist, wird der folgende Code verwendet:

```
if ($peugeot instanceof Car) {
    // Der Peugeot ist ein Auto.
}
```

Obwohl das Objekt durch `new Convertible(...);` erzeugt wurde, betrachtet es PHP trotzdem als Auto, da die Klasse `Cabrio` alle Methoden von der Klasse `Car` geerbt hat.

Vererbung kontrollieren – Finale und abstrakte Klassen

Wenn Sie in größeren Teams arbeiten, werden sicher mehrere Entwickler dieselben Klassen verwenden, und eventuell erstellt einer Ihrer Kollegen Klassen, die von Ihren Klassen abgeleitet werden. Dann kann es manchmal nötig werden, dass Sie bestimmen, was Ihre Kollegen mit den von Ihnen zur Verfügung gestellten Klassen und Methoden machen dürfen und was nicht. Zwar könnten Sie persönlich jedem Entwickler erklären, dass er zum Beispiel die Methode `closeRoof()` nicht verändern darf, aber so etwas kann in großen Teams zu einer Sisyphos-Arbeit ausarten. Bis Sie dem letzten Entwickler alle Details Ihrer Klasse erklärt haben, hat Ihr Chef vielleicht schon wieder eines der Teammitglieder ausgetauscht. Und Sie wollen gar nicht daran denken, was passiert, wenn Sie plötzlich Ihre Klasse ändern und nun eine andere Methode auf keinen Fall mehr überschrieben werden darf. Aus diesem Grund bietet Ihnen die objektorientierte Programmierung die Möglichkeit, Ihre Klasse so einzurichten, dass die Klasse selbst steuert, was andere Entwickler damit machen dürfen und was nicht.

Wollen Sie verhindern, dass ein anderer Entwickler eine Klasse von Ihrer Klasse ableitet, bietet Ihnen PHP hier das Schlüsselwort `final`, das Sie einfach Ihrer Klassendefinition voranstellen:

```
final class Convertible extends Car {
    ... Eigenschaften und Methoden der Klasse ...
}
```

Möchte nun ein anderer Entwickler eine neue Klasse erstellen und die Methoden und Eigenschaften von Ihrer Klasse erben und neue hinzufügen, wird er dazu wie gewohnt den `extends`-Operator verwenden. In diesem Fall reagiert PHP allerdings mit einer Fehlermeldung, da Sie dies verboten haben. Führen Sie dazu einfach mal den folgenden PHP-Code aus:

```
class AutomaticConvertible extends Convertible {
}
```

Sie werden dabei statt des gewünschten Ergebnisses die folgende Fehlermeldung auf Ihrem Bildschirm sehen:

```
Fatal error: Class AutomaticConvertible may not inherit from final class
(Convertible) in ch1/klassen/final/fehlermeldung.php on line 8
```

Es wird also niemandem möglich sein, eine Unterklasse Ihrer Klasse zu erstellen und irgendwelche Methoden zu überschreiben oder neue hinzuzufügen. Man spricht hierbei von einer *finalen Klasse*.

In realen Projekten ist es so gut wie nie der Fall, dass jemand grundsätzlich verbietet, weitere Klassen von einer Klasse abzuleiten. Es gibt nur sehr wenige Gründe, warum das Ableiten einer Klassen grundsätzlich verboten werden sollte.

Oft wollen Sie zwar anderen Entwicklern erlauben, Unterklassen Ihrer Klasse zu bilden, jedoch möchten Sie einige wichtige Methoden davor schützen, überschrieben zu werden. Auch dies ist ganz einfach dadurch möglich, dass Sie das Schlüsselwort `final` einfach vor die zu schützende Methode setzen, wie das folgende Beispiel zeigt:

```
class Convertible extends Car {
    ... Eigenschaften und Methoden der Klasse ...

    final public function stopEngine() {
        // Falls das Dach offen ist, dieses zuerst schließen.
        if ($this->roofOpen) {
            $this->closeRoof();
        }
        // Den Motor mit der Implementierung
        // in der Klasse Car stoppen.
        parent::stopEngine();
    }
}
```

Nun ist es zwar möglich, eine Klasse `AutomaticConvertible` von der Klasse abzuleiten, jedoch kann die Methode `stopEngine()` nicht mehr verändert werden. Damit stellen Sie sicher, dass das Dach immer geschlossen wird, bevor der Motor abgestellt wird und es somit in keines Ihrer Cabrios reinregnen kann, während es auf dem Parkplatz steht. Hier spricht man nun von einer *finalen Methode*; diese Technik wird sehr häufig eingesetzt, wenn eine Methode Logik enthält, die für den reibungslosen Ablauf besonders wichtig ist. Sie werden in Kapitel 5 das Template-Method-Pattern kennenlernen, das auf der Verwendung von finalen Methoden basiert.

Mit dem Schlüsselwort `final` haben Sie nun eine Möglichkeit kennen gelernt, die Vererbung von Klassen zu kontrollieren. Eine zweite Möglichkeit ist die Bildung von *abstrakten Klassen*. Wenn man Klassen als Baupläne von Objekten bezeichnet, so sind abstrakte Klassen vergleichbar mit unvollständigen Bauplänen. Bevor Instanzen dieser Klassen erzeugt werden können, muss die Klasse erst durch Ableitung und Implementieren der fehlenden Teile komplettiert werden.

Angenommen, Ihre Autovermietung hat zwei Arten von Cabrios: Manche können das Dach automatisch öffnen, und bei manchen muss das Dach noch manuell geöffnet und geschlossen werden. Da der Code zum Öffnen und Schließen des Dachs unterschiedlich sein muss, wird für jede Art von Cabrio eine Klasse erzeugt. Sie möchten aber, dass die beiden Klassen über dieselben Methoden angesprochen werden können und dass auch ein Teil der Funktionalität (wie zum Beispiel das Schließen des Dachs, bevor der Motor abgestellt wird) in beiden Klassen vorhanden ist. Dazu implementieren Sie zunächst eine Klasse `Convertible`, die von der Klasse `Car` alle Methoden erbt, die ein Auto benötigt. Danach definieren Sie zwei *abstrakte Methoden* `openRoof()` und `closeRoof()`. Abstrakte Methoden bestehen nur aus der Methodendeklaration und besitzen keinen Methodenrumpf, außerdem werden sie durch das Schlüsselwort `abstract` als solche deklariert. Sobald eine Klasse abstrakte Methoden besitzt, muss auch die komplette Klasse als abstrakt deklariert werden. Schließlich können noch beliebige weitere Methoden implementiert werden, die in beiden Arten von Cabrios identisch sind. Der folgende Quellcode zeigt die Implementierung Ihres abstrakten Cabrios:

```
abstract class Convertible extends Car {

    public $roofOpen = false;

    abstract public function openRoof();

    abstract public function closeRoof();

    final public function stopEngine() {
        // Falls das Dach offen ist, dieses zuerst schließen.
        if ($this->roofOpen) {
            $this->closeRoof();
        }
        // Den Motor mit der Implementierung
        // in der Klasse Car stoppen.
        parent::stopEngine();
    }
}
```

Versuchen Sie nun, eine Instanz dieser unfertigen Klasse durch `new Convertible('Peugeot', 'schwarz');` zu erzeugen, reagiert PHP mit einer Fehlermeldung:

```
Fatal error: Cannot instantiate abstract class Convertible in ch1/klassen/abstrakt/
fehlermeldung.php on line 3
```

PHP kann also keine Instanz der Klasse erzeugen, solange eine ihrer Methoden als abstrakt deklariert ist. Hintergrund ist, dass Ihre Applikation sonst bereits eine der abstrakten Methoden aufrufen könnte, aber für diese Methode kein Methodenrumpf implementiert wurde, den PHP in diesem Fall ausführen müsste.

Um nun tatsächlich eine Instanz eines Cabrios zu erhalten, muss zunächst eine *konkrete Klasse* von der abstrakten Klasse abgeleitet werden, die die fehlenden Methoden implementiert. Als Beispiel soll an dieser Stelle die Klasse `AutomaticConvertible` dienen. Da das Dach elektrisch geöffnet und geschlossen wird, muss hier die Zündung aktiviert werden, bevor das Dach bedient wird. Dazu werden eine neue Eigenschaft für den Status der Zündung sowie zwei Methoden zum Starten und Ausschalten der Zündung hinzugefügt. Der Status der Zündung kann nun beim Öffnen des Dachs überprüft werden.

```
class AutomaticConvertible extends Convertible {

    public $ignited = false;

    public function startIgnition() {
        $this->ignited = true;
    }

    public function stopIgnition() {
        $this->ignited = false;
    }

    public function openRoof() {
        // Zuerst muss die Zündung angeschaltet werden.
        if ($this->ignited === true) {
            $this->roofOpen = true;
        }
    }

    public function closeRoof() {
        // Zuerst muss die Zündung angeschaltet werden.
        if ($this->ignited === true) {
            $this->roofOpen = false;
        }
    }

    public function __destruct() {
        parent::__destruct();
        if ($this->ignited === true) {
            $this->stopIgnition();
        }
    }
}
```

Neben den Methoden `openRoof()` und `closeRoof()` sowie den neuen Methoden für die Zündung wurde in diesem Beispiel noch der Destruktor überschrieben, um abzusichern, dass die Zündung abgestellt wird, bevor das Objekt aus dem Speicher gelöscht wird. Ansonsten wäre die Batterie des Wagens am nächsten Morgen leer, und das Cabrio könnte nicht sofort wieder vermietet werden.

Nachdem die Klasse `AutomaticConvertible` nicht mehr abstrakt ist und die fehlenden Methoden implementiert wurden, können Sie eine Instanz davon erzeugen und das Dach nach Belieben öffnen und schließen:

```
$peugeot = new AutomaticConvertible('Peugeot', 'schwarz');
$peugeot->startIgnition();
$peugeot->openRoof();
if ($peugeot->roofOpen) {
    print "Das Dach ist offen.\n";
}
$peugeot->closeRoof();
$peugeot->stopIgnition();
```

Auf die gleiche Art und Weise können Sie nun weitere Unterklassen der Klasse `Convertible` implementieren, um so die verschiedenen Cabrio-Arten abzudecken.

Sichtbarkeiten – Eigenschaften und Methoden verstecken

Durch die Verwendung von `final` und `abstract` haben Sie bereits zwei Möglichkeiten gesehen, wie Sie den Zugriff von anderen Entwicklern auf die von Ihnen implementierten Methoden und Klassen beschränken können, falls sie Unterklassen Ihrer Klasse erzeugen möchten.

PHP 5 bietet jedoch auch Mittel und Wege, wie Sie den Zugriff von außerhalb Ihrer Klasse auf die von Ihnen implementierten Eigenschaften und Methoden kontrollieren können. Wenn Sie bereits objektorientierte Programmierung in PHP 4 verwendet haben, ist Ihnen sicher aufgefallen, dass jetzt vor jeder Methodendeklaration das Wort `public` auftaucht, das Sie in Ihrem bisherigen Code nicht verwendet haben. Genauso wurde das aus PHP 4 bekannte Schlüsselwort `var`, mit dem Objekteigenschaften deklariert wurden, durch das Schlüsselwort `public` ersetzt. `public` definiert die Sichtbarkeit der Eigenschaft oder Methode. Alle bisher in unserem Beispiel implementierten Eigenschaften und Methoden wurden mit dem Schlüsselwort `public` deklariert und sind damit öffentlich. Das bedeutet, dass sie von außerhalb der Klasse verwendet werden können. Neben `public` kennt PHP 5 noch die Schlüsselwörter `protected` und `private`. Wird eine Methode oder Eigenschaft als `protected` deklariert, können nur die Klasse, zu der die Methode oder Eigenschaft gehört, sowie alle ihre Unterklassen darauf zugreifen. Wird die Eigenschaft oder Methode als `private` deklariert, kann nur noch die Klasse, in der die Methode oder Eigenschaft deklariert wurde, diese verwenden. Da dies negative Auswirkungen auf die zahlreichen Möglichkeiten der Vererbung hat, findet man die Verwendung des Schlüsselworts `private` sehr selten.

Das Schlüsselwort protected hingegen kommt in sehr vielen Klassen zum Einsatz. Nimmt man zum Beispiel die am Anfang des Kapitels implementierte Klasse Car, die ein Auto repräsentiert, erlaubt diese den Zugriff auf alle ihre Methoden und Eigenschaften. So ist es zum Beispiel möglich, den Motor des Wagens über die Modifizierung einer Objekteigenschaft zu verändern:

```
$bmw = new Car('BMW', 'blau');
$bmw->engineStarted = true;
```

Das Objekt »denkt« jetzt, der Motor würde bereits laufen, obwohl die Methode startEngine() nicht aufgerufen wurde. Zwar erfüllt die aktuelle Implementierung von startEngine() keine anderen Aufgaben als das Verändern der Objekteigenschaft, jedoch ist nicht gewährleistet, dass in abgeleiteten Klassen nicht noch weitere Schritte wie das Einschalten der Zündung nötig sind, um den Motor zu starten. Aus diesem Grund sollte der Entwickler immer gezwungen sein, die Methode startEngine() zu verwenden. Dies kann ermöglicht werden, indem man den direkten Zugriff auf die Objekteigenschaft verbietet und diese als protected deklariert:

```
class Car {
    ... Eigenschaften eines Autos ...

    protected $engineStarted = false;

    ... Methoden eines Autos ...

    public function isEngineStarted() {
        return $this->engineStarted;
    }
}
```

Wird die Eigenschaft als protected deklariert, kann diese nur noch von der Klasse selbst oder einer von ihr abgeleiteten Klasse gesetzt oder ausgelesen werden. Um den Wert der Eigenschaft zu ändern, müssen nun die Methoden startEngine() und stopEngine() verwendet werden; damit andere Klassen überprüfen können, ob der Motor des Autos bereits läuft, wurde eine zusätzliche Methode isEngineStarted() implementiert, die an Stelle des direkten Zugriffs auf die Eigenschaft verwendet werden soll. Analog dazu sollten die Eigenschaften für Marke, Farbe und Kilometerstand als protected deklariert werden, schließlich möchte man nicht, dass eine beliebige Anwendung zur Laufzeit einen Volkswagen zu einem Mercedes umfunktionieren kann oder dass andere Entwickler problemlos den Kilometerstand eines Wagens verändern. Man spricht in diesem Zusammenhang von *Kapselung der Daten*; der Zugriff auf die eigentlichen Daten wird durch Methoden kontrolliert. Ein weiterer Vorteil dieser Technik ist, dass andere Entwickler, die Ihre Klasse verwenden, nicht wissen müssen, wie die Klasse Daten speichert, sie müssen lediglich die *Interfaces* (also Schnittstellen) kennen, die Ihre Klasse zur Verfügung stellt.

Interfaces und Type Hints – Jeder muss sich an Regeln halten

PHP 5 bietet Ihnen noch weitere Möglichkeiten, den Grad der Kapselung zu erhöhen. Mit Hilfe von Sichtbarkeit verstecken Sie die internen Datenstrukturen und zwingen jeden, der Ihre Klasse nutzt, dazu, die von Ihnen bereitgestellten Methoden zu verwenden, um an die Daten zu kommen. Mit Hilfe von *Interfaces* (auch *Schnittstellen* genannt) können Sie noch einen Schritt weitergehen und die eigentliche Implementierung in den Hintergrund rücken. Wenn Sie sich Klassen als Baupläne von Objekte vorstellen, dann könnte man ein Interface als das Bauaufsichtsamt betrachten. Um einen Bauplan für ein Haus zu entwerfen, muss sich ein Architekt an bestimmte Regeln halten, damit das Ergebnis auch als Haus bezeichnet werden kann. Genauso definieren Interfaces Regeln, die für Klassen gelten müssen, damit diese in eine bestimmte Gruppe von Klassen aufgenommen werden können. Sie definieren eine Menge an Methoden, die eine beliebige Klasse bereitstellen muss, um den Schnittstellenvertrag zu erfüllen. Die Klassen bieten also die gleichen Methoden an und erfüllen die gleiche Funktionalität, aber die eigentliche Implementierung ist in den Klassen vollkommen unterschiedlich. Damit können Sie verschiedene Klassen gruppieren, die sich zwar ähnlich sind, jedoch in keiner Eltern-Kind-Beziehung zueinander stehen, wie sie beim Ableiten von einer Klasse entsteht. Die Klassen werden über das Interface markiert, das zur Laufzeit abgefragt werden kann (wie Sie auch den `instanceof`-Operator verwendet haben, um zu überprüfen, ob ein Cabrio denn auch ein Auto sei).

Kehren wir doch einfach zum Beispiel der Autovermietung zurück. Während Sie sich mit der Beschränkung der Sichtbarkeit von Eigenschaften befasst haben, liefen die Geschäfte gut, und die Geschäftsführung hat beschlossen, neben Autos auch noch Flugzeuge zu vermieten. Ihre Aufgabe ist es nun, die Applikation so zu erweitern, dass auch Flugzeuge verwaltet werden können. Dazu wird eine neue Klasse für ein Flugzeug implementiert, die zum Beispiel folgendermaßen aussehen könnte:

```
class Airplane {

    protected $manufacturer;
    protected $altitude = 0;
    protected $milage = 0;
    protected $engineStarted = false;

    public function __construct($manufacturer) {
        $this->manufacturer = $manufacturer;
    }

    public function startEngine() {
        $this->engineStarted = true;
    }

    public function takeOff($feet = 5000) {
```

```
        // Wenn der Motor nicht läuft, kann nicht gestartet werden.
        if ($this->engineStarted !== true) {
            $this->startEngine();
        }
        $this->altitude = $feet;
    }

    public function flyForward($miles) {
        // Wenn das Flugzeug nicht in der Luft ist, kann nicht geflogen werden.
        if ($this->altitude <= 0) {
            $this->takeOff();
        }
        $this->milage = $this->milage + $miles;
    }

    public function land() {
        $this->altitude = 0;
    }

    public function stopEngine() {
        //  Den Motor nicht in der Luft abschalten.
        if ($this->altitude > 0) {
            $this->land();
        }
        $this->engineStarted = false;
    }

    public function __destruct() {
        $this->land();
        $this->stopEngine();
    }

    public function getMilage() {
        return $this->milage;
    }
}
```

Ähnlich wie das Klassenmodell des Autos hat Ihr Flugzeug verschiedene Eigenschaften, die über unterschiedliche Methoden beeinflusst werden können. Teilweise sind die Eigenschaften und Methoden identisch (wie zum Beispiel die Eigenschaft `$engineStarted` und die dazugehörigen Methoden), andere Methoden und Eigenschaften unterscheiden sich. Wollen Sie mit dem Flugzeug einen Rundflug starten, kann dazu der folgende PHP-Code verwendet werden:

```
$airbus = new Airplane('Airbus');
$airbus->startEngine();
$airbus->takeOff(10000);
$airbus->flyForward(2000);
$airbus->land();
$airbus->stopEngine();
```

Nach der Instanziierung eines neuen Flugzeugs starten Sie die Motoren, geben die gewünschte Flughöhe an und fliegen danach 2.000 km. Danach wird die Landung eingeleitet, und die Motoren werden wieder gestoppt. Da das Flugzeug über einen Autopiloten verfügt, könnten Sie den Aufruf der takeOff()-Methode auslassen, in flyForward() wird das Flugzeug zunächst auf seine Standardflughöhe gebracht, falls es noch nicht in der Luft ist. Ähnlich verhält es sich mit der land()-Methode. Diese wird auf jeden Fall aufgerufen, wenn die Motoren gestoppt werden. Der PHP-Code könnte also auch verkürzt werden:

```
$airbus = new Airplane('Airbus');
$airbus->startEngine();
$airbus->flyForward(2000);
$airbus->stopEngine();
```

Nun ähnelt der Code schon sehr dem Code, der für das Fahren mit einem Auto verwendet wurde. Lediglich der Konstruktor sowie der Name der Methode flyForward() sind unterschiedlich, da diese bei einem Objekt der Klasse Car sinnigerweise mit driveForward() benannt ist.

Hier kommen nun Interfaces ins Spiel. Nachdem Sie festgestellt haben, dass Autos und Flugzeuge aus Sicht unserer Applikation auf die gleiche Weise bedient werden, können Sie diese mit Hilfe eines Interfaces in einer Gruppe zusammenfassen, sofern Sie die Methoden identisch benennen. Für diese Gruppe muss dann lediglich noch das Interface definiert werden. Ein Interface ist die *Summe aller öffentlichen*, also als public deklarierten *Methoden, Eigenschaften und Konstanten*. Für die Autos und Flugzeuge könnte folgendes Interface verwendet werden:

```
interface Vehicle {
    public function startEngine();
    public function moveForward($miles);
    public function stopEngine();
    public function getMilage();
}
```

Dieses Interface definiert für ein Gefährt vier Methoden, die Folgendes bereitstellen müssen:

- Das Starten des Motors oder der Motoren mit startEngine().
- Das Vorwärtsbewegen des Gefährts mit moveForward(), wobei die Kilometer als Parameter übergeben werden müssen.
- Das Ausschalten des oder der Motoren mit stopEngine().
- Eine Methode getMilage(), die den aktuellen Kilometerstand zurückliefert.

Bei der Definition des Interfaces müssen, ähnlich wie bei der Definition von abstrakten Methoden, nur die Methodensignaturen und nicht die -rümpfe angegeben werden, schließlich definiert man nur, wie Klassen, die das Interface implementieren, angesprochen werden können. Die eigentliche Implementierung liegt weiterhin bei den einzelnen Klassen. Statt des Schlüsselworts class wird bei der Definition eines Interfaces das Schlüsselwort interface verwendet.

Benennen Sie nun die `driveForward()`- und die `flyForward()`-Methoden der bisher verwendeten Klassen in `moveForward()` um, erfüllen beide Klassen dieses Interface. Um PHP dies mitzuteilen, wird das Schlüsselwort `implements` verwendet:

```
class Airplane implements Vehicle {
    ... Eigenschaften des Flugzeugs ...
    public function moveForward($miles) {
        // Wenn das Flugzeug nicht in der Luft ist, kann nicht geflogen werden.
        if ($this->altitude <= 0) {
            $this->takeOff();
        }
        $this->milage = $this->milage + $miles;
    }
    ... Methoden des Flugzeugs ...
}
```

Dasselbe gilt natürlich für die Klasse `Car`, die ein Auto repräsentiert:

```
class Car implements Vehicle {
    ... Eigenschaften des Autos ...

    public function moveForward($miles) {
        // Wenn der Motor nicht läuft, kann nicht gefahren werden.
        if ($this->engineStarted !== true) {
            return false;
        }
        // Kilometerstand erhöhen.
        $this->milage = $this->milage + $miles;
        return true;
    }
    ... Methoden des Autos ...

    public function getMilage() {
        return $this->milage;
    }
}
```

Damit das Interface wirklich erfüllt wird, müssen alle darin definierten Methoden auch in der Klasse implementiert werden und die gleichen Parameter akzeptieren. Würden Sie zum Beispiel in der Klasse `Car` die Methode `getMilage()`, die das Interface voraussetzt, nicht implementieren, würden Sie von PHP die folgende Fehlermeldung erhalten:

```
Fatal error: Class Car contains 1 abstract methods and must therefore be declared
abstract (Vehicle::getMilage) in ch1/interfaces/fehlermeldung.php on line 88
```

Diese mag zwar auf den ersten Blick falsch erscheinen, da Sie keine Methode als abstrakt deklariert haben, jedoch ist die Klasse für PHP nicht vollständig, da eine Methode fehlt, die vom Interface vorausgesetzt wird, und deshalb betrachtet PHP die Klasse als eine abstrakte Klasse.

Interfaces vererben

Analog zu Klassen ist es möglich, Interfaces zu vererben. Möchte Ihre Autovermietung zum Beispiel noch Fahrräder vermieten, würden diese sicher eine Methode `moveForward()` implementieren, jedoch wären `startEngine()` und `stopEngine()` für diese Klasse nicht sinnvoll. Das Interface `Vehicle` müsste dann also folgendermaßen aussehen:

```
interface Vehicle {
    public function moveForward($miles);
}
```

Um für die Klassen `Car` und `Airplane` dann ein gemeinsames Interface bereitzustellen, kann ein neues Interface implementiert werden:

```
interface MotorizedVehicle extends Vehicle {
    public function startEngine();
    public function stopEngine();
}
```

Die dazu passenden Klassen wären nun:

```
class Bike implements Vehicle {}
class Car implements MotorizedVehicle {}
class Airplane implements MotorizedVehicle {}
```

Dadurch wäre sichergestellt, dass alle drei Klassen die Methode `moveForward()` implementieren, die Klassen `Car` und `Airplane` jedoch zusätzlich noch die Methoden `startEngine()` und `stopEngine()` bereitstellen müssen.

Alle Klassen, die von der Klasse `Car` abgeleitet werden, erfüllen auch automatisch das angegebene Interface. Somit implementieren die zuvor erstellten Klassen `Convertible` und `AutomaticConvertible` auch das Interface `Vehicle`.

Bis jetzt haben Sie noch keinen unmittelbaren Vorteil daraus ziehen können, dass die Klassen das neue Interface implementieren. Interfaces dienen aber, wie viele Features der objektorientierten Programmierung, dazu, Code mehrfach verwenden zu können. Lassen Sie uns daher das Codebeispiel noch etwas weiterentwickeln, um den Wert von Interfaces besser erkennen zu können. Angenommen, in Ihrer Applikation fände sich der folgende Quellcode wieder, der das Fahren eines Autos automatisieren soll:

```
function driveCarForward($car, $miles) {
    $car->startEngine();
    $car->moveForward($miles);
    $car->stopEngine();
}
```

Dieser Funktion kann also ein Auto sowie eine Anzahl Kilometer übergeben werden, das Auto wird angelassen, um die angegebenen Kilometer bewegt, und danach wird der Motor wieder abgeschaltet. Sie können die Methode also verwenden, um sich häufig wiederholenden Code an einer Stelle zentral abzulegen und dann so aufzurufen:

```
$bmw = new Car('BMW', 'blau');
$vw = new Car('Volkswagen', 'rot', 1000);

driveCarForward($bmw, 2000);
driveCarForward($vw, 500);

print "Kilometerstand des BMW: {$bmw->milage}\n";
print "Kilometerstand des VW : {$vw->milage}\n";
```

Was passiert nun aber, wenn Sie an die Funktion `driveCarForward()` keine Instanz der Klasse Car übergeben? PHP wird dann mit einem Fehler reagieren, da die benutzten Methoden nicht zur Verfügung stehen. Um diesen Fehler zu vermeiden, können Sie den in PHP 5 neu eingeführten `instanceof`-Operator verwenden und überprüfen, ob ein Objekt eine Instanz der gesuchten Klasse ist:

```
function driveCarForward($car, $miles) {
    if ($car instanceof Car) {
        $car->startEngine();
        $car->moveForward($miles);
        $car->stopEngine();
    }
}
```

Ist das angegebene Objekt eine Instanz der angegebenen Klasse oder einer ihrer Unterklassen, ist der Ausdruck wahr, und die Anweisungen im Bedingungsblock werden ausgeführt. So rufen Sie die Methoden `startEngine()`, `moveForward()` und `stopEngine()` nur auf, wenn Sie sicher sein können, dass ein Auto übergeben wurde, da Sie wissen, dass dieses die Methoden implementiert. Analog dazu würden Sie sicher auch noch eine Methode implementieren wollen, die die gleichen Methoden für ein Flugzeug aufruft:

```
function flyAirplaneForward($airplane, $miles) {
    if ($airplane instanceof Airplane) {
        $airplane->startEngine();
        $airplane->moveForward($miles);
        $airplane->stopEngine();
    }
}
```

Auf diesem Weg haben Sie nahezu den gleichen Quellcode zweimal implementiert, er unterscheidet sich lediglich durch den Namen der Klasse, die an den `instanceof`-Operator übergeben wurde. Um nun diesen doppelten Code zu vermeiden, greifen Sie auf Ihr soeben definiertes Interface zurück. Der `instanceof`-Operator akzeptiert neben einem Klassennamen auch den Namen eines Interfaces, das vom übergebenen Objekt implementiert werden muss. Da sowohl Autos als auch Flugzeuge das Interface `Vehicle` implementieren und dieses sicherstellt, dass die aufgerufenen Methoden für das übergebene Objekt zur Verfügung stehen, wird der Code nur noch einmal benötigt.

```
function moveForward($vehicle, $miles) {
    if ($vehicle instanceof Vehicle) {
        $vehicle->startEngine();
        $vehicle->moveForward($miles);
        $vehicle->stopEngine();
    }
}
```

Sie können diese Funktion nun sowohl mit Instanzen der Klasse Airplane als auch mit Instanzen der Klasse Car oder davon abgeleiteter Klassen aufrufen:

```
$bmw = new Car('BMW', 'blau');
$peugeot = new Convertile('Peugeot', 'schwarz');
$airbus = new Airplane('Airbus');

moveForward($bmw, 2000);
moveForward($peugeot, 100);
moveForward($airbus, 5000);

print "Kilometerstand des BMW: {$bmw->getMilage()}\n";
print "Kilometerstand des Peugeot: {$peugeot->getMilage()}\n";
print "Kilometerstand des Airbus : {$airbus->getMilage()}\n";
```

Diese Technik ermöglicht es Ihnen, zu Beginn der Entwicklung im Team Interfaces der einzelnen Komponenten zu definieren und danach nur noch gegen diese Interfaces statt jeweils gegen konkrete Implementierungen zu programmieren. Damit haben Sie schon einen Grundsatz der objektorientierten Programmierung kennen gelernt. Wenn Sie eine Klasse verwenden, müssen Sie lediglich deren Interface kennen, ohne sich darum zu kümmern, wie die Logik in der Klasse implementiert wird. Dadurch ist es jederzeit möglich, die interne Implementierung einer Klasse zu ändern, ohne dass die Teile der Applikation, die die Klassen verwenden, verändert werden müssen. Ändert also eines Ihrer Teammitglieder nachträglich die Implementierung, bleibt Ihr Quellcode davon unberührt, solange sich nicht auch das Interfaces ändert. Dies kann in vielen Situationen sehr viel Arbeit sparen.

Type Hints

Durch die so genannten *Type Hints* können Sie den benötigten Code noch weiter reduzieren. PHP 5 erlaubt Ihnen, für Funktions- oder Methodenparameter eine Klasse oder ein Interface zu definieren. Wird nun ein Objekt an die Funktion oder Methode übergeben, überprüft PHP, ob das Objekt das definierte Interface erfüllt, und reagiert im negativen Fall mit einer Fehlermeldung. Statt des instanceof-Operators kann also auch einfach die folgende Syntax verwendet werden:

```
function moveForward(Vehicle $vehicle, $miles) {
    $vehicle->startEngine();
    $vehicle->moveForward($miles);
    $vehicle->stopEngine();
}
```

Bei der Deklaration der Funktion wird vor den Namen des Parameters dazu noch der Name einer Klasse oder eines Interfaces geschrieben – der Type Hint. Der übergebene Parameter muss dieses Interface implementieren bzw. eine Instanz der Klasse oder einer ihrer Kindklassen sein. Übergeben Sie ein Objekt, das nicht das Interface `Vehicle` implementiert, reagiert PHP mit einer Fehlermeldung:

```
Fatal error: Argument 1 must implement interface Vehicle in ch1/interfaces/
typehints.php on line 5
```

Seit der Version 5.1 von PHP ist es auch möglich anzugeben, dass für einen Funktions- oder Methodenparameter ein Array übergeben werden muss:

```
function dumpArray(array $arr) {
    foreach ($array as $key => $value) {
    print "{$key} => {$value}\n";
    }
}
```

Mit Interfaces und Type Hints haben Sie nun die letzten Hilfsmittel kennen gelernt, die für die Kapselung von Daten und Geschäftslogik nötig sind, und können sich jetzt den Feinheiten der objektorientierten Programmierung in PHP 5.1 zuwenden.

Statische Methoden, Eigenschaften und Klassenkonstanten

Bisher haben Sie immer ein Objekt erzeugt, um die in den Klassen implementierten Methoden aufzurufen. PHP ermöglicht jedoch auch den direkten Zugriff auf die Eigenschaften und Methoden einer Klasse, ohne dass dazu die Instanziierung notwendig wird. Man spricht dabei von *statischen Methoden* oder *Eigenschaften*. In den bisherigen Beispielen wäre dies sicher nicht von Nutzen gewesen, Sie wollen schließlich nie grundsätzlich den Motor eines Autos starten, ohne dabei anzugeben, welches Auto Sie verwenden wollen.

Oft kann es allerdings hilfreich sein, Methoden einer Klasse verwenden zu können, ohne eine Instanz davon zu erzeugen. Angenommen, Sie schreiben eine Funktion, die die Fakultät[1] einer Zahl berechnen kann. Weil Sie vorhaben, später noch mehr mathematische Funktionen zu schreiben, implementieren Sie die Funktion als Methode einer Klasse `Math`, die später noch um weitere Methoden erweitert wird.

```
class Math {
    public function factorial($number) {
        $faculty = 1;
        while ($number > 0) {
        $faculty = $faculty * $number;
        $number--;
        }
        return $faculty;
    }
}
```

1 Die Fakultät zu einer Zahl n ist das Produkt der natürlichen Zahlen von 1 bis n.

Die Fakultät einer beliebigen Ganzzahl wird hierbei mit Hilfe einer Schleife berechnet. Zuerst wird eine neue Variable mit dem Wert 1 gefüllt. Danach wird die Schleife durchlaufen und der Inhalt der Variablen mit der übergebenen Zahl multipliziert. Bei jedem Schleifendurchlauf wird die übergebene Zahl um den Wert 1 verringert und danach wieder mit dem Ergebnis des vorherigen Schleifendurchlaufs multipliziert. Dies wird so lange wiederholt, bis die ursprüngliche Zahl den Wert 0 hat.

Um nun die Fakultät der Zahl 5 zu berechnen, instanziieren Sie die Klasse `Math` und rufen auf diesem Objekt die Methode `factorial()` auf:

```
$math = new Math();
print "Die Fakultät von 5 ist {$math->factorial(5)}.\n";
```

Betrachtet man dies genauer, so ist die Erzeugung einer Instanz der Klasse eigentlich überflüssig, denn egal, auf welcher Instanz man die Methode aufruft, die Fakultät der Zahl 5 wird immer 120 sein. In der Methode wird ja nie über die Pseudovariable `$this` auf Eigenschaften oder Methoden des Objekts zugegriffen. Um nun die Methode ohne vorherige Instanziierung aufrufen zu können, wird sie über das Schlüsselwort `static` als statisch markiert, wodurch die Instanziierung des Objekts nicht mehr nötig ist:

```
static public function factorial($number) {
    ... Code zur Berechnung der Fakultät ...
}
```

Nun können Sie mit dem *Scope-Resolution-Operator* (oder auch *Gültigkeitsbereichs-Operator* genannt) direkt auf die Methode der Klasse zugreifen. Dazu geben Sie den Namen der Klasse gefolgt von zwei Doppelpunkten (::) und schließlich dem Namen der Methode an.

```
$facorial = Math::factorial(5);
```

Das Ergebnis der Fakultätsberechnung ist dasselbe.

Neben der Verwendung einer Schleife zur Berechnung der Fakultät einer Zahl kann dazu auch rekursive Programmierung verwendet werden. Die Fakultät von n ist gleich der Fakultät von (n-1)*n, wobei die Fakultät von 1 mit 1 definiert wird. Um dies in PHP zu implementieren, muss in der `faculty()`-Methode überprüft werden, ob die übergebene Zahl 1 ist; wenn ja, wird als Rückgabewert der Methode 1 zurückgegeben. In allen anderen Fällen ruft die Methode sich selbst auf und reduziert den Parameter `$number` um den Wert 1. Nun könnten Sie innerhalb der Methode einfach die folgende Anweisung verwenden, um die Methode rekursiv aufzurufen:

```
Math::factorial($number-1);
```

Allerdings können Sie dann nicht nachträglich den Namen der Klasse ändern, ohne ihn überall dort anzupassen, wo er verwendet wird. Um dies zu umgehen, bietet

PHP 5 das Schlüsselwort *self*, das die aktuelle Klasse referenziert. Soll die `factorial()`-Methode rekursiv implementiert werden, wird daher der folgende Code verwendet:

```
class Math {
    static public function factorial($number) {
        if ($number === 1) {
            return 1;
        }
        return self::factorial($number-1) * $number;
    }
}
```

Zur Laufzeit wird das Schlüsselwort `self` also durch den Namen der Klasse, in diesem Fall `Math`, ersetzt, wodurch die Methode sich selbst aufruft.

Neben statischen Methoden kann der Scope-Resolution-Operator auch verwendet werden, um auf *Klassenkonstanten* zuzugreifen. Konstanten sind Klasseneigenschaften, auf die nur lesend zugegriffen werden kann. Konstanten werden in PHP 5 über das Schlüsselwort `const` deklariert:

```
class Math {
    const PI = 3.14159265;
}
```

Sie können nun auf die Konstante über den Ausdruck `Math::PI` bzw. `self::PI`, sofern Sie sich innerhalb der Klasse befinden, zugreifen.

Analog dazu können Sie ebenfalls eine Klasseneigenschaft als statisch deklarieren und auf diese dann auch schreibend zugreifen:

```
class Math {
    static public $PI = 3.14159265;
}

// Gesetze der Mathematik durcheinander bringen ...
Math::$PI = 15;
```

Sollten Sie diesen Code in Ihrer Applikation wiederfinden, können Sie sicher sein, dass hier irgendwas nicht stimmt. Eine statische Eigenschaft ist also eine Eigenschaft, die nicht an eine bestimmte Instanz der Klasse, sondern direkt an die Klasse gebunden ist. Sie werden in den folgenden Kapiteln noch einige Anwendungen von statischen Eigenschaften kennen lernen, die Ihnen das Leben erleichtern werden.

Referenzen und Klone

Ein großes Problem von PHP 4 war der interne Umgang mit Objekten. Diese wurden wie jede andere Variable betrachtet und bei jeder Zuweisung von einer an eine andere Variable kopiert statt referenziert. Das bedeutete also, dass im folgenden Beispiel zwei Autos erzeugt wurden:

```
$bmw = new Car('BMW', 'blau');
$bmw2 = $bmw;
$bmw->startEngine();
$bmw->driveForward(500);
$bmw->stopEngine();

print "Kilometerstand des BMW: {$bmw->milage}\n";
print "Kilometerstand des BMW2: {$bmw2->milage}\n";
```

Genauso wurde eine komplette Kopie eines Objekts erzeugt, wenn es an eine Funktion oder Methode übergeben wurde. Dem konnte mit dem *Referenz-Operator* (&) begegnet werden, was aber zu Code führte, der von Kaufmanns-Und-Zeichen geradezu übersät war:

```
$bmw2 = &$bmw;
```

In PHP 5 ist dies nicht mehr nötig, Objekte werden hier automatisch anders behandelt als Arrays oder skalare Werte. Wenn ein Objekt einer Variablen zugewiesen wird, enthält die Variable immer nur eine Referenz auf das Objekt. Das eigentliche Objekt wird in einem so genannten *Object-Store* gespeichert und bei jeder Operation auf dem Objekt aus diesem herausgeholt, verändert und dann wieder zurückgeschrieben. Für dieses Beispiel bedeutet das, dass an Stelle von zwei Autos nur ein Auto erzeugt wird und dieses von zwei Variablen referenziert wird.

Sollte es dennoch einmal nötig sein, eine Kopie von einem Objekt zu erzeugen, kann dazu der clone-Operator verwendet werden:

```
$bmw2 = clone $bmw;
```

Hiermit wird eine exakte Kopie des Objekts zum Zeitpunkt des Aufrufs erzeugt. Im folgenden Beispiel wird also der BMW erst um 500 km bewegt, erst dann wird eine Kopie des Objekts erzeugt. Dadurch haben beide Autos einen Kilometerstand von 500 km:

```
$bmw = new Car('BMW', 'blau');
$bmw->startEngine();
$bmw->driveForward(500);
$bmw->stopEngine();

$bmw2 = clone $bmw;

print "Kilometerstand des BMW: {$bmw->milage}\n";
print "Kilometerstand des BMW2: {$bmw2->milage}\n";
```

In vielen Fällen ist es allerdings nicht das gewünschte Verhalten, eine Eins-zu-Eins-Kopie des Ursprungsobjekts zu erzeugen. Hat sich zum Beispiel der BMW bewährt und unsere Autovermietung beschließt, ein weiteres Auto vom gleichen Typ zu erwerben, hat dies sicher nicht den gleichen Kilometerstand, sondern rollt frisch vom Band. Dazu ermöglicht einem PHP 5, das Klonverhalten durch die Implementierung einer Methode mit dem Namen __clone() zu beeinflussen; diese wird aufgerufen, nachdem das Objekt kopiert wurde. Wollen Sie dann also den Kilometerstand zurücksetzen, können Sie dies in der __clone()-Methode erledigen:

```
class Car {
    ... Eigenschaften und Methoden der Klasse ...
    public function __clone() {
        $this->milage = 0;
    }
}
```

Führen Sie nun das obige Beispiel erneut aus, hat das Ursprungsauto einen Kilometerstand vom 500 km, während der des geklonten Autos noch bei 0 km steht. Wenn Klonen doch auch in der Realität so einfach wäre ...

Nachdem Sie nun die Grundprinzipien objektorientierter Programmierung sowie deren Umsetzung in PHP 5 kennen gelernt haben, können Sie sich in den weiteren Teilen dieses Kapitels mit fortgeschritteneren Themen wie Fehlerbehandlung, der Standard PHP Library sowie Interzeptor-Methoden beschäftigen, die Ihnen ermöglichen, das Verhalten Ihrer Objekte zu verändern.

Interzeptoren in PHP 5.1

Neben den bisher vorgestellten Möglichkeiten, die Ihnen die objektorientierte Programmierung erleichtern, bietet PHP 5 noch weitere Funktionen, die Sie in anderen klassischen objektorientierten Programmiersprachen wie zum Beispiel Java vergeblich suchen. Durch so genannte *Interzeptor-Methoden* und *-Funktionen* erlaubt Ihnen PHP, sich in den Kern der Sprache PHP, die Zend-Engine, einzuhängen und dort das Verhalten Ihrer Objekte zu beeinflussen. Die Bezeichnung Interzeptor kommt vom englischen *intercept*, was bedeutet, dass Sie etwas abfangen, bevor es passiert. In diesen Methoden können Sie auf verschiedene Situationen reagieren, die unter normalen Umständen zu einem Fehler führen würden. Sie können diesen Fehler damit gerade in dem Moment verhindern, in dem er auftreten würde, und somit für einen reibungslosen Ablauf der Applikation sorgen.

Auf den folgenden Seiten werden Sie lernen, wie Sie Benutzern Ihrer Objekte Zugriff auf Eigenschaften gewähren können, die eigentlich gar nicht vorhanden sind. Danach werden Sie sogar Methoden aufrufen, die nicht existieren, um schließlich Instanzen von Klassen zu erzeugen, die Sie vorher nicht geladen haben. Zum Abschluss werden Sie dann noch sehen, wie es möglich ist zu definieren, wie sich ein Objekt in einem Kontext verhalten soll, in dem es als String-Variable verwendet wird.

Im Verlauf dieses Buchs werden Sie sogar noch einen Schritt weiter gehen und diese Möglichkeiten nicht nur nutzen, um Fehlerfälle abzufangen, sondern diese Methoden einsetzen, um Applikationen eleganter zu implementieren, als dies in anderen Sprachen möglich wäre.

Zugriff auf nicht definierte Eigenschaften: __set() und __get()

In PHP 4 gab es nur eine Möglichkeit, Objekteigenschaften zu deklarieren: Diese wurden durch das Schlüsselwort var zu einer Klasse hinzugefügt und waren somit für alle Welt sicht- und veränderbar. Dies war jedoch genauso der Fall, wenn man die Objekteigenschaft gar nicht erst deklarierte, sondern einfach dann setzte, wenn sie benötigt wurde. Der folgende Code konnte schon in PHP 4 problemlos ausgeführt werden:

```
class Car {
}

$bmw = new Car();
$bmw->manufacturer = 'BMW';
```

Die Eigenschaft wird dabei in dem Moment initialisiert, in dem sie zum ersten Mal gesetzt wird. Da in PHP 4 alle Eigenschaften sowieso öffentlich sind, finden Sie diese Arbeitsweise hier sehr häufig. In PHP 5 haben Sie jedoch die Möglichkeit, Eigenschaften als `public`, `protected` oder `private` zu deklarieren. Achten Sie deshalb darauf, jede der Eigenschaften, die Ihre Klassen verwendet, zuvor zu deklarieren. Trotzdem ist es natürlich möglich, dass jemand Ihre Klasse falsch verwendet, und einfach auf eine Eigenschaft zugreift, die Sie zuvor nicht deklariert haben. Hier erlaubt Ihnen PHP, mit zwei Interzeptoren zu beeinflussen, wie Ihre Klasse reagieren soll, wenn jemand lesend oder schreibend auf eine Eigenschaft zugreift, die eigentlich nicht existiert. Dazu reserviert PHP zwei Methodennamen, die genau zu diesem Zweck implementiert werden müssen. Bereits im ersten Teil dieses Kapitels haben Sie die Methoden `__construct()` und `__destruct()` kennen gelernt, die von PHP automatisch aufgerufen werden, sobald ein bestimmtes Ereignis wie das Erzeugen oder Zerstören eines Objekts eintritt. Alle Methoden, die PHP automatisch beim Eintreten eines Ereignisses aufruft, beginnen mit zwei Unterstrichen, so auch die Methoden `__get()` und `__set()`, die von PHP automatisch aufgerufen werden, wenn jemand versucht, lesend oder schreibend auf nicht deklarierte Eigenschaften zuzugreifen. Dabei wird der Name der Eigenschaft übergeben, auf die zugegriffen wird, und im Fall von `__set()` als zweites Argument noch der Wert, der für die nicht vorhandene Eigenschaft gesetzt werden sollte.

Wollen Sie also informiert werden, wenn jemand auf nicht vorhandene Eigenschaften zugreift, reicht es, diese beiden Methoden zu unserer Klasse hinzuzufügen:

```
class Car {
    public function __get($property) {
        print "Die Eigenschaft {$property} soll ausgelesen werden.\n";
    }

    public function __set($property, $value) {
        print "Die Eigenschaft {$property} soll auf den Wert {$value} gesetzt
               werden.\n";
    }
}
```

In beiden Fällen soll einfach nur eine kurze Meldung ausgegeben werden, die Ihnen mitteilt, auf welche Eigenschaft zugegriffen werden soll und ob der Zugriff lesend oder schreibend passieren soll. Sie können die Funktionalität mit wenigen Zeilen Code testen:

```
$bmw = new Car();
$bmw->manufacturer = 'BMW';
$color = $bmw->color;
```

Führen Sie diesen Code aus, erhalten Sie die folgende Ausgabe:

```
Die Eigenschaft manufacturer soll auf den Wert BMW gesetzt werden.
Die Eigenschaft color soll ausgelesen werden.
```

Natürlich werden Sie in einer Applikation nicht nur durch die Ausgabe einer Meldung auf den Zugriff auf nicht vorhandene Methoden reagieren. Stattdessen könnten Sie zum Beispiel einen Fehler signalisieren, den Sie im Gegensatz zum Standard-PHP-Fehler, der beim Aufruf einer nicht vorhandenen Methode ausgelöst wird, auch selbst wieder abfangen können.

Angenommen, die Autovermietung möchte nun technische Daten zu jedem Auto speichern und diese der Einfachheit halber in INI-Dateien des folgenden Formats speichern:

```
; Technische Daten zu einem BMW
ps = "120"
maxSpeed = "220 km/h"
weight = "1865 kg"
```

Innerhalb der Applikation soll der Zugriff auf die Daten über die Eigenschaften `$ps`, `$maxSpeed` und `$weight` erlaubt werden, außerdem soll es ohne zusätzlichen Programmieraufwand möglich sein, für andere Automodelle weitere Daten hinzuzufügen. Nachdem Sie gerade gesehen haben, wie Sie den Zugriff auf nicht vorhandene Eigenschaften abfangen können, sollten Sie versuchen, diese Interzeptoren zu verwenden, um die gewünschte Funktionalität bereitzustellen. Dazu erweitern Sie erst einmal den Konstruktor der Klasse `Car` um einen weiteren Parameter, der den Dateinamen der Datei mit den technischen Daten akzeptiert:

```
class Car implements Vehicle {
    ... Eigenschaften der Klasse ...
   protected $propFile = null;
   protected $techDetails = null;

   public function __construct($manufacturer, $color, $milage = 0,
                               $propFile = null) {
       $this->manufacturer = $manufacturer;
       $this->color = $color;
       $this->milage = $milage;
       $this->propFile = $propFile;
    }
    ... Methoden der Klasse ...
}
```

Neben dem Parameter im Konstruktor haben Sie noch eine Eigenschaft für den Dateinamen sowie eine Eigenschaft für die eigentlichen technischen Daten hinzugefügt und beide mit `null` initialisiert. Um die Inhalte der INI-Datei in das Array `$techDetails` zu laden, fügen Sie folgende Methode hinzu:

```
protected function loadTechnicalDetails() {
    // Es existiert keine Datei.
    if ($this->propFile === null) {
        $this->techDetails = array();
    } else {
        // INI-Datei laden.
        $this->techDetails = parse_ini_file($this->propFile);
    }
}
```

Sie könnten diese Methode zum Beispiel am Ende des Konstruktors aufrufen, um gleich beim Erzeugen der Instanz die technischen Daten zu laden. Allerdings würden Sie dann eventuell Rechenzeit verschwenden, denn Sie wissen ja noch gar nicht, ob die Daten möglicherweise benötigt werden. Um dies zu vermeiden, implementieren Sie einen `__get()`-Interzeptor, der Sie informiert, wenn jemand die Daten abfragen möchte, und laden diese dann »just in time« nach:

```
public function __get($property) {
    // Technische Daten laden.
    if ($this->techDetails === null) {
        $this->loadTechnicalDetails();
    }
    // Überprüfen, ob das technische Detail in der INI-Datei spezifiziert wurde.
    if (isset($this->techDetails[$property])) {
        return $this->techDetails[$property];
    }
}
```

Sollte die Eigenschaft `$techDetails` noch auf den Initialwert `null` gesetzt sein, wurden die technischen Daten noch nicht geladen, und dies wird dann nachgeholt. Danach überprüfen Sie, ob die Eigenschaft, die gerade abgefragt wurde, in der INI-Datei festgelegt worden ist, und geben diese zurück. Das folgende Codefragment zeigt Ihnen, dass der Interzeptor so funktioniert wie erwartet:

```
$bmw = new Car('BMW', 'blau', 0, 'bmw.ini');
print "Maximale Geschwindigkeit: {$bmw->maxSpeed}.\n";
```

Das Skript gibt die maximale Geschwindigkeit aus, die Sie zuvor in der INI-Datei definiert haben, ohne dass die Anwendung, die die Klasse nutzt, wissen muss, dass diese Eigenschaft nicht in der Klasse selbst definiert wurde, sondern aus einer INI-Datei kommt. Probieren Sie doch einfach mal, noch weitere Eigenschaften der INI-Datei hinzuzufügen und auf diese zuzugreifen. Man spricht hierbei vom Einsatz *virtueller Eigenschaften*.

Nach dem gleichen Muster können Sie nun die technischen Details auch veränderbar machen, Sie müssen dazu lediglich den __set()-Interzeptor implementieren:

```
public function __set($property, $value) {
    // Technische Daten laden.
    if ($this->techDetails === null) {
        $this->loadTechnicalDetails();
    }
    $this->techDetails[$property] = $value;
}
```

Zuerst überprüfen Sie auch hier wieder, ob die technischen Daten schon geladen wurden, und laden diese bei Bedarf nach. Danach wird einfach ein Eintrag im Array verändert. Nun können Sie auch die Eigenschaften verändern und danach den veränderten Wert auslesen, wie das folgende Beispiel illustriert:

```
$bmw = new Car('BMW', 'blau', 0, 'bmw.ini');
print "Maximale Geschwindigkeit: {$bmw->maxSpeed}.\n";

$bmw->maxSpeed = '250 km/h';
print "Maximale Geschwindigkeit: {$bmw->maxSpeed}.\n";
```

Wenn Sie dieses Skript ausführen, erhalten Sie die folgende Ausgabe:

```
Maximale Geschwindigkeit: 220 km/h.
Maximale Geschwindigkeit: 250 km/h.
```

Beim ersten Zugriff auf die maximale Geschwindigkeit erhalten Sie den Wert, der in der INI-Datei spezifiziert wurde, danach verändern Sie diesen aus der Applikation heraus, und beim zweiten lesenden Zugriff wird der veränderte Wert verwendet.

Wenn Sie allerdings das Skript ein zweites Mal ausführen, erhalten Sie wieder die gleiche Ausgabe, die Höchstgeschwindigkeit wurde also nur im Speicher verändert, aber nicht persistent in der INI-Datei gespeichert. Dazu fügen Sie eine weitere Methode saveTechnicalDetails() der Klasse hinzu, die die veränderten Daten wieder in die INI-Datei zurückführt und speichert:

```
protected function saveTechnicalDetails() {
    // Keine Datei definiert.
    if ($this->propFile === null) {
        return;
    }
    // Keine technischen Daten vorhanden.
    if ($this->techDetails === null) {
        return;
    }
    // Geänderten Inhalt der INI-Datei erzeugen.
    $ini = "; Technische Daten für {$this->manufacturer}\n";
    foreach ($this->techDetails as $property => $value) {
        $ini .= "{$property} = \"{$value}\"\n";
    }
    $result = file_put_contents($this->propFile, $ini);
}
```

Dazu müssen Sie lediglich mit einer foreach-Schleife alle Werte des Arrays durchlaufen und diese im INI-Format an eine Variable anhängen, die schließlich in die Datei gespeichert wird. Diese Methode könnten Sie jetzt einfach nach dem Ändern einer Eigenschaft aufrufen, indem Sie die __set()-Methode anpassen:

```
public function __set($property, $value) {
    // Technische Daten laden.
    if ($this->techDetails === null) {
        $this->loadTechnicalDetails();
    }
    $this->techDetails[$property] = $value;
    $this->saveTechnicalDetails();
}
```

Damit hätten Sie allerdings eine enorme Menge an Dateizugriffen, die die Applikation verlangsamen würden; bei jeder Änderung einer Eigenschaft wird die gesamte Datei neu geschrieben. Eine zweite Möglichkeit ist jedoch die Verwendung des Destruktors, da dieser auf jeden Fall aufgerufen wird, bevor das Objekt aus dem Speicher gelöscht wird. Sie fügen den Aufruf der Methode zum Speichern der Daten also einfach in den Destruktor ein:

```
public function __destruct() {
    if ($this->engineStarted) {
        $this->stopEngine();
    }
    $this->saveTechnicalDetails();
}
```

Nun wird der schreibende Zugriff auf die Datei nur einmal pro Objekt nötig. Um die Performance noch zu erhöhen, könnten Sie im Destruktor zuerst überprüfen, ob die technischen Daten überhaupt verändert wurden, bevor Sie diese wieder in die Datei zurückspeichern.

Pfade im Destruktor

Möchten Sie in einem Destruktor auf eine Datei zugreifen, sollten Sie beachten, dass Sie dort keine relativen Pfade verwenden können, da PHP den aktuellen Pfad verliert. Sie können diesen allerdings ganz einfach über den Aufruf der Funktion `dirname(__FILE__)` ermitteln und somit aus Ihren relativen Pfaden ganz einfach absolute Pfade machen.

Wenn Sie nun das Skript mehrfach ausführen, werden Sie feststellen, dass ab dem zweiten Aufruf »250 km/h« bereits beim ersten Abfragen der Eigenschaft als Höchstgeschwindigkeit ausgegeben wird. Diese wurde also vor dem Löschen des

Objekts in die INI-Datei zurückgeschrieben und somit persistent gemacht. Wollen Sie statt einer INI-Datei eine andere Persistenzschicht wie zum Beispiel eine Datenbank verwenden, genügt es, die Implementierung zweier Methoden (`loadTechnicalDetails()` und `saveTechnicalDetails()`) zu verändern.

Seit der Version 5.1 bietet PHP jetzt auch die Interzeptor-Methoden `__isset()` und `__unset()`, die die Arbeit mit virtuellen Eigenschaften noch einfacher machen. Dabei wird `__isset()` aufgerufen, wenn mit der PHP-Funktion `isset()` überprüft wird, ob eine Eigenschaft in einem Objekt vorhanden ist. Die `__unset()`-Methode hingegen wird verwendet, wenn versucht wird, eine nicht deklarierte Eigenschaft mit Hilfe der PHP-Funktion `unset()` zu löschen.

Wenn Ihre Applikation PHP 5.1 voraussetzt, könnten Sie also Nutzern der Klasse auch die Möglichkeit bieten zu überprüfen, ob ein technischer Wert in der INI-Datei definiert wurde.

Zugriff auf nicht definierte Methoden: __call()

Neben Eigenschaften bieten eine Klasse und deren Instanzen bekanntermaßen auch Methoden. Und genauso wie Entwickler bei der Nutzung Ihrer Klassen auf nicht deklarierte Eigenschaften zugreifen, könnte auch auf nicht deklarierte Methoden zugegriffen werden. Allerdings führt dies zu einem schwerwiegenderen Problem, da PHP in diesem Fall mit einer Fehlermeldung des Typs `E_ERROR` reagiert, der die Abarbeitung des Skripts abbricht. So führt der folgende Code unweigerlich zu einer Fehlermeldung:

```
$bmw = new Car('BMW', 'blau');
$bmw->openRoof();
```

Die Methode `openRoof()` existiert nicht und kann somit auch nicht ausgeführt werden. PHP reagiert deshalb mit dem folgenden Fehler:

```
Fatal error: Call to undefined method Car::openRoof() in ch1/interzeptoren/
Methoden/fehlermeldung.php on line 4
```

Doch auch hier bietet Ihnen PHP 5 eine Möglichkeit, den Fehler abzufangen, bevor er passiert, indem es einen weiteren Interzeptor-Mechanismus bereitstellt. Möchten Sie den Aufruf von nicht definierten Methoden abfangen, können Sie dazu eine Methode mit dem Namen `__call()` implementieren. Diese Methode wird dann an Stelle der nicht deklarierten Methode aufgerufen, und dabei werden die folgenden beiden Argumente übergeben:

1. Der Name der Methode, die eigentlich aufgerufen werden sollte.
2. Ein Array, das alle Argumente des ursprünglichen Methodenaufrufs enthält.

Um einen Interzeptor zum Abfangen von Methodenaufrufen in einer Klasse zu implementieren, genügt der folgende Code:

```
class Car {
    public function __call($method, $args) {
        print "Die Methode {$method} wurde aufgerufen.\n";
        // Überprüfen, ob Argumente ausgegeben wurden.
        if (empty($args)) {
            print "Es wurden keine Argumente übergeben.\n";
            return;
        }
        print "Übergebene Argumente:\n";
        $no = 1;
        foreach ($args as $arg) {
            print "{$no}. {$arg}\n";
            $no++;
        }
    }
}
```

Wenn Sie nun eine Instanz dieser Klasse erzeugen, in der noch keine Methoden implementiert wurden, können trotzdem Methoden aufgerufen werden, ohne dass dabei eine Fehlermeldung produziert würde:

```
$bmw = new Car();
$bmw->startEngine();
$bmw->driveForward(500, 'km');
$bmw->stopEngine();
```

Bei Ausführen dieses Codebeispiels erhalten Sie die folgende Ausgabe:

```
Die Methode startEngine wurde aufgerufen.
Es wurden keine Argumente übergeben.
Die Methode driveForward wurde aufgerufen.
Übergebene Argumente:
1. 500
2. km
Die Methode stopEngine wurde aufgerufen.
Es wurden keine Argumente übergeben.
```

Jeder Methodenaufruf wurde zwar genau protokolliert, aber natürlich wurde keine Logik ausgeführt, da bisher keine implementiert wurde. Es ist auch möglich, einen Wert aus der `__call()`-Methode zurückzuliefern, der dann als Rückgabe der nicht deklarierten Methode betrachtet wird. Als Beispiel implementieren Sie dafür eine Klasse, die einfache Rechenoperationen über die Methoden `add()`, `subtract()`, `multiply()` und `divide()` ausführen können soll, ohne dass die Methoden tatsächlich implementiert werden müssen. Es soll möglich sein, den folgenden Code auszuführen:

```
$math = new Math();
printf("24 + 8 = %d\n", $math->add(24,8));
printf("24 - 8 = %d\n", $math->subtract(24,8));
printf("24 * 8 = %d\n", $math->multiply(24,8));
printf("24 / 8 = %d\n", $math->divide(24,8));
```

Alle diese Rechenoperationen sollen innerhalb der __call()-Methode definiert werden. Dazu erstellen Sie zunächst die Klasse Math und deklarieren die __call()-Methode. Als ersten Parameter bekommen Sie den Namen der aufgerufenen Methode. Anhand dieses Arguments können Sie entscheiden, welche Rechenoperation durchgeführt werden muss. Über eine switch-Anweisung erreichen Sie eine Verzweigung für die einzelnen Operationen, die dann das jeweilige Ergebnis zurückliefern:

```
class Math {
    public function __call($method, $args) {
        switch (strtolower($method)) {
            case 'add':
                return $args[0] + $args[1];
                break;
            case 'subtract':
                return $args[0] - $args[1];
                break;
            case 'multiply':
                return $args[0] * $args[1];
                break;
            case 'divide':
                return $args[0] / $args[1];
                break;
            default:
                trigger_error("Unbekannte Rechenoperation {$method}",
                              E_USER_WARNING);
                return false;
        }
    }
}
```

Zur Sicherheit konvertieren Sie den Namen der aufgerufenen Methode zuvor in Kleinbuchstaben, damit eine falsche Schreibweise nicht sofort zu einem Fehler führt. Am Ende der switch-Anweisung geben Sie noch eine Fehlermeldung aus, falls eine Rechenoperation angefordert wurde, die unsere Klasse nicht unterstützt.

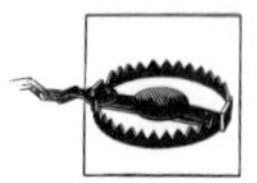

Es handelt sich hierbei nur um ein Beispiel, das die Verwendung des __call()-Interzeptors demonstriert. In realen Anwendungen wäre es natürlich empfehlenswert, wenn Sie stattdessen die einzelnen Methoden tatsächlich implementieren würden.

Führen Sie nun das obige Beispiel mit Ihrer Klasse aus, erhalten Sie die folgende Ausgabe:

```
24 + 8 = 32
24 - 8 = 16
24 * 8 = 192
24 / 8 = 3
```

Abschließend testen Sie die Reaktion der Klasse, wenn eine Operation aufgerufen wird, die Sie noch nicht unterstützen, indem Sie zum Beispiel den folgenden Code hinzufügen:

```
printf("24! = %d\n", $math->factorial(24));
```

Da Sie die Fakultätsberechnung nicht implementiert haben, reagiert PHP wie bereits angenommen mit der folgenden Fehlermeldung.

```
Warning: Unbekannte Rechenoperation factorial in ch1/interzeptoren/Methoden/
returnvalue.php on line 26
```

Mit Hilfe des `__call()`-Interzeptors können Sie also selektiv Aufrufe für nicht deklarierte Methoden abfangen und zur Laufzeit entscheiden, ob diese zu einem Fehler führen sollen oder nicht. In den folgenden Kapiteln werden Sie einige Design Patterns kennen lernen, die mit Hilfe dieses Interzeptors den Programmieraufwand drastisch reduzieren können.

Der Einsatz dieses Interzeptors birgt auch immer Probleme. Zum einen wird Code schwerer durchschaubar, zum anderen kann er von IDEs nicht mehr analysiert werden, wodurch diese nicht schon frühzeitig Fehler erkennen können. Diese Probleme können nur durch ausreichende Dokumentation etwas gemindert werden.

Zugriff auf nicht definierte Klassen: __autoload()

PHP war von Anfang an darauf ausgelegt, dem Entwickler Werkzeuge in die Hand zu geben, mit denen ein Problem schnell und einfach zu lösen war. Mit den neuen Möglichkeiten der objektorientierten Programmierung besteht eine Applikation von normaler Größe schnell aus mehr als 100 verschiedenen Klassen. Um die Wartbarkeit einer solchen Applikation zu erhöhen, empfiehlt es sich, jede Klasse in einer eigenen Datei zu speichern, die den Namen der Klasse trägt. Wenn man nun eine Änderung an einer Klasse durchführen möchte, weiß man sofort, in welcher Datei die Klassendefinition zu finden ist. Gerade wenn man in großen Teams an einer solchen Applikation arbeitet, kann dadurch Zeit eingespart werden.

Nun kostet jedes Einbinden einer Klassendatei per `include` oder `require` in ein Skript wertvolle Rechenzeit, so dass man nicht in jedem PHP-Skript alle verfügbaren Klassen einbinden möchte, sofern sie nicht alle benötigt werden. Um dieses Problem zu umgehen, könnte man eine Klasse vor der ersten Verwendung in einem Skript einbinden, also zum Beispiel folgendermaßen:

```
require_once 'Car.php';
$bmw = new Car('BMW', 'blau');
```

Je größer die Applikation wird, umso verteilter werden allerdings die Instanziierungen der verschiedenen Klassen, und man kann nicht mehr mit absoluter Sicherheit sagen, an welcher Stelle eine Klasse zum ersten Mal verwendet wird. Es wäre also wunderbar, wenn man die Klasse einfach zu einem beliebigen Zeitpunkt verwenden könnte, und falls diese noch nicht geladen ist, würde PHP die Klasse einfach nachladen. Aber warum sollten Sie von so einer Funktionalität träumen, PHP 5 bietet sie bereits!

Wann immer Sie eine Klasse in irgendeinem Kontext verwenden und diese noch nicht deklariert wurde, tritt ein weiterer Interzeptor von PHP 5 in Aktion. Ein solcher Kontext ist zum Beispiel die Erzeugung einer neuen Instanz, der Aufruf einer statischen Methode oder auch die Verwendung des `instanceof`-Operators, um zu überprüfen, ob ein Objekt eine Instanz einer bestimmten Klasse ist. In jedem dieser Fälle überprüft PHP, ob eine Funktion mit dem Namen `__autoload()` im globalen Namensraum definiert wurde. Ist diese Funktion vorhanden, ruft PHP diese auf und übergibt den Namen der nicht deklarierten Klasse als einzigen Parameter. Diese Funktion kann nun die Klasse laden, um somit zu verhindern, dass PHP mit einem Fehler in der Art

```
Fatal error: Class 'Car' not found in index.php on line 521
```

reagiert. Sofern Sie der zuvor erwähnten Regel folgen, jede Ihrer Klassen in einer Datei mit dem gleichen Namen abzulegen, können Sie eine sehr einfache Implementierung der `__autoload()`-Funktion verwenden:

```
function __autoload($className) {
    $fileName = $className . '.php';
    require $fileName;
}
```

Der Dateiname wird durch Anhängen von *.php* an den Namen der Klasse gebildet. Diese Datei wird danach einfach über die `require`-Anweisung nachgeladen. Speichern Sie also die zuvor definierten Klassen `Car` und `Convertible` in den Dateien *Car.php* und *Convertible.php*, können Sie den folgenden Code verwenden, ohne sich darum zu kümmern, die Klassen vor der ersten Verwendung zu laden, dies macht automatisch Ihr Interzeptor für Sie:

```
$bmw = new Car('BMW', 'blau');
$bmw->startEngine();
$bmw->driveForward(500);
$bmw->stopEngine();

$peugeot = new Convertible('Peugeot', 'schwarz');
```

Diese Vorgehensweise in der Programmierung wird übrigens auch *Lazy-Loading* genannt, da der Code erst dann geladen wird, wenn er benötigt wird.

Wenn Ihre Appslikation größer wird, werden Sie sicher auch Ihre Klassen in Verzeichnissen strukturieren wollen. Das PEAR-Projekt[2], die offizielle Klassenbibliothek für PHP, teilt zum Beispiel Klassen in verschiedene Kategorien ein und verwendet Präfixe für die einzelnen Klassen. So beginnen beispielsweise alle Klas-

---

2 *http://pear.php.net*

sen, die sich um XML-Verarbeitung oder Erzeugung kümmern, mit dem Präfix XML_, wie zum Beispiel XML_Serializer oder auch XML_Feed_Parser. Die Klassen werden dabei allerdings nicht in gleichnamigen Dateien gespeichert. Stattdessen werden für die einzelnen Kategorien Verzeichnisse angelegt: So befinden sich diese Klassen in den Dateien *XML/Serializer.php* und *XML/Feed/Parser.php*. Wollen Sie nun eine `__autoload()`-Implementierung schreiben, die Klassen des PEAR-Projekts lädt, sähe diese folgendermaßen aus:

```
function __autoload($className) {
    $fileName = str_replace('_', '/', $className) . '.php';
    require $fileName;
}
```

Neben dem Anfügen der Dateiendung werden einfach alle Unterstriche durch Verzeichnistrenner ersetzt. Sie können nun problemlos jede PEAR-Klasse verwenden, die Sie installiert haben, ohne dass Sie sie zuvor laden müssen.

Bevor Sie jetzt beginnen, den Autoload-Interzeptor in jeder Ihrer Applikationen einzusetzen, sollten Sie sich noch das folgende Beispiel ansehen, das ein Problem der `__autoload()`-Funktion verdeutlicht:

```
function __autoload($className) {
    $fileName = $className . '.php';
    require $fileName;
}

var_dump(class_exists('Car'));
```

Die Funktion `class_exists()` wird verwendet, um zu überprüfen, ob eine Klasse im Speicher vorhanden ist. Wenn Sie dieses Skript ausführen, erhalten Sie als Ausgabe `bool(true)`, obwohl Sie erwartet hätten, dass die Funktion `class_exists()` den Wert `false` zurückliefert, schließlich haben Sie die Klasse `Car` noch nicht geladen. Seit PHP 5 ruft `class_exists()` allerdings automatisch den `__autoload()`-Interzeptor auf, sofern dieser definiert wurde. In diesem Beispiel lädt dieser die Klasse gerade noch rechtzeitig nach, so dass diese nun vorhanden ist. Dies bedeutet aber auch, dass eventuell Klassen geladen werden, die gar nicht gebraucht werden, da Sie eigentlich nur kontrollieren wollten, ob ein anderer Teil Ihrer Applikation die Klasse schon geladen hat. Um den Aufruf von `__autoload()` zu unterdrücken, wurde deshalb ein zweiter Parameter für die Funktion `class_exists()` eingeführt, für den der Wert `false` übergeben werden kann, wenn `__autoload()` nicht verwendet werden soll. Passen Sie das Skript also einfach folgendermaßen an, und Sie werden das Ergebnis erhalten, mit dem Sie schon im ersten Fall gerechnet haben:

```
var_dump(class_exists('Car', false));
```

Durch das Aufsplitten Ihrer Applikation in kleine Dateien und den Einsatz des `__autoload()`-Interzeptors können Sie also sicherstellen, dass nur die Klassen geladen werden, die Sie tatsächlich benötigen, und somit die Performance Ihrer Anwendung erhöhen.

Wenn Objekte sich wie Strings verhalten: __toString()

Auch wenn es mittlerweile professionelle Debugger für PHP gibt, finden Anweisungen wie print immer noch häufig Anwendung, wenn es darum geht, Debugging-Informationen während der Entwicklung des Quellcodes auszugeben. Während print für skalare Typen wie Zahlen oder Zeichenketten noch optimal genutzt werden kann, so ist es für Objekte nutzlos, wie die Ausführung des folgenden Quellcodes zeigt:

```
$bmw = new Car('BMW', 'blau');
$bmw->startEngine();
$bmw->driveForward(500);
$bmw->stopEngine();

$vw = new Car('Volkswagen', 'rot');
$vw->startEngine();
$vw->driveForward(2493);
$vw->stopEngine();

print $bmw;
print $vw;
```

Wenn Sie dieses Skript ausführen, erhalten Sie die folgende Ausgabe:

```
Object id #1Object id #2
```

Diese ist nicht besonders aussagekräftig, da sie Ihnen lediglich mitteilt, dass es sich bei beiden Variablen um zwei unterschiedliche Objekte handelt. Eine zweite Möglichkeit, Informationen über die Variablen auszugeben, ist der Einsatz der Funktionen print_r() oder var_dump(). Dadurch erhalten Sie die folgende Ausgabe:

```
print_r($bmw);

Car Object
(
    [manufacturer:protected] => BMW
    [color:protected] => blau
    [milage:protected] => 500
    [engineStarted:protected] =>
)

var_dump($vw);

object(Car)#2 (4) {
  ["manufacturer:protected"]=>
  string(10) "Volkswagen"
  ["color:protected"]=>
  string(3) "rot"
  ["milage:protected"]=>
  int(2493)
  ["engineStarted:protected"]=>
  bool(false)
}
```

Hier erhalten Sie alle Informationen, die PHP zu den Objekten gespeichert hat; das können schnell sehr viele werden, und Sie müssen lange nach den eigentlich relevanten Informationen suchen. Ein weiterer Interzeptor, den PHP Ihnen bietet, kann beim Debugging eines solchen Falls sehr hilfreich sein. Er ermöglicht es Ihnen einzugreifen, wenn ein Objekt wie ein String verwendet wird, und erlaubt Ihnen zu definieren, durch welchen String das Objekt repräsentiert werden soll. Dazu muss das jeweilige Objekt nur die Methode `__toString()` implementieren. Um diese Funktion für Ihre `Car`-Objekte zu verwenden, fügen Sie der Klasse einfach die folgende Methode hinzu:

```
class Car {
    ... andere Eigenschaften und Methoden der Klasse ...
    public function __toString() {
        $string  = "Instanz der Klasse Car\n";
        $string .= " +Hersteller: {$this->manufacturer}\n";
        $string .= " +Farbe     : {$this->color}\n";
        $string .= " +Tachostand: {$this->milage}\n";
        if ($this->engineStarted === true) {
            $string .= " +Der Motor läuft.\n";
        } else {
            $string .= " +Der Motor läuft nicht.\n";
        }
        $string .= "\n";
        return $string;
    }
}
```

Innerhalb der `__toString()`-Methode erstellen Sie eine für den Menschen leicht verständliche Ausgabe, die Informationen zum Fahrzeughersteller, der Wagenfarbe und dem aktuellen Kilometerstand beinhaltet. Danach fügen Sie noch die Information hinzu, ob der Motor des Autos läuft oder nicht. Die String-Variable, die diesen Text enthält, geben Sie einfach aus der Methode zurück. Führen Sie nun den obigen Code erneut aus, verändert sich die Ausgabe:

```
Instanz der Klasse Car
 +Hersteller: BMW
 +Farbe     : blau
 +Tachostand: 500
 +Der Motor läuft nicht.

Instanz der Klasse Car
 +Hersteller: Volkswagen
 +Farbe     : rot
 +Tachostand: 2493
 +Der Motor läuft nicht.
```

Statt der Standardausgabe `Object id#1` wird nun der Text ausgegeben, den Sie in der `__toString()`-Methode erzeugt haben. Somit können Sie genau steuern, welche Informationen schließlich ausgegeben werden.

Leider funktioniert der __toString()-Interzeptor in PHP 5 nur bei der Verwendung von echo oder print. Es ist noch nicht möglich, diesen mit anderen String-Funktionen zu verwenden. Sollten Sie also ein Objekt, das den Interzeptor implementiert, an eine Funktion wie strlen() übergeben, erhalten Sie trotzdem die folgende Fehlermeldung:

```
Notice: Object of class Car to string conversion in mittostring.php on line 1
```

Möchten Sie gern Objekte verwenden, die sich auch beim Aufruf von String-Funktionen wie eine Zeichenkette verhalten sollen, müssen Sie sich bis zur Veröffentlichung von PHP 5.2 gedulden: Ab dieser PHP-Version wird der __toString-Interzeptor überall dort aufgerufen, wo ein Objekt in einem String-Kontext verwendet wird.

Die Interfaces und Klassen der SPL

Die Standard PHP Library (SPL) ist eine Erweiterung für PHP 5, die hauptsächlich von Marcus Börger entwickelt wird. Sie stellt Klassen und Interfaces bereit, die beim Lösen von häufig auftretenden Problemen behilflich sind. Die SPL wird mit PHP 5 ausgeliefert und ist standardmäßig aktiviert. Sollte dies auf Ihrem System nicht der Fall sein, kompilieren Sie PHP am besten erneut, ohne die SPL zu deaktivieren, oder wenden sich an Ihren Systemadministrator.

Der Fokus der SPL liegt auf dem effizienten Zugriff auf die verschiedensten Daten, dazu gehören sowohl Daten, die in Objekten gespeichert werden, als auch (Text-)Dateien oder XML-Dokumente. In diesem Teil des Kapitels werden Sie sich mit einigen der Interfaces und Klassen beschäftigen, die die SPL bereitstellt. Weitere Interfaces und Klassen werden Ihnen in späteren Kapiteln begegnen, da die SPL bereits generische Implementierungen von Entwurfsmustern mitbringt. In diesem Kapitel werden Sie zunächst nur lernen, welche Möglichkeit die SPL bietet, sich in die Zend-Engine einzuhängen, und wie Sie ein Objekt dazu bringen, dass Sie es wie ein Array ansprechen können. Weiterhin werden Sie Objekte in foreach-Schleifen verwenden, um deren Eigenschaften auszugeben. Im letzten Teil dieses Kapitels werden Sie dann erneut zur Standard PHP Library zurückkehren und sehen, in welcher Form diese Sie bei der Fehlerbehandlung unterstützen kann.

Wenn Objekte sich wie Arrays verhalten – Das ArrayAccess-Interface

Am Anfang dieses Kapitels haben Sie erfahren, dass Objekte in PHP 4 nicht viel mehr waren als assoziative Arrays. In PHP 5 bieten Objekte zwar weitaus mehr, aber dennoch sind Arrays und Objekte sich bei der Speicherung von Daten recht ähnlich. So könnte zum Beispiel ein Array, das Informationen zu einem Auto speichert, folgendermaßen aussehen:

```
$bmw = array(
        'manufacturer' => 'BMW',
        'color'        => 'blau',
        'milage'       => 500
      );
```

Um die Farbe des Autos auszugeben, greifen Sie einfach auf den entsprechenden Eintrag des Arrays zu:

```
print $bmw['color'];
```

Sie könnten nun Funktionen schreiben, die Sie verwenden, um die Farbe eines Autos abzufragen oder den Kilometerstand zu verändern. Da Sie aber bereits gelernt haben, dass Objekte es einem ermöglichen, Daten zu kapseln und somit den Zugriff einzuschränken, werden Sie auch weiterhin Objekte zur Speicherung verschiedener Daten vorziehen. Allerdings erlaubt es einem die Standard PHP Library, die Vorzüge von Objekten mit der einfachen Handhabung von Arrays zu verbinden.

Ähnlich wie die Interzeptor-Methoden ermöglicht es die SPL dem Entwickler einer Klasse, sich in die Zend-Engine einzuhängen. Genauer gesagt, erlaubt Ihnen die SPL, Objekte in einem Array-Kontext anzusprechen und zu definieren, wie sich das Objekt verhalten soll.

Da die SPL allerdings eine Erweiterung von PHP ist, funktioniert dies nicht automatisch für jede Klasse, wie es bei den Interzeptor-Methoden der Fall war. Stattdessen muss der Zend-Engine mitgeteilt werden, für welche Klassen diese Funktionalität gewünscht ist. Dies erfolgt durch das Implementieren eines von der SPL bereit gestellten Interfaces:

```
interface ArrayAccess {
    public function offsetExists($offset);
    public function offsetGet($offset);
    public function offsetSet($offset, $value);
    public function offsetUnset($offset);
}
```

Natürlich muss das `ArrayAccess`-Interface nicht in Ihrem PHP-Code deklariert werden, die Deklaration wurde hier nur aufgegriffen, um Ihnen das Verständnis des Interfaces näher zu bringen. Die vom Interface geforderten Methoden werden von PHP automatisch aufgerufen, wenn Ihr Objekt wie ein Array verwendet wird. Innerhalb der aufgerufenen Methode können Sie nun beliebigen Code ausführen. Als Beispiel greifen Sie einfach erneut die technischen Daten der Autos auf, die sie im vorherigen Teil des Kapitels über die `__get()`- und `__set()`-Interzeptoren zur Verfügung gestellt haben. Dazu sind nur sehr wenige Anpassungen an der Klasse nötig:

```
class Car implements Vehicle, ArrayAccess {
    ... Eigenschaften des Autos ...

    public function __construct($manufacturer, $color, $milage = 0,
                                $propFile = null) {
```

```
        ... Konstruktor wird übernommen ...
    }

    public function __destruct() {
        if ($this->engineStarted) {
            $this->stopEngine();
        }
        // Daten abspeichern, bevor das Objekt gelöscht wird.
        $this->saveTechnicalDetails();
    }
   ... Methoden der Klasse ...

    public function offsetExists($offset) {
        // Technische Daten laden.
        if ($this->techDetails === null) {
            $this->loadTechnicalDetails();
        }
        // Überprüfen, ob der Wert vorhanden ist.
        return isset($this->techDetails[$offset]);
    }

    public function offsetGet($offset) {
        // Technische Daten laden.
        if ($this->techDetails === null) {
            $this->loadTechnicalDetails();
        }
        // Wert zurückgeben.
        return $this->techDetails[$offset];
    }

    public function offsetSet($offset, $value) {
        // Technische Daten laden.
        if ($this->techDetails === null) {
            $this->loadTechnicalDetails();
        }
        // Wert im Array ändern.
        $this->techDetails[$offset] = $value;
    }

    public function offsetUnset($offset) {
        // Technische Daten laden.
        if ($this->techDetails === null) {
            $this->loadTechnicalDetails();
        }
        // Wert aus dem Array löschen.
        unset($this->techDetails[$offset]);
    }
}
```

Bevor Sie die Funktionalität testen, wollen wir zunächst die Änderungen im Detail durchgehen:

1. Die Klasse implementiert nun zwei Interfaces, `Vehicle` und `ArrayAccess`. Implementiert eine Klasse mehr als ein Interface, werden diese durch Kommata voneinander getrennt angegeben.
2. Es wurden vier neue Methoden (`offsetExists()`, `offsetGet()`, `offsetSet()` und `offsetUnset()`) hinzugefügt. Diese sind nötig, um das Interface `ArrayAccess` zu implementieren.

   Die einzelnen Methoden sind sich sehr ähnlich. Als Erstes wird immer überprüft, ob die technischen Details das Autos bereits aus der INI-Datei geladen wurden. Gegebenenfalls werden diese zuerst nachgeladen, bevor die Abarbeitung fortgesetzt wird. Je nach Methode werden danach Werte aus dem Array `$techDetails` zurückgegeben, auf deren Existenz getestet, verändert oder gelöscht.

Dies ist schon alles, was geändert werden muss, alle anderen Methoden können von der bisherigen Implementierung übernommen werden. Da diese Klasse nun das `ArrayAccess`-Interface implementiert, können Instanzen davon wie ein Array verwendet werden. Führen Sie dazu den folgenden Code aus:

```
$bmw = new Car('BMW', 'blau', 0, 'bmw.ini');

// Gewicht ausgeben.
print "Der BMW wiegt {$bmw['weight']}.\n";
```

An der Ausgabe »Der BMW wiegt 1865 kg.« können Sie sehen, dass Sie das Objekt nun wie ein Array ansprechen können, ohne dass PHP dabei eine Fehlermeldung ausgibt.

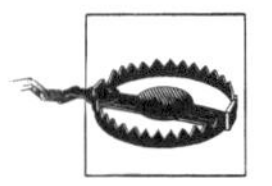

Im Gegensatz zur Verwendung der Interzeptor-Methoden ist es nicht ausreichend, die einzelnen Methoden zu implementieren. Sie müssen bei der Deklaration der Klasse immer angeben, dass diese das `ArrayAccess`-Interface implementiert. Ansonsten werden Sie eine Fehlermeldung sehen, die der folgenden gleicht:

```
Fatal error: Cannot use object of type Car as array in ch1/
SPL/arrayaccess/TestCar.php on line 6
```

Neben dem lesenden Zugriff auf das Objekt bietet das Interface noch drei weitere Methoden an. Analog zu den Interzeptor-Methoden ist es auch möglich, einen Wert des Arrays zu verändern:

```
$bmw['weight'] = '1900 kg';
```

Das `ArrayAccess`-Interface ermöglicht weiterhin zu überprüfen, ob ein Wert gesetzt ist, bevor auf den Wert zugegriffen wird. Dazu kann wie bei einem normalen Array die Funktion `isset()` verwendet werden:

```
if (!isset($bmw['length'])) {
    print "Es wurde keine Länge angegeben.\n";
}
```

Und schließlich kann die Funktion unset() verwendet werden, um einen Eintrag aus dem virtuellen Array zu löschen, wie das auch bei jedem echten Array möglich ist:

```
unset($bmw['maxSpeed']);
```

Sie können nun also Objekte, die das ArrayAccess-Interface implementieren, so einsetzen, als würden Sie ein ganz normales Array verwenden und darin Werte überprüfen, auslesen, ändern oder sogar löschen. Trotzdem profitieren Sie weiterhin von den Vorteilen, die objektorientierte Programmierung bietet. So können Sie immer noch Methoden des Objekts aufrufen oder den Konstruktor bzw. Destruktor nutzen.

Im Gegensatz zur Verwendung von Interzeptoren bietet das ArrayAccess-Interface auch schon ab PHP 5.0 die Möglichkeit, einen Wert zu löschen oder zu überprüfen, ob ein Wert existiert, bevor Sie ihn verwenden. Die entsprechenden Interzeptor-Methoden __isset() und __unset() werden aber erst ab PHP 5.1 unterstützt.

Einen Wermutstropfen hat das Interface jedoch trotzdem: Mit ihm haben Sie nur die Möglichkeit, in den bisher gezeigten Fällen einzugreifen, wenn ein Objekt als Array verwendet wird. Sollten Sie nun also auf die Idee kommen, dass Sie über die Funktion array_keys() alle verfügbaren technischen Details zurückgeliefert bekommen, werden Sie leider enttäuscht werden. Alle Array-Funktionen, die PHP bereitstellt, erwarten ein echtes Array und kein Objekt (auch wenn dieses sich wie eines verhält). Es ist also nicht möglich herauszufinden, welche Schlüssel Ihr virtuelles Array bietet.

Aber dennoch sollte bei Ihnen keine Panik aufkommen, in nur wenigen Minuten werden Sie ein weiteres Interface der SPL kennen lernen, mit dem dies über einen anderen Weg möglich wird. Sollten Sie es trotzdem schon jetzt mit Hilfe von array_keys() probieren, erhalten Sie die folgende Fehlermeldung:

```
Warning: array_keys() [function.array-keys]: The first argument should be an array
in ch1/SPL/arrayaccess/TestCar.php on line 18
```

Eine Ausnahme unter den Array-Funktionen gibt es jedoch seit PHP 5.1: Ab dieser PHP-Version ist es immerhin möglich, die Einträge in einem Objekt zu zählen, das sich wie ein Array verhält. Dazu bietet die SPL ein weiteres Interface mit dem Namen Countable an:

```
interface Countable {
    public function count();
}
```

Jede Instanz einer Klasse, die dieses Interface implementiert, kann nun an die Funktion count() übergeben werden. Diese gibt jetzt keine Fehlermeldung mehr aus, sondern delegiert das Zählen der Einträge an die count()-Methode weiter, die das

Objekt implementiert. Wollen Sie also auch ermöglichen, dass die Funktion count() verwendet werden kann, um die Anzahl der spezifizierten technischen Details zu zählen, ist die folgende Änderung an der Klasse nötig.

```
class Car implements Vehicle, ArrayAccess, Count {
    ... Eigenschaften und Methoden der Klasse ...
    public function count() {
        // Technische Daten laden.
        if ($this->techDetails === null) {
            $this->loadTechnicalDetails();
        }
        return count($this->techDetails);
    }
}
```

Sie fügen also lediglich das Interface Countable der Liste der implementierten Interfaces hinzu und implementieren die von diesem Interface geforderte Methode count(). Nun können Sie jedes Auto an die count()-Funktion von PHP übergeben, die die Anzahl der technischen Details für Sie zählt:

```
$bmw = new Car('BMW', 'blau', 0, 'bmw.ini');
print count($bmw);
```

Mit den Interfaces ArrayAccess und Countable haben Sie es also geschafft, dass Objekte sich dem Kontext anpassen, in dem sie verwendet werden. Im nächsten Teil dieses Kapitels werden Sie noch lernen, wie Sie das Verhalten von Objekten steuern können, wenn diese in einer Schleife verwendet werden.

Objekte in foreach-Schleifen verwenden – Das Iterator-Interface

Die in PHP 4 eingeführte foreach-Schleife erleichterte die Arbeit mit assoziativen Arrays ungemein. Vor PHP 4 musste der folgende Code verwendet werden, um ein assoziatives Array in einer Schleife zu durchlaufen:

```
reset($bmw);
while (list($key, $value) = each($bmw)) {
    print "{$key} => {$value}\n";
}
```

Mit der Funktion reset() wird der interne Zeiger des Arrays auf den Anfang gesetzt. Die Funktion each() gibt den aktuellen Schlüssel und den aktuellen Wert des Arrays zurück und bewegt den internen Zeiger eine Position weiter. Mit der Funktion list() können die Werte in zwei Variablen geschrieben werden. Ist das Ende des Arrays erreicht, gibt each() statt eines Arrays mit Schlüssel und Wert false zurück, und die Schleife wird abgebrochen. Besonders die Verwendung der linksseitigen Funktion list() könnte unerfahrene Entwickler oder auch Entwickler, die von anderen Sprachen wie Java zu PHP migrieren, verwirren, da sie nicht gerade selbsterklärend ist.

Eigentlich ist die Schleife auch nur eine vereinfachte Version des folgenden Codes:

```
reset($bmw);
do {
    $key = key($bmw);
    $value = current($bmw);
    print "{$key} => {$value}\n";
} while (next($bmw) !== false);
```

Auch hier wird der interne Zeiger zuerst mit `reset()` auf den Anfang des Arrays gesetzt. Innerhalb der `while()`-Schleife wird mit den Funktionen `key()` und `current()` der Schlüssel bzw. der Wert der aktuellen Position ausgelesen und ausgegeben. Am Ende der Schleife wird der interne Zeiger des Arrays um einen Eintrag nach vorne gesetzt. Wenn die Funktion `next()` den Wert `false` zurückliefert, wird die Schleife beendet. Dieser Code ist auch für Entwickler, die von anderen Sprachen zu PHP migrieren, einfacher verständlich.

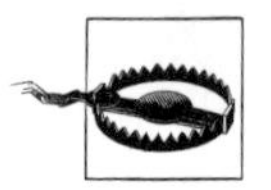

Neben der einfacheren Schreibweise spricht jedoch noch ein zweiter Punkt für die Verwendung von `each()` und `list()`. Da die Funktion `next()` den Wert des Eintrags, auf dem der Zeiger steht, zurückgibt, wird die Schleife abgebrochen, sobald das Array den Wert `false` enthält.

Mit der Einführung der `foreach`-Schleife wurde das Durchlaufen eines assoziativen Arrays weitaus intuitiver:

```
foreach ($bmw as $key => $value) {
    print "{$key} => {$value}\n";
}
```

Das `foreach`-Konstrukt übernimmt hier alle Aufgaben, die Sie bisher durch einzelne Funktionsaufrufe selbst erledigen mussten. Am Anfang der Schleife wird der interne Zeiger des Arrays zurückgesetzt. Danach werden der Schlüssel und der Wert des aktuellen Eintrags den Variablen `$key` und `$value` zugewiesen. Am Ende der Schleife wird der Zeiger einen Eintrag nach vorne gesetzt, und falls kein weiterer Eintrag mehr vorhanden ist, wird die Schleife beendet. Wenn Sie alle drei Beispiele ausführen, sehen Sie, dass die Ausgabe immer die gleiche ist, jedoch unterscheidet sich der Quellcode in der Komplexität und Anzahl der Zeilen. Durchläuft man ein Array in dieser Weise, spricht man auch von einer *Iteration über das Array*.

Während in PHP 4 nur Arrays iteriert werden konnten, ist es in PHP 5 auch möglich, über ein Objekt zu iterieren. Verwenden Sie dazu eine vereinfachte Version der `Car`-Klasse:

```
class Car {
    public $manufacturer;
    public $color;
    protected $milage;

    public function __construct($manufacturer, $color, $milage = 0) {
```

```
            $this->manufacturer = $manufacturer;
            $this->color = $color;
            $this->milage = $milage;
        }
    }
```

Für dieses Beispiel wurden alle Methoden wieder entfernt, und stattdessen konzentrieren Sie sich nur auf die Eigenschaften, die bereits seit der ersten Version Bestandteil der Klasse sind. Nun erzeugen Sie eine Instanz der Klasse und verwenden diese in einer `foreach`-Schleife:

```
$bmw = new Car('BMW', 'blau', 500);
foreach ($bmw as $key => $value) {
    print "{$key} => {$value}\n";
}
```

Wenn Sie diesen Code ausführen, erhalten Sie die folgende Ausgabe:

```
manufacturer => BMW
color => blau
```

Beim Durchlaufen der Schleife wurden die beiden Eigenschaften `$manufacturer` und `$color` mitsamt ihren Werten ausgegeben. Die Eigenschaft `$milage` wurde übersprungen. Wenn Sie sich die Deklaration der Eigenschaften noch einmal genauer ansehen, werden Sie sicher erkennen, warum nicht alle drei Eigenschaften ausgegeben wurden. Sie sehen dort, dass die Eigenschaft `$milage` mit dem Schlüsselwort `protected` deklariert wurde. Wie Sie gelernt haben, verbietet dieses den Zugriff von außerhalb der Klasse, und somit darf natürlich auch der `foreach`-Operator nicht darauf zugreifen. Verwenden Sie in PHP 5 also ein Objekt in einer `foreach`-Schleife, iteriert diese über alle öffentlichen Eigenschaften des Objekts.

Haben Sie schon einmal vor dem Problem gestanden, über alle Eigenschaften eines Objekts in PHP 4 zu iterieren, werden Sie jetzt sicher feststellen, dass dies zwar etwas einfacher geworden ist, aber dass der Code, den Sie für PHP 4 verwendet haben, genauso gut funktioniert hat:

```
foreach (get_object_vars($bmw) as $key => $value) {
    print "{$key} => {$value}\n";
}
```

Mit PHP 5 ist es jedoch nicht nur möglich, über die Eigenschaften eines Objekts zu iterieren, stattdessen können Sie für Ihre Klassen selbst entscheiden, wie diese sich in einer `foreach`-Schleife verhalten. Die Standard PHP Library bietet dafür das abstrakte Interface `Traversable` an. Da dieses Interface abstrakt ist, wird es jedoch nie direkt implementiert, Ihre Klassen müssen stattdessen ein Interface implementieren, das von `Traversable` abgeleitet wurde. Eines dieser Interfaces ist das `Iterator`-Interface, das die folgenden Methoden verlangt:

```
interface Iterator {
    public function current();
    public function key();
```

```
    public function next();
    public function rewind();
    public function valid();
}
```

Wenn Sie sich an die Array-Iteration in PHP 3 zurückerinnern, fällt Ihnen sofort auf, dass das Iterator-Interface die Implementierung der Methoden next(), key() und current() verlangt, die identisch mit den Funktionen sind, die Sie in PHP 3 verwendet haben. Die rewind()-Methode ist das Äquivalent der reset()-Funktion, lediglich der Name wurde etwas angepasst. Das Iterator-Interface verlangt also genau die Methoden, die PHP bereits für die Arbeit mit Arrays bereitstellt. Die einzige Methode, die Sie nicht von der PHP 3-Programmierung kennen, ist die valid()-Methode. Diese wurde beim Interface hinzugefügt, um das Problem der false-Werte beim Iterieren zu umgehen, die in PHP 3 die verfrühte Abarbeitung der Schleife auslösten.

Im Folgenden werden Sie nun die Klasse Car erweitern und das Iterator-Interface implementieren, um selbst kontrollieren zu können, wie über Instanzen der Klasse iteriert werden soll.

```
class Car implements Iterator {
    public $manufacturer;
    public $color;
    protected $milage;

    private $iterableProperties = array(
                                'manufacturer',
                                'color',
                                'milage'
                              );
    private $position = 0;

    public function __construct($manufacturer, $color, $milage = 0) {
        $this->manufacturer = $manufacturer;
        $this->color = $color;
        $this->milage = $milage;
    }

    public function rewind() {
        $this->position = 0;
    }

    public function next() {
        $this->position++;
    }

    public function key() {
        return $this->iterableProperties[$this->position];
    }

    public function current() {
```

```
        $key = $this->key();
        return $this->$key;
    }

    public function valid() {
        if ($this->position < count($this->iterableProperties)) {
            return true;
        }
        return false;
    }
}
```

Als Erstes geben Sie auf die schon bekannte Weise an, dass unsere Klasse das `Iterator`-Interface implementiert. Danach fügen Sie der Klasse zwei Eigenschaften hinzu:

- Die Eigenschaft `$iterableProperties` enthält ein Array mit den Eigenschaften der Klasse, über die iteriert werden soll. In diese Liste schließen Sie nun auch die Eigenschaft `$milage` mit ein.
- Die Eigenschaft `$position` ist die aktuelle Position, in der Sie sich im Iterationsprozess gerade befinden. Sie ist vergleichbar mit dem internen Zeiger eines Arrays.

Schließlich müssen Sie natürlich noch die einzelnen Methoden implementieren, die das Interface verlangt.

- Am einfachsten ist die Implementierung der `rewind()`-Methode, die den internen Zeiger zurücksetzen soll. Hier setzen Sie nur die entsprechende Eigenschaft auf den Wert 0.
- In der `next()`-Methode erhöhen Sie den Zeiger, indem Sie die Eigenschaft `$position` um eins inkrementieren.
- Die `key()`-Methode muss den aktuellen Schlüssel zurückliefern, auf den der `$position`-Zeiger gerade zeigt. Diesen erhalten Sie, indem Sie einfach den Wert, der im `$iterableProperties`-Array an der aktuellen Position steht, zurückgeben.
- Etwas schwieriger ist die Implementierung der `current()`-Methode, die den aktuellen Wert zurückliefern muss. Dazu holen Sie sich zuerst den aktuellen Schlüssel, und da dieser dem Namen der Eigenschaft entspricht, können Sie einfach die Eigenschaft mit dem entsprechenden Namen zurückgeben. Da Sie sich innerhalb der Klasse befinden, können Sie auch auf Eigenschaften zugreifen, die als `protected` oder `private` deklariert wurden.
- Als Letztes muss nur noch die Methode `valid()` implementiert werden. Diese Methode, die Sie bei der Iteration über Arrays nicht verwendet haben, soll überprüfen, ob der Zeiger noch auf einen gültigen Eintrag zeigt. Dazu überprüfen Sie einfach, ob Sie die Anzahl der zu iterierenden Werte bereits überschritten haben.

Nachdem Sie alle Methoden implementiert haben, können Sie nun auch eine Instanz der Klasse erzeugen und die Methoden aufrufen, die Sie hinzugefügt haben:

```
$bmw->rewind();
while ($bmw->valid()) {
    $key = $bmw->key();
    $value = $bmw->current();
    print "{$key} => {$value}\n";
    $bmw->next();
}
```

Analog zum Iterieren über ein Array in PHP 3 setzen Sie zuerst den internen Zeiger des Objekts zurück, indem Sie die Methode `rewind()` aufrufen. Danach folgt die Schleife, mit der Sie über das Objekt iterieren. Als Schleifenbedingung wird der Rückgabewert der Methode `valid()` verwendet. Diese gibt den Wert `false` zurück, sobald der Zeiger nicht mehr auf einen gültigen Eintrag in den Daten zeigt. Innerhalb der Schleife werden der aktuelle Schlüssel und der aktuelle Wert mit den entsprechenden Methoden abgerufen und ausgegeben. Danach wird der Zeiger mit der `next()`-Methode zum nächsten Eintrag bewegt. Das Skript erzeugt nun die folgende Ausgabe:

```
manufacturer => BMW
color => blau
milage => 500
```

Im Gegensatz zum ersten Beispiel, in dem Sie das Objekt einfach in einer `foreach`-Schleife verwendet haben, ohne das `Iterator`-Interface zu implementieren, wird nun auch die Eigenschaft `$milage` ausgegeben, obwohl diese nicht öffentlich gemacht wurde. Durch Implementieren eines eigenen Iterators für die Klasse haben Sie die Möglichkeit, auf alle Daten des Objekts zuzugreifen. Allerdings wurde der Code, der zum Iterieren benötigt wird, wieder komplexer, da Methodenaufrufe nötig sind, anstatt die komfortable `foreach`-Schleife zu verwenden. Ein großer Vorteil des `Iterator`-Interfaces ist allerdings, dass dieses von der `foreach`-Schleife erkannt wird und somit Objekte, die dieses Interface implementieren, in einer solchen Schleife verwendet werden können:

```
foreach ($bmw as $key => $value) {
    print "{$key} => {$value}\n";
}
```

Die Ausgabe dieses Skripts ist absolut identisch mit der des obigen Beispiels.

Klassen, die das Iterator-Interface implementieren

Neben dem `Iterator`-Interface bietet die SPL bereits einige Klassen an, die dieses Interface implementieren. Eine dieser Klassen ist zum Beispiel `ArrayIterator`. Diese Klasse kann verwendet werden, um ein beliebiges Array in einem Objekt zu kapseln, das das `Iterator`-Interface implementiert. Somit können die Daten zwar in

Werte beim Iterieren verändern

Wenn Sie das Iterator-Interface implementieren, können Sie nicht nur lesend, sondern auch schreibend auf die Werte zugreifen. Dazu müssen Sie diese lediglich als Referenz statt als Kopie aus der Methode current() zurückliefern:

```
class Car implements Iterator {
    ... Eigenschaften und Methoden ...
    public function &current() {
        ... Rückgabe des Werts ...
    }
}
```

Nun haben Sie die Möglichkeit, den Rückgabewert in der foreach-Schleife als Referenz zu verwenden:

```
foreach ($bmw as $key => &$value) {
    if ($key === 'color') {
        $value = 'rot';
    }
}
print $bmw->color;
```

Nach Ausführung dieses Codes ist die Eigenschaft $color des Objekts auf den Wert rot gesetzt worden.

einer Schleife iteriert werden, aber über die normale Array-Syntax nicht mehr verändert werden. Wie das folgende Beispiel zeigt, wird dem Konstruktor der Klasse einfach das entsprechende Array übergeben:

```
$bmw = array(
         'manufacturer' => 'BMW',
         'color'        => 'blau',
         'mileage'      => 500,
       );
$bmwObj = new ArrayIterator($bmw);
foreach ($bmwObj as $key => $value) {
    print "{$key} => {$value}\n";
}
```

Neben dieser Klasse existieren noch weitere Klassen, die Ihnen die tägliche Arbeit vereinfachen können, wie der DirectoryIterator, mit dessen Hilfe Sie zum Beispiel ganz einfach ein Verzeichnis auslesen können:

```
$dir = new DirectoryIterator('./');
foreach ($dir as $entry) {
    print $entry."\n";
}
```

Diesem wird einfach ein Pfad im Konstruktor übergeben, und er bietet damit eine Möglichkeit, über alle Verzeichnisse und Dateien in diesem Pfad zu iterieren. Die von der SPL implementierten Iteratoren umfassen auch Klassen für den Zugriff auf Datenbanken, Dateien oder XML-Dokumente, eine komplette Liste finden Sie in der SPL-Dokumentation unter *http://www.php.net/~helly/php/ext/spl/*.

Iteratoren kapseln – Das IteratorAggregate-Interface

Neben dem Iterator existiert noch ein zweites Interface, das von `Traversable` abgeleitet wird. Das `IteratorAggregate`-Interface kann verwendet werden, wenn eine Klasse einen Iterator kapselt und zurückliefern kann. Dadurch muss die Klasse selbst nicht mehr alle fünf Methoden implementieren, die nötig sind, um über die Daten zu iterieren, sondern gibt lediglich eine Instanz einer Klasse zurück, die das `Iterator`-Interface implementiert. Um eine Klasse als solche zu kennzeichnen, wird das folgende Interface implementiert:

```
interface IteratorAggregate {
    public function getIterator();
}
```

Mit Hilfe des eben kennen gelernten `ArrayIterator` ist es nun ein Leichtes, die `Car`-Klasse so umzuschreiben, dass sie das `IteratorAggregate`-Interface implementiert:

```
class Car implements IteratorAggregate {
    ... Eigenschaften ...
    private $iterableProperties = array(
                                    'manufacturer',
                                    'color',
                                    'milage'
                                  );
    ... Konstruktor ...
    public function getIterator() {
        $props = array();
        foreach ($this->iterableProperties as $propName) {
            $props[$propName] = $this->$propName;
        }
        $iterator = new ArrayIterator($props);
        return $iterator;
    }
}
```

In der neu hinzugefügten Methode `getIterator()` erzeugen Sie ein neues Array und befüllen es mit den Eigenschaften und deren Werten der aktuellen Instanz. Dazu durchlaufen Sie einfach die Eigenschaft `$iterableProperties`, die die Namen aller Eigenschaften enthält, über die Sie iterieren wollen. Sie brauchen dieses Mal keine Eigenschaft, um die aktuelle Position zu speichern, da Sie die Werte in einer Schleife in das Array übertragen. Danach erzeugen Sie einen neuen `ArrayIterator` auf Basis der gesammelten Daten und geben diesen an den Aufrufer zurück.

Wollen Sie nun über die Eigenschaften des Autos iterieren, ist dies ganz einfach möglich:

```
$bmw = new Car('BMW', 'blau', 500);
$iterator = $bmw->getIterator();
foreach ($iterator as $key => $value) {
    print "{$key} => {$value}\n";
}
```

Nach Instanziieren eines neuen Autos lassen Sie sich für dieses den Iterator zurückgeben und setzen diesen dann in der `foreach`-Schleife ein. Aber es geht noch einfacher: Statt zuerst den Iterator zu holen, können Sie direkt die Instanz von `Car` in der Schleife verwenden. PHP überprüft dabei, ob diese das `IteratorAggregate`-Interface implementiert, und ruft dann die `getIterator()`-Methode auf, um einen Iterator für die Daten zu erhalten:

```
foreach ($bmw as $key => $value) {
    print "{$key} => {$value}\n";
}
```

Die Ausgabe dieser beiden Schleifen ist identisch mit den Beispielen, die das `Iterator`-Interface verwendeten. Trotzdem ist die Arbeitsweise eine grundsätzlich andere, wie das folgende, vereinfachte Beispiel zeigen wird.

Die SPL bietet analog zum `ArrayIterator` auch eine Klasse an, die das `IteratorAggregate`-Interface implementiert. Dazu wird einfach eine Instanz der Klasse `ArrayObject` erzeugt und das zu iterierende Array an den Konstruktor übergeben:

```
$bmw = array(
         'manufacturer' => 'BMW',
         'color'        => 'blau',
         'mileage'      => 500,
       );
$bmwObj = new ArrayObject($bmw);

foreach ($bmw as $key => $value) {
    print "{$key} => {$value}\n";
}
```

Und auch hier erhalten Sie wieder die Ausgabe, die Sie von den anderen Beispielen bereits kennen:

```
manufacturer => BMW
color => blau
mileage => 500
```

Nun mögen Sie sich fragen, welche Daseinsberechtigung die Klasse `ArrayObject` hat, da sie sich auf den ersten Blick nicht von `ArrayIterator` unterscheidet. Der große Unterschied liegt darin, dass `ArrayObject` nicht selbst ein Iterator ist, sondern lediglich einen Iterator zurückgibt. Bei jeder Verwendung des Objekts in einer Schleife wird dabei ein neuer Iterator erzeugt, der einen eigenen Zeiger verwendet, und somit können diese an unterschiedlichen Positionen stehen. Am deutlichsten wird dies, wenn Sie innerhalb der Schleife eine neue Schleife verwenden, um erneut über dasselbe Objekt zu iterieren:

```
foreach ($bmwObj as $key => $value) {
    print "{$key} => {$value}\n";
    foreach ($bmwObj as $key2 => $value2) {
        print " + {$key2} => {$value2}\n";
    }
}
```

Wenn Sie dieses Skript ausführen, erhalten Sie die folgende Ausgabe:

```
manufacturer => BMW
 + manufacturer => BMW
 + color => blau
 + mileage => 500
color => blau
 + manufacturer => BMW
 + color => blau
 + mileage => 500
mileage => 500
 + manufacturer => BMW
 + color => blau
 + mileage => 500
```

Wie gewünscht, iteriert die innere Schleife innerhalb jeder Iterationsstufe der äußeren Schleife alle Werte des Arrays. Die beiden Schleifen können Sie durch Ausgabe des Pluszeichens vor den Werten in der inneren Schleife gut unterscheiden. Nachdem die innere Schleife komplett durchlaufen wurde, setzt die äußere ihre Iteration fort, und der Zeiger steht noch an der richtigen Stelle; die innere Schleife hat diesen nicht verändert.

Nun tauschen Sie die Klasse `ArrayObject` einfach durch die Klasse `ArrayIterator` aus:

```
$bmwObj = new ArrayIterator($bmw);
foreach ($bmwObj as $key => $value) {
    print "{$key} => {$value}\n";
    foreach ($bmwObj as $key2 => $value2) {
        print " + {$key2} => {$value2}\n";
    }
}
```

Führen Sie dieses Skript aus, so erhalten Sie eine andere Ausgabe:

```
manufacturer => BMW
 + manufacturer => BMW
 + color => blau
 + mileage => 500
```

Der Anfang der Ausgabe sieht noch korrekt aus: Nach Ausgabe des ersten Werts der äußeren Schleife wird die innere Schleife einmal komplett durchlaufen. Allerdings bricht danach die Ausgabe ab, und es wird nicht wie erwartet die äußere Schleife für alle Eigenschaften fortgesetzt. Die Ursache dafür ist, dass die beiden Schleifen denselben Iterator verwenden und somit auch denselben Zeiger auf die

Daten nutzen. Dieser ist nach der ersten Abarbeitung der inneren Schleife bereits am Ende der Daten angelangt, und somit liefert auch der `valid()`-Aufruf der äußeren Schleife, der im Hintergrund von `foreach` ausgeführt wird, den Wert `false` zurück. Dadurch bricht auch die äußere Schleife ab.

Externe Iteratoren und interne Traversierung

Bei der Verwendung von Iteratoren unterscheidet man grundsätzlich zwischen *interner Traversierung* und *externen Iteratoren*. Während die interne Traversierung direkt auf dem Objekt arbeitet, arbeiten externe Iteratoren immer mit einem Zeiger auf das Objekt anstatt auf dem Objekt selbst. Bei der Implementierung von `IteratorAggregate` verwenden Sie immer externe Iteratoren, wohingegen das `Iterator`-Interface verwendet wird, wenn Sie ein Objekt intern traversieren möchten.

Bei der Verwendung eines externen Iterators benötigt das zu traversierende Aggregat ein einfacheres Interface.

Wie Sie gesehen haben, gibt es also neben der Anzahl der zu implementierenden Methoden noch einen weiteren Unterschied zwischen den beiden Interfaces, die zur Auswahl stehen. Sie sollten also vor der Implementierung überlegen, ob es zu irgendeinem Zeitpunkt später möglich sein muss, gleichzeitig über dieselben Daten zu iterieren und dabei unterschiedliche Zeiger zu verwenden.

Fehlerbehandlung mit Exceptions

Die Themen Fehlersignalisierung und Fehlerbehandlung werden in vielen Applikationen stiefmütterlich behandelt und oft ans Ende des Entwicklungszyklus verbannt. Da zum Schluss des Projekts häufig jedoch die Zeit knapp wird, wird dieser Teil der Applikation nur rudimentär implementiert, und häufig wird darauf vertraut, dass die Anwendung in der Live-Umgebung genauso fehlerfrei läuft, wie dies auf den Test- und Entwicklungssystemen der Fall war. Leider lässt sich eine produktive Umgebung, in der die verschiedensten Benutzergruppen eine Applikation verwenden, nicht mit einer Testumgebung vergleichen, in der sich alle Faktoren, die das Verhalten der Anwendung beeinflussen, steuern lassen. Und so treten bei nahezu jeder Applikation einige Fehler erst nach dem Online-Gang auf, die dann weder ausreichend an das Debug-System weitergegeben noch vernünftig behandelt werden. Die Folge sind oft sichtbare PHP-Fehlermeldungen oder eine weiße Seite.

PHP 4 bot nicht gerade viele Funktionen an, die einem Entwickler die Fehlersignalisierung oder Behandlung erleichterten. Außer der `trigger_error()`-Funktion, die sofort zu einem sichtbaren Fehler führt, bringt PHP 4 keine Bordmittel zum Signalisieren von Fehlern mit. Da aber die Anzeige eines Fehlers häufig nicht gewünscht ist, gingen viele Programmierer dazu über, den Wert `false` als Rückgabewert einer Methode zu verwenden, um zu signalisieren, dass diese nicht fehlerfrei abgearbeitet werden konnte.

Genauso verhielt es sich mit der Verarbeitung von Fehlern. Diese konnten entweder über die Verwendung eines eigenen Fehler-Handlers, der mit der Funktion `set_error_handler()` gesetzt wurde, abgefangen oder lokal durch Voranstellen eines `@`-Zeichens vor den Funktionsnamen unterdrückt werden. Damit war der Fehler jedoch trotzdem noch vorhanden, lediglich seine Ausgabe wurde unterdrückt, was oft zu noch größeren Problemen führte, da die Suche nach dem Auslöser des Fehlers erschwert wurde.

Erst die Klassenbibliothek PEAR unternahm einen großen Schritt in Richtung einheitlicher Fehlerbehandlung. Es wurde eine neue Klasse bereitgestellt, die verwendet werden konnte, um einen Fehler zu signalisieren. PEAR bot eine Methode an, mit der ein Fehlerobjekt erzeugt werden konnte, das die verschiedensten Informationen zu einem Fehler enthielt, unter anderem ein eindeutiger Fehlercode, eine von Menschen lesbare Nachricht sowie Informationen dazu, wo der Fehler aufgetreten war. Dadurch konnten die Fehlerinformationen gekapselt transportiert und verarbeitet werden, was einen enormen Fortschritt bot. Eine Überprüfung, ob ein Fehler aufgetreten war, konnte dadurch innerhalb der gesamten Applikation über immer das gleiche Schema erledigt werden. Weiterhin bot PEAR die Möglichkeit an, die Fehler zentral oder lokal zu behandeln.

Die Entwickler von PEAR orientierten sich bei der Implementierung dieser Funktionalitäten an anderen Programmiersprachen wie zum Beispiel Java, die das Konzept von *Exceptions* (Ausnahmen) zur Fehlerbehandlung verwendeten. Allerdings konnte dieses Konzept in PHP 4 nicht zu hundert Prozent übernommen werden, da dazu die Sprache nicht alle nötigen Features bot. Mit der Version 5 bringt PHP aber nun Exceptions schon als neuen Weg der Fehlerbehandlung mit.

Werfen und Fangen von Exceptions

Der größte Unterschied zwischen dem alten und dem neuen Weg der Fehlerbehandlung ist, dass in PHP 4 der Fehler immer durch die `return`-Anweisung aus einer Funktion oder Methode zurückgegeben wurde und nach jedem Aufruf einer Funktion oder Methode überprüft werden musste, ob ein Fehler aufgetreten war. Dies führte oft zu Code der folgenden Art:

```
$fp = fopen('users.csv', 'r');
if ($fp === false) {
    exit('Datei kann nicht geöffnet werden.');
}
if (flock($fp, LOCK_SH) === false) {
```

```
        exit('Datei-Locking kann nicht erstellt werden.');
    }
    while (!feof($fp)) {
        $line = fgets($fp, 1024);
        if ($line === false) {
            die('Datei kann nicht ausgelesen werden.');
        }
        $fields = explode(',', trim($line));
        if (count($fields) !== 2) {
        die('Zeile hat ein ungültiges Format.');
        }
        print "{$fields[0]} <{$fields[1]}>\n";
    }
    fclose($fp);
```

Dieses kleine Skript wird verwendet, um eine einfache CSV des folgenden Formats auszulesen:

```
Rasmus Lerdorf,rasmus@php.net
Stephan Schmidt,schst@php.net
Zeile mit ungültigem Format
```

Nach jeder Aktion, die einen Fehler produzieren kann, muss zunächst überprüft werden, ob ein Fehler aufgetreten ist. Dies ist besonders wichtig, da die einzelnen Funktionsaufrufe aufeinander aufbauen. Konnte die Datei nicht geöffnet werden, kann sicher kein Locking auf die Datei hergestellt werden, und falls dies fehlschlägt, sollte auch nichts aus der Datei ausgelesen werden. Beim Auslesen jeder Zeile sollte weiterhin überprüft werden, ob diese ausgelesen werden kann, schließlich könnte das Dateisystem fehlerhaft sein, oder jemand könnte die Datei löschen, während Sie diese bearbeiten. Somit haben Sie in diesen wenigen Zeilen Quellcode schon vier Abfragen, die überprüfen, ob ein Fehler aufgetreten ist.

Um dieses Skript nun auf die Verwendung von Exceptions umzustellen, portieren Sie den Code zunächst in objektorientierten PHP 5-Code, indem Sie eine neue Klasse `CSVFile` implementieren, die die gleiche Funktionalität bietet:

```
class CSVFile {
    protected $filename;
    protected $fp;

    public function __construct($filename) {
        $this->filename = $filename;
    }

    public function open($mode = 'r') {
        $this->fp = fopen($this->filename, $mode);
        if ($this->fp) {
            return false;
        }
        return true;
    }
```

```
    public function lock($mode = LOCK_SH) {
        return flock($this->fp, $mode);
    }

    public function endOfFile() {
        return feof($this->fp);
    }

    public function readLine() {
        $line = fgets($this->fp, 1024);
        if ($line === false) {
            return false;
        }
        $fields = explode(',', trim($line));
        if (count($fields) !== 2) {
            return false;
        }
        return $fields;
    }

    public function close() {
        fclose($this->fp);
    }
}
```

Diese Klasse bietet Methoden zum Öffnen und Schließen der Datei sowie eine Methode, um ein Datei-Lock zu erzeugen und eine Zeile aus der Datei auszulesen. Am eigentlichen Fehlermanagement haben Sie (noch) nichts verändert, die Methoden geben weiterhin den Wert `false` zurück, wenn ein Fehler auftritt. Das Einzige, was Sie bisher mit der Veränderung erreicht haben, ist eine einfachere Wiederverwertbarkeit der Funktionalität, da diese in einer eigenen Klasse gekapselt ist.

Möchten Sie nun wieder die Benutzerliste auslesen, verwenden Sie dafür den folgenden Code unter Einbeziehung der neuen `CSVFile`-Klasse:

```
$file = new CSVFile('users.csv');
if ($file->open() === false) {
    exit('Datei kann nicht geöffnet werden.');
}
if ($file->lock() === false) {
    exit('Datei-Locking kann nicht erstellt werden.');
}
while (!$file->endOfFile()) {
    $fields = $file->readLine();
    if ($fields === false) {
        die('Zeile kann nicht ausgelesen werden oder hat ein
            ungültiges Format.');
    }
    print "{$fields[0]} <{$fields[1]}>\n";
}
$file->close();
```

Der Code ist zwar einfacher zu lesen, aber dennoch müssen Sie sehr viele Abfragen implementieren, um die Rückgabewerte der einzelnen Methoden zu überprüfen. Sollten Sie zum Beispiel vergessen, den Rückgabewert der open()-Methode auf einen Fehler zu überprüfen, wird danach versucht, Daten aus einer Datei zu lesen, die nicht geöffnet wurde, was zu unschönen PHP-Fehlermeldungen führt.

Um nun das eigentliche Fehlermanagement zu verbessern, verwenden Sie Exceptions an Stelle eines speziellen Rückgabewerts. Möchte man mit Hilfe einer Exception signalisieren, dass ein Fehler aufgetreten ist, muss hierzu das neue Schlüsselwort throw verwendet werden. Diese Anweisung erwartet eine Instanz der Klasse Exception als einziges Argument. Diese Instanz wiederum wird in den meisten Fällen direkt dort, wo sie verwendet wird, über den new-Operator erzeugt:

```
throw new Exception();
```

Bei der Ausführung dieser Zeile wird eine neue Exception geworfen, und PHP überspringt alle folgenden Codezeilen, die ansonsten ausgeführt würden, bis die Exception an einer Stelle verarbeitet wird. Wird die Exception nicht verarbeitet, wird sie am Ende des Skripts in einen Fehler vom Typ E_ERROR konvertiert und ausgegeben. Der Konstruktor der Exception-Klasse akzeptiert zwei optionale Parameter:

1. Eine textuelle Beschreibung der Fehlerursache.
2. Einen Fehlercode als Zahlenwert.

Möchten Sie nun Exceptions in der CSVFile-Klasse verwenden, um einen Fehler zu signalisieren, sind nur kleinere Änderungen am Quelltext nötig:

```
class CSVFile {

    protected $filename;
    protected $fp;

    public function __construct($filename) {
        $this->filename = $filename;
    }

    public function open($mode = 'r') {
        $this->fp = fopen($this->filename, $mode);
        if ($this->fp === false) {
            throw new Exception('Konnte Datei nicht öffnen.');
        }
    }

    public function lock($mode = LOCK_SH) {
        if (flock($this->fp, $mode) === false) {
            throw new Exception('Konnte Datei-Lock nicht erhalten.');
        }
    }

    public function endOfFile() {
```

```
        return feof($this->fp);
    }

    public function readLine() {
        $line = fgets($this->fp, 1024);
        if ($line === false) {
            throw new Exception('Konnte Zeile nicht auslesen.');
        }
        $fields = explode(',', trim($line));
        if (count($fields) !== 2) {
            throw new Exception('Zeile hat ein ungültiges Format.');
        }
        return $fields;
    }

    public function close() {
        fclose($this->fp);
    }
}
```

An allen Stellen, an denen bisher ein Fehler durch die Rückgabe von `false` signalisiert wurde, haben Sie nun das Werfen einer Exception durch `throw new Exception(...);` eingefügt. Dadurch fällt im Skript, das die Klasse verwendet, die Überprüfung auf den Rückgabewert weg, was den Code erheblich vereinfacht:

```
$file = new CSVFile('users.csv');
$file->open();
$file->lock();
while (!$file->endOfFile()) {
    $fields = $file->readLine();
    print "{$fields[0]} <{$fields[1]}>\n";
}
$file->close();
```

Führen Sie diesen Code nun aus, erhalten Sie die folgende Ausgabe:

```
Rasmus Lerdorf <rasmus@php.net>
Stephan Schmidt <schst@php.net>
Fatal error:  Uncaught exception 'Exception' with message 'Zeile hat ein ungültiges
Format.' in ch1/exceptions/php5-exception.php:74
Stack trace:
#0 ch1/exceptions/php5-exception.php(74): CSVFile::readLine()
#1 ch1/exceptions/php5-exception.php(91): CSVFile->readLine()
#2 {main}
  thrown in ch1/exceptions/php5-exception.php on line 74
```

Nachdem die ersten beiden Zeilen erfolgreich ausgelesen werden konnten, stellt Ihre Klasse in der dritten Zeile fest, dass diese einen Fehler enthält, und reagiert mit einer Exception. Dadurch wird die Abarbeitung des Skripts abgebrochen, und da die Exception nicht verarbeitet wurde, wird diese in einen Fehler konvertiert und ausgegeben. Sie brauchen nun zwar weitaus weniger Fehlerabfragen, solange Sie die Exception allerdings nicht verarbeiten, hätten Sie das gleiche Ergebnis auch erreichen können, indem Sie die Funktion trigger_error() verwenden. Da dadurch aber sämtliche Änderungen unnötig gewesen wären, sollten Sie doch lieber versuchen, die Exception zu verarbeiten.

Exceptions global verarbeiten

Analog zur Funktion set_error_handler() bietet PHP auch eine Funktion set_exception_handler(), mit der Sie eine Funktion oder Methode registrieren können, die im Fall einer nicht gefangenen Exception aufgerufen wird. So können Sie diese zum Beispiel in eine Logdatei schreiben, anstatt sie einfach nur auszugeben, wie das PHP ansonsten machen würde.

Um eine Exception zu verarbeiten, muss der PHP-Code, der eine Exception auslösen könnte, von einem *try/catch-Block* umschlossen werden. Dieser wird mit einer try-Anweisung eingeleitet. Am Ende des Blocks wird die catch-Anweisung verwendet, um die darin aufgetretene Exception zu fangen und anschließend weiterzuverarbeiten:

```
try {
    $file = new CSVFile('users.csv');
    $file->open();
    $file->lock();
    while (!$file->endOfFile()) {
        $fields = $file->readLine();
        print "{$fields[0]} <{$fields[1]}>\n";
    }
    $file->close();
} catch (Exception $e) {
    print "Es ist ein Fehler aufgetreten.\n";
}
print "Dieser Text wird immer ausgegeben.\n";
```

Wann immer nun irgendeine der Methoden innerhalb das try-Blocks eine Exception wirft, unterbricht PHP sofort die Abarbeitung des folgenden PHP-Codes und springt zur nächsten catch-Anweisung, die die Exception verarbeitet. Dort wird die Exception gefangen und in der Variablen $e gespeichert. Anschließend wird der Code innerhalb des catch-Blocks ausgeführt und die Abarbeitung des Skripts wird fortgesetzt. Die Ausgabe dieses Skripts ist nun:

```
Rasmus Lerdorf <rasmus@php.net>
Stephan Schmidt <schst@php.net>
Es ist ein Fehler aufgetreten.
Dieser Text wird immer ausgegeben.
```

Mit Hilfe von Exceptions können Sie also einen Codeabschnitt als fehleranfällig markieren und jeden Fehler, der bei der Abarbeitung auftreten könnte, zentral an einer Stelle abfangen. Der große Vorteil ist, dass beim Auftreten eines Fehlers automatisch alle folgenden Anweisungen übersprungen werden (die Anwendung befindet sich durch den Fehler in einem instabilen Zustand) und somit keine Folgefehler auftreten können. Kann die Datei also nicht geöffnet werden, wird gar nicht erst versucht, ein Datei-Lock herzustellen oder eine Zeile einzulesen, stattdessen springt PHP direkt zur nächsten `catch`-Anweisung.

Die Methoden der Exception-Klasse

Neben dem Konstruktor implementiert die Exception-Klasse weitere nützliche Methoden. Zum einen existieren die zwei Methoden `getMessage()` und `getCode()`, mit denen die an den Konstruktor übergebenen Werte wieder erhalten werden können. Zum anderen stellt die Klasse Methoden bereit, um auf Informationen zugreifen zu können, die von PHP automatisch generiert werden. Dazu gehört zum Beispiel der Name der Datei sowie die Zeilennummer, in der die Exception geworfen wurde. Tabelle 1-1 listet alle Methoden auf, die die Klasse bereitstellt.

Tabelle 1-1: Die Methoden der Exception-Klasse

Methode	Beschreibung
getMessage()	Gibt die Fehlermeldung zurück, die im Konstruktor übergeben wurde.
getCode()	Gibt den Fehlercode zurück, der im Konstruktor übergeben wurde.
getFile()	Gibt den Namen der Datei zurück, in der die Exception geworfen wurde.
getLine()	Gibt die Nummer der Zeile zurück, in der die Datei geworfen wurde.
getTrace()	Gibt ein Array mit dem Stapel der Funktionsaufrufe zurück, die zum Werfen der Exception geführt haben.
getTraceAsString()	Wie getTrace(), allerdings wird das Array hier direkt in einen String konvertiert, der zu Debug-Zwecken ausgegeben werden kann.

Sie können nun diese Methoden verwenden, um die Fehlermeldung aussagekräftiger zu gestalten:

```
try {
    ...
} catch (Exception $e) {
    $line = $e->getLine();
    $file = $e->getFile();
    print "Es ist ein Fehler aufgetreten:\n";
    print $e->getMessage() . "\n";
    print "Zeile {$line} in {$file}\n";
}
```

Führen Sie den Code erneut aus, erhalten Sie jetzt eine detailliertere Fehlermeldung:

```
Es ist ein Fehler aufgetreten:
Zeile hat ein ungültiges Format.
Zeile 74 in ch1/exceptions/php5-exception.php
```

Weiterhin implementiert die Exception-Klasse auch den `__toString()`-Interzeptor, den Sie zuvor in diesem Kapitel bereits kennen gelernt haben. Es ist also auch einfach möglich, die Exception mit der `print`-Anweisung auszugeben. Dabei erhalten Sie die gleiche Ausgabe, die auch ausgegeben wird, wenn die Exception nicht abgefangen wird:

```
exception 'Exception' with message 'Zeile hat ein ungültiges Format.' in ch1/
exceptions/php5-exception.php:74
Stack trace:
#0 ch1/exceptions/php5-exception.php(74): CSVFile::readLine()
#1 exceptions/php5-exception.php(92): CSVFile->readLine()
#2 {main}
```

Exceptions lassen sich also nicht nur dazu verwenden, einen Fehler zu signalisieren und einfacher zu verarbeiten, sie transportieren auch weitaus mehr Informationen zum aufgetretenen Fehler als ein einfaches `false`. Als Nächstes werden Sie noch erfahren, wie man mit Hilfe von Exceptions verschiedene Fehler in Gruppen zusammenfasst.

Eigene Exceptions implementieren

Wie Sie gesehen haben, ist eine Exception nichts anderes als eine Klasse, von der Objekte instanziiert werden können. Es ist also auch möglich, einfach eine neue Klasse von dieser Klasse abzuleiten:

```
class MyException  extends Exception {
}
```

Und dies ist nicht nur möglich, sondern ein wichtiger Teil des Exception-Konzepts. Durch Bildung von Unterklassen ist es möglich, die einzelnen Fehler in verschiedene Gruppen einzuteilen. In obigem Beispiel, das die Klasse `CSVFile` verwendet, gibt es zum Beispiel zwei Arten von Fehlern, die auftreten können:

- Fehler, die mit dem Dateisystem zu tun haben (Fehler beim Öffnen, Fehler beim Datei-Locking oder Fehler beim Auslesen einer Zeile).
- Fehler, die mit dem Inhalt der Datei zu tun haben, also wenn eine Zeile der Datei fehlerhaft ist.

Sicher sollen diese zwei Fehlertypen unterschiedlich behandelt werden. Kann auf die Datei nicht zugegriffen werden, wollen Sie eventuell den Administrator der Applikation benachrichtigen, da möglicherweise ein Serverfehler vorliegt. Wenn nur der Inhalt der Datei falsch ist, würde es genügen, dem Benutzer der Applikation eine Fehlermeldung anzuzeigen, damit er die Datei korrigiert. Diese zwei Fehlerarten werden in der Applikation durch zwei verschiedene Unterklassen der Exception-Klasse repräsentiert:

```
class IOException extends Exception {
}
class CSVException extends Exception {
}
```

Sie haben nun zwei neue Klassen implementiert, die beide von der Exception-Klasse abgeleitet sind, aber unterschiedliche Fehler repräsentieren. Nun müssen Sie nur noch die throw-Anweisungen ändern, damit diese die neuen Klassen verwenden:

```
class CSVFile {
    ... Eigenschaften und Konstruktor ...

    public function open($mode = 'r') {
        $this->fp = fopen($this->filename, $mode);
        if ($this->fp === false) {
            throw new IOException('Konnte Datei nicht öffnen.');
        }
    }

    public function lock($mode = LOCK_SH) {
        if (flock($this->fp, $mode) === false) {
            throw new IOException('Konnte Datei-Lock nicht erhalten.');
        }
    }

    public function readLine() {
        $line = fgets($this->fp, 1024);
        if ($line === false) {
            throw new IOException('Konnte Zeile nicht auslesen.');
        }
        $fields = explode(',', trim($line));
        if (count($fields) !== 2) {
            throw new CSVException('Zeile hat ein ungültiges Format.');
        }
        return $fields;
    }

    ... alle anderen Methoden werden nicht verändert ...
}
```

Führen Sie nun das Testskript wieder aus, wird es genau so reagieren wie bisher. Dies liegt daran, dass der catch-Operator genau so funktioniert wie der instanceof-Operator. Die Anweisung catch (Exception $e) fängt alle Exceptions der Klasse Exception sowie deren Unterklassen, also auch die Exceptions vom Typ IOException und CSVException. Wollen Sie die beiden Fehlertypen unterschiedlich behandeln, ist eine Änderung am eigentlichen Skript nötig:

```
try {
    ... Code zum Auslesen der Datei ...
} catch (IOException $e) {
    // Nur Exceptions vom Typ IOException fangen.
    die("Es liegt ein Dateifehler vor, bitte informieren Sie den Administrator");
```

```
    } catch (CSVException $e) {
        // Nur Exceptions vom Typ CSVException fangen.
        die("Das Format der Datei ist nicht korrekt, bitte korrigieren Sie dieses.");
    } catch (Exception $e) {
        // Alle anderen Exceptions fangen.
        print $e;
        exit();
    }
```

Wenn Sie das Skript jetzt erneut ausführen, erhalten Sie die Meldung:

```
Das Format der Datei ist nicht korrekt, bitte korrigieren Sie dieses.
```

Versuchen Sie nun einmal, die Datei zu verschieben, und führen das Skript erneut aus, werden Sie eine andere Fehlermeldung erhalten. Zur Sicherheit fangen Sie neben den beiden neu definierten Exception-Typen auch noch alle weiteren Exceptions, falls zu einem späteren Zeitpunkt noch andere Exceptions geworfen werden.

Vordefinierte Exceptions der SPL

Mit der Version 5.1 von PHP bringt die Standard PHP Library (die Sie nach Möglichkeit immer aktivieren sollten, wenn Sie in PHP objektorientiert programmieren) bereits einige vordefinierte Exceptions mit, die Sie für häufig auftretende Fehler benutzen können.

Die Verwendung dieser Exceptions hat mehrere Vorteile:

- Die Exception-Klassen wurden bereits im C-Code implementiert, es muss also kein zusätzlicher PHP-Code geladen und geparst werden.
- Die Exceptions werden auch von anderen Entwicklern verwendet, denen es dadurch einfacher gemacht wird, die von Ihnen geworfenen Exceptions zu fangen. Durch die Verwendung der vordefinierten Exceptions wird ein Standard geschaffen, und man muss sich bei Verwendung von Fremdcode nicht erst mit der Struktur der Exceptions vertraut machen.
- Die Exceptions verwenden die gleichen Namen wie Exceptions in anderen Sprachen, was es Programmierern, die von anderen Sprachen zu PHP wechseln, leichter macht, Ihren Programmcode zu verstehen.

Die SPL bietet Ihnen zwei Gruppen von Exceptions an: zum einen die Exceptions, die von der `LogicException` abgeleitet werden und mit denen Sie verschiedene Fehler in der Programmlogik signalisieren können. Diese könnten eigentlich schon beim Schreiben des Programmcodes lokalisiert werden. Zum anderen bietet die SPL Exceptions, die von der Klasse `RuntimeException` abgeleitet sind. Wie der Name schon sagt, sind diese Fehler erst zur Laufzeit zu erkennen, beispielsweise wenn Sie den zehnten Wert in einem Array auslesen wollen, dieses aber nur fünf Werte enthält. Abbildung 1-1 zeigt Ihnen den Klassenbaum aller Exceptions, die die SPL bereitstellt.

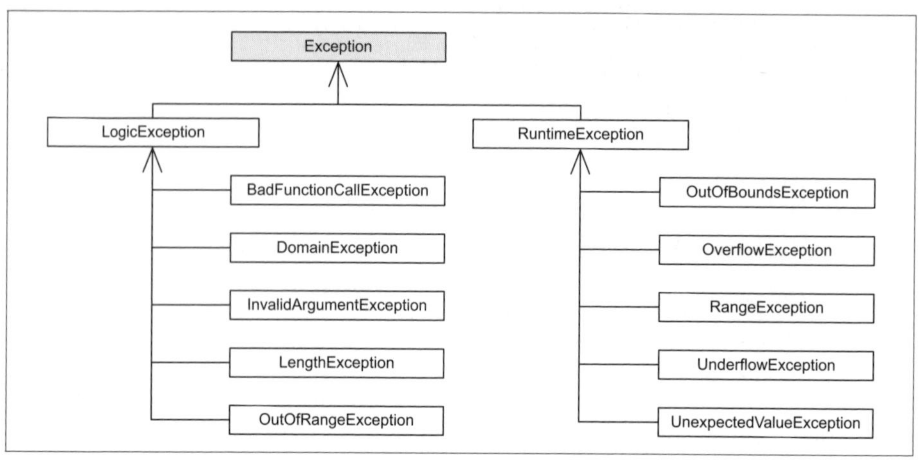

Abbildung 1-1: Die Exceptions der Standard PHP Library

Sobald Sie die SPL beim Kompilieren von PHP aktiviert haben, können Sie diese Exceptions so verwenden, als hätten Sie sie selbst deklariert:

```
class Car {
    protected $manufacturer;
    protected $color;
    protected $milage = 0;
    public function __construct($manufacturer, $color, $milage = 0) {
        if (!is_int($milage)) {
            throw new InvalidArgumentException('Milage must be an integer.');
        }
        $this->manufacturer = $manufacturer;
        $this->color = $color;
        $this->milage = $milage;
    }
}
```

Im Konstruktor der Klasse `Car` überprüfen Sie nun, ob der Kilometerstand des Autos als Ganzzahl übergeben wurde. Wird ein Argument eines anderen Typs übergeben, werfen Sie an dieser Stelle eine `InvalidArgumentException`.

Vertauschen Sie einmal aus Versehen im Konstruktor den zweiten und dritten Paramter, reagiert dieser mit einer Exception.

```
$bmw = new Car('BMW', 0, 'blau');
```

Wenn Sie diesen Code ausführen, wird die Exception nicht von einem umgebenden `try/catch`-Block gefangen und resultiert in einer Fehlermeldung.

```
Fatal error: Uncaught exception 'InvalidArgumentException' with message 'Milage
must be an integer.' in ch1/exceptions/SPL.php:8
Stack trace:
#0  ch1/exceptions/SPL.php(8): Car::__construct()
#1 ch1/exceptions/SPL.php(16): Car->__construct('BMW', 0, 'blau')
#2 {main} thrown in ch1/exceptions/SPL.php on line 8
```

Natürlich hätten Sie die `InvalidArgumentException` genau so mit `try/catch` abfangen können, wie Sie das mit der Exception-Basisklasse oder den selbst definierten Exceptions machen.

Exceptions in PEAR

Auch PEAR bietet Ihnen bereits vordefinierte Exceptions. So haben Sie mit der Installation des PEAR-Basispakets bereits eine Klasse `PEAR_Exception`, die Ihnen zusätzliche Funktionalität bietet, mit der Sie zum Beispiel das Werfen von Exceptions überwachen können. Alle PEAR-Pakete, die speziell für PHP 5 entwickelt werden, bringen zudem ihre eigenen Exceptions mit.

Dieses Beispiel hat Ihnen gleichzeitig noch einen weiteren Vorteil von Exceptions gezeigt. Sie können auch verwendet werden, wenn im Konstruktor einer Klasse ein Fehler auftritt, eine Möglichkeit, die man in PHP 4 vergebens gesucht hat, da aus dem Konstruktor kein Wert zurückgegeben werden kann.

Im ersten Kapitel haben Sie nun alles gelernt, was Sie für die objektorientierte Programmierung brauchen. In Kapitel 2 werden Sie einige Grundsätze kennen lernen, die beim Design von Applikationen wichtig sind, und sehen, wie diese in der Anwendung von Design Patterns münden.

KAPITEL 2
Gutes Software-Design

Kaum etwas ist so schnellen Veränderungen unterworfen wie Software. In den meisten Projekten ergeben sich ständig neue Anforderungen an die Software. Nahezu genauso häufig fallen bereits implementierte Anforderungen wieder weg oder werden verändert. Als Softwareentwickler müssen Sie die einzelnen Komponenten Ihrer Anwendungen so entwerfen, dass Sie möglichst einfach auf die wechselnden Anforderungen reagieren können. Dadurch ergibt sich automatisch eine zusätzliche technische Anforderung: *Software muss erweiterbar sein*.

Nachdem Sie im ersten Kapitel die Grundlagen objektorientierter Programmierung kennen gelernt haben, werden Sie sich in den folgenden Kapiteln damit beschäftigen, wie Sie diese Werkzeuge nutzen können, um damit flexible Anwendungen zu entwickeln. Dabei werden Sie erkennen, dass es wichtig ist, sich bereits *vor* der eigentlichen Implementierung ausgiebig Gedanken über das Design der Applikation zu machen. Dies verhindert, dass Sie plötzlich vor dem Problem stehen, große Teile der Anwendung umschreiben zu müssen, um auf die geänderten Anforderungen reagieren zu können. Wenn Sie dies nicht verhindern, sorgt jede neue Anforderung an Ihre Software für einen höheren Aufwand, wodurch die Projektzeit verlängert wird oder nicht alle Anforderungen bearbeitet werden können.

Im ersten Teil diesses Kapitels werden Sie sich mit den Grundlagen des Software-Designs befassen und an einem Beispiel lernen, wie Sie mehrere Klassen zu einer Anwendung zusammenfügen können, die die Anforderungen an Erweiterbarkeit und Flexibilität erfüllt. Danach machen Sie einen ersten Ausflug in die Welt der Design Patterns und beschäftigen sich mit dem Zweck dieser Muster. Sie werden weiterhin erfahren, wie Sie möglichst schnell ein passendes Muster für zukünftige Probleme finden können. Mit diesem Wissen ausgestattet, können Sie die folgenden Kapitel als Nachschlagewerk verwenden, wenn Sie in einem Ihrer Projekte auf ein Problem stoßen, das Sie gern mit Hilfe eines Design Patterns lösen wollen.

Regeln des Software-Designs

Um die grundlegenden Regeln von Software-Design zu verdeutlichen, werden wir wieder zum Beispiel der Autovermietung aus dem ersten Kapitel zurückkehren. Bisher haben Sie lediglich verschiedene Fahrzeuge, wie Autos und Flugzeuge, implementiert, jedoch können diese noch nicht ausgeliehen werden. Am Ende dieses Kapitels werden Sie auf die Entwicklung einer funktionsfähigen Software zurückblicken können, mit der es möglich ist, Autos zu mieten, und die jeden Leihvorgang genau protokolliert.

Da Ihnen dieses Buch die richtige Architektur von Applikationen näher bringen möchte, wird bei der eigentlichen Implementierung nicht ins Detail gegangen. Somit werden wir uns nie um die persistente Speicherung der Daten oder eine grafische Oberfläche für die Anwendung kümmern. Stattdessen liegt der Fokus stets auf den Interfaces, die Ihnen die einzelnen Klassen bieten, und wie diese Klassen miteinander kommunizieren. In realen Anwendungen sind natürlich beide Seiten der Softwareentwicklung wichtig, sowohl das Design des Interfaces als auch die Interna wie Speicherung der Daten oder das Implementieren von performanten Algorithmen. Das O'Reilly-Verlagsprogramm bietet Ihnen auch zu den Themen, die nicht Bestandteil dieses Buchs sein werden, ausreichend Alternativen, wie beispielsweise die Titel *Webdatenbank-Applikationen mit PHP und MySQL* oder das *PHP 5 Kochbuch*.

Kapselung der Daten

Eine der wichtigsten Regeln haben Sie bereits im ersten Kapitel kennen gelernt. Klassen und Objekte erlauben Ihnen, den Zugriff auf Daten einzuschränken, und dieses sollten Sie auch nutzen. Das ermöglicht Ihnen, die Interna einer jeden Klasse nach Belieben umzustrukturieren, ohne dass dabei andere Klassen oder Methoden betroffen sind, die die veränderte Klasse verwenden. Solche internen Änderungen können unter anderem durch die folgenden Probleme nötig werden:

- Die Speicherung der Daten muss umgestellt werden. Dies ist zum Beispiel der Fall, wenn Sie feststellen, dass der aktuelle Datenspeicher mit den Datenmengen nicht mehr zurechtkommt und Sie Ihr dateibasiertes Format gegen eine Datenbank austauschen müssen.
- Die von Ihnen implementierten Algorithmen sind zu langsam, weil die Applikation von immer mehr Benutzern gleichzeitig verwendet wird. Sie können die Algorithmen umschreiben, solange sie immer zum gleichen Ergebnis führen.
- Die Anforderungen an die Anwendung haben sich geändert, wodurch Algorithmen geändert werden müssen. Sofern diese innerhalb einer Klasse geändert werden, betrifft dies keine der aufrufenden Klassen.

Um dies zu verdeutlichen, schauen wir uns erneut die Autovermietung an. Da diese mit der Vermietung von Autos Geld verdienen möchte, muss auch irgendwo der Tagessatz für ein Fahrzeug gespeichert werden. Sollte dieser anfangs immer der gleiche sein, lassen Sie sich sicher schnell dazu hinreißen, eine globale PHP-Variable oder eine sonstige Konfigurationsoption zu verwenden.

```
$dailyRate = 75.50;
```

Was passiert nun aber, wenn eine neue Anforderung vorgibt, dass der täglich zu zahlende Betrag für Cabrios ein anderer sein soll als für Limousinen oder dass sich der Betrag nach der Ausleihdauer berechnen soll. Dadurch würde Ihre Anzahl an Konfigurationsoptionen sehr schnell anwachsen, und Sie müssten an den entsprechenden Stellen Ihrer Applikation die passende Logik implementieren, um die richtige Option auszulesen.

Aus diesen Gründen ist es besser, den Zugriff auf den Tagessatz direkt von Beginn an in einer Methode zu kapseln. Da vorauszusehen ist, dass der Tagessatz vom ausgeliehenen Fahrzeug abhängt, ist ein guter Platz für diese Logik des `Vehicle`-Interfaces, das von den Klassen `Car`, `Convertible` und `Airplane` implementiert wird. Sie erweitern also die Schnittstelle um eine Methode und implementieren diese in den entsprechenden Klassen. Beispielhaft könnte dies für die Klasse `Car` folgendermaßen aussehen:

```
class Car {
    ... Eigenschaften und Methoden ...

    public function getDailyRate() {
        return 75.50;
    }
}
```

Wenn nun für einen bestimmten Fahrzeugtyp ein anderer Tagessatz berechnet werden soll, müsste dieser lediglich diese Methode überschreiben, und schon haben Sie die neue Anforderung implementiert. Damit haben Sie die erste Regel des Designs einer objektorientierten Architektur kennen gelernt:

> *Kapseln Sie den Zugriff auf Daten immer innerhalb einer Klasse und bieten Sie Methoden an, um diese Daten abzufragen.*

Sollte nun definiert werden, dass der Tagessatz günstiger wird, wenn das Auto länger als eine Woche gemietet wird, ist dies auch recht einfach möglich, indem Sie die Signatur der Methode etwas anpassen:

```
class Car {
    ... Eigenschaften und Methoden ...

    public function getDailyRate($days = 1) {
        if ($days >= 7) {
```

```
                return 65.90;
            }
            return 75.50;
        }
    }
```

Dies zieht natürlich noch Änderungen an den Klassen nach sich, die die `getDailyRate()`-Methode aufrufen, da diese nun auch die Anzahl der Tage übergeben müssen. Diese nachträgliche Änderung können Sie verhindern, indem Sie bei der Definition der Schnittstelle schon versuchen zu ermitteln, welche Daten eventuell zu einem späteren Zeitpunkt zur Berechnung des Tagessatzes herangezogen werden könnten. Es wird natürlich nie möglich sein, alle künftigen Anforderungen bereits in der ersten Implementierung zu berücksichtigen, ansonsten müssten Sie alle zur Verfügung stehenden Daten an die Methode übergeben, wodurch Sie wieder die Kapselung aufbrechen. Sie sollten aber versuchen, einen gesunden Mittelweg zu finden, und die Methode so gestalten, dass sie zu einem späteren Zeitpunkt möglichst einfach erweitert werden kann, wie dieses Beispiel gezeigt hat. Und damit haben Sie schon die zweite Regel objektorientierter Softwareentwicklung gelernt:

> *Entwickeln Sie Ihre Schnittstellen so, dass diese zu einem späteren Zeitpunkt erweitert werden können.*

Am Anfang des Software-Designs stehen also immer die gleichen Schritte: Sie müssen sich Gedanken über die zu verwaltenden Daten machen und wie diese in Entitäten zusammengefasst werden müssen. Daraus ergeben sich dann die einzelnen Klassen sowie die Methoden, die diese zur Verfügung stellen müssen.

Implementieren der Akteure

Im Beispiel haben Sie die folgenden Akteure, die Teil Ihrer Applikation sein müssen:

1. Die einzelnen Fahrzeuge, die Teil des Fuhrparks sind und ausgeliehen werden können.
2. Die Kunden der Autovermietung, die sich Fahrzeuge leihen.
3. Die Autovermietung selbst, sie sollte den Fuhrpark verwalten und Autos vermieten können.

Aus diesen Akteuren können Sie direkt die zu implementierenden Klassen und Interfaces ableiten. Für die Fahrzeuge haben Sie dies bereits im ersten Kapitel erledigt, für die Kunden und die Autovermietung werden Sie dies jetzt nachholen. Als Erstes implementieren Sie dazu die neue Klasse `Customer`, die einen Kunden repräsentiert:

```
class Customer {
    protected $id;
    protected $name;
```

```
    public function __construct($id, $name) {
        $this->id = $id;
        $this->name = $name;
    }

    public function getId() {
        return $this->id;
    }

    public function getName() {
        return $this->name;
    }
}
```

Der Kunde besteht aus einer Kundenkennung, mit der Sie ihn eindeutig im System identifizieren können, sowie seinem Namen. In einer realen Autovermietung werden Sie zu einem Kunden sicherlich noch mehr Daten speichern, vor allem wenn Sie diesem Kunden Fahrzeuge überlassen wollen. Für dieses Beispiel werden Sie jedoch, wie zuvor erwähnt, die eigentliche Implementierung so spartanisch wie möglich halten, um nicht vom Design der Architektur abzulenken. Die Informationen, die zum Kunden gespeichert werden, werden im Konstruktor übergeben und dann in den Eigenschaften des Objekts gespeichert. Zum Zugriff auf diese Eigenschaften werden die Methoden `getId()` und `getName()` bereitgestellt.

Nachdem jetzt Kunden und Fahrzeuge existieren, wird es Zeit, dass Sie sich um die tatsächliche Autovermietung kümmern. Dazu implementieren Sie die Klasse `RentalCompany`:

```
class RentalCompany {
    protected $fleet = array();

    public function addToFleet($id, Vehicle $vehicle) {
        $this->fleet[$id]  = $vehicle;
    }

    public function rentVehicle(Vehicle $vehicle, Customer $customer) {
    }

    public function returnVehicle(Vehicle $vehicle) {
    }
}
```

Die Autovermietung hat eine Eigenschaft, in der Sie alle Autos des Fuhrparks speichern, sowie die folgenden drei Methoden:

- Die Methode `addToFleet()` wird verwendet, um ein neues Fahrzeug dem Fuhrpark hinzuzufügen. Dazu wird dieses einfach in der Eigenschaft `$fleet` gespeichert.
- Mit der Methode `rentVehicle()` kann ein Kunde ein Fahrzeug ausleihen. Die Implementierung hierfür haben Sie im ersten Schritt noch nicht hinzugefügt, weil Sie dazu erst definieren müssen, wie die Daten intern gespeichert werden.

- Um ein Auto zurückzugeben, wird die Methode `returnVehicle()` verwendet. Hierbei muss der Kunde, der das Auto zurückbringt, nicht mit übergeben werden, schließlich sollte die Autovermietung zu jeder Zeit wissen, wer welches Fahrzeug geliehen hat.

Im nächsten Schritt geht es jetzt darum, die deklarierten Methoden mit tatsächlicher Logik zu füllen, also die Methodenrümpfe zu implementieren.

Methodennamen sinnvoll wählen

Bei der Wahl der Methodennamen sollten Sie nicht zu vorschnell vorgehen, sondern darauf achten, dass Ihr Code sich später wie ein englischer Satz lesen lässt. Dies erleichtert Ihnen die Lesbarkeit Ihres Quellcodes, und Sie können auf einige Kommentare in Ihrem Programmcode verzichten. Verwenden Sie also Methodennamen, die zum Beispiel zu folgendem Code führen:

```
$book = $oreilly->getAuthor('Stephan Schmidt')->writeBook('PHP Design
Patterns');
```

Weiterhin gibt es noch ein paar Regeln, die Sie versuchen sollten einzuhalten:

- Methoden, die schreibend auf Eigenschaften zugreifen, sollten immer mit »`set`« beginnen, gefolgt vom Namen der Eigenschaft, die verändert wird, also zum Beispiel `setName()`, `setEmail()` usw.
- Für Methoden, die lesend auf eine Eigenschaft zugreifen, gilt das Gleiche, jedoch beginnen diese mit »get«, also zum Beispiel `getName()`, `getEmail()` usw.
- Wenn eine solche *Getter-Methode* einen Booleschen Wert zurückliefert, verwenden Sie die Vorsilbe »is« oder »has«, je nach Kontext, also zum Beispiel `isMale()` oder `hasChildren()`.

Die beide Methoden `rentVehicle()` und `returnVehicle()` haben in irgendeiner Weise mit dem Mieten eines Autos zu tun, entweder wird ein neuer Mietvorgang gestartet, oder der Mietvorgang wird durch Rückgabe des Autos beendet.

Zu einem solchen Mietvorgang gehören immer zwei Akteure: das Auto, das geliehen wird, und der Kunde, der dieses Auto ausleiht. Weiterhin ist beim Mieten eines Autos noch wichtig, wann dieses vermietet wurde und wann der Kunde es wieder zurückgebracht hat, und schließlich wird daraus der Mietpreis errechnet. Nach den Regeln der Kapselung, die Sie gerade gelernt haben, versuchen Sie einfach, diese Informationen in einer Klasse zusammenzufassen.

Implementieren der Vorgänge

Die neue Klasse `RentalAction` muss also die folgenden Informationen speichern:

- den Kunden, der das Auto mietet,
- das Auto, das gemietet wird,
- das Datum, an dem das Auto gemietet wurde, sowie
- das Datum, an dem der Kunde das Auto zurückgebracht hat, sofern der Mietvorgang abgeschlossen ist.

Eine solche Klasse zu implementieren fällt Ihnen mit dem erworbenen Wissen sehr leicht:

```
class RentalAction {
    protected $vehicle;
    protected $customer;
    protected $rentDate;
    protected $returnDate = null;

    public function __construct(Vehicle $vehicle,Customer $customer,$date = null) {

        // Falls kein Datum übergeben wurde, den heutigen Tag nehmen.
        if ($date === null) {
            $date = date('Y-m-d H:i:s');
        }
        $this->vehicle  = $vehicle;
        $this->customer = $customer;
        $this->rentDate = $date;
    }

    public function getVehicle() {
        return $this->vehicle;
    }

    public function getCustomer() {
        return $this->customer;
    }

    public function getRentDate() {
        return $this->rentDate;
    }

    public function getReturnDate() {
        return $this->returnDate;
    }
}
```

Dem Konstruktor der neuen Klasse müssen Sie beim Erzeugen eines neuen Mietvorgangs das zu mietende Auto sowie den Kunden, der das Auto mietet, übergeben. Optional können Sie das Datum und die Uhrzeit übergeben, an dem das Auto abgeholt wurde. Wird kein Datum übergeben, wird einfach angenommen, dass das Auto am selben Tag gemietet wurde. Diese Werte speichern Sie in den entsprechenden Eigenschaften der Klasse. Mietet ein Kunde nun eines Ihrer Autos, können Sie dazu einen neuen Mietvorgang mit dem folgenden Code erzeugen:

```
$bmw = new Car('BMW', 'blau');
$stephan = new Customer(1, 'Stephan Schmidt');
$rental = new RentalAction($bmw, $stephan, '2006-05-12 12:00:00');
```

Weiterhin fügen Sie vier Getter-Methoden ein, mit denen Sie Zugriff auf die geschützten Eigenschaften der Klasse erhalten. Somit können Sie später z.B. ermitteln, zu welchem Kunden der Mietvorgang gehört.

Nun ist es zwar möglich, einen neuen Mietvorgang zu erzeugen, jedoch können Sie im Moment noch nicht markieren, dass der Kunde das Auto zurückgebracht ist. Dafür haben Sie zuvor bereits die Eigenschaft `$returnDate` in der Klasse reserviert, die das Rückgabedatum speichert. Um dies nun zu setzen, fügen Sie eine neue Methode hinzu:

```
class RentalAction {
    ... Eigenschaften und Methoden der Klasse ...
    public function markVehicleReturned($date = null) {
        // Falls kein Datum übergeben wurde, erneut den heutigen Tag verwenden.
        if ($date === null) {
            $date = date('Y-m-d H:i:s');
        }
        $this->returnDate = $date;
    }
}
```

Bringt der Kunde das Auto zurück, genügt ein Methodenaufruf, um diese Information im entsprechenden Objekt zu speichern:

```
$action->markVehicleReturned('2006-05-16 15:00:00');
```

Wollen Sie jetzt überprüfen, ob der Mietvorgang abgeschlossen ist, können Sie den Rückgabewert der Methode `getDateReturned()` verwenden:

```
if ($rental->getDateReturned() !== null) {
    echo 'Mietvorgang ist abgeschlossen.';
}
```

Dieser Code ist allerdings nicht besonders leicht zu interpretieren, deswegen kapseln Sie diese Abfrage noch in einer zusätzlichen Methode der Klasse:

```
class RentalAction {
    ... Eigenschaften und Methoden der Klasse ...
    public function isReturned() {
        return $this->returnDate !== null;
    }
}
```

Nun können Sie stattdessen den folgenden Code verwenden, um zu überprüfen, ob das Auto bereits zurückgebracht wurde:

```
if ($rental->isReturned()) {
    echo 'Mietvorgang ist abgeschlossen.';
}
```

Und schon haben Sie wieder eine neue Regel der Softwareentwicklung kennen gelernt:

> *Kapseln Sie nicht nur Daten, sondern auch Algorithmen in den Methoden Ihrer Klassen, um komplexe Operationen zentral an einer Stelle zu implementieren.*

Durch Einführen der neuen Methode ist es Ihnen möglich, später anhand einer Bedingung festzustellen, ob der Mietvorgang beendet und das Auto zurückgebracht wurde. Weiterhin haben Sie durch die neue Methode `isReturned()` die zuvor aufgestellte Regel zur Lesbarkeit von Quellcode erfüllt. Ihr Code lässt sich so wie ein englischer Satz lesen.

Mit Hilfe der neuen Klasse `RentalAction` werden Sie nun die fehlenden Methoden der Autovermietung implementieren. Als Erstes fügen Sie der Klasse eine neue Eigenschaft hinzu, die die verschiedenen Mietvorgänge als Objekte speichert. Dazu verwenden Sie einfach ein Array, das Sie in der Eigenschaft `$rentalActions` speichern.

Danach beginnen Sie mit der Methode zum Ausleihen eines Fahrzeugs. Die folgenden Aufgaben müssen in dieser Methode erledigt werden:

1. Überprüfen, ob das Auto überhaupt zum Fuhrpark gehört.
2. Überprüfen, ob das Auto bereits vermietet ist. Ist dies der Fall, können Sie den Mietvorgang nicht starten.
3. Einen neuen Mietvorgang durch Erzeugen einer neuen Instanz von `RentalAction` starten.
4. Den Mietvorgang zur Liste der Mietvorgänge hinzufügen.

In PHP-Code ausgedrückt, bedeutet dies:

```
class RentalCompany {

    protected $rentalActions = array();

    ... Methoden der Klasse ...

    public function rentVehicle(Vehicle $vehicle, Customer $customer) {
        $vehicleId = array_search($vehicle, $this->fleet);
        if ($vehicleId === false) {
            throw new UnknownVehicleException();
        }
        if (!$this->isVehicleAvailable($vehicle)) {
            throw new VehicleNotAvailableException();
        }
        $rentalAction = new RentalAction($vehicle, $customer);
        $this->rentalActions[] = $rentalAction;

        return $rentalAction;
    }
}
```

Mit der PHP-Funktion array_search() können Sie feststellen, ob das Auto Teil des Fuhrparks (also Teil des Arrays $fleet) ist. Wenn die Funktion den Wert false zurückliefert, signalisieren Sie den Fehler mit Hilfe einer Exception. Die Überprüfung, ob das Auto bereits vermietet ist, ist etwas komplizierter, deshalb wird die Logik in eine weitere Methode ausgelagert. Eventuell kann diese Funktionalität noch von anderen Methoden der Klasse genutzt werden. Sie kapseln hier erneut einen Algorithmus in einer Methode; um die Implementierung der Logik kümmern Sie sich in wenigen Augenblicken. Ist das Auto nicht vermietet, erzeugen Sie eine neue RentalAction-Instanz, der Sie den Kunden und das Auto übergeben. Diese Instanz speichern Sie dann in der dafür vorgesehenen Eigenschaft, die alle Mietvorgänge speichert. Schließlich geben Sie das RentalAction-Objekt zurück. Dies wäre für die Anwendung zwar aktuell nicht nötig, schließlich enthält das Objekt keine weiteren Informationen als die, die Sie erhalten haben, jedoch könnte das RentalAction-Objekt zukünftig weitere Informationen, wie z.B. eine Buchungsnummer, speichern, die Sie der Applikation zur Verfügung stellen möchten.

Bevor Sie nun die erste Testfahrt mit der neuen Methode starten können, müssen Sie noch die Implementierung der nach hinten geschobenen Hilfsmethode isVehicleAvailable() nachholen. Diese ist nur noch reine Fleißarbeit, alle Informationen stehen bereits zur Verfügung. Um festzustellen, ob ein Auto gerade verliehen ist, müssen Sie lediglich überprüfen, ob die Eigenschaft $rentalActions einen Mietvorgang für das gesuchte Auto enthält, der noch nicht beendet wurde. Hier kommen Ihnen die zuvor implementierten Getter-Methoden der Klasse RentalAction zugute:

```
public function isVehicleAvailable(Vehicle $vehicle) {
    foreach ($this->rentalActions as $rentalAction) {
        if ($rentalAction->getVehicle() !== $vehicle) {
            continue;
        }
        if ($rentalAction->isReturned()) {
            continue;
        }
        return false;
    }
    return true;
}
```

Sie iterieren also einfach über die einzelnen Mietvorgänge. Gehört der aktuelle Mietvorgang nicht zum gesuchten Auto oder ist bereits beendet, springen Sie zum nächsten Mietvorgang. Gehört der Mietvorgang zum gesuchten Auto und ist noch nicht beendet, kann das Auto nicht vermietet werden, und Sie signalisieren dies durch die Rückgabe von false. Existiert für das gesuchte Auto kein Mietvorgang, der noch nicht beendet wurde, geben Sie den Wert true zurück.

Jetzt kann die Klasse bereits verwendet werden, um ein Auto zu vermieten. Und sie stellt auch schon sicher, dass ein Auto nur einmal vermietet werden kann, wie das folgende Beispiel zeigt:

```
$company = new RentalCompany();
$bmw = new Car('BMW', 'blau');
$stephan = new Customer(1, 'Stephan Schmidt');
$gerd = new Customer(2, 'Gerd Schaufelberger');

$company->addToFleet('bmw1', $bmw);
$company->rentVehicle($bmw, $stephan);
$company->rentVehicle($bmw, $gerd);
```

Wenn Sie diesen Quellcode mit PHP ausführen, reagiert die Autovermietung mit einer Exception:

```
Fatal error: Uncaught exception 'VehicleNotAvailableException' in ch2\
RentalCompany.php:43
```

Diese Exception könnten Sie nun im Frontend der Anwendung in eine Fehlermeldung umwandeln.

Damit die Kunden die Fahrzeuge auch wieder zurückbringen können, müssen Sie als Nächstes die Methode `returnVehicle()` implementieren. Diese Methode muss lediglich den aktuellen Mietvorgang finden, der zum zurückgebrachten Auto gehört, und diesen dann als beendet markieren. Der Quellcode ähnelt dem der `isVehicleAvailable()`-Methode, auch hier iterieren Sie einfach über alle Mietvorgänge, bis Sie einen Mietvorgang für das gesuchte Auto gefunden haben, der noch nicht beendet wurde. Diesen markieren Sie dann mit der `markVehicleReturned()`-Methode als beendet. Die vollständige Implementierung ist also:

```
class RentalCompany {
    ... Eigenschaften und Methoden der Klasse ...
    public function returnVehicle(Vehicle $vehicle) {
        foreach ($this->rentalActions as $rentalAction) {
            if ($rentalAction->getVehicle() !== $vehicle) {
                continue;
            }
            if ($rentalAction->isReturned()) {
                continue;
            }
            $rentalAction->markVehicleReturned();
            return true;
        }
        return false;
    }
}
```

Nun können die Kunden die gemieteten Autos also auch wieder zurückgeben, damit diese erneut vermietet werden können:

```
$company = new RentalCompany();
$bmw = new Car('BMW', 'blau');
$stephan = new Customer(1, 'Stephan Schmidt');
$gerd = new Customer(2, 'Gerd Schaufelberger');
```

```
$company->addToFleet('bmw1', $bmw);
$company->rentVehicle($bmw, $stephan);
$company->returnVehicle($bmw);
$company->rentVehicle($bmw, $gerd);
```

Wenn Sie dieses Beispiel jetzt mit PHP ausführen, sehen Sie keine Fehlermeldung mehr. Stattdessen wurden zwei Mietvorgänge erzeugt, von denen einer bereits wieder beendet ist.

Sie könnten sich bei dieser Implementierung fragen, warum der Mietvorgang nicht einfach aus dem Array entfernt wird, nachdem dieser beendet wurde. Doch damit würden Sie die Historie der Mietvorgänge verlieren. Nehmen Sie einmal an, Ihr Auftraggeber würde gern ermitteln, wer sein bester Kunde oder das am meisten vermietete Auto ist. Mit Hilfe der gespeicherten Mietvorgänge wäre es für Sie ein Leichtes, diese Daten bereitzustellen.

An dieser Stelle sollten Sie sich daran erinnern, dass es bei diesem Beispiel nicht um Datenhaltung und Performance geht, sondern um den Aufbau der Architektur der Anwendung. Statt des Arrays mit `RentalAction`-Objekten würde sich in der Realität sicher eine Tabelle in einer Datenbank zur Speicherung der Daten anbieten. Datenbanken bieten schon performante Wege, um einen speziellen Datensatz, wie zum Beispiel den aktuellen Mietvorgang zu einem Auto, zu lokalisieren.

Fallbeispiel: Debug-Code einfügen

Nachdem Sie nun die Basis der Applikation fertiggestellt haben und in der Lage sind, Autos zu verleihen und zurückzugeben, werden Sie jetzt einen Teil der Applikation herausnehmen und an diesem Beispiel sehen, welche weiteren Regeln des Software-Designs bei Ihren Anwendungen berücksichtigt werden müssen.

Obwohl die Debugging-Funktionen von PHP-Anwendungen durch externe Tools verbessert werden können, nutzt trotzdem noch fast jeder PHP-Entwickler die `print`-Anweisung, um Debug-Informationen auszugeben, während die Anwendung läuft. Diese Anweisungen werden einfach während der Entwicklung der Applikation in den Quellcode eingefügt und, bevor die Anwendung in den Produktivbetrieb übernommen wird, wieder gelöscht. Im weiteren Verlauf werden Sie diesen Debugging-Code nun Schritt für Schritt verbessern und dabei verschiedene Regeln kennen lernen, die Sie auch bei der Entwicklung anderer Softwareprojekte berücksichtigen sollten.

Während der Weiterentwicklung der Vermietungssoftware könnten Sie den Quellcode z.B. folgendermaßen um Debug-Meldungen erweitern:

```
class RentalCompany {
    ... Eigenschaften der Klasse ...
    public function addToFleet($id, Vehicle $vehicle) {
        $this->fleet[$id]  = $vehicle;
```

```
        print "Neues Auto im Fuhrpark: " . $vehicle->getManufacturer() . "\n";
    }

    public function rentVehicle(Vehicle $vehicle, Customer $customer) {
        ... eigentlicher Applikationscode ...
        print "Neuer Mietvorgang: " . $customer->getName() . " leiht "
              . $vehicle->getManufacturer() . "\n";

        return $rentalAction;
    }

    public function returnVehicle(Vehicle $vehicle) {
        ... Eigentlicher Applikationscode ...
        print "Rückgabe: " . $rentalAction->getCustomer()->getName() . " gibt "
              . $vehicle->getManufacturer() . " zurück.\n";
        return false;
    }
    ... weitere Methoden ...
}
```

Wenn Sie nun das Beispiel erneut mit dieser veränderten Klasse ausführen, können Sie genau nachverfolgen, wann welche Methode aufgerufen wird, indem Sie einfach die Ausgabe des Skripts analysieren:

```
Neues Auto im Fuhrpark: BMW
Neuer Mietvorgang: Stephan Schmidt leiht BMW
Rückgabe: Stephan Schmidt gibt BMW zurück
Neuer Mietvorgang: Gerd Schaufelberger leiht BMW
```

Je nachdem, welchen Teil der Anwendung Sie genauer untersuchen wollen, wird die Dichte der Debug-Meldungen innerhalb einer Methode variieren. Bevor Sie die Anwendung auf dem Produktionsserver installieren, löschen Sie einfach alle Debug-Anweisungen wieder aus dem Code.

Was ist nun aber, wenn Sie ein Problem entdecken, dass nur im Produktionsbetrieb auftritt, weil es zum Beispiel mit der Masse an parallelen Anfragen zusammenhängt? Sie können die benötigten Debug-Meldungen nicht einfach ausgeben, sonst würde der Endkunde, der damit sicherlich wenig anfangen kann, die Ausgabe sehen. In diesem Fall verwenden die meisten Entwickler eine Logdatei, in die die Ausgabe stattdessen geleitet wird. Oft wird dann also der Debug-Code um eine `if/else`- oder auch switch-Anweisung erweitert, mit deren Hilfe zwischen lokalem Debugging und Debugging im Produktivbetrieb umgeschaltet werden kann. Führen Sie diese Änderung exemplarisch an der Autovermietung durch:

```
class RentalCompany {
    ... Eigenschaften der Klasse ...
    public function addToFleet($id, Vehicle $vehicle) {
        $this->fleet[$id]  = $vehicle;
        switch (DEBUG_MODE) {
            case 'echo':
```

```
                print "Neues Auto im Fuhrpark: " . $vehicle->getManufacturer()
                      . "\n";
                break;
            case 'log':
                error_log("Neues Auto im Fuhrpark: " . $vehicle->getManufacturer()
                          . "\n", 3, './RentalCompany.log');
                break;
        }
    }

    public function rentVehicle(Vehicle $vehicle, Customer $customer) {
        ... eigentlicher Applikationscode ...
        switch (DEBUG_MODE) {
            case 'echo':
                print "Neuer Mietvorgang: " . $customer->getName() . " leiht "
                      . $vehicle->getManufacturer() . "\n";
                break;
            case 'log':
                error_log("Neuer Mietvorgang: " . $customer->getName() . " leiht "
                          . $vehicle->getManufacturer() . "\n", 3,
                          './RentalCompany.log');
                break;
        }
        return $rentalAction;
    }
    ... weitere Methoden der Klasse ...
}
```

Mit Hilfe der neu eingeführten Konstanten `DEBUG_MODE` können Sie nun zwischen der simplen Ausgabe der Debug-Meldungen und dem Schreiben einer Logdatei mit Hilfe der Funktion `error_log()` umschalten. Dazu müssen Sie lediglich die Zeile

```
define('DEBUG_MODE', 'echo');
```

in Ihr Skript einfügen und können damit alle Debug-Ausgaben zentral steuern. Was auf den ersten Blick wie eine komfortable Lösung aussieht, entpuppt sich bei genauerem Hinsehen als große Schwachstelle der Anwendung. Sie haben an jeder Stelle, an der Sie eine Debug-Meldung einfügen wollten, acht Zeilen Code einfügen müssen. Dadurch wird der Quellcode der Anwendung um einiges verlängert und die Anwendung wird langsamer und schwerer zu warten. Hier kommt der Grundsatz der Wiederverwendbarkeit von Code ins Spiel.

Wiederverwendbarkeit statt Copy-and-Paste

Bereits im ersten Kapitel haben Sie gelernt, dass Sie doppelten Code, der oft durch Copy-and-Paste entsteht, vermeiden sollten. Bei jeder Änderung des Debug-Codes (wenn Sie z.B. ein anderes Logfile oder eine dritte Debugging-Methode verwenden wollen) muss diese Änderung an sehr vielen Stellen vollzogen werden.

Dies können Sie recht einfach verhindern, indem Sie den duplizierten Code in eine eigene Methode verschieben, die Sie an den Stellen aufrufen, an denen vorher die Meldungen ausgegeben oder das Logfile geschrieben wurde. Die neue Methode sieht demnach folgendermaßen aus:

```
class RentalCompany {
    ... Eigenschaften und Methoden der Klasse ...

    protected function debug($message) {
        switch (DEBUG_MODE) {
            case 'echo':
                print "{$message}\n";
                break;
            case 'log':
                error_log("{$message}\n", 3, './RentalCompany.log');
                break;
        }
    }
}
```

Der neuen Methode debug() muss lediglich ein String mit der Debug-Meldung übergeben werden. Die Methode entscheidet dann auf Grund der DEBUG_MODE-Konstanten, ob die Meldungen ausgegeben oder in ein Logfile geschrieben werden sollen. Die Methoden, die Debug-Meldungen ausgeben, müssen leicht angepasst werden, um die neue Methode zu verwenden.

```
class RentalCompany {
    ... Eigenschaften der Klasse ...
    public function addToFleet($id, Vehicle $vehicle) {
        $this->fleet[$id] = $vehicle;
        $this->debug("Neues Auto im Fuhrpark: " . $vehicle->getManufacturer());
    }

    public function rentVehicle(Vehicle $vehicle, Customer $customer) {
        ... eigentliche Applikationslogik ...
        $this->debug("Neuer Mietvorgang: " . $customer->getName() . " leiht "
                   . $vehicle->getManufacturer());

        return $rentalAction;
    }

    public function returnVehicle(Vehicle $vehicle) {
            ... eigentliche Applikationslogik ...
            $this->debug("Rückgabe: " . $rentalAction->getCustomer()->getName()
                       . " gibt " . $vehicle->getManufacturer() . " zurück.");
            ... eigentliche Applikationslogik ...
    }
}
```

Somit haben Sie es geschafft, den duplizierten Code zu vermeiden. Die Klasse ist wieder fast so klein, wie sie am Anfang war, und Änderungen müssen nur noch einmal gemacht werden, unabhängig davon, wie oft die Debugging-Methode verwendet wird. Sie haben also eine weitere Regel des objektorientierten Designs einer Anwendung kennen gelernt:

Wiederverwendbarkeit von Code ist besser als Duplizierung von Code.

Was passiert allerdings, wenn Sie noch weitere Verfahren zum Debugging in die Klasse einfügen wollen? Neben dem Schreiben in ein Logfile stünden noch die verschiedensten Debug-Ziele zur Verfügung, wie z.B.:

- Senden der Debug-Meldungen an einen Syslog-Daemon
- Versenden der Debug-Meldungen per E-Mail
- Versenden der Debug-Meldungen per SMS

Integrieren Sie jede der zur Verfügung stehenden Möglichkeiten in die `debug()`-Methode, wird diese immer komplexer und somit auch fehleranfällig. Wie können Sie dies umgehen?

Atomare Probleme lösen

Statt in der `debug()`-Methode zu versuchen, jede mögliche Ausprägung von Debug-Meldungen zu implementieren, sollten Sie sich wieder daran erinnern, wie Sie im ersten Kapitel das Problem der verschiedenen Cabriotypen gelöst haben.

Dort haben Sie zunächst die gemeinsame Funktionalität in einer Klasse implementiert und in Unterklassen spezialisierte Funktionalität zur Verfügung gestellt, indem die abstrakten Methoden der Basisklasse implementiert wurden. Das Basis-Cabrio wusste nicht, wie ein Dach geöffnet werden sollte, sondern nur, dass es möglich ist, das Dach des Autos zu öffnen. Eine ähnliche Situation haben Sie nun auch beim Debugging: Die Methoden, die die eigentliche Applikationslogik enthalten, rufen die `debug()`-Methode auf, sie müssen jedoch nicht wissen, wie diese Methode die Debug-Meldungen verarbeitet. Was liegt also näher, als zu versuchen, den Debugging-Code über Vererbung flexibler zu machen. Dazu werden Sie statt nur einer Klasse die drei folgenden Klassen implementieren:

1. `AbstractRentalCompany`, eine abstrakte Klasse, die zwar die Geschäftslogik enthält, aber auch die abstrakte Methode `debug()`, die von den anderen Methoden verwendet wird.
2. `EchoingRentalCompany`, eine Klasse, die von der Klasse `AbstractRentalCompany` abgeleitet wird und die abstrakte Methode `debug()` implementiert. In der speziellen Implementierung werden die Debug-Meldung mit `echo` ausgegeben.
3. `LoggingRentalCompany`, eine weitere Klasse, die von der Klasse `AbstractRentalCompany` abgeleitet wird und die auch die abstrakte `debug()`-Methode implementiert. Jedoch wird in dieser Implementierung die Debug-Meldung in eine Logdatei geschrieben, anstatt ausgegeben zu werden.

Beginnen Sie zunächst mit der Implementierung der abstrakten Basisklasse:

```
abstract class RentalCompany {
    ... Eigenschaften und Methoden der Klasse ...
    abstract protected function debug($message);
}
```

Hier mussten Sie eigentlich kaum Änderungen vornehmen, lediglich das Schlüsselwort `abstract` wird der Klassendeklaration sowie der Deklaration der Methode `debug()` vorangestellt. Natürlich wird dabei der Methodenrumpf der `debug()`-Methode entfernt, dieser soll in der konkreten Implementierung der Klasse bereitgestellt werden. Als Nächstes implementieren Sie also die beiden konkreten Klassen, indem Sie die `debug()`-Methode überschreiben:

```
class EchoingRentalCompany extends RentalCompany {
    protected function debug($message) {
        echo "{$message}\n";
    }
}

class LoggingRentalCompany extends RentalCompany {
    protected function debug($message) {
        error_log("{$message}\n", 3, './RentalCompany.log');
    }
}
```

Beide Klassen sind nun auf die eigentliche Aufgabe fokussiert: Die Klasse `EchoingRentalCompany` kümmert sich lediglich um die Ausgabe der Meldung, und die Klasse `LoggingRentalCompany` kümmert sich nur um das Schreiben des Logfiles. Die beiden Debugging-Verfahren sind klar voneinander getrennt. Natürlich müssen Sie jetzt auch das Beispiel ein wenig anpassen, denn schließlich kann die Klasse `RentalCompany` nicht mehr instanziiert werden, Sie haben sie in `AbstractRentalCompany` umbenannt und als abstrakte Klasse deklariert. Stattdessen instanziieren Sie einfach eine der konkreten Implementierungen in Abhängigkeit vom Wert der Konstanten `DEBUG_MODE`:

```
switch (DEBUG_MODE) {
    case 'echo':
        $company = new EchoingRentalCompany();
        break;
    case 'log':
        $company = new LoggingRentalCompany();
        break;
}

$bmw = new Car('BMW', 'blau');
$stephan = new Customer(1, 'Stephan Schmidt');
$gerd = new Customer(2, 'Gerd Schaufelberger');

$company->addToFleet('bmw1', $bmw);
```

```
$company->rentVehicle($bmw, $stephan);
$company->returnVehicle($bmw);
$company->rentVehicle($bmw, $gerd);
```

Wenn Sie dieses Beispiel ausführen, sehen Sie erneut die gleiche Ausgabe wie in den Beispielen zuvor, sofern Sie die Konstante auf den Wert »echo« gesetzt haben. Möchten Sie nun Debug-Meldungen per SMS oder E-Mail versenden, so müssen Sie lediglich eine neue Klasse implementieren, die diese Funktionalität in der `debug()`-Methode bereitstellt.

Somit können Sie eine weitere Regel in Ihr Regelbuch für Softwareentwickler aufnehmen:

> *Vermeiden Sie monolithische Strukturen und zerlegen Sie diese in möglichst kleine Bausteine, die unabhängig voneinander implementiert werden können. Wenn Sie große if/elseif/else- oder switch/case-Anweisungen verwenden, denken Sie darüber nach, ob Sie diese nicht durch austauschbare Klassen ersetzen können.*

Nachdem Sie das Debugging der `RentalCompany`-Klasse nun elegant gelöst haben, widmen Sie sich den anderen Klassen und möchten dort auch Debugging-Informationen integrieren. So möchten Sie z.B. in der Methode `markVehicleReturned()` der Klasse `RentalAction` eine Debug-Meldung ausgeben. Und spätestens an dieser Stelle fällt Ihnen auf, dass Sie das Problem leider doch nicht so elegant gelöst haben, wie Sie gerade noch gedacht haben. Sie müssten nun auch zur Klasse `RentalAction` eine neue abstrakte `debug()`-Methode hinzufügen und dann in konkreten Implementierungen die Debug-Meldungen verarbeiten. Sie würden also dann die Klassen `AbstractRentalAction` sowie `EchoingRentalAction` und `LoggingRentalAction` implementieren müssen. Damit verstoßen Sie allerdings gegen eine der ersten Regeln, die Sie definiert haben: Sie würden den eigentlichen Debugging-Code mehrfach implementieren, einmal in den `RentalAction`- und einmal in den `RentalCompany`-Klassen. Soll nun Debugging via SMS möglich sein, müssen Sie auch diese Funktion wieder zweimal implementieren. Sie haben also leider doch noch nicht die perfekte Debugging-Architektur entwickelt und müssen den Code weiter verbessern.

Komposition statt Vererbung

Wie Sie gerade gesehen haben, schränkt Sie die Verwendung von Vererbung zum Austauschen des Debugging-Codes zu sehr ein, da jede Klasse nur Methoden von einer Klasse erben kann. Um dieses Problem zu umgehen, sollten Sie also vermeiden, die Klasse, die die Debug-Logik implementiert, von der Klasse, die die Geschäftslogik bereitstellt, abzuleiten.

Dazu trennen Sie also erst einmal den Debug-Code von der Anwendungslogik, indem Sie den Debugging-Code in ganz neue Klassen auslagern. Sie behalten allerdings die Trennung in zwei Klassen bei, eine Klasse gibt Debug-Meldungen direkt aus, die andere schreibt diese in eine Logdatei.

```
class DebuggerEcho {
    public function debug($message) {
        echo "{$message}\n";
    }
}

class DebuggerLog {
    public function debug($message) {
        error_log("{$message}\n", 3, './RentalCompany.log');
    }
}
```

Beide Klassen bieten nur die Methode `debug()`, Sie befolgen hier also die Regel, dass die Klassen atomare Probleme lösen und möglichst klein gehalten werden sollen. Damit beiden Klassen später so einfach es geht austauschbar sind, können Sie sie durch Einführen eines neuen Interfaces zu einer Gruppe zusammenfügen. Das neue Interface `Debugger` fordert von jeder Klasse, die Debug-Meldungen verarbeiten will, lediglich, dass die Methode `debug()` implementiert wird:

```
interface Debugger {
    public function debug($message);
}
```

Da die beiden Klassen diese Methode bereits zur Verfügung stellen, erfüllen sie auch schon die `Debugger`-Schnittstelle:

```
class DebuggerEcho implements Debugger {
    public function debug($message) {
        echo "{$message}\n";
    }
}

class DebuggerLog implements Debugger {
    public function debug($message) {
        error_log("{$message}\n", 3, './RentalCompany.log');
    }
}
```

Statt der abstrakten Klasse verwenden Sie hier zwar ein Interface, aber ansonsten haben Sie am Code selbst nichts geändert, Sie haben lediglich die Methode in eine eigene Klasse verschoben.

Diese kann nun einfach instanziiert werden:

```
$debugger = new DebuggerEcho();
```

Danach können Sie eine Debug-Nachricht an die `debug()`-Methode übergeben, die dann vom entsprechenden Debugger verarbeitet wird:

```
$debugger->debug('Danger, Will Robinson!');
```

Wenn Sie diesen Code ausführen, sehen Sie den Text *Danger, Will Robinson!* auf Ihrem Bildschirm. Tauschen Sie die erste Zeile, die den Debugger instanziiert, aus und erzeugen stattdessen eine Instanz der DebuggerLog-Klasse, wird die Nachricht in die Logdatei geschrieben. Der Debug-Code funktioniert jetzt also autark, ohne dass er die RentalCompany-Klasse kennt. Nun müssen Sie nur noch die RentalCompany-Klasse so anpassen, dass diese den neuen Debugger verwendet:

```
class RentalCompany {
    ... Eigenschaften der Klasse ...

    protected $debugger;

    public function __construct() {
        switch (DEBUG_MODE) {
            case 'echo':
                $this->debugger = new DebuggerEcho();
                break;
            case 'log':
                $this->debugger = new DebuggerLog();
                break;
        }
    }

    protected function debug($message) {
        $this->debugger->debug($message);
    }
}
```

Als Erstes haben Sie dazu eine neue Eigenschaft $debugger der Klasse hinzugefügt. Diese wird im Konstruktor in Abhängigkeit vom Wert der DEBUG_MODE-Konstanten mit einer Instanz von DebuggerLog bzw. DebuggerEcho initialisiert.

Nun müssen Sie nur noch die debug()-Methode so ändern, dass sie die Aufgabe an das erzeugte Debugger-Objekt *delegiert,* anstatt sich selbst um die Verarbeitung zu kümmern. Mehr Änderungen sind am Code nicht nötig.

Führen Sie mit diesem geänderten Code das Beispiel aus, erhalten Sie erneut die gewünschte Ausgabe oder die gewünschte Logdatei, je nachdem, auf welchen Wert die Debug-Konstante gesetzt wurde. Die Debugging-Funktionalität auch noch in die RentalAction-Klasse zu integrieren bleibt Ihnen als Übungsaufgabe überlassen. Die Implementierung funktioniert analog zu dem bisher gezeigten Quellcode.

Sie haben es nun also geschafft, den Debug-Code aus der ursprünglichen Klasse herauszulösen und diesen in universell einsetzbaren Klassen zu kapseln. Somit haben Sie die zuvor definierte Regel, die Ihnen vorgibt, duplizierten Code zu vermeiden, erfüllt. Aus der Lösung können Sie direkt eine weitere Regel des objektorientierten Designs ableiten:

> *Vererbung sorgt für starre Strukturen. Verwenden Sie stattdessen Objektkomposition, um verschiedene Funktionen einfacher miteinander kombinieren zu können.*

Nun gibt es an der Anwendung wirklich nicht mehr viel auszusetzen, es ist Ihnen leicht möglich, einen neuen Debugger zu schreiben, der Meldungen per SMS verschickt, damit Sie auch unterwegs keine Informationen verpassen. Eine weitere Verbesserungsmöglichkeit schauen wir uns aber noch an.

Lose Kopplung statt Abhängigkeiten

Einen Wermutstropfen hat die Lösung noch: Das `Debugger`-Objekt wird im Konstruktor der `RentalCompany`-Klasse erzeugt. Diese Klasse muss also alle existierenden Debugger-Ausprägungen kennen. Wenn Sie nun einen neuen Debugger zum SMS-Versand implementieren, müssen Sie auch die Klasse `RentalCompany` und alle anderen Klassen, die die Debugger-Schnittstelle nutzen, anpassen. Dies ist einerseits sehr viel Arbeit, und andererseits kann es natürlich auch zu Fehlern führen.

Es wäre viel eleganter, wenn die Autovermietung überhaupt nichts über die eigentlichen Debugger wissen muss. Dieser Wunsch geht Hand in Hand mit einem Grundsatz der objektorientierten Programmierung, den Sie bereits in Kapitel 1 kennen gelernt haben:

> *Programmieren Sie immer gegen eine Schnittstelle und nie gegen eine konkrete Implementierung.*

Wenn Sie an die Deklaration der Debugger-Klassen zurückdenken, erinnern Sie sich sicher, dass Sie bereits ein Interface (also eine Schnittstelle) definiert haben, dem die beiden Klassen folgen. Sie müssen also die `RentalCompany`-Klasse so anpassen, dass diese nur noch das Debugger-Interface kennt und nicht mehr von konkreten Implementierungen abhängig ist. Man spricht in diesem Fall vom *Prinzip der Umkehrung der Abhängigkeiten* (oder auch *Dependency Inversion Principle*). Dieses Prinzip verlangt, dass Sie sich immer auf eine Abstraktion statt auf eine konkrete Implementierung stützen. Bisher verletzen Sie dieses Prinzip noch, da Sie in vielen Fällen von konkreten Klassen wie `DebuggerLog`, `DebuggerEcho`, aber auch `RentalAction` und `Customer` abhängig sind. Im Verlauf des Buchs werden Sie lernen, wie Sie sich möglichst oft von diesen festen Abhängigkeiten lösen können.

Bei aktuellen Problemen der festen Abhängigkeit zwischen der Autovermietung und den Debugging-Klassen können Sie das Prinzip sehr einfach anwenden, indem Sie das Debugger-Objekt nicht mehr im Konstruktor der `RentalCompany` erstellen, sondern dem Konstruktor einfach den zu verwendenden Debugger von außen mitgeben:

```
class RentalCompany {
    ... Eigenschaften der Klasse
    public function __construct(Debugger $debugger) {
        $this->debugger = $debugger;
    }
    ... weitere Methoden der Klasse ...
}
```

Über den Type Hint `Debugger` kann der Konstruktor sicherstellen, dass nur Klassen akzeptiert werden, die das Debugger-Interface erfüllen. Dadurch ist immer garantiert, dass die Methode `debug()` im übergebenen Objekt existiert. Der Autovermietung ist es also vollkommen egal, wie die Debug-Meldungen verarbeitet werden; alles was sie weiß, ist, dass das übergebene Objekt `$debugger` eine Methode `debug()` anbietet, an die die Verarbeitung der Meldung delegiert werden kann. Natürlich muss die Instanziierung der Autovermietung etwas verändert werden:

```
$debugger = new DebuggerEcho();
$company = new RentalCompany($debugger);
```

Sie haben nun also eine neue Regel ausgearbeitet und diese gleichzeitig auch noch auf die Applikation angewandt:

> *Vermeiden Sie feste Abhängigkeiten zwischen den einzelnen Klassen Ihrer Anwendungen und ziehen Sie immer lose Kopplung der Klassen vor.*

Im Fall des Debugging-Codes haben Sie diese Regel durch eine Technik, die sich *Dependeny Injection* nennt, erreicht. Sie haben das `Debugger`-Objekt, das vom `RentalCompany`-Objekt benötigt wird, von außen in das Objekt *injiziert*. Dieses Objekt muss nicht wissen, von welchem Typ das injizierte Objekt ist, es genügt, wenn dieses Objekt die geforderte Schnittstelle erfüllt.

Nun mögen Sie sich vielleicht fragen, was denn mit der Applikation passiert, wenn Sie das Debugging komplett ausschalten wollen. Der Konstruktor der `RentalCompany`-Klasse erwartet immer ein Objekt, an das die Debug-Meldungen zur Verarbeitung weitergereicht werden können. Auf den ersten Blick ist es also nicht mehr möglich, das Debugging der Anwendung komplett zu deaktivieren. Zum Glück scheint dies aber nur so, ansonsten wäre die ganze Arbeit vielleicht sogar sinnlos geworden.

Da die Autovermietung immer einen Debugger erwartet, kommen Sie nicht umhin, auch in den Fällen, in denen kein Debugging erwünscht ist, trotzdem einen Debugger zu übergeben. Jedoch ist nirgendwo definiert, dass ein Debugger die übergebenen Meldungen auf irgendeine Art und Weise verarbeiten muss, er muss sie lediglich annehmen. Sie implementieren also einfach einen weiteren Debugger, der alle Meldungen ignoriert:

```
class DebuggerVoid implements Debugger {
    public function debug($message) {
        // Alle Meldungen einfach ignorieren.
    }
}
```

Nun verwenden Sie diesen Debugger, wenn Sie überhaupt kein Debugging benötigen, indem Sie eine Instanz dieser Klasse an die `RentalCompany` übergeben:

```
$debugger = new DebuggerVoid();
$company = new RentalCompany($debugger);
```

Erneut ist dies nur möglich, weil die Autovermietung nicht wissen muss, was ein Debugger mit den übergebenen Meldungen macht.

Am Ziel angelangt

Auf den vorangegangenen Seiten haben Sie es nun Schritt für Schritt geschafft, eine unflexible Lösung, die hauptsächlich auf der Verwendung von Copy-and-Paste basierte, in ein flexibles, einfach zu verwendendes System zu konvertieren. Ihr Debugging-Code kann nicht nur von der `RentalCompany`-Klasse, sondern auch von allen anderen Klassen der Applikation problemlos verwendet werden. Dabei müssen Sie immer nur die tatsächlich genutzte Funktionalität laden, wodurch die Performance der Anwendung erheblich gesteigert werden kann.

Die Nutzung der Klassen ist nicht nur auf die Autovermietung beschränkt, sondern kann sogar problemlos auf jede Ihrer anderen Applikationen übertragen werden. Sie haben hier also die höchste Stufe wiederverwendbaren Codes geschaffen; wenn Sie das nächste Mal vor dem Problem stehen, eine Applikation mit Debug-Meldungen auszustatten, können Sie auf die hier erstellten Klassen zurückgreifen. Weiterhin haben Sie die wichtigsten Regeln der Softwareentwicklung kennen gelernt, die Sie genauso auf andere Bereiche Ihrer Anwendungen übertragen können.

Und ganz nebenbei haben Sie sogar bereits ein Design Pattern verwendet. So ist das Delegieren der Verarbeitung der Debug-Meldungen an einen Debugger bereits ein Entwurfsmuster, das als *Strategy* bekannt ist.

Da Sie nun schon Ihr erstes Pattern verwendet haben, ohne es zu wissen, finden Sie im nächsten Abschnitt dieses Kapitels eine Einführung in die Design Patterns, bevor die folgenden Kapitel sich mit den verschiedenen Patterns im Detail beschäftigen werden.

Im Kasten »Regeln des guten Software-Designs« finden Sie aber zuvor noch eine Zusammenfassung aller Regeln des guten Software-Designs, die Sie anhand des Beispiels kennen gelernt haben.

Softwareentwicklung mit Design Patterns

Die im ersten Teil des Kapitels beschriebenen Regeln helfen Ihnen, Code zu schreiben, der wiederverwendbar ist. Mit ihnen haben Sie es geschafft, Debugging-Code in Klassen zu kapseln, so dass er problemlos in weitere Anwendungen ohne Anpassungen integriert werden kann.

Was aber, wenn Sie nun neben flexiblem Debugging eine flexible und wiederverwendbare Anbindung an verschiedene Datenquellen, wie Datenbanken oder XML-Dokumente, entwickeln wollen? Dazu können Sie keinen Code unserer Debugging-Klassen übernehmen, sondern müssen jede Zeile neu schreiben. Sie stehen also wie-

Regeln des guten Software-Designs

1. Wiederverwendbarkeit von Code ist besser als Duplizierung von Code.
2. Kapseln Sie den Zugriff auf Daten immer innerhalb einer Klasse und bieten Sie Methoden an, um diese Daten abzufragen.
3. Kapseln Sie nicht nur Daten, sondern auch Algorithmen in den Methoden Ihrer Klassen, um komplexe Operationen zentral an einer Stelle zu implementieren.
4. Programmieren Sie immer gegen eine Schnittstelle und nie gegen eine konkrete Implementierung.
5. Entwickeln Sie Ihre Schnittstellen so, dass diese zu einem späteren Zeitpunkt erweitert werden können.
6. Vermeiden Sie monolithische Strukturen und zerlegen Sie diese in möglichst kleine Bausteine, die unabhängig voneinander implementiert werden können. Wenn Sie große if/elseif/else- oder switch/case-Anweisungen verwenden, denken Sie darüber nach, ob Sie diese nicht durch austauschbare Klassen ersetzen können.
7. Vererbung sorgt für starre Strukturen. Verwenden Sie stattdessen Objektkomposition, um verschiedene Funktionen einfacher miteinander kombinieren zu können.
8. Vermeiden Sie feste Abhängigkeiten zwischen den einzelnen Klassen Ihrer Anwendungen und ziehen Sie immer lose Kopplung der Klassen vor.

der vor dem gleichen Problem, eine flexible Architektur aufzubauen und fest miteinander verbundene Klassen voneinander trennen zu müssen. Wahrscheinlich wird auch hier Ihr erster Entwurf nicht der beste sein, und somit werden Sie Ihren Code mehrfach refaktorieren müssen, um eine optimale Lösung zu erarbeiten.

Genau hier kommen Design Patterns ins Spiel. Während Sie sich bisher darauf konzentriert haben, Quellcode wiederzuverwenden, helfen Ihnen Design Patterns, die Lösungen und Prinzipien, die hinter dem eigentlichen Code stehen, wiederzuverwenden. Dazu müssen Sie lernen, das eigentliche Problem von der praktischen Anwendung zu entkoppeln. Wenn Sie das geschafft haben, können Sie leichter ein Muster finden, das Ihr Problem löst.

Im Debugging-Beispiel ließe sich das ursprüngliche Problem etwa mit den folgenden Worten ausdrücken: »Ich möchte Debug-Meldungen auf verschiedene Arten verarbeiten und diese auswechseln können, ohne den Code der `RentalCompany` Klasse anpassen zu müssen.« Diese Beschreibung orientiert sich jedoch sehr stark an der Autovermietung. Beim Design der Anwendung haben Sie gelernt, nicht gegen konkrete Implementierungen, sondern abstrakte Schnittstellen zu programmieren. Genauso machen Sie es jetzt mit Ihrem Problem; Sie versuchen es einfach in eine abstraktere Aussage zu transformieren. Diese abstraktere Version des Problems könnte sich zum Beispiel mit den folgenden Worten zusammenfassen lassen: »Ich möchte eine Aufgabe mit verschiedenen Algorithmen lösen können. Jede der Lösungen soll gekapselt sein und nichts von den anderen wissen. Die einzelnen Lösungen sollen gegeneinander austauschbar sein, ohne den nutzenden Client anzupassen.«

Diese Beschreibung trifft trotzdem noch auf das ursprüngliche Problem zu. Tabelle 2-1 stellt die abstrakten und konkreten Formulierungen gegenüber.

Tabelle 2-1: Abstrakte und konkrete Formulierungen

Abstrakt	Konkret
Aufgabe	Verarbeiten von Debug-Meldungen
Algorithmen	Ausgeben per print, Schreiben eines Logfiles
Client	die Klasse RentalCompany

Die gleiche Formulierung würde aber auch auf Ihr zweites Problem passen, die Klassen an verschiedene Datenquellen anbinden zu wollen. Die Aufgabe wäre hier das Lesen und Speichern von Daten, die Algorithmen wären das Lesen und Speichern von XML-Dateien bzw. der Zugriff auf eine Datenbank, und der Client wäre wiederum die Klasse `RentalCompany`. Nachdem Sie erkannt haben, dass die beiden Aufgaben eigentlich auf das gleiche Problem zurückzuführen sind, können Sie die aus dem ersten Beispiel gewonnenen Erkenntnisse verwenden, um die zweite Aufgabe zu implementieren. Sie werden also dieses Mal nicht verschiedene Lösungen ausprobieren, sondern direkt Komposition der Vererbung vorziehen und die eigentliche Implementierung zur Speicherung der Daten über den Konstruktor der Klasse in die `RentalCompany`-Instanz injizieren.

Jedes Mal, wenn die abstrakte Formulierung eines Problems der Beschreibung des Debugging-Problems ähnelt, wissen Sie also, dass Sie hierfür das *Strategy-Pattern* verwenden können, und müssen es nur noch auf das aktuelles Problem übertragen.

Das richtige Pattern finden

Neben dem Strategy-Pattern gibt es natürlich noch weitere Design Patterns, die wichtigsten werden Sie in den folgenden Kapiteln kennen lernen. Entscheidend ist, dass Sie nicht mehr Zeit damit verbringen, während der Entwicklung einer Anwendung nach den richtigen Mustern zu suchen, als es dauern würde, dieselbe Lösung durch mehrere Refaktorierungszyklen selbst zu erarbeiten.

Dazu müssen Sie wissen, wie Design Patterns in diesem oder anderen Büchern dokumentiert sind und wie Sie möglichst schnell erkennen, welches Pattern eine

Lösung für Ihr Problem bereitstellt. Muster sind meist in einem so genannten Katalog in verschiedene Gruppen aufgeteilt. Der bekannteste dieser Kataloge ist sicher das Standardwerk *Entwurfsmuster – Elemente wiederverwendbarer objektorientierter Software* der Gang of Four (Addison-Wesley). Nahezu alle anderen Bücher und Online-Kataloge orientieren sich bei der Beschreibung von Entwurfsmustern an diesem Buch.

Dabei werden die Patterns zunächst einmal in verschiedene Gruppen eingeteilt:

1. Erzeugungsmuster, die Probleme beim Erzeugen neuer Objekte lösen.
2. Strukturmuster, die sich mit der Komposition verschiedener Objekte befassen, um eine größere Struktur zu entwickeln.
3. Verhaltensmuster, die die Interaktion von verschiedenen Objekten regeln.

Durch die Einteilung der Patterns in diese Gruppen fällt es Ihnen schon leichter, die Menge der Muster, die Ihr Problem lösen könnten, einzugrenzen. So geht es beim Problem des Debuggings um die Interaktion zweier Klassen, schließlich soll ein Objekt die Debug-Meldungen an ein anderes Objekt weitergeben; das Strategy-Pattern ist also ein Teil der letzten Gruppe.

Sollten Sie sich bereits mit dem Inhaltsverzeichnis dieses Buchs befasst haben, ist Ihnen sicher schon aufgefallen, dass diese drei Gruppen von Entwurfsmustern in den folgenden drei Kapiteln behandelt werden.

Das Wissen, welcher Gruppe ein gesuchtes Muster angehört, schränkt Ihre Suche zwar ein, jedoch haben Sie immer noch eine Menge Muster zur Auswahl und müssen weitere Möglichkeiten finden, wie Sie schnell das passende Muster herauspicken können. Dazu folgen alle Musterbeschreibungen in diesem Buch immer dem gleichen Schema, was Ihnen das Auffinden der benötigten Informationen erleichtert. Um dem praxisorientierten Ansatz dieses Buchs gerecht zu werden, unterscheidet sich dieses Schema etwas von Auflistungen in anderen Büchern. Die meisten Entwurfsmuster-Kataloge enthalten bei der Beschreibung jedes Patterns die folgenden Informationen: Name des Entwurfsmusters, Zweck, Motivation, Teilnehmer, Konsequenzen, Implementierung sowie Beispielcode. Daneben enthalten viele Kataloge noch zusätzliche Informationen, wie z.B. weitere Namen, unter denen das Muster bekannt ist, oder auch Muster, die mit dem aktuellen Muster verwandt sind.

Falls Sie diese Auflistung an theoretischen Informationen vor dem Weiterlesen zurückschrecken lässt, so kann ich Ihnen die Angst vor abstrakten Beschreibungen und Beispielen in Pseudocode nehmen. Dieses Buch versteht sich nicht als Pattern-Katalog im herkömmlichen Sinn. PHP ist eine Sprache, die sich sehr an der Praxis orientiert, und so werden wir auch jede Pattern-Beschreibung in den folgenden Kapiteln mit einem praktischen Beispiel beginnen und erst nach Lösung des Problems eine abstrakte Beschreibung des Musters ableiten. Und natürlich werden alle Codebeispiele weiterhin in Ihrer Lieblingssprache PHP implementiert werden.

Sie werden also in den nächsten Kapiteln einen praktischeren Ansatz verfolgen, um sich mit den Mustern vertraut zu machen. Jede Beschreibung wird aus diesen Teilen bestehen:

Name des Patterns
: Jede Beschreibung eines Design Patterns in diesem Buch nennt zunächst den Namen des Patterns. Auch wenn der Name auf den ersten Blick nicht als besonders wichtig erscheint, erleichtert er Ihnen doch die Kommunikation mit anderen Entwicklern. Analog zu Fachbegriffen wie »abstrakte Klasse« erspart der Name des Musters Ihnen langatmige Erklärungen. Sie nennen einfach den Namen des Musters, und alle Beteiligten wissen, welche Architektur Ihnen vorschwebt.

Motivation
: Ein Beispielszenario schildert das Problem, das durch Anwendung des Musters gelöst werden kann. Dies hilft, die abstrakte Beschreibung des Musters leichter zu verstehen.

Zweck
: Aus dem konkreten Problem werden wir danach einen Zweck des Musters ableiten, also das Ziel, wozu das Pattern eingesetzt werden soll. Dies entspricht in etwa der abstrakten Beschreibung des Problems, die wir weiter oben für das Strategy-Pattern definiert haben. Der Zweck des Musters beschreibt keine konkrete Anwendung.

Implementierung
: Nachdem sowohl ein konkretes als auch ein abstraktes Ziel definiert wurden, werden wir zuerst das konkrete Problem durch Implementierung lösen. Der Abschnitt *Implementierung* zeigt damit, wie das Muster in einer Anwendung implementiert werden kann.

Definition
: Nachdem Sie das Muster erfolgreich angewandt haben, werden Sie in der Definition die abstrakten Schritte kennen lernen, die Ihnen künftig das Anwenden des Patterns erleichtern.

Konsequenzen
: Auf die Definition des Patterns folgt ein Abschnitt, der die Konsequenzen des Einsatzes beschreibt. Dabei werden sowohl positive als auch negative Auswirkungen betrachtet. Bevor Sie ein Muster auf Ihre Applikation anwenden, möchten Sie sicher auch über die Konsequenzen informiert werden.

Weitere Anwendungen
: Schließlich werden Sie noch weitere Anwendungen des Musters sowie leichte Abwandlungen kennen lernen.

Danach werden Sie in der Lage sein, das erlernte Muster in Ihren eigenen Applikationen einzusetzen.

Tabelle 2-2 soll Ihnen helfen, sich einen Überblick über die behandelten Design Patterns zu verschaffen und das für Ihre Aufgabenstellung geeignete Pattern zu finden.

Tabelle 2-2: Übersicht über die vorgestellten Design Patterns

Name des Patterns	Zweck des Patterns	Kapitel
Singleton	Stellt sicher, dass von einer Klasse nur eine Instanz existiert.	Kapitel 3
Factory-Method (Fabrikmethode)	Delegiert die Erzeugung von Objekten an Unterklassen.	Kapitel 3
Abstract-Factory (Abstrakte Fabrik)	Erzeugt Familien verwandter Objekte.	Kapitel 3
Composite (Kompositum)	Fügt mehrere Objekte zu einer Baumstruktur zusammen, die wie ein einzelnes Blatt verwendet werden kann.	Kapitel 4
Adapter	Passt eine Schnittstelle an die vom Client erwartete Schnittstelle an.	Kapitel 4
Decorator (Dekorierer)	Erweitert Objekte zur Laufzeit um neue Funktionalitäten.	Kapitel 4
Proxy	Kontrolliert den Zugriff auf ein Objekt mit Hilfe eine Stellvertreters: a) Zugriff auf ein Objekt auf einem anderen Server (Remote-Proxy) b) Erzeugen des Objekts beim ersten Zugriff (virtueller Proxy) c) Durchführen von Verwaltungsaufgaben (Schutz-Proxy)	Kapitel 4
Facade (Fassade)	Bietet eine abstrakte Schnittstelle, die die Verwendung eines Subsystems vereinfacht.	Kapitel 4
Strategy (Strategie)	Definiert eine Familie von Algorithmen, die gegeneinander austauschbar sind.	Kapitel 2
Template-Method (Schablonenmethode)	Definiert 1:n-Abhängigkeit zwischen Subjekt und Beobachter-Objekten.	Kapitel 5
Subject/Observer (Beobachter)	Definiert die Schritte eines Algorithmus und überlässt die Implementierung der Schritte den Unterklassen.	Kapitel 5
Command (Befehl)	Kapselt einen Auftrag als Objekt.	Kapitel 5
Visitor (Besucher)	Fügt neue Operationen zu einer Objektstruktur hinzu und kapselt diese in einer Klasse.	Kapitel 5
Iterator	Ermöglicht sequenziellen Zugriff auf die Elemente eines Objekts, ohne dessen Struktur zu offenbaren.	Kapitel 5
Row-Data-Gateway	Repräsentation einer Zeile einer Datenbanktabelle, über die die Zeile verändert werden kann.	Kapitel 6
Active-Record	Repräsentation einer Zeile einer Datenbanktabelle mit zusätzlicher Domänenlogik.	Kapitel 6
Registry	Speichert Objekte und stellt diese über einen globalen Zugriffspunkt zur Verfügung.	Kapitel 6
Domain-Model	Definiert Klassen, die Akteure, Verhalten oder Prozesse der realen Welt repräsentieren.	Kapitel 6

Tabelle 2-2: Übersicht über die vorgestellten Design Patterns (Fortsetzung)

Name des Patterns	Zweck des Patterns	Kapitel
Front-Controller	Nimmt alle Anfragen an eine Applikation entgegen, führt gemeinsame Operationen aus und delegiert an spezialisierte Objekte weiter.	Kapitel 7
Intercepting-Filter	Objekte zum Filtern und gegebenenfalls Modifizieren aller Anfragen an eine Applikation.	Kapitel 7
Event-Dispatcher	Definiert einen Vermittler für Nachrichten mit beliebig vielen Adressaten, die sich für bestimmte Nachrichten registrieren.	Kapitel 7
Template-View	Trennt HTML-Code und Code, der für die Darstellung benötigt wird, von der Geschäftslogik.	Kapitel 7
View-Helper	Entkoppelt die Darstellung von der Geschäftslogik durch Bereitstellen von Funktionalitäten im Template-View.	Kapitel 7

UML – Die Unified Modeling Language

Gerade haben Sie erfahren, dass zur Beschreibung eines Design Patterns immer eine Beschreibung aller beteiligten Klassen und Objekte gehört. Eine solche Beschreibung kann sehr schnell umfangreich werden, da jedes der beteiligten Objekte Eigenschaften und Methoden bietet, die wiederum verschiedene Ein- und Ausgabeparameter haben. Eine textbasierte Beschreibung des Verhältnisses zwischen `RentalCompany` und dem `Debugger`-Objekt könnte also zum Beispiel die folgende sein:

»Jede Instanz der Klasse `RentalCompany` speichert ein Objekt, das das Debugger-Interface in der Objekteigenschaft `$debugger` implementiert. Klassen, die das Debugger-Interface implementieren, sind `DebuggerEcho` und `DebuggerLog`. Beim Aufruf der `debug()`-Methode der `RentalCompany`-Instanz wird der Aufruf an die `debug()`-Methode der Debugger-Instanz delegiert.«

Wenn Sie diese Beschreibung jemandem geben, der bisher noch nicht mit Ihren Klassen gearbeitet hat, wird die Beschreibung sehr schwer verständlich für Ihren Kollegen sein. Sollten Sie vor Ihrem Kollegen stehen, würden Sie sich sicher mit einer Zeichnung behelfen können, um ihm die Zusammenhänge zwischen den einzelnen Objekten zu visualisieren. In diesem Fall sagt ein Bild eben mehr als tausend Worte. Um die Details verschiedener Klassen und deren Beziehungen zueinander zu visualisieren, verwenden viele Pattern-Kataloge die *Unified Modeling Language (UML)*. Die UML ist eine allgemein verwendbare Spezifikations- und Modellierungssprache, die auch genutzt werden kann, um Klassen und deren Beziehungen zueinander grafisch darzustellen.

Abbildung 2-1 zeigt, wie man die Klasse `Car` in UML darstellen kann. Jede Klasse wird dabei durch ein Rechteck dargestellt. Das Element wird in drei Abschnitte aufgeteilt. Im Kopfbereich steht der Name der Klasse, darunter alle Klasseneigenschaften und schließlich im letzten Bereich alle Methoden, die die Klasse zur Verfügung stellt.

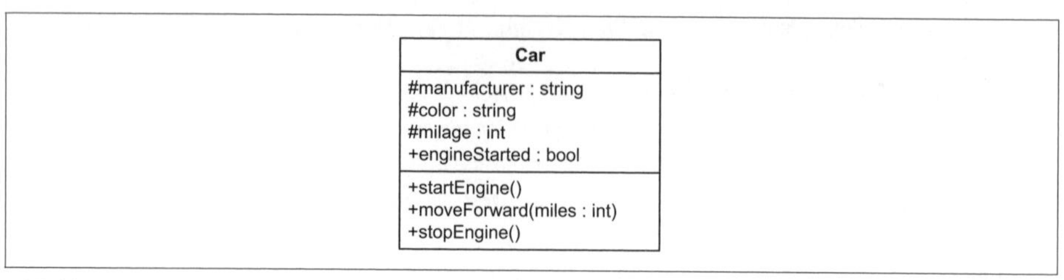

Abbildung 2-1: Die Klasse Car als UML-Diagramm

Ein Interface wird ähnlich dargestellt, jedoch werden dabei keine Eigenschaften notiert, und über dem Namen des Interfaces wird durch Einfügen des Texts <<interface>> kenntlich gemacht, dass es sich um ein Interface handelt.

Wenn ein Diagramm aus mehr als einer Klasse besteht, können Sie durch Verbinden der verschiedenen Elemente mit einer Linie diese in Relation zueinander setzen. Je nach verwendetem Linientyp können Sie damit z.B. visualisieren, dass eine Klasse von einer anderen Klasse abgeleitet wird oder dass eine Klasse ein Objekt von einer anderen Klasse aggregiert. Abbildung 2-2 zeigt ein UML-Diagramm, das die Klasse `RentalCompany` sowie die verfügbaren Debugger und deren Beziehungen zueinander zeigt.

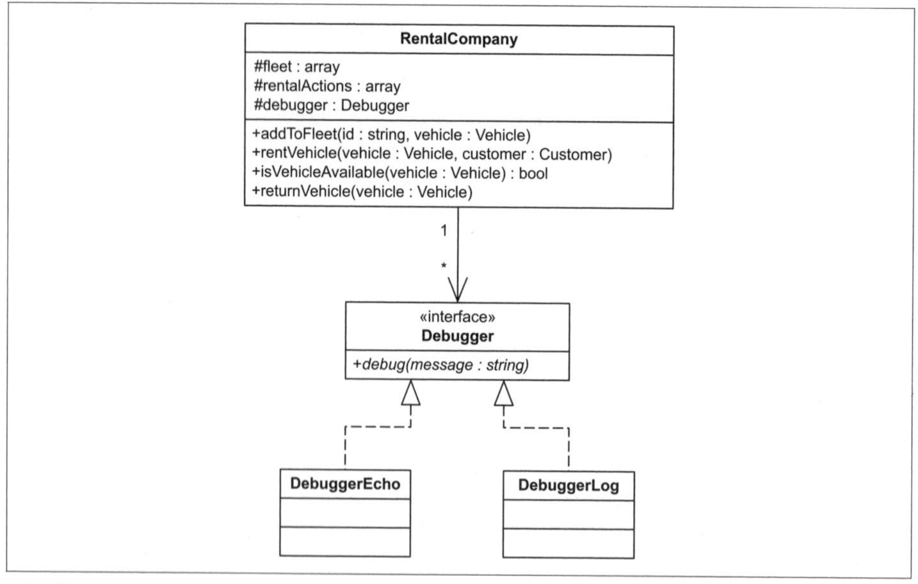

Abbildung 2-2: Klassendiagramm zum Debugger

Alle Klassen werden in derselben Notation wie im einfachen Beispiel dargestellt. Weiterhin enthält das Diagramm nun auch ein Interface, das wie gerade beschrieben gekennzeichnet wird. Durch die gestrichelten Linien zwischen dem Interface und den konkreten Debugger-Implementierungen wird kenntlich gemacht, dass diese Klassen das Interface Debugger implementieren.

Um zu visualisieren, dass die Klasse RentalCompany eine Instanz eines Debuggers in einer Klasseneigenschaft aggregiert, wird die durchgezogene Linie verwendet. Über die Zahlen an den jeweiligen Enden der Linie wird gleichzeitig noch die Information transportiert, dass jede Instanz von RentalCompany genau einen Debugger verwendet und ein Debugger von beliebig vielen Autovermietungen verwendet werden kann.

Nach dem gleichen Prinzip können Sie nun noch die restlichen Klassen und Interfaces darstellen, die Sie in der Applikation verwenden, und die Beziehungen zwischen den einzelnen Klassen visualisieren. Abbildung 2-3 zeigt das Ergebnis.

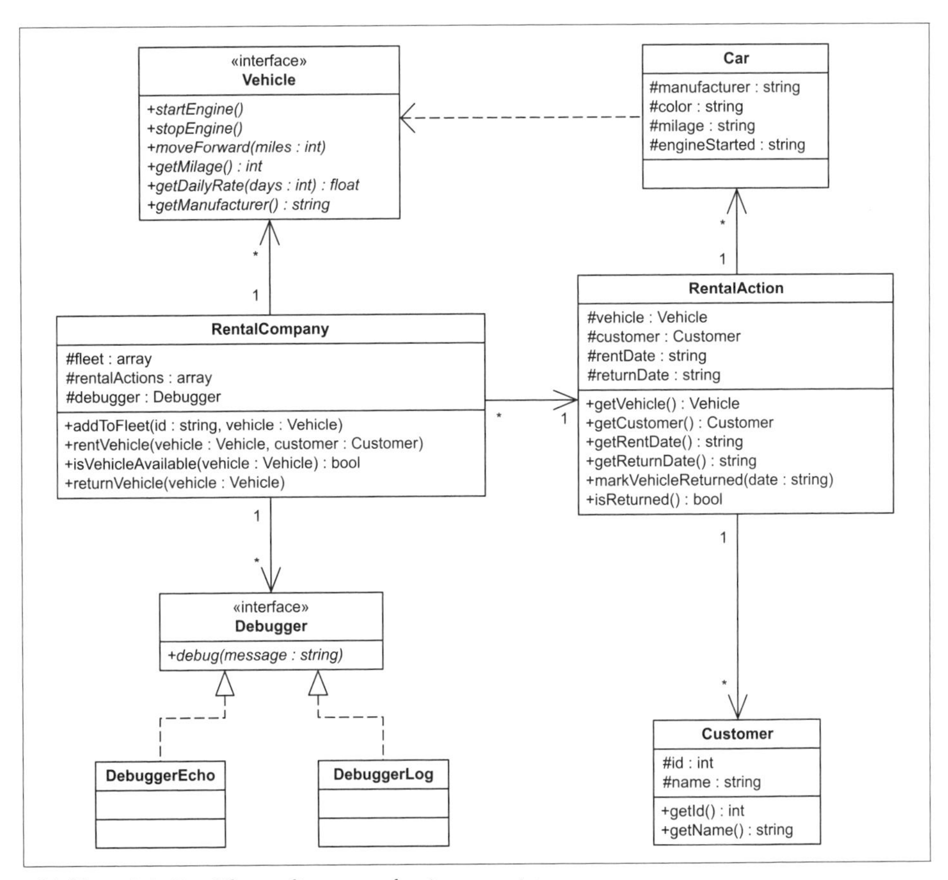

Abbildung 2-3: Das Klassendiagramm der Autovermietung

Sie haben hier nur einen sehr kleinen Ausschnitt der UML kennen gelernt, der Ihnen jedoch reichen wird, um die meisten Klassendiagramme zu verstehen. Um tiefer in die Unified Modeling Language einzusteigen, sollten Sie auf entsprechende

Literatur zurückgreifen, wie zum Beispiel auf *UML 2.0 in a Nutshell* oder *UML 2.0 – kurz & gut*, beide im O'Reilly Verlag erschienen.

Wenn Sie komplexe Applikationen entwickeln, ist es oft nützlich, wenn Sie mit Hilfe eines UML-Diagramms erst einmal das Design einer Anwendung entwerfen, bevor Sie mit der eigentlichen Implementierung beginnen. Dieses Diagramm können Sie dann als Diskussionsgrundlage verwenden, wenn Sie mit Ihren Kollegen den Funktionsumfang Ihrer Anwendung diskutieren. Außerdem können Sie in einem UML-Diagramm schnell feststellen, ob Sie nicht doch eine der Regeln für gutes Software-Design gebrochen haben. Das UML-Diagramm verändern Sie so lange, bis Sie sicher sind, dass Sie das optimale Design der Anwendung als Plan vor sich haben.

Wenn Sie die UML nutzen, um Anwendungen zu entwerfen, die in PHP 5 implementiert werden sollen, können Sie dazu die Open-Source-Anwendung ArgoUML (*http://argouml.tigris.org*) nutzen. Dieses Tool ermöglicht Ihnen, aus den UML-Diagrammen bereits PHP 5-Code zu erzeugen. Dieser Code enthält dann bereits alle Interface-, Klassen- und Methodendeklarationen, die Sie nur noch mit dem eigentlichen Programmcode füllen müssen.

KAPITEL 3

Erzeugungsmuster

Nachdem Sie nun wissen, welche Möglichkeiten Ihnen PHP für die objektorientierte Programmierung bietet und welche Regeln Sie befolgen sollten, wenn Sie Software entwickeln, erfahren Sie in den folgenden Kapiteln, wie einzelne Design Patterns im Detail angewandt werden. Den Anfang machen dabei die erzeugenden Entwurfsmuster.

Erzeugungsmuster werden verwendet, um Objekte zu konstruieren. »Dazu bietet PHP doch den new-Operator«, mögen Sie jetzt sagen. »Wozu sollen also Entwurfsmuster gut sein, die etwas erledigen, was PHP bereits mit sich bringt?« Damit haben Sie teilweise auch recht: Die eigentliche Instanziierung der Objekte wird immer mit Hilfe des `new`-Operators erfolgen, eine andere Möglichkeit haben Sie in PHP nicht. In den vorherigen Kapiteln haben Sie die Regel kennen gelernt, dass Sie immer gegen eine Schnittstelle statt einer konkreten Implementierung programmieren sollten. Jedoch haben Sie immer an irgendeiner Stelle eine konkrete Implementierung der Schnittstelle mit dem `new`-Operator instanziiert und somit wieder gegen diese Regel verstoßen (zum Glück hat das nur noch niemand gemerkt).

In diesem Kapitel werden Sie nun erfahren, wie Sie die Verwendung des `new`-Operators und somit auch die Abhängigkeit von einer konkreten Implementierung aus Ihrem Code verbannen. Durch den Einsatz des *Factory-Method-Patterns* werden Sie ein Objekt erzeugen, ohne dass Sie den Namen der Klasse kennen, und mit Hilfe des *Abstract-Factory-Patterns* sogar eine ganze Familie von Objekten instanziieren, ohne dabei Klassennamen anzugeben. Zu Beginn dieses Kapitels werden Sie das *Singleton-Pattern* anwenden, mit dem Sie die Anzahl der möglichen Instanzen einer Klasse beschränken können.

Haben Sie also geglaubt, Sie wüssten durch die Verwendung des `new`-Operators schon alles, was es zur Erzeugung von Objekten zu wissen gibt? Wenn dem so ist, sollten Sie die folgenden Seiten aufmerksam studieren und werden am Ende des Kapitels staunen, wie komfortabel die Erzeugung von Objekten doch sein kann.

Das Singleton-Pattern

PHP 5 erlaubt Ihnen, zu kontrollieren, wer auf welche Eigenschaften oder Methoden Ihrer Klassen und Objekte Zugriff erhält, indem Sie die Schlüsselwörter `public`, `private` oder `protected` verwenden. PHP ermöglicht Ihnen sogar zu beschränken, was beim Ableiten von Ihren Klassen überschrieben werden darf oder sogar muss. Eines ermöglicht Ihnen PHP jedoch nicht: Sie können nicht einschränken, wer wie viele Instanzen Ihrer Klasse erzeugen darf. Und genau hier kommt das *Singleton-Pattern* ins Spiel.

Das Singleton-Pattern ist eines der einfachsten Design Patterns, aber dennoch eines der am meisten genutzten. Vielleicht haben auch Sie dieses Muster schon eingesetzt, ohne zu wissen, dass es sich dabei um ein Entwurfsmuster handelt.

Motivation

In der Beispielanwendung des letzten Kapitels haben Sie den Debugging-Code aus der `RentalCompany`-Klasse herausgelöst und ihn in neuen Klassen gekapselt. Dadurch kann der Debugging-Code in Zusammenarbeit mit verschiedenen Klassen verwendet werden. Bei Erzeugung einer `RentalCompany`-Instanz übergeben Sie einen Debugger einfach im Konstruktor:

```
$debugger = new DebuggerEcho();
$rentalCompany = new RentalCompany($debugger);
```

Wenn Sie nun auch noch einen Debugger für Kunden und Autos verwenden wollten, könnte der Code zum Beispiel so aussehen:

```
$debugger2 = new DebuggerEcho();
$stephan = new Customer($debugger2, 1, 'Stephan Schmidt');

$debugger3 = new DebuggerEcho();
$bmw = new Car($debugger3, 'BMW', 'blau');
```

Sie haben hier also schon drei Instanzen derselben Debugger-Klasse erzeugt und damit ca. dreimal so viel Speicher verbraucht. Die Autovermietung wird sicher mehr als ein Auto vermieten und sicher auch mehr als einen Kunden bedienen. Der Speicherverbrauch wird also mit der Anzahl der vermieteten Autos und der Anzahl an Kunden stetig weiter ansteigen. Wenn Sie sich den Debugger genauer ansehen, fällt Ihnen sehr schnell auf, dass es eigentlich nicht nötig ist, für jeden Kunden und jedes Auto einen eigenen Debugger zu verwenden, schließlich wird dieser nur benutzt, um die übergebene Debug-Meldung auszugeben. Er weiß nichts über das Objekt, das ihn verwendet.

Es wäre also ideal, wenn Sie für jedes Auto und jeden Kunden immer denselben Debugger verwenden könnten und somit eine Menge Speicher sparen und Instanzierungen vermeiden. Wenn die Anwendung allerdings wächst, werden die Debugger an den verschiedensten Stellen instanziiert, so dass Sie nie sicher sein können, welches das erstes Debugger-Objekt ist, das Sie erzeugt haben.

Sie benötigen also einen zentralen Zugriffspunkt auf unseren Debugger.

Zweck des Patterns

Diesen zentralen Zugriffspunkt werden Sie im Folgenden mit Hilfe des Singleton-Patterns bereitsstellen:

Das Singleton-Pattern sichert ab, dass von einer Klasse nur eine Instanz existieren kann, und stellt einen globalen Zugriffspunkt auf diese Instanz bereit.

Um dies nun auf das Debugger-Problem anzuwenden, müssen Sie die folgenden Schritte befolgen:

1. Bereitstellen des zentralen Zugriffspunkts auf die Instanz der Debugger-Klasse.
2. Dieser zentrale Zugriffspunkt muss immer Zugriff auf dasselbe Objekt bieten, egal wie oft er verwendet wird.
3. Verhindern, dass auf irgendeinem anderen Weg es ermöglicht wird, eine zweite Instanz der Klasse zu erstellen.

Implementierung

Wenn Sie den Debugger direkt an der Stelle im Quellcode erzeugen, an der Sie ihn verwenden möchten, haben Sie dort keine Möglichkeit festzustellen, ob es bereits eine Instanz der Klasse gibt. Um die Instanziierung des Debuggers zentral an einer Stelle vorzunehmen, lagern Sie diesen Code in eine eigene Methode aus. Da für die Instanziierung des Objekts keine weiteren Informationen nötig sind, verwenden Sie dafür eine statische Methode (also eine Methode, die direkt auf der Klasse aufgerufen werden kann, ohne eine Instanz erzeugen zu müssen):

```
class DebuggerEcho implements Debugger {

    public static function getInstance() {
        $debugger = new DebuggerEcho();
        return $debugger;
    }

    public function debug($message) {
        echo "{$message}\n";
    }
}
```

In der statischen Methode `getInstance()` erstellen Sie also eine neue Instanz der Klasse `DebuggerEcho` und geben diese anschließend zurück. Statt im Code der Klasse mit Hilfe des `new`-Operators einen Debugger zu erzeugen, können Sie dafür nun die neue Methode verwenden:

```
$debuggerObi = DebuggerEcho::getInstance();
$debuggerObi->debug('Nutze die Macht, Luke!');

$debuggerVader = DebuggerEcho::getInstance();
$debuggerVader->debug('Luke, ich bin dein Vater!');

if ($debuggerObi === $debuggerVader) {
    echo "Die beiden Debugger sind dasselbe Objekt.\n";
} else {
    echo "Die beiden Debugger sind *NICHT* dasselbe Objekt.\n";
}
```

Sie erzeugen nun das Objekt zwar nicht mehr an der Stelle im Quellcode, an der es benötigt wird, viel gewonnen haben Sie dennoch nicht, denn bei jedem Aufruf der Methode wird ein neuer Debugger erstellt. Dies zeigt Ihnen auch die Ausgabe des Beispiels:

```
Nutze die Macht, Luke!
Luke, ich bin dein Vater!
Die beiden Debugger sind *NICHT* dasselbe Objekt.
```

Die Methode sollte also etwas mehr Logik mitbringen und beim Aufruf die folgenden Schritte durchlaufen:

1. Beim Aufruf überprüfen, ob bereits ein Debugger erstellt wurde.
2. Falls nicht, einen neuen Debugger mit Hilfe des new-Operators erstellen und diesen speichern.
3. Den gespeicherten Debugger zurückgeben.

Um dasselbe Objekt mehrfach verwenden zu können, müssen Sie es also innerhalb der getInstance()-Methode speichern. Würden Sie die getInstance()-Methode auf einem Objekt aufrufen, könnten Sie eine Objekteigenschaft dazu verwenden. Da Sie allerdings die Methode statisch aufrufen, funktioniert dies nicht. Stattdessen müssen Sie eine statische Klasseneigenschaft verwenden, um die erstellte Instanz zu speichern:

```
class DebuggerEcho implements Debugger {

    private static $instance = null;

    public static function getInstance() {
        if (self::$instance == null) {
            self::$instance = new DebuggerEcho();
        }
        return self::$instance;
    }

    public function debug($message) {
        echo "{$message}\n";
    }
}
```

Sie haben nun die statische Klasseneigenschaft `$instance` hinzugefügt und überprüfen beim Aufruf von `getInstance()`, ob diese Eigenschaft bereits einen Debugger enthält. Wenn nicht, erzeugen Sie einen neuen Debugger und weisen diesen der Klasseneigenschaft zu. Danach geben Sie den Debugger aus der Methode zurück.

Führen Sie mit diesem veränderten Code das Beispiel erneut aus, erhalten Sie die gewünschte Ausgabe:

```
Nutze die Macht, Luke!
Luke, ich bin dein Vater!
Die beiden Debugger sind dasselbe Objekt.
```

Egal wie oft Sie die `getInstance()`-Methode auch aufrufen, die Applikation verwendet immer dasselbe Objekt und spart somit Ressourcen ein.

Fallstricke

Es wäre zu einfach gewesen, wenn Sie damit schon Ihr erstes Design Pattern angewandt hätten. Das Singleton bringt leider auch noch einige Fallstricke mit; was passiert zum Beispiel, wenn einer Ihrer Teamkollegen nicht weiß, dass er die `getInstance()`-Methode verwenden muss, um einen Debugger zu erhalten? Er würde dann wie gewohnt einen neuen Debugger erzeugen:

```
// Ihr Debugger
$debuggerObi = DebuggerEcho::getInstance();
$debuggerObi->debug('Nutze die Macht, Luke!');

// der Debugger Ihres Kollegen
$debuggerVader = new DebuggerEcho();
$debuggerVader->debug('Luke, ich bin dein Vater!');

if ($debuggerObi === $debuggerVader) {
    echo "Die beiden Debugger sind dasselbe Objekt.\n";
} else {
    echo "Die beiden Debugger sind *NICHT* dasselbe Objekt.\n";
}
```

Nun sind die beiden Debugger natürlich wieder unterschiedliche Objekte, und Sie (oder, besser gesagt, Ihr Kollege) verschwenden erneut Speicher. Sie müssen Ihren Teamkollegen also verbieten, selbst neue Instanzen des Debuggers zu erzeugen, und sie somit zwingen, immer die `getInstance()`-Methode zu verwenden. Die Lösung dazu ist ganz simpel, Sie unterbinden einfach die Nutzung des Konstruktors von außerhalb der Klasse, indem Sie ihn als `protected` deklarieren:

```
class DebuggerEcho implements Debugger {
    ... statische Eigenschaft und getInstance()-Methode ...

    protected function __construct() {}

    public function debug($message) {
```

```
        echo "{$message}\n";
    }
}
```

Versucht jetzt einer Ihrer Kollegen, eine neue Instanz des Debuggers zu erzeugen, reagiert PHP mit einem Fehler:

```
Fatal error: Call to protected DebuggerEcho::__construct() from context '' in ch3/
singleton/debuggerechoconstructor.php on line 26
```

Ihr Kollege wird nun stattdessen wie gewünscht die `getInstance()`-Methode verwenden müssen, um einen Debugger zu erhalten.

Findige Kollegen, die trotzdem unbedingt eine neue Instanz erzeugen möchten, könnten vielleicht noch auf die Idee kommen, den Debugger, den sie von der `getInstance()`-Methode erhalten haben, zu klonen:

```
$debuggerObi = DebuggerEcho::getInstance();
$debuggerObi->debug('Nutze die Macht, Luke!');

$debuggerVader = clone $debuggerObi;
$debuggerVader->debug('Luke, ich bin dein Vater!');

if ($debuggerObi === $debuggerVader) {
    echo "Die beiden Debugger sind dasselbe Objekt.\n";
} else {
    echo "Die beiden Debugger sind *NICHT* dasselbe Objekt.\n";
}
```

Wenn Sie dieses Beispiel ausführen, werden Sie leider feststellen, dass Sie wieder zwei verschiedene Instanzen der Klasse verwenden. Auch wenn Ihnen niemand solche Kollegen wünscht, kann man mit der aktuellen Lösung nie sicher sein, dass wirklich nur eine Instanz der Klasse existiert; somit haben Sie die dritte Anforderung noch nicht zu 100% erfüllt.

Zum Glück erlaubt Ihnen PHP auch, das Klonverhalten für eine Klasse zu verändern, indem Sie eine Methode mit dem Namen `__clone()` implementieren. Um das Klonen zu verhindern, verbieten Sie einfach den Aufruf der `__clone()`-Methode von außerhalb der Klasse:

```
class DebuggerEcho implements Debugger {
    ... statische Eigenschaft und getInstance()-Methode ...

    protected function __construct() {
    }

    private function __clone() {}

    public function debug($message) {
        echo "{$message}\n";
    }
}
```

Beim erneuten Versuch, ein Debugger-Objekt zu klonen, erhält der Entwickler nun auch eine Fehlermeldung, die ihn darauf hinweist, dass das Klonen des Objekts verboten ist:

```
Fatal error: Call to private DebuggerEcho::__clone() from context '' in ch3\
singleton\debuggerechoclone.php on line 28
```

Sie haben nun also sichergestellt, dass von der Klasse `DebuggerEcho` immer nur ein Objekt existieren kann, und somit Ihr erstes Singleton implementiert.

Sie mögen sich vielleicht wundern, warum der Konstruktor als `protected` und die `__clone()`-Methode als `private` deklariert wurde. Der Grund dafür liegt in den Möglichkeiten, die Ihnen Vererbung bietet. Im Fall des Konstruktors möchten Sie es Klassen, die vom Debugger ableiten, erlauben, den Konstruktor zu überschreiben. Der Konstruktor darf zwar nicht von außerhalb einer Klasse verwendet werden, aber dennoch ist es möglich, den Konstruktur für seine üblichen Aufgaben zu nutzen.

Im Fall der `__clone()`-Methode ist dies nicht nötig, hier soll einfach nur die Nutzung unterbunden werden.

Definition des Patterns

Das Singleton-Pattern sichert ab, dass von einer Klasse nur eine Instanz existieren kann, und stellt einen globalen Zugriffspunkt auf diese Instanz bereit.

Um dieses Pattern in PHP zu implementieren, sind immer die folgenden vier Schritte nötig:

1. Deklarieren Sie eine statische Klasseneigenschaft, die das Exemplar der Klasse speichert
2. Implementieren Sie eine statische Methode, die das gespeicherte Exemplar zurückgibt und gegebenenfalls dieses Exemplar erstellt, falls es noch nicht vorhanden ist.
3. Sichern Sie ab, dass keine weiteren Instanzen durch Verwendung des `new`-Operators möglich sind, indem Sie den Konstruktor als `protected` deklarieren.
4. Sichern Sie ab, dass das Exemplar der Klasse nicht geklont werden kann, indem Sie die `__clone()`-Methode als `private` deklarieren.

Abbildung 3-1 zeigt ein UML-Diagramm des Patterns. Wenn Sie diese vier einfachen Regeln befolgen, steht weiteren Implementierungen des Singleton-Patterns nichts mehr im Weg.

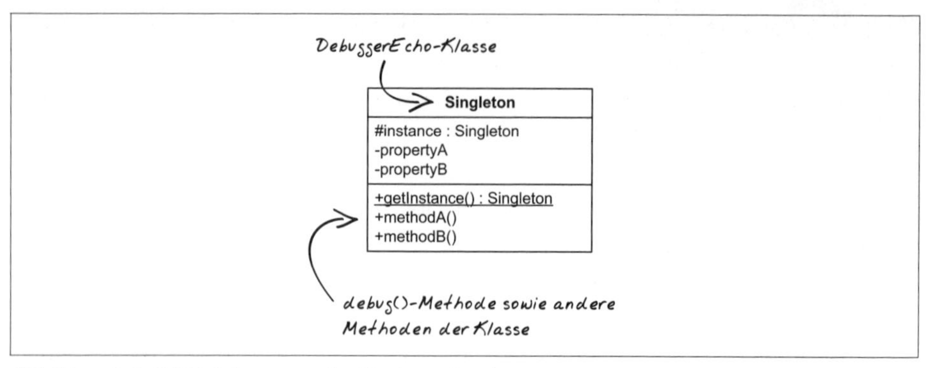

Abbildung 3-1: UML-Diagramm der Singleton-Implementierung

Konsequenzen

Wenn Sie das Singleton-Pattern anwenden, hat das für Ihre Applikation die folgenden Konsequenzen:

1. Sie können sehr genau kontrollieren, wie auf Ihre Klasse zugegriffen wird. Durch den zentralen Zugriffspunkt über die `getInstance()`-Methode können Sie beliebige Kontrollmechanismen einfügen.
2. Es gibt von Ihrer Klasse immer nur eine Instanz. Sollten Sie plötzlich eine zweite Instanz der Klasse benötigen, lässt das Singleton-Muster dies nicht zu.

   Allerdings gibt es Modifikationen des Singleton-Patterns, bei denen auch mehr als ein Objekt erlaubt wird.
3. Das Singleton-Pattern ermöglicht Ihnen, die Anzahl der globalen Variablen zu reduzieren oder diese komplett aus Ihrem Quellcode zu verbannen. Statt globale Instanzen der Klassen in Variablen im globalen Namensraum zu speichern, greifen Sie über statische Methoden auf diese Instanzen zu und halten somit den globalen Namensraum frei.

Beim Singleton handelt es sich um eines der einfachsten Design Patterns. Dies mag der Grund dafür sein, dass es sehr häufig auch in Situationen eingesetzt wird, in denen es eigentlich fehl am Platze ist. Denken Sie vor Einsatz dieses Design Patterns darüber nach, ob Sie wirklich nur eine Instanz der Klasse erlauben wollen oder ob auch mehr Instanzen der Klasse parallel nutzbar sind und Sie eigentlich nur einen globalen Zugriffspunkt auf ein Objekt benötigen. In letzterem Fall könnten Sie eventuell auch auf das *Registry-Pattern* zurückgreifen.

Weitere Anwendungen

Neben dem Debugger gibt es noch weitere Anwendungsmöglichkeiten für das Singleton-Pattern. Häufig wird das Singleton zum Beispiel eingesetzt, um einen zentralen Zugriffspunkt auf die Konfiguration einer Applikation bereitzustellen. Wenn nur ein Objekt existiert, das die Konfiguration speichert, haben Sie dadurch gleich zwei Vorteile:

1. Wenn ein Konfigurationswert einer Komponente verändert wird, gilt diese Änderung sofort für alle Komponenten.
2. Konfigurationsdateien müssen nur einmal eingelesen werden, was sich ressourcenschonend auf die Anwendung auswirkt.

Genauso werden Singletons häufig eingesetzt, wenn eine Applikation auf eine externe Ressource wie zum Beispiel eine Datenbank zugreift. Durch Verwendung eines zentralen Objekts, das sich um den Zugriff auf die Datenbank kümmert, muss nur eine Verbindung zur Datenbank aufgemacht werden, die sich die einzelnen Komponenten teilen können.

Variation des Singleton-Patterns

Vielleicht haben Sie sich schon gefragt, wie man das Singleton für Objekte umsetzen kann, die von außen parametrisierbar sein sollen. Angenommen, Sie möchten das Debugging nun wieder auf Logdateien umstellen, aber nicht alle Meldungen in eine Datei schreiben, sondern unterschiedliche Dateien für die unterschiedlichen Komponenten verwenden.

Ein Debbuger für Logfiles könnte zum Beispiel so aussehen:

```
class DebuggerLog implements Debugger {
    protected $logfile = null;

    public function __construct($logfile) {
        $this->logfile = $logfile;
    }

    public function debug($message) {
        error_log("{$message}\n", 3, $this->logfile);
    }
}
```

Beim Instanziieren des Debuggers wird also dem Konstruktor einfach der Name der Datei übergeben, in die die Meldungen geschrieben werden sollen. Somit ist es möglich, die Meldungen je nach Komponente in eine andere Datei zu schreiben:

```
$debuggerObi = new DebuggerLog('./obi.log');
$debuggerObi->debug('Nutze die Macht, Luke!');

$debuggerVader = new DebuggerLog('./vader.log');
$debuggerVader->debug('Luke, ich bin dein Vater!');
```

Leider können Sie hier das Singleton-Pattern nicht mehr anwenden, Sie wollen mehr als eine Instanz derselben Klasse erlauben. Allerdings wollen Sie dies nur erlauben, solange die verschiedenen Instanzen in verschiedene Dateien schreiben. Wird in dasselbe Log geschrieben, soll auch dieselbe Instanz verwendet werden.

Durch eine leichte Modifikation des Singleton ist auch dies möglich. Statt einer globalen Instanz müssen Sie eine Instanz der Klasse pro verwendeter Logdatei in der statischen Eigenschaft speichern. Diese wird dazu durch ein Array ersetzt:

```
class DebuggerLog implements Debugger {

    protected $logfile = null;
    private static $instances = array();

    public static function getInstance($logfile) {
        if (!isset(self::$instances[$logfile])) {
            self::$instances[$logfile] = new DebuggerLog($logfile);
        }
        return self::$instances[$logfile];
    }

    protected function __construct($logfile) {
        $this->logfile = $logfile;
    }

    private function __clone() {}

    public function debug($message) {
        error_log("{$message}\n", 3, $this->logfile);
    }
}
```

Jetzt müssen Sie nur noch den Namen der Logdatei an die `getInstance()`-Methode übergeben. Der folgende Code erzeugt also lediglich zwei Instanzen der `DebuggerLog`-Klasse, obwohl drei angefordert werden. Der erste und der letzte Methodenaufruf liefern das gleiche Objekt zurück:

```
$debuggerObi = DebuggerLog::getInstance('./jedi.log');
$debuggerVader = DebuggerLog::getInstance('./sith.log');
$debuggerLuke = DebuggerLog::getInstance('./jedi.log');
```

Sie haben nun zwar kein Singleton-Pattern im klassischen Sinn mehr implementiert, aber in der Realität werden Sie sehr häufig diese kleine Variation des Musters antreffen.

Das Factory-Method-Pattern

In den bisherigen Beispielen haben Sie ein neues Auto oder Flugzeug immer durch Verwendung des `new`-Operators erstellt. Mal ganz davon abgesehen, dass dies in der Realität leider nicht so einfach funktioniert, binden Sie damit Ihren Code an eine konkrete Implementierung, was Sie eigentlich vermeiden sollten. Denn damit erschweren Sie die Einbindung neuer Klassen, wenn Sie z.B. neue Fahrzeugtypen hinzufügen möchten. Wenn Sie Objekte mit dem `new`-Operator direkt dort erzeugen, wo Sie sie benötigen, haben Sie Instanziierungen über den gesamten Quellcode der Applikation verteilt. Bei Änderungen an der Instanziierung durch Hinzufügen von Argumenten zum Konstruktor oder Einfügen neuer Klassen muss jede der Dateien angepasst werden, die Objekte erzeugt. Mit der Anzahl der Stellen, die geändert werden müssen, steigt natürlich auch die Anzahl der Fehler, die dabei gemacht werden können.

Besser wäre es, wenn Sie eine Klasse oder ein Objekt hätten, das die Fahrzeuge für Sie erzeugt, sozusagen eine *Auto-Fabrik*. Genau für dieses Problem ist das *Factory-Method-Pattern*, auch *Fabrikmethode* genannt, zuständig, das Sie im Folgenden anwenden werden.

Motivation

Um die Integration neuer Fahrzeugtypen zu erleichtern, möchten Sie also die Applikation um Autohersteller erweitern. Diese könnten alles über die Herstellung eines neuen Autos wissen und dabei gleichzeitg Aufgaben durchführen, die Sie immer durchführen möchten, bevor ein neues Auto vom Band rollt. Diese Aufgaben umfassen zum Beispiel:

- Erzeugen des neuen Objekts und Setzen des Herstellers und der Farbe.
- Starten des Motors und Bewegen des Autos um einen Kilometer, um zu überprüfen, ob alles funktioniert.

Allerdings wird Ihnen eine Autofabrik nicht genügen, schließlich vermieten Sie nicht nur Limousinen, sondern auch Cabrios und eben Flugzeuge. Einzelne Hersteller spezialisieren sich hierbei wie im richtigen Leben auf einen Fahrzeugtyp, daher benötigen Sie für jeden dieser Fahrzeugtypen eine eigene Fabrik. Allerdings unterscheiden sich diese nur bei der eigentlichen Herstellung des Fahrzeugs, alle sollen nach dem eigentlichen Herstellungsprozess den Wagen einmal probeweise anlassen.

Zweck des Patterns

Diese Autohersteller werden Sie im Folgenden mit Hilfe einer *Fabrikmethode* implementieren. Der Zweck dieses Entwurfsmusters deckt sich perfekt mit der Aufgabenstellung:

Das Fabrikmethoden-Muster definiert eine Schnittstelle zur Erzeugung von Objekten. Es verlagert aber die eigentliche Instanziierung in Unterklassen; es lässt die Unterklassen entscheiden, welche konkreten Implementierungen verwendet werden.

Für den konkreten Anwendungsfall bedeutet dies nun:

1. Sie müssen eine Herstellerklasse implementieren, um eine Schnittstelle zu definieren.
2. In die Basisklasse fügen Sie Code ein, der für alle Hersteller gleich ist.

3. Danach implementieren Sie beliebige Unterklassen des Herstellers, um verschiedenen Fahrzeugtypen herstellen zu können.

Implementierung

Sie beginnen die Umsetzung der Hersteller, indem Sie eine abstrakte Klasse implementieren, die als Basis für die konkreten Autohersteller fungieren wird.

Diese Klasse `AbstractManufacturer` soll es Ihnen später ermöglichen, beliebige Fahrzeuge an die Autovermietung zu verkaufen. Wie im richtigen Leben werden verschiedene Hersteller auch verschiedene Autos produzieren, und so werden Sie am Ende der Implementierung eine BMW-Fabrik, aber auch eine Peugeot- oder Mercedes-Fabrik umsetzen können. Jeder der Hersteller braucht also einen Namen, daher benötigt die Basiklasse eine Eigenschaft, um den Namen des Herstellers aufzunehmen. Um den entsprechenden Wert dieser Eigenchaft setzen zu können, nutzen Sie den Konstruktor der Klasse:

```
class AbstractManufacturer {
    protected $name;

    public function __construct($name) {
        $this->name = $name;
    }
}
```

Was der Klasse jetzt noch fehlt, ist eine Methode, um ein Auto zu verkaufen. Hierzu implementieren Sie die Methode `sellVehicle()`. Dieser Methode möchten Sie später die Farbe des zu verkaufenden Autos übergeben. Die Methode selbst soll dann ein neues Auto produzieren, den Motor anlassen und eine kleine Testfahrt durchführen. Allerdings soll die Methode nicht wissen, wie das Auto hergestellt wird, schließlich wird eine Limousine anders produziert als ein Cabrio. Stattdessen verwendet die `sellVehicle()`-Methode dazu eine weitere Methode mit dem Namen `manufactureVehicle()`. Diese Methode soll ein neues Objekt erzeugen, das das Interface `Vehicle` implementiert, und dieses danach zurückgeben. Durch Implementieren dieses Interfaces können Sie sicher sein, dass Sie auf dem zurückgegebenen Objekt die Methoden `startEngine()`, `moveForward()` und `stopEngine()` aufrufen können.

```
abstract class AbstractManufacturer {

    protected $name;

    public function __construct($name) {
        $this->name = $name;
    }

    public function sellVehicle($color) {
```

```
        $vehicle = $this->manufactureVehicle($color);
        $vehicle->startEngine();
        $vehicle->moveForward(1);
        $vehicle->stopEngine();

        return $vehicle;
    }

    abstract protected function manufactureVehicle($color);
}
```

Die `manufactureVehicle()`-Methode haben Sie als abstrakte Methode deklariert, da die Hersteller-Basisklasse nicht wissen kann, wie ein Auto produziert werden muss. Die Basisklasse haben wir deshalb auch als abstrakte Klasse deklariert, sie kann nicht instanziiert werden, stattdessen müssen Unterklassen gebildet werden, um ein Objekt zu erzeugen.

Diese Unterklassen müssen dann lediglich die abstrakte Methode `manufactureVehicle()` implementieren und in ihr ein neues Fahrzeug instanziieren. Für eine Limousine sieht die neue Herstellerklasse folgendermaßen aus:

```
class CarManufacturer extends AbstractManufacturer {

    protected function manufactureVehicle($color) {
        $vehicle = new Car($this->name, $color);
        return $vehicle;
    }
}
```

Sie erzeugen also lediglich eine Instanz der Klasse `Car` und übergeben dabei den Herstellernamen und die gewünschte Farbe. Sie können diesen Hersteller nun in der Applikation einsetzen, um Autos zu produzieren und diese der Autovermietung zu verkaufen:

```
$bmwManufacturer = new CarManufacturer('BMW');
$bmw = $bmwManufacturer->sellVehicle('blau');

print "Neues Fahrzeug gekauft:\n";
print "Fahrzeugtyp: " . get_class($bmw) . "\n";
print "Hersteller : " . $bmw->getManufacturer() . "\n";
print "Farbe      : " . $bmw->getColor() . "\n";
```

Nach Erzeugen einer Instanz des Herstellers verwenden Sie die Methode `sellVehicle()`, um ein neues Auto zu erstellen. Dabei müssen Sie nicht mehr angeben, von welcher Klasse das neue Auto instanziiert wird, dieses Wissen ist in der Klasse `CarManufacturer` gekapselt. Wenn Sie dieses Skript ausführen, erhalten Sie die folgende Ausgabe:

```
Neues Fahrzeug gekauft:
Fahrzeugtyp: Car
Hersteller : BMW
Farbe      : blau
```

Wie erwartet, ist das gekaufte Auto also eine Instanz der Klasse Car. Analog dazu können Sie einen weiteren Hersteller implementieren, der Cabrios produziert, Sie müssen nur noch eine Klasse von AbstractManufacturer ableiten:

```
class ConvertibleManufacturer extends AbstractManufacturer {

    protected function manufactureVehicle($color) {
        $vehicle = new Convertible($this->name, $color);
        return $vehicle;
    }
}
```

In dieser Klasse erzeugen Sie eine neue Instanz der Klasse Convertible, wenn Sie angewiesen werden, ein neues Auto zu produzieren. In beiden Klassen kümmert sich die Implementierung der Methode nur um das Erzeugen neuer Objekte, sie weiß nicht, wie diese im weiteren Verlauf verwendet werden. Den Cabrio-Hersteller verwenden Sie genau so wie im vorherigen Beispiel:

```
$peugeotManufacturer = new ConvertibleManufacturer('Peugeot');
$peugeot = $peugeotManufacturer->sellVehicle('schwarz');

print "Neues Fahrzeug gekauft:\n";
print "Fahrzeugtyp: " . get_class($peugeot) . "\n";
print "Hersteller : " . $peugeot->getManufacturer() . "\n";
print "Farbe      : " . $peugeot->getColor() . "\n";
```

Weitere Hersteller (die auch komplexeren Code verwenden könnten), um ein Auto zu produzieren, können also leicht implementiert und der Anwendung hinzugefügt werden. Sie haben es somit geschafft, das Erzeugen der Auto-Objekte aus dem Code zu entfernen und stattdessen hinter einer Schnittstelle zu kapseln. Dabei verwenden Sie stets nur die Schnittstelle der Klasse AbstractManufacturer, Sie müssen nicht wissen, welche Klassen dabei instanziiert werden und welcher Code dazu nötig ist.

Definition des Patterns

Das Fabrikmethoden-Muster definiert eine Schnittstelle zur Erzeugung von Objekten. Es verlagert aber die eigentliche Instanziierung in Unterklassen; es lässt die Unterklassen entscheiden, welche konkreten Implementierungen verwendet werden.

Um dieses Ziel zu erreichen, müssen Sie die folgenden Schritte durchführen:

1. Implementieren Sie eine abstrakte Klasse, in der Sie eine oder mehrere abstrakte Methoden deklarieren, die die Schnittstelle zum Erzeugen von Objekten vorgeben.
2. Fügen Sie dieser Klasse weitere Methoden hinzu, die Logik enthalten, die bei allen konkreten Implementierungen identisch sind. Sie können in diesen Methoden bereits auf die abstrakte Fabrikmethode zugreifen.

3. Bilden Sie beliebig viele Unterklassen, in denen Sie verschiedene Implementierungen der abstrakten Methode einfügen.
4. Verwenden Sie nun diese konkreten Unterklassen, um die tatsächlichen Objekte zu instanziieren und Ihren Applikationscode von den konkreten Implementierungen zu lösen.

Wann immer Sie eine Fabrikmethode verwenden möchten, achten Sie einfach darauf, die hier gezeigten Schritte durchzuführen, und dem Erfolg Ihres Vorhabens steht nichts mehr im Weg. Abbildung 3-2 zeigt Ihnen die Beziehungen zwischen den Beteiligten des Factory-Method-Patterns und illustriert noch einmal, wie das Pattern auf die Erzeugung der `Vehicle`-Implementierungen angewandt wurde.

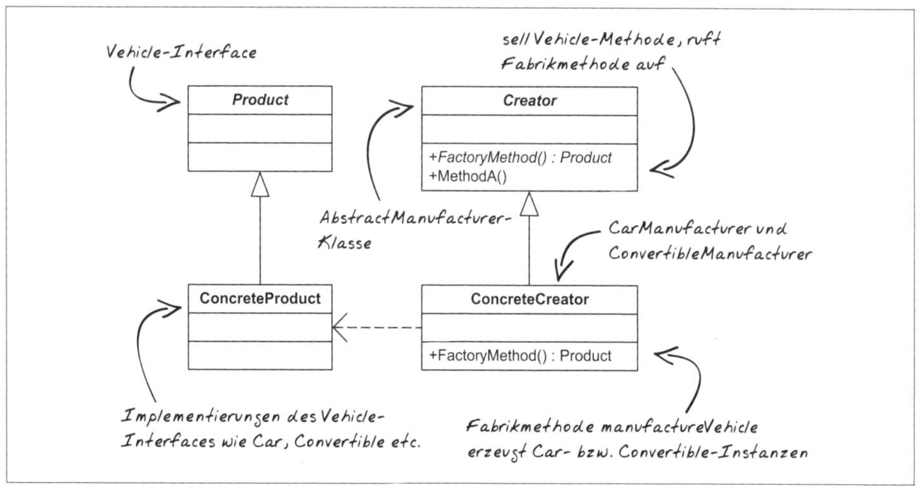

Abbildung 3-2: UML-Diagramm des Factory-Method-Patterns

Konsequenzen

Durch den Einsatz von Fabrikmethoden wird es Ihnen ermöglicht, dass Sie in Framework-Code stets nur gegen Schnittstellen entwickeln und konkrete Implementierungen dieser Schnittstelleen aus dem Framework-Code heraushalten können. Aus diesem Grund ist dieses eines der Muster, das Sie am häufigsten in den verschiedensten Open Source-Frameworks antreffen.

Die Fabrikmethode verlangt, dass Sie zur Erzeugung einer konkreten Implementierung eine andere Klasse ableiten. Oft müssen Sie die Erzeugerklasse nur zu diesem Zweck ableiten, was zu erhöhter Komplexität der Anwendung führt. Trotz dieses Nachteils überwiegen die Vorteile des Design Patterns, da Sie problemlos spezialisierte Klassen (wie im obigen Beispiel die `Convertible`-Klasse) in Ihre Applikation einfügen können. Im nächsten Abschnitt sehen Sie, wie durch eine Modifikation des Patterns sogar dieser kleine Nachteil umgangen werden kann.

Weitere Anwendungen

Die Vorgehensweise, die Instanziierung von Objekten in einer Fabrikmethode zu verstecken, ist ein mächtiges Hilfsmittel bei der Entwicklung objektorientierter Architekturen. Allerdings führt die Anwendung der Fabrikmethode wie in diesem Beispiel oft zu sehr vielen Klassen, die eigentlich nur eine Methode bereitstellen, die wiederum aus nur zwei Zeilen Quellcode besteht. Diese Fabriken müssen erneut instanziiert werden, womit Sie den Code an irgendeiner Stelle durch das Erzeugen der Fabrik-Instanz doch wieder an eine konkrete Implementierung binden.

Um diese Objektinflation zu vermeiden, wird in vielen Applikationen eine Abwandlung der Fabrikmethode angewandt, die *statische Fabrikmethode*. Wie der Name schon sagt, wird die Methode, die das Objekt erzeugt, statisch aufgerufen, anstatt zuerst ein Objekt zu erzeugen. Durch die Verwendung einer statischen Methode fällt natürlich die Möglichkeit der Bildung von Unterklassen weg, schließlich muss beim Aufruf der Methode fest der Name einer Klasse angegeben werden.

Stattdessen wird die statische Fabrikmethode parametrisiert, und anhand der übergebenen Parameter wird entschieden, welche konkrete Klasse instanziiert und zurückgegeben werden soll. Eine gute Anwendung der statischen Fabrikmethode ist erneut das Erzeugen der `Debugger`-Instanz. Dazu implementieren Sie eine neue Klasse mit dem Namen `DebuggerFactory`, die die Debugger erzeugen soll. Hierfür stellt die Klasse eine statische Methode `createDebugger()` zur Verfügung, der Sie den Typ des zu erzeugenden Debuggers übergeben:

```
class DebuggerFactory {
    static public function createDebugger($type) {
        switch (strtolower($type)) {
            case 'echo':
                require_once 'DebuggerEcho.php';
                $debugger = new DebuggerEcho();
                break;
            case 'log':
                require_once 'DebuggerLog.php';
                $debugger = new DebuggerLog();
                break;
            default:
                throw new UnknownDebuggerException();
        }
        return $debugger;
    }
}
```

In der Methode entscheiden Sie mit Hilfe einer `switch`/`case`-Anweisung und anhand des `$type`-Parameters, welche Klasse instanziiert werden soll. Dazu laden Sie zunächst die entsprechende Klasse über das Einbinden der entsprechenden PHP-Datei und erzeugen danach eine neue Instanz. Wenn ein unbekannter Typ übergeben wird, reagiert die Fabrikmethode mit dem Werfen einer Exception.

Diese Fabrikmethode können Sie jetzt verwenden, um den Debugger zu erzeugen:

```
define('DEBUG_MODE', 'echo');

$debugger = DebuggerFactory::createDebugger(DEBUG_MODE);
$debugger->debug('Danger, Will Robsinson!');
```

Der Code muss nun nichts mehr über die konkreten Implementierungen des Debuggers kennen, Sie rufen lediglich die Fabrikmethode auf, die Ihnen einen Debugger zurückliefert.

Statische Fabrikmethode und Singleton

Bei der Beschreibung des Singleton haben Sie gelernt, dass es sinnvoll ist, von zustandslosen Objekten wie dem Debugger durch Anwendung des Singleton-Patterns dafür zu sorgen, dass Sie nicht unnötig viele Instanzen der Klassen erzeugen. Durch Einführen der statischen Fabrikmethode haben Sie diesen Vorteil allerdings gegen einen anderen Vorteil eingetauscht, da Sie nicht einmal mehr die Klassennamen der Debugger-Implementierungen kennen müssen. Besser wäre es natürlich, wenn Sie beides in einem nutzen könnten.

Auch das ist mit Hilfe der statischen Fabrikmethode möglich, sie muss lediglich Objekte zurückliefern. Es ist nicht definiert, dass diese mit Hilfe des new-Operators erzeugt werden müssen. Also kombinieren Sie doch einfach die Fabrikmethode mit Ihrer Singleton-Implementierung ...

```
class DebuggerFactory {
    static public function createDebugger($type) {
        switch (strtolower($type)) {
            case 'echo':
                require_once 'DebuggerEcho.php';
                $debugger = DebuggerEcho::getInstance();
                break;
            case 'log':
                require_once 'DebuggerLog.php';
                $debugger = DebuggerLog::getInstance();
                break;
            default:
                throw new UnknownDebuggerException();
        }
        return $debugger;
    }
}
```

Statt des new-Operators verwenden Sie jetzt die getInstance()-Methode, die immer die gleiche Instanz zurückliefert. Sie haben also die statische Fabrikmethode und das Singleton sowie deren Vorteile in einem und mussten dabei nicht einmal den existierenden Quellcode verändern.

Das Abstract-Factory-Pattern

Mit Hilfe der Fabrikmethode und des Singleton haben Sie einzelne Objekte erzeugt und dabei die eigentliche Instanziierung der Objekte in Methodenaufrufen versteckt. Oft werden Sie jedoch vor Problemen stehen, bei denen Sie mehr als ein Objekt herstellen müssen und diese Objekte zu einer bestimmten Objektfamilie gehören. Hier hilft Ihnen das *Abstract-Factory-Pattern*, auch *abstrakte Fabrik* genannt.

Motivation

Nachdem Sie nun neue Autos kaufen und vermieten können, möchten Sie sich als Nächstes um die Darstellung des Fuhrparks kümmern. Den Anfang soll eine einfache Liste aller Autos machen. Dabei haben Sie die Daten schon in einer recht einfachen Form zugänglich gemacht und z.B. ein solches Array erhalten:

```
$vehicles = array(
            array('BMW', 'blau'),
            array('Peugeot', 'rot'),
            array('VW', 'schwarz'),
        );
```

Sie haben also ein Array, das zu jedem Wagen den Hersteller und die Farbe enthält. Diese Informationen möchten Sie nun mindestens in zwei Formaten darstellen können. Zum einen sollen die Daten auf einer Website als HTML-Tabelle angezeigt werden, wie Abbildung 3-3 zeigt, und zum anderen möchten Sie dieselben Daten auch auf der Kommandozeile ausgeben können. Abbildung 3-4 zeigt, wie diese Darstellung aussehen sollte.

Abbildung 3-3: Darstellung der Liste als HTML-Tabelle

Möglicherweise möchten Sie die Daten später noch in anderen Ausgabemedien als Tabelle darstellen können. Weiterhin wäre es wünschenswert, wenn Sie diese

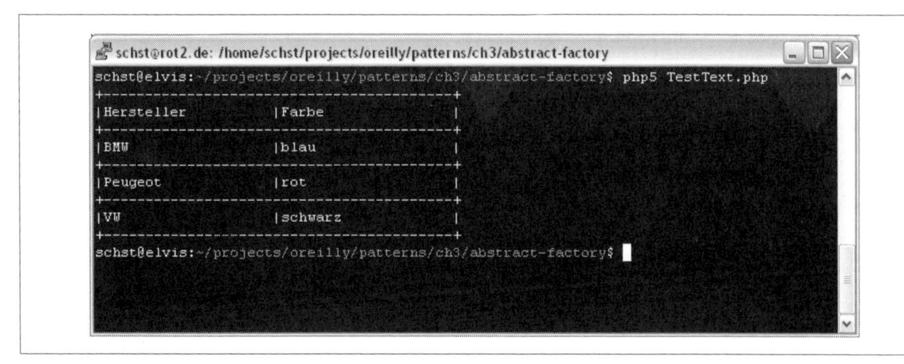

Abbildung 3-4: Darstellung der Liste auf der Kommandozeile

Tabellen später auch verwenden könnten, um zum Beispiel eine Liste aller Kunden oder auch die Ausleihvorgänge eines Kunden zu generieren. Sie möchten also die Darstellung von den Inhalten getrennt halten.

Um dies zu ermöglichen, splitten Sie die Ausgabe in ihre einzelnen Komponenten auf, um diese dann nach den bisher gelernten Prinzipien leicht austauschen zu können. Im Fall einer Tabelle benötigen Sie die folgenden Komponenten:

- Die Tabelle selbst, die alle weiteren Elemente beinhaltet.
- Die Kopfzeile der Tabelle, die die Überschriften beinhaltet.
- Die einzelnen Zeilen der Tabelle.
- Die einzelnen Tabellenzellen, aus denen sich eine Zeile zusammensetzen lässt.

Sie möchten nun eine Lösung finden, diese einzelnen Elemente zu verwenden und daraus beliebige Tabellen zu konstruieren und mit Daten zu befüllen, ohne dass Sie dabei schon wissen müssen, wie die Tabelle später dargestellt werden soll. Dies bedeutet also, dass Sie einzelne Instanzen dieser Elemente erzeugen müssen, ohne zu wissen, ob diese Instanzen für HTML- oder Textausgaben zuständig sind.

Zweck des Patterns

Um die einzelnen Komponenten zu erzeugen, ohne deren konkrete Implementierungen angeben zu müssen, werden Sie nun eine *abstrakte Fabrik* verwenden. Die Definition dieses Musters passt genau zum aktuellen Problem.

Die abstrakte Fabrik bietet eine Schnittstelle zum Erstellen von Familien verwandter oder zusammenhängender Objekte an, ohne deren konkrete Klassen zu benennen.

Um die Listen mit Hilfe einer abstrakten Fabrik umzusetzen, sind die folgenden Schritte nötig:

1. Definieren einer Schnittstelle zum Erzeugen der einzelnen Elemente der Liste, wie Tabellen, Kopfzeilen, Zeilen und Zellen.

2. Umsetzen von mindestens zwei konkreten Implementierungen dieser Schnittstelle für HTML- und Textausgabe.
3. Verwenden der Fabrik, um mit den von ihr erzeugten Objekten eine Liste der verfügbaren Fahrzeuge auf Basis der vorhandenen Daten zu erstellen.

Implementierung

Um die Liste mit Hilfe der abstrakten Fabrik umzusetzen, benötigen Sie zunächst die einzelnen Elemente, aus denen Sie die Tabelle zusammenbauen können.

Dazu müssen Sie die folgenden Klassen implementieren:

- `Table` als Repräsentation der gesamten Tabelle
- `Row` als Repräsentation einer Tabellenzeile
- `Header` als Repräsentation des Tabellenkopfs
- `Cell` als Repräsentation einer Tabellenzelle

Jede dieser Klassen soll eine Methode mit dem Namen `display()` bieten, die aufgerufen wird, wenn das Element ausgegeben werden soll. Da die Repräsentation erst einmal nicht weiß, wie die Darstellung aussehen soll, wird diese Methode als abstrakt deklariert, wodurch auch sämtliche dieser Klassen abstrakte Klassen sein müssen.

Diese bieten jedoch die Grundfunktionalität, die benötigt wird, um aus den einzelnen Elementen eine komplette Tabelle zu erzeugen. Im Folgenden werden Sie nun diese Basisfunktionalität in den einzelnen Klasse implementieren. Dabei beginnen Sie mit der Klasse `Table`.

```
abstract class Table {
    protected $header = null;
    protected $rows = array();

    public function setHeader(Header $header) {
        $this->header = $header;
    }

    public function addRow(Row $row) {
        $this->rows[] = $row;
    }

    abstract public function display();
}
```

Zur Tabelle selbst fügen Sie zwei Eigenschaften hinzu, `$header` speichert den Tabellenkopf und `$rows` die einzelnen Zeilen in einem Array. Um den Tabellenkopf zu definieren, haben Sie die Methode `setHeader()` hinzugefügt, der Sie eine Instanz der Klasse `Header` übergeben können. Über die Methode `addRow()` können beliebig viele

Zeilen der Tabelle hinzugefügt werden. Weiterhin deklarieren Sie die bereits besprochene display()-Methode.

Als Nächstes kümmern Sie sich um die Implementierung einer Tabellenzeile:

```
abstract class Row {
    protected $cells = array();

    public function addCell(Cell $cell) {
        $this->cells[] = $cell;
    }

    abstract public function display();
}
```

Jede Zeile besteht aus mehreren Tabellenzellen, Sie fügen deshalb eine Eigenschaft $cells der Klasse hinzu, die diese Zellen in einem Array aufnehmen kann. Natürlich fügen Sie die Methode addCell() hinzu, um diese Eigenschaft zu füllen. Zur Darstellung der Zeile wird auch hier die display()-Methode deklariert.

Die Implementierung der Kopfzeile ist die einfachste Klasse der Tabellenelemente. Diese wird lediglich von der Klasse Row abgeleitet, da sie die gleiche Funktionalität wie eine einzelne Zeile bieten muss.

```
abstract class Header extends Row {
}
```

Als Letztes bleibt Ihnen nur noch, die Klasse für eine einzelne Tabellenzelle zu implementieren. Zu einer Tabellenzelle speichern Sie lediglich den Inhalt als String; dieser kann im Konstruktor der Klasse übergeben werden.

```
abstract class Cell {
    protected $content = null;

    public function __construct($content) {
        $this->content = $content;
    }
    abstract public function display();
}
```

Und auch diese Klasse verfügt natürlich über die abstrakte display()-Methode.

Nachdem Sie die Klassen für die einzelnen Tabellenelemente implementiert haben, kümmern Sie sich als Nächstes um die Schnittstelle der Fabriken, die Sie verwenden werden, um die Tabellenelemente zu erzeugen. Diese müssen pro Element eine Methode bieten:

```
interface TableFactory {
    public function createTable();
    public function createRow();
    public function createHeader();
    public function createCell($content);
}
```

Da Sie in der Schnittstelle keine konkreten Methoden bereitstellen, verwenden Sie hier, im Gegensatz zur Fabrikmethode, einfach ein Interface. Bei der Methode, die eine Tabellenzelle erstellen soll, wird der Inhalt der Zelle an die Fabrikmethode übergeben, da wir diese beim Instanziieren der Tabellenzelle übergeben müssen. Alle anderen Methoden werden ohne Parameter aufgerufen.

Damit haben Sie die Schnittstellen aller Beteiligten definiert.

Die Tabelle in HTML

Um nun eine HTML-Tabelle zu erstellen, benötigen Sie zunächst konkrete Unterklassen der Tabellenelemente, die die display()-Methode so implementieren, dass bei deren Aufruf HTML erzeugt wird. Sie gehen dieses Mal genau umgekehrt vor und implementieren zuerst die neue Klasse für eine Zelle:

```
class HtmlCell extends Cell {
    public function display() {
        print "    <td>{$this->content}</td>\n";
    }
}
```

Um eine Tabellenzelle in HTML darzustellen, kann das <td></td>-Tag verwendet werden. Der Inhalt der Tabellenzelle steht Ihnen in der Objekteigenschaft $content zur Verfügung. Danach kümmern Sie sich um die Darstellung einer Zeile, indem Sie die neue Klasse HtmlRow implementieren:

```
class HtmlRow extends Row {
    public function display() {
        print "  <tr>\n";
        foreach ($this->cells as $cell) {
            $cell->display();
        }
        print "  </tr>\n";
    }
}
```

Eine Zeile in einer HTML-Tabelle wird dabei durch die Tags <tr> und </tr> begrenzt. Zwischen diesen Tags werden alle Zellen der Zeile ausgegeben, indem Sie über alle Zellen iterieren, die in der Eigenschaft $cells gespeichert werden, und diese werden durch Aufruf der display()-Methode ausgeben. Analog dazu kann der Tabellenkopf ausgegeben werden, Sie formatieren lediglich den Text dieser Zeile in Fettschrift:

```
class HtmlHeader extends Header {
    public function display() {
        print "  <tr style=\"font-weight: bold;\">\n";
        foreach ($this->cells as $cell) {
            $cell->display();
        }
        print "  </tr>\n";
    }
}
```

Schließlich müssen Sie sich nur noch um die Implementierung der Tabelle selbst kümmern. Hier geben Sie zuerst ein öffnendes `<table>`-Tag aus, gefolgt vom Tabellenkopf. Danach iterieren Sie über die einzelnen Zeilen der Tabelle und geben diese aus, bevor Sie die Tabelle mit einem schließenden `</table>`-Tag beenden:

```
class HtmlTable extends Table {
    public function display() {
        print "<table border=\"1\">\n";
        $this->header->display();
        foreach ($this->rows as $row) {
            $row->display();
        }
        print "</table>";
    }
}
```

Diese Objekte können jetzt verwendet werden, um eine HTML-Tabelle zu erstellen. Dazu erzeugen Sie einfach die einzelnen Elemente und verwenden die `addCell()`-, `addRow()`- und `setHeader()`-Methoden, um die gesamte Tabelle aus den einzelnen Elementen zusammenzusetzen:

```
$table = new HtmlTable();
$header = new HtmlHeader();
$header->addCell(new HtmlCell('Spalte 1'));
$header->addCell(new HtmlCell('Spalte 2'));
$table->setHeader($header);

$row = new HtmlRow();
$row->addCell(new HtmlCell('Zeile 1 / Spalte 1'));
$row->addCell(new HtmlCell('Zeile 1 / Spalte 2'));
$table->addRow($row);

$table->display();
```

Wenn Sie dieses Skript ausführen, sehen Sie eine einfache HTML-Seite in Ihrem Browser, da der folgende HTML-Code erzeugt wurde:

```
<table border="1">
  <tr style="font-weight: bold;">
    <td>Spalte 1</td>
    <td>Spalte 2</td>
  </tr>
  <tr>
    <td>Zeile 1 / Spalte 1</td>
    <td>Zeile 1 / Spalte 2</td>
  </tr>
</table>
```

Sie haben jetzt also einen Teil der Aufgabe erfüllt: Sie können eine HTML-Tabelle erzeugen und dabei den Inhalt der Tabelle von außen übergeben. Allerdings haben Sie die Objekte über den `new`-Operator erzeugt und damit leider eine feste Bindung des Codes an die konkreten Implementierungen in Kauf nehmen müssen. Wollen

Sie jetzt statt einer HTML-Tabelle eine rein textbasierte Tabelle erzeugen, müssten Sie fast jede Zeile des Quellcodes anpassen. Um dies zu vermeiden, hatten Sie eigentlich die Schnittstelle `TableFactory` definiert. Sie brauchen nun also eine Klasse, die diese Schnittstelle implementiert und dabei die konkreten Implementierungen zurückliefert, die für die HTML-Tabelle zuständig sind. Dazu erstellen Sie eine neue Klasse `HtmlTableFactory`, die das `TableFactory`-Interface implementiert:

```
class HtmlTableFactory implements TableFactory {
    public function createTable() {
        $table = new HtmlTable();
        return $table;
    }
    public function createRow() {
        $row = new HtmlRow();
        return $row;
    }
    public function createHeader() {
        $header = new HtmlHeader();
        return $header;
    }
    public function createCell($content) {
        $cell = new HtmlCell($content);
        return $cell;
    }
}
```

In jeder der Methoden erzeugen Sie einfach ein neues Objekt vom entsprechenden Typ und geben dies zurück. Mit Hilfe dieser Fabrik können Sie jetzt das Beispiel so umschreiben, dass Sie keine konkreten Implementierungen der Tabelle, Zeilen oder Zellen erzeugen müssen. Stattdessen verwenden Sie dazu die Methoden der konkreten Fabrik:

```
$factory = new HtmlTableFactory();

$table = $factory->createTable();
$header = $factory->createHeader();
$header->addCell($factory->createCell('Spalte 1'));
$header->addCell($factory->createCell('Spalte 2'));
$table->setHeader($header);

$row = $factory->createRow();
$row->addCell($factory->createCell('Zeile 1 / Spalte 1'));
$row->addCell($factory->createCell('Zeile 1 / Spalte 2'));
$table->addRow($row);

$table->display();
```

Wenn Sie dieses Skript ausführen, erhalten Sie die gleiche Ausgabe wie im obigen Beispiel.

Als Letztes bleibt jetzt noch, eine Klasse zu implementieren, die die Liste des Fuhrparks auf Basis eines Arrays ausgibt. Die Klasse soll zum Erzeugen der Tabellenelemente eine beliebige Fabrik verwenden, die das Interface TableFactory implementiert. Damit haben Sie die Klasse, die die Liste erzeugt, von der eigentlichen Darstellung in HTML entkoppelt. Die konkrete Fabrik wollen Sie der neuen Klasse dann beim Instanziieren übergeben, Sie verwenden hierzu also erneut *Dependency Injection*.

```
class VehicleList {
    protected $tableFactory = null;

    public function __construct(TableFactory $tableFactory) {
        $this->tableFactory = $tableFactory;
    }
}
```

Die übergebene Fabrik wird in einer Eigenschaft des Objekts gespeichert, um zu einem späteren Zeitpunkt erneut darauf zugreifen zu können. Der folgende Code erzeugt eine neue Instanz der Listenklasse:

```
$factory = new HtmlTableFactory();
$list = new VehicleList($factory);
```

Der Klasse VehicleList fehlt nun noch eine Methode, die die tatsächliche Tabelle auf Basis des Arrays erstellt. Um Ihr Gedächtnis aufzufrischen, schauen Sie sich noch einmal das zur Verfügung stehende Array an:

```
$vehicles = array(
            array('BMW', 'blau'),
            array('Peugeot', 'rot'),
            array('VW', 'schwarz'),
        );
```

Es enthält also mehrere Arrays, die die einzelnen Zeilen repräsentieren. Jede Zeile besteht aus zwei Elementen, dem Hersteller und der Farbe. Die Methode muss daher eine zweispaltige Tabelle erstellen. Die erste Spalte wird den Hersteller enthalten, die zweite die Farbe. Mit Hilfe der Klassen Table, Header, Row und Cell ist dies in wenigen Zeilen Code möglich:

```
class VehicleList {
    ... Konstruktor ...
    public function showTable($data) {

        $table = $this->tableFactory->createTable();

        // Kopfzeile erstellen.
        $header = $this->tableFactory->createHeader();
        $header->addCell($this->tableFactory->createCell('Hersteller'));
        $header->addCell($this->tableFactory->createCell('Farbe'));

        $table->setHeader($header);
```

```
            // Einzelne Zeilen ausgeben.
            foreach ($data as $line) {
                $row = $this->tableFactory->createRow();
                $table->addRow($row);
                foreach ($line as $field) {
                    $cell = $this->tableFactory->createCell($field);
                    $row->addCell($cell);
                }
            }
            $table->display();
        }
    }
```

Der Code ähnelt stark dem bisherigen Beispiel zum Erstellen einer HTML-Tabelle mit Hilfe der Klasse `HtmlTableFactory`. Und wenn Sie sich den Code genauer betrachten, stellen Sie fest, dass Sie an keiner Stelle gegen eine konkrete Implementierung, sondern immer nur gegen Schnittstellen programmiert haben. Sie haben also wieder einmal eine der wichtigsten Regeln befolgt.

Um den Code zu testen, genügt das folgende Skript:

```
$list = new VehicleList(new HtmlTableFactory());
$list->showTable($data);
```

Öffnen Sie dieses Skript im Browser, erhalten Sie als Ausgabe genau die Tabelle aus Abbildung 3-3, eben genau das Ergebnis, das Sie erreichen wollten. Sie erzeugen also eine HTML-Tabelle, ohne bei der Generierung der Tabelle in der Klasse `VehicleList` zu wissen, dass es sich um eine HTML-Tabelle handelt.

Ausgabe auf der Kommandozeile

Was noch fehlt, ist jetzt die zweite Tabelle, die auf der Kommandozeile ausgegeben werden soll. Dazu benötigen Sie nur eine zweite Implementierung der `TableFactory`-Schnittstelle, die Elemente zurückliefert, die eine reine Textversion der Tabelle erstellen können.

Der Weg dazu ist der gleiche, den Sie auch beim Erstellen der HTML-Tabelle beschritten haben. Als Erstes schreiben Sie die konkreten Implementierungen der `Table`-, `Header`-, `Row`- und `Cell`-Klassen:

```
class TextTable extends Table {
    public function display() {
        $this->header->display();
        foreach ($this->rows as $row) {
            $row->display();
        }
    }
}

class TextRow extends Row {
    public function display() {
        foreach ($this->cells as $cell) {
```

```
            $cell->display();
        }
        print "|\n";
        print "+" . str_repeat("-", (count($this->cells) * 21)-1) . "+\n";
    }
}

class TextHeader extends Header {
    public function display() {
        print "+" . str_repeat("-", (count($this->cells) * 21)-1) . "+\n";
        foreach ($this->cells as $cell) {
            $cell->display();
        }
        print "|\n";
        print "+" . str_repeat("-", (count($this->cells) * 21)-1) . "+\n";
    }
}

class TextCell extends Cell {
    public function display() {
        print '|' . str_pad($this->content, 20);
    }
}
```

Um die Zeilen und Spalten zu begrenzen, verwenden Sie die Zeichen »-«, »|« und »+«. Ansonsten ähnelt die Implementierung sehr stark der HTML-Implementierung:

- Bei Ausgabe der Tabelle wird zuerst der Tabellenkopf ausgegeben und danach über die einzelnen Zellen iteriert.
- Bei der Ausgabe einer Zeile wird über die einzelnen Zellen iteriert und jede Zelle ausgegeben.

Durch die Funktion `str_pad()` legen Sie die Breite einer jeden Zelle auf 20 Zeichen fest. Wenn der Inhalt einer Zelle kürzer als 20 Zeichen ist, wird dieser durch Leerzeichen aufgefüllt. Mit Hilfe der PHP-Funktion `str_repeat()` erzeugen Sie die Zeilentrenner, indem Sie den Bindestrich mehrfach wiederholen. Um die Anzahl der Wiederholungen zu erhalten, zählen Sie einfach die Anzahl der Spalten und multiplizieren diese mit der Breite der Spalten.

Als Nächstes brauchen Sie nur noch eine Fabrik, die diese Tabellenelemente erzeugen kann und die Schnittstelle `TableFactory` implementiert. Auch diese wird analog zur `HtmlTableFactory`-Klasse implementiert:

```
class TextTableFactory implements TableFactory {
    public function createTable() {
        $table = new TextTable();
        return $table;
    }
    public function createRow() {
```

```
        $row = new TextRow();
        return $row;
    }
    public function createHeader() {
        $header = new TextHeader();
        return $header;
    }
    public function createCell($content) {
        $cell = new TextCell($content);
        return $cell;
    }
}
```

Der einzige Unterschied zur Fabrik zum Erzeugen von HTML-Tabellen sind die Namen der Klassen, die verwendet werden. Da Sie alle Schnittstellen nun vollständig implementiert haben, können Sie die neue Tabellenfabrik testen, indem Sie statt der `HtmlTableFactory` eine `TextTableFactory` an das Listen-Objekt übergeben:

```
$list = new VehicleList(new TextTableFactory());
$list->showTable($data);
```

Natürlich müssen Sie dieses Skript jetzt auf der Kommandozeile statt im Browser ausführen, da Sie keinen HTML-Code mehr erzeugen. Nach dem Starten des Skripts sehen Sie eine Tabelle, die genau wie das gewünschte Ergebnis in Abbildung 3-4 aussieht.

Die abstrakte Fabrik hat es Ihnen also ermöglicht, eine Familie verwandter Objekte zu erzeugen, ohne dass Sie dabei die eigentlichen Klassennamen angeben mussten. Daher können Sie durch Austauschen der Fabrik eine ganze Familie von Objekten austauschen. In diesem Fall waren die Objekte für die Darstellung der Daten verantwortlich, natürlich ist die abstrakte Fabrik nicht darauf beschränkt.

Definition des Patterns

Die abstrakte Fabrik bietet eine Schnittstelle zum Erstellen von Familien verwandter oder zusammenhängender Objekte an, ohne deren konkrete Klassen zu benennen.

Um dies zu erreichen, sind die folgenden Schritte nötig:

1. Definieren Sie die Schnittstelle der Fabrik, indem Sie pro zu erzeugendem Objekt der Objektfamilie eine Methode deklarieren. Für die Schnittstelle kann sowohl ein Interface als auch eine abstrakte Klasse verwendet werden.
2. Implementieren Sie abstrakte Klassen, die die einzelnen Objekte der Objektfamilie repräsentieren.
3. Implementieren Sie beliebige konkrete Unterklassen dieser abstrakten Klassen.
4. Implementieren Sie eine oder mehrere konkrete Fabriken, die diese Objekte erzeugen.

5. Übergeben Sie die konkrete Fabrik, die verwendet werden soll, an Ihre Applikation. Hierzu können Sie zum Beispiel Dependency Injection, aber auch eine Fabrikmethode verwenden. Dadurch ist es zu einem späteren Zeitpunkt möglich, die Fabrik und somit die von ihr erstellten Objekte auszutauschen.

Befolgen Sie einfach diese Schritte, wenn Sie eine abstrakte Fabrik an weiteren Stellen Ihrer Anwendung verwenden möchten. Abbildung 3-5 zeigt Ihnen die Beziehungen der Klassen zueinander und wie das Pattern auf die Erstellung der Tabellen angewandt wurde.

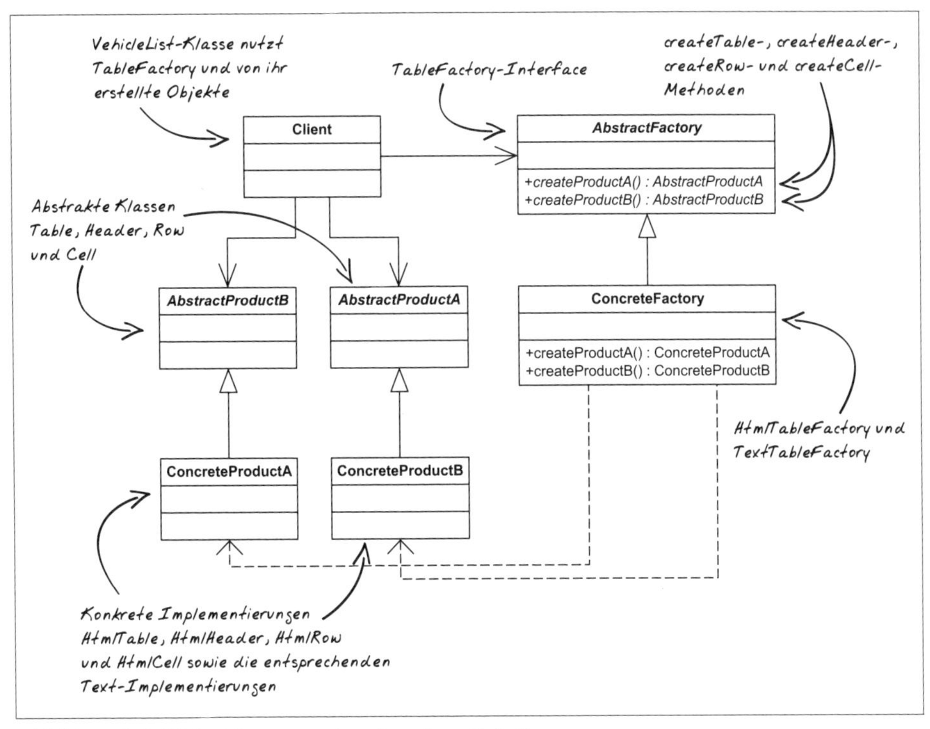

Abbildung 3-5: UML-Diagramm der abstrakten Fabrik

Konsequenzen

Wie die meisten Erzeugungsmuster erlaubt Ihnen die abstrakte Fabrik, die konkreten Klassen zu isolieren und sie von den Klassen und Objekten zu trennen, die diese Klassen verwenden. Sie können dadurch sehr einfach komplette Produktfamilien austauschen. Unter Produktfamilien versteht man dabei Objekte, die in einer Beziehung zueinander stehen. Die abstrakte Fabrik stellt sicher, dass immer die komplette Produktfamilie zusammen eingesetzt wird und es nicht möglich ist, nur einzelne Klassen auszutauschen.

Die Unterstützung neuer Produkte ist sehr komplex, da ein neues Produkt für jede Produktfamilie implementiert werden muss.

Weitere Anwendungen

Die abstrakte Fabrik wird sehr häufig in Frameworks eingesetzt. Dabei liefert das Framework die Grundfunktionalität für die einzelnen Komponenten, ermöglicht jedoch die Erweiterung der Komponenten um zusätzliche Funktionen. Dazu muss einfach nur eine andere Fabrik verwendet werden, die dann an Stelle der mitgelieferten Klassen die angepassten Klassen verwendet. Diese müssen lediglich die gleichen Interfaces implementieren. Damit können Sie zum Beispiel die Benutzerverwaltung eines Frameworks austauschen, und somit kann die Anwendung an ein bestehendes System angepasst werden. Es wird Ihnen ermöglicht, Benutzernamen und Passwörter zum Beispiel gegen einen bestehenden LDAP-Server zu authentifizieren, obwohl die Applikation ursprünglich Benutzerdaten in einer Datenbank speichert.

Außerdem wird die abstrakte Fabrik oft als Singleton implementiert, da es pro Objektfamilie ausreicht, eine Fabrikinstanz zu verwenden. Dieses Muster kann dabei genau so, wie bereits beschrieben, implementiert werden.

Übersicht über die Erzeugungsmuster

Nachdem Sie verschiedene Patterns, die sich mit der Erzeugung von Objekten befassen, in diesem Kapitel kennen gelernt haben, finden Sie in Tabelle 3-1 noch einmal eine kurze Übersicht über die Patterns:

Tabelle 3-1: Überblick über die erzeugenden Patterns

Pattern	Zweck	Konsequenzen
Singleton	Stellt sicher, dass von einer Klasse nur eine Instanz existiert, und stellt einen globalen Zugriffspunkt für diese Instanz zur Verfügung.	Ermöglicht Zugriffskontrolle auf die Instanz. Reduziert die Verwendung globaler Variablen. Verhindert, dass mehr als eine Instanz erzeugt werden kann.
Factory-Method (Fabrikmethode)	Delegiert die Erzeugung von Objekten an Unterklassen.	Ermöglicht das Einfügen spezialisierter Klassen. Fördert die Programmierung gegen Schnittstellen. Anzahl der Klassen in einer Applikation wird erhöht.
Abstract-Factory (abstrakte Fabrik)	Erzeugt Familien verwandter Objekte.	Stellt sicher, dass Objekte nur zusammen mit den Objekten verwendet werden, mit denen diese kompatibel sind. Hinzufügen neuer Produkte ist aufwendig.

KAPITEL 4
Strukturmuster

In Kapitel 2 haben Sie erfahren, dass Objektkomposition in vielen Fällen der Bildung von Unterklassen vorzuziehen ist, da sie Ihnen ermöglicht, Funktionalität flexibler miteinander zu verknüpfen. Bei der Ableitung einer Klasse erben die neuen Klassen immer die gesamte Funktionalität einer Klasse und sind nicht in der Lage, verschiedene Methoden oder Eigenschaften von verschiedenen Klassen zu erben.

Im vorigen Kapitel haben Sie gesehen, welche Möglichkeiten es neben der einfachen Verwendung des `new`-Operators gibt, die Objekte zu erzeugen. In diesem Kapitel werden Sie nun typische Situationen kennen lernen, in denen Sie diese einzelnen Objekte zu größeren Strukturen zusammensetzen müssen.

Ihnen werden dabei verschiedene Muster begegnen, deren Anwendung zu flexiblen Strukturen führt, die leicht um neue Funktionen erweitert werden können. Sie werden lernen, wie Sie mit Hilfe des *Composite-Patterns* eine Gruppe von Objekten zusammenfügen, so dass diese nach außen wie ein einzelnes Element Ihrer Gruppe erscheinen. Außerdem werden Sie das *Proxy-Pattern* anwenden, bei dem Objekte nur Platzhalter für andere Objekte sind, die den Zugriff auf die tatsächlichen Objekte kontrollieren oder sogar einschränken. Weiterhin werden Sie Objekte miteinander arbeiten lassen, die dafür eigentlich gar nicht gedacht waren, indem Sie mit Hilfe des *Adapter-Patterns* einen Vermittler zwischen Ihre inkompatiblen Schnittstellen stellen. Sie werden mit Hilfe des *Decorator-Patterns* Objekte um neue Funktionalität erweitern. Und im Gegensatz zu einfacher Vererbung geschieht dies sogar zur Laufzeit Ihrer Applikation. Am Ende des Kapitels werden Sie die durch die Menge an weiteren Akteuren komplex gewordenen Schnittstellen dann mit Hilfe des *Facade-Patterns* hinter einer einfacheren Schnittstelle verstecken.

Wenn Sie alle Entwurfsmuster in diesem Kapitel zu Ihrem eigenen Pattern-Katalog hinzugefügt haben, kennen Sie die wichtigsten Werkzeuge, die Sie benötigen, wenn es darum geht, durch Komposition verschiedener Objekte eine flexible Architektur zu schaffen.

Das Composite-Pattern

Intern besteht eine Applikation meist aus einer großen Anzahl kleiner Klassen, auch wenn das nach außen nicht sichtbar sein soll. Wollen Sie einen Baum aus ähnlichen Objekten zusammensetzen und diesen nach außen wie ein einziges Objekt erscheinen lassen, so ist das *Composite-Pattern*, auch *Kompositum* genannt, das Design Pattern, das die Lösung für Ihr Problem bietet.

Motivation

In den vorherigen beiden Kapiteln haben Sie Schritt für Schritt eine Debugging-Funktionalität implementiert, mit der es Ihnen möglich war, Debug-Meldungen der aktuellen Situation anzupassen. Während Sie die Anwendung lokal entwickelt haben, konnten Sie die Meldungen direkt auf Ihrem Bildschirm ausgeben. Als Sie Ihre Anwendung in den Produktivbetrieb übernommen haben, leiteten Sie durch das Ändern einer Konstanten alle Debug-Meldungen in eine Logdatei um. Diese Lösung ermöglichte es Ihnen, einfach neue Debug-Arten hinzuzufügen, ohne dass Sie dafür bestehenden Code erneut ändern mussten. Neue Debug-Komponenten konnten also zur Laufzeit in das bestehende System integriert werden. Genauso einfach war es Ihnen möglich, die Debug-Meldungen komplett zu deaktivieren.

Einen Nachteil hatte das System jedoch noch. Sie konnten immer nur eine Art der Verarbeitung wählen, d.h., entweder Sie haben die Meldungen ausgegeben, oder Sie haben sie in eine Datei geschrieben. Nun stellen Sie sich jedoch mal die folgende Situation vor, die sicher in einigen Unternehmen zum Alltag gehört:

Das Debugging-System soll verwendet werden, wenn während der Ausführung der Applikation schwerwiegende Probleme, wie z.B. der Ausfall einer Datenbank, auftreten. In einem solchen Fall möchten Sie das Problem natürlich in einem Logfile protokolliert haben. Weiterhin möchte der Chef des Unternehmens eine E-Mail mit der Meldung des Problems erhalten, und der zuständige Entwickler sollte auf jeden Fall per SMS informiert werden, damit das Problem möglichst schnell behoben werden kann. Und als ob das nicht schon genug wäre, kann es vorkommen, dass der verantwortliche Mitarbeiter Urlaub hat und in dieser Zeit ein anderer Mitarbeiter informiert werden muss. Dieser besitzt leider kein Mobiltelefon, die schnellste Art, ihn zu informieren, ist das Versenden einer Nachricht über den Dienst Jabber[1].

Abgesehen von der Funktion, eine SMS, E-Mail oder Jabber-Nachricht zu verschicken, ist Ihr Debugging-System in der Lage, jede der einzelnen Aufgaben zu übernehmen. Das Versenden einer E-Mail oder einer Sofortnachricht über Jabber

1 Jabber ist ein Instant-Messaging-Dienst, mit dem man ähnlich wie über ICQ private Nachrichten versenden kann, die innerhalb weniger Sekunden beim Empfänger eintreffen. Im Gegensatz zu ICQ verwendet Jabber jedoch ein offenes Protokoll, das auf XML basiert. Mehr über Jabber erfahren Sie in *Programming Jabber* von DJ Adams (O'Reilly).

bereitet Ihnen auch keine Kopfschmerzen, da es hierzu bereits Implementierungen für PHP gibt. Größere Sorgen bereitet Ihnen hingegen, dass die Anforderung verlangt, dass das Debugging-System mehrere dieser Aufgaben für jede Debug-Meldung ausführen muss, während es bisher immer nur eine Aufgabe ausgeführt hat.

Zweck des Patterns

Um nun mehrere Aktionen für eine Debug-Meldung abzuarbeiten, müssen Sie dazu das Kompositum-Entwurfsmuster auf den Debugger anwenden:

Das Kompositum-Pattern fügt mehrere Objekte zu einer Baumstruktur zusammen und ermöglicht es, diese von außen wie ein einzelnes zu verwenden.

Im Detail bedeutet dies:

1. Sie müssen eine Möglichkeit schaffen, mehrere Debugger zu einer Baumstruktur zusammenzufügen.
2. Das Objekt, das diese Baumstruktur beinhaltet, muss sich wie eines der Debugger-Objekte verhalten.

Implementierung

Um die gewünschte Anforderung zu erfüllen, genügt es, eine sehr flache Baumstruktur zu erstellen. Der erstellte Baum muss, wie jede Baumstruktur, genau eine Wurzel erhalten. An dieser Wurzel des Baums können Sie direkt drei Äste abzweigen, die die einzelnen Aktionen repräsentieren, die bei Eingang einer Debug-Meldung eingehen sollen. Abbildung 4-1 zeigt Ihnen, wie der Baum aussehen muss.

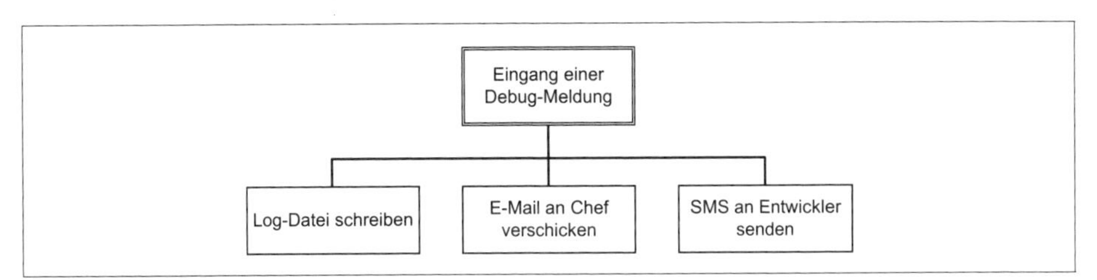

Abbildung 4-1: Baumstruktur der Debug-Konfiguration

Dieser Baum spiegelt nur den Zustand wider, solange der zuständige Entwickler nicht im Urlaub ist. Wenn eine Sofortnachricht über den Jabber-Dienst verschickt werden muss, müssen Sie den Baum anpassen.

Nachdem jetzt die Struktur feststeht, geht es als Nächstes an die Umsetzung des Baums. Die einzelnen Blätter können Sie dabei vernachlässigen, das Schreiben einer Logdatei haben Sie bereits implementiert, die Implementierung der Debugger-Klassen zum Versand einer E-Mail oder SMS ist für das Kompositum nicht relevant. Die eigentliche Aufgabe ist also die Implementierung des Wurzelknotens: Dieses Objekt wird später den gesamten Baum repräsentieren, die einzelnen Äste und deren Blätter werden Sie als Eigenschaften der Klasse implementieren.

Sie müssen also eine neue Klasse implementieren, in Anlehnung an das verwendete Design Pattern nennen Sie sie `DebuggerComposite`:

```
class DebuggerComposite {
    protected $debuggers = array();

    public function addDebugger(Debugger $debugger) {
        $this->debuggers[] = $debugger;
    }
}
```

Dieser Klasse fügen Sie eine Eigenschaft `$debuggers` hinzu, in der später die einzelnen Blätter des Baums gespeichert werden. Um einen neuen Ast zu erzeugen, fügen Sie die Methode `addDebugger()` hinzu. Mit Hilfe dieser Klasse können Sie nun einen einfachen Baum aufbauen:

```
$debuggerLog  = DebuggerLog::getInstance('./debug.log');
$debuggerEcho = DebuggerEcho::getInstance();

$composite = new DebuggerComposite();
$composite->addDebugger($debuggerEcho);
$composite->addDebugger($debuggerLog);
```

Dieser Baum besteht jetzt aus einer Wurzel (`DebuggerComposite`) sowie zwei Ästen und deren Blätter (`DebuggerEcho` und `DebuggerLog`). Den ersten Teil des Kompositum-Patterns haben Sie also bereits implementiert, allerdings kann die Baumstruktur noch nicht wie ein Debugger verwendet werden. Dazu müsste die Klasse `DebuggerComposite` das Interface `Debugger` implementieren:

```
class DebuggerComposite implements Debugger {
    protected $debuggers = array();

    public function addDebugger(Debugger $debugger) {
        $this->debuggers[] = $debugger;
    }

    public function debug($message) {
        foreach ($this->debuggers as $debugger) {
            $debugger->debug($message);
        }
    }
}
```

Alles was Sie dafür tun müssen, ist, die Methode `debug()` einzufügen. Da die Wurzel die Debug-Meldungen nicht selbst verarbeiten kann, gibt sie diese einfach an die einzelnen Blätter des Baums weiter. Dazu müssen Sie lediglich über die einzelnen Debugger-Instanzen iterieren, die im `$debuggers`-Array gespeichert sind. Da diese alle das Debugger-Interface implementieren, können Sie sicher sein, dass sie die debug()-Methode bereitstellen. Wie diese Debugger dann die Meldungen tatsächlich verarbeiten, ist an dieser Stelle nicht relevant.

Weil das Wurzelobjekt nun auch das Debugger-Interface implementiert, kann dieses wie jeder andere Debugger verwendet werden. Führen Sie dazu einfach den folgenden Code aus:

```
$debuggerEcho->debug('Nur ausgeben.');
$debuggerLog->debug('Nur in die Datei schreiben.');
$composite->debug('Ausgeben und in die Datei schreiben.');
```

Sie erhalten auf dem Bildschirm die folgende Ausgabe:

```
Nur ausgeben.
Ausgeben und in die Datei schreiben.
```

Öffnen Sie nun die Datei *debug.log*, und Sie sollten dort die folgenden beiden Zeilen sehen:

```
Nur in die Datei schreiben.
Ausgeben und in die Datei schreiben.
```

Meldungen, die Sie direkt an den Debugger in $debuggerEcho weitergeben, werden tatsächlich nur ausgegeben, und Meldungen, die Sie an $debuggerLog weitergeben, werden nur in die angegebene Logdatei geschrieben. Wenn Sie allerdings eine Nachricht an den Debugger in der Variablen $debuggerComposite weitergeben, wird diese sowohl ausgegeben als auch in die Logdatei geschrieben; sie wird also an alle Blätter der Baumstruktur weitergeleitet. Diesen Debugger können Sie nun immer dann verwenden, wenn eine Meldung durch mehr als einen Debugger verarbeitet werden soll, indem Sie die gewünschten Arten zu einem Baum zusammenfassen.

Da die DebuggerComposite-Klasse nach außen wie jeder andere Debugger agiert, können Sie diesen auch verwenden, um komplexere Baumstrukturen aufzubauen:

```
$debuggerLog1  = DebuggerLog::getInstance('./debug1.log');
$debuggerLog2  = DebuggerLog::getInstance('./debug2.log');
$debuggerEcho = DebuggerEcho::getInstance();

$compositeLog = new DebuggerComposite();
$compositeLog->addDebugger($debuggerLog1);
$compositeLog->addDebugger($debuggerLog2);

$composite = new DebuggerComposite();
$composite->addDebugger($compositeLog);
$composite->addDebugger($debuggerEcho);
```

Hierbei werden zwei DebuggerComposite-Objekte verwendet, um eine zusätzliche Verzweigung in den Baum zu integrieren. Abbildung 4-2 zeigt den dabei entstandenen Baum.

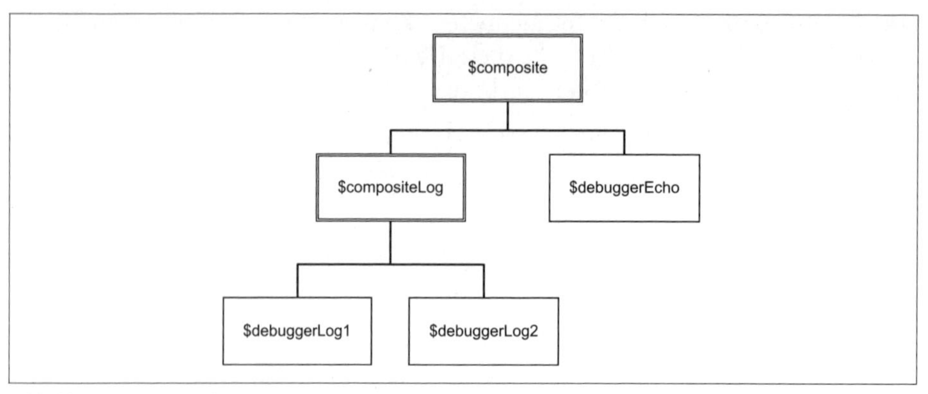

Abbildung 4-2: Komplexere Baumstrukturen mit Hilfe des Composite-Patterns

Sie können jeden Knoten oder jedes Blatt dieser Baumstruktur verwenden, um eine Debug-Meldung zu verarbeiten. Wenn der Knoten noch weitere Kinder hat, wird er die Meldung automatisch an diese zur Verarbeitung weiterleiten.

Blätter entfernen

Eventuell kann es zu einem späteren Zeitpunkt auch nötig sein, einzelne Knoten oder Blätter erneut aus dem Baum zu entfernen. Dazu fügen Sie noch eine weitere Methode dem `DebuggerComposite` hinzu, der Sie den Debugger übergeben, der entfernt werden soll:

```
class DebuggerComposite implements Debugger {
    ... Eigenschaften der Klasse ...
    public function removeDebugger(Debugger $debugger) {
        $key = array_search($debugger, $this->debuggers);
        if ($key === false) {
            return false;
        }
        unset($this->debuggers[$key]);
        return true;
    }
    ... weitere Methoden ...
}
```

In dieser Methode verwenden Sie die Funktion `array_search()`, um die Position im Array zu ermitteln, an der der Debugger gespeichert wird. Wenn die Funktion den Wert `false` zurückliefert, existiert der Debugger nicht. Bei der Rückgabe eines anderen Werts verwenden Sie die Funktion `unset()`, um den Debugger aus der Liste der Kinder zu entfernen.

Definition des Patterns

Das Kompositum-Pattern fügt mehrere Objekte zu einer Baumstruktur zusammen und ermöglicht es, diese von außen wie ein einzelnes zu verwenden.

Um dies zu ermöglichen, sind die folgenden Schritte nötig:

1. Definieren Sie eine Schnittstelle für ein einzelnes Objekt des Baums, falls diese nicht bereits zuvor definiert wurde.
2. Implementieren Sie eine neue Klasse, die diese Schnittstelle erfüllt. Fügen Sie dieser Klasse eine weitere Methode hinzu (z.B. `addChild()`), an die Sie beliebige Objekte übergeben können, die die Schnittstelle erfüllen. Speichern Sie die übergebenen Objekte als Array in einer Objekteigenschaft.
3. Implementieren Sie alle von der Schnittstelle geforderten Methoden so, dass diese über die Kind-Objekte iterieren und den Methodenaufruf der Reihe nach an jedes der Kinder weiterdelegieren.
4. Erzeugen Sie beliebige Objekte und verwenden Sie die `addChild()`-Methode, um diese zu einem Baum zusammenzufügen.
5. Verwenden Sie in Ihrer Applikation nun diesen Objektbaum an Stelle eines einzelnen Objekts.

Mit Hilfe dieser fünf Schritte wird es Ihnen in weiteren Situationen leicht gelingen, das Kompositum-Pattern zu implementieren. Abbildung 4-3 zeigt Ihnen ein UML-Diagramm des Composite-Patterns und wie es im Beispiel der Debugger-Anwendung eingesetzt wurde.

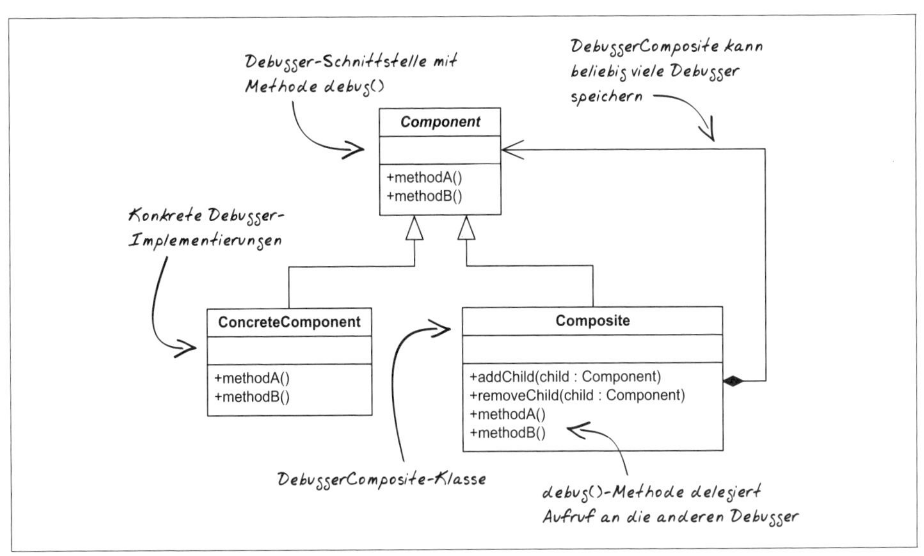

Abbildung 4-3: UML-Diagramm des Composite-Patterns

Konsequenzen

Bei der Anwendung des Composite-Patterns behandeln Sie komplexe Strukturen wie einfache Objekte. Dies ermöglicht Ihnen, den Client, der das Objekt nutzt, sehr einfach zu halten. Weiterhin können Sie neue Komponenten sehr einfach hinzufügen, da diese problemlos in die bestehende Struktur eingefügt werden können. Dazu muss der Code, der die neuen Komponenten nutzt, nicht verändert werden.

Andererseits wird der Entwurf sehr schnell zu allgemein, da Sie sich nicht mehr auf feste Typen verlassen können. Es ist sehr schwer möglich einzuschränken, welche Komponenten einem Kompositum hinzugefügt werden können.

Weitere Anwendungen

Mit der Debugging-Funktionalität haben Sie bereits eine sehr beliebte Anwendung des Kompositum-Patterns kennen gelernt. So bietet das PEAR-Paket Log[2], das eine ähnliche Funktionalität wie das Debugging-Beispiel bereitstellt, auch eine Klasse, die als Kompositum fungiert.

Eine weitere Anwendung findet das Kompositum zum Beispiel in Authentifizierungs-Frameworks. Stellen Sie sich vor, in Ihrem System authentifizieren Sie Benutzer gegen den firmeninternen LDAP-Server. Um allen Regeln des Software-Designs zu folgen, haben Sie sämtlichen Quellcode, der für die Authentifizierung verwendet wird, in einer eigenen Klasse gekapselt. Nun soll für eine neue Anwendung der Benutzerkreis erweitert werden, und Sie möchten auch Ihren Kunden Zugriff erlauben. Kundendaten werden allerdings nicht im LDAP-Server, sondern in einer Datenbank gespeichert, und somit muss auch die Authentifizierung gegen diese Datenbank erfolgen. Sie möchten also die eingegebenen Daten zuerst im LDAP-Server suchen und, wenn Sie dort keinen gültigen Benutzer gefunden haben, anhand der Datenbank entscheiden, ob es sich dabei um die Zugangsdaten eines Kunden handelt. Auch dieses Problem lässt sich leicht über das Kompositum-Pattern lösen, da dieses beide Authentifizierungsobjekte zu einem Baum zusammenführen kann, gegen den Sie dann die Authentifizierung durchführen können.

Das Adapter-Pattern

Wenn sich Ihre Applikationen entwickeln, werden Sie irgendwann auch mit Objekten arbeiten, die nicht den von Ihnen definierten Schnittstellen folgen. In einer perfekten objektorientierten Welt sollte dies zwar nicht vorkommen, in der Realität werden Sie vielleicht jedoch noch Objekte verwenden müssen, die schon vor der Definition Ihrer Schnittstellen existiert und funktioniert haben und die aus Kosten- und Ressourcengründen nicht neu entwickelt werden können, nur um Ihren Schnittstellen zu folgen. Oder Sie müssen an einem Punkt Ihrer Applikation auf

---

2 *http://pear.php.net/package/Log*

Objekte zugreifen, die eigentlich für eine andere Anwendung entwickelt wurden und die jetzt zusätzlich auch von Ihnen genutzt werden sollen. Wenn Sie auf dieses Problem stoßen, kann Ihnen das *Adapter-Pattern* helfen.

Motivation

Durch den stetigen Erfolg beflügelt, möchte Ihre Autovermietung nun weiter expandieren und kauft dazu ein anderes Unternehmen auf, das bereits im Ausland erfolgreich Autos vermietet.

Natürlich sollen bei dieser Aktion die Kosten so gering wie möglich gehalten werden. Diese Anforderung betrifft auch die verwendete Software, hierbei sollen durch den Kauf des zweiten Unternehmens keine immensen Ausgaben entstehen. Jedoch wird trotzdem gewünscht, die beiden Betriebe mit dem von Ihnen entwickelten System zu verwalten. Bei genauerer Betrachtung der Anwendung, die das gekaufte Unternehmen verwendet, stellen Sie fest, dass die Grundarchitektur der Ihren sehr ähnlich ist. Auch dieses System bietet eine Klasse, um die zu vermietenden Autos zu repräsentieren, genauso wie Klassen für Kunden und Ausleihvorgänge. Doch leider verwendet die Applikation nicht die von Ihnen definierte `Vehicle`-Schnittstelle, um den Zugriff auf die in einem Auto-Objekt gespeicherten Informationen zu ermöglichen, stattdessen existiert kein definiertes Interface, sondern nur eine Klasse `Automobile`. Um die in diesen Objekten gespeicherten Informationen in Ihrer Anwendung nutzen zu können, wären also Änderungen an der Klasse selbst nötig. Da Sie sich noch nicht mit allen Details der Applikation befasst haben, können Änderungen an deren Klassen schnell zu Bugs führen.

Sie müssen also einen Weg finden, auf dem Sie Zugriff auf die Daten der neuen `Automobile`-Objekte über die Ihnen bekannten Schnittstellen erhalten, ohne dabei den bestehenden Code der Anwendung zu verändern.

Zweck des Patterns

Um ein Objekt über eine Schnittstelle anzusprechen, die dieses nicht bietet, verwenden Sie das Adapter-Muster:

Das Adapter-Muster passt die Schnittstelle einer Klasse an die vom Client erwartete Schnittstelle an. Es ermöglicht die Zusammenarbeit von Klassen, die eigentlich auf Grund inkompatibler Schnittstellen nicht zusammenarbeiten können.

Um einen Adapter für die neue `Automobile`-Klasse zu schreiben, bedeutet dies:

1. Stellen Sie die von `Automobile` gebotenen und die von `Vehicle` geforderten Methoden gegenüber und lokalisieren Sie die Unterschiede.
2. Schreiben Sie eine neue Klasse, die als Adapter zwischen den beiden Schnittstellen dient.

3. Wann immer Sie in Ihrer Applikation auf ein Automobile-Objekt zugreifen möchten, verwenden Sie Ihren Adapter statt des eigentlichen Objekts.

Das Adapter-Muster arbeitet also ähnlich wie ein Adapter für Steckdosen, mit dem Sie auch im Ausland Ihre elektrischen Geräte nutzen können, obwohl der Stecker eigentlich nicht in die Steckdose passt.

Implementierung

Bevor Sie mit der eigentlichen Implementierung beginnen können, müssen Sie sich zunächst die Klasse Automobile im Detail anschauen. Diese Klasse entspricht der bisher von Ihnen verwendeten Klasse Car, die das Vehicle-Interface implementiert.

Dazu schauen Sie sich also erst einmal den Quellcode der Klasse an:

```
class Automobile {
    protected $ignited = false;
    protected $keyPluggedIn = false;
    protected $info = array();
    protected $milesDriven = 0;

    const DIRECTION_FORWARD = 0;
    const DIRECTTION_BACKWARD = 1;

    const INFO_MANUFACTURER = 'manufacturer';
    const INFO_COLOR = 'color';

    public function __construct($color, $manufacturer) {
        $this->info[self::INFO_COLOR] = $color;
        $this->info[self::INFO_MANUFACTURER] = $manufacturer;
    }

    public function pluginKey() {
        $this->keyPluggedIn = true;
    }

    public function ignite() {
        if ($this->keyPluggedIn !== true) {
            throw new IgniteException('Schlüssel steckt nicht.');
        }
        $this->ignited = true;
    }

    public function drive($direction, $miles) {
        if ($this->ignited !== true) {
            throw new AutomobileException('Zündung ist nicht an.');
        }
        $this->milesDriven = $this->milesDriven + $miles;
    }

    public function stopIgnition() {
        $this->ignited = false;
```

```
    }

    public function removeKey() {
        if ($this->ignited === true) {
            $this->stopIgnition();
        }
        $this->keyPluggedIn = false;
    }

    public function getMilesDriven() {
        return $this->milesDriven;
    }

    public function getInfo($name) {
        if (isset($this->info[$name])) {
            return $this->info[$name];
        }
    }
}
```

Die Klasse bietet alle Methoden, die Sie von einem Auto erwarten würden, Sie können den Schlüssel einstecken, die Zündung starten und vorwärts oder rückwärts fahren. Beim Erzeugen einer Instanz können Sie die Farbe und den Hersteller des Autos übergeben, die Methode `getInfo()` liefert Ihnen Zugriff auf diese Eigenschaften zu einem späteren Zeitpunkt. Natürlich möchten Sie auch den aktuellen Kilometerstand abfragen, dazu können Sie die Methode `getMilesDriven()` verwenden.

Eine kleines Skript, das ein neues Auto erzeugt, 500 km damit fährt und dann alle verfügbaren Informationen ausgibt, könnte also zum Beispiel so aussehen:

```
$bmw = new Automobile('blau', 'BMW');
$bmw->pluginKey();
$bmw->ignite();
$bmw->drive(Automobile::DIRECTION_FORWARD, 500);
$bmw->removeKey();
$bmw->stopIgnition();

printf("Hersteller: %s\n", $bmw->getInfo(Automobile::INFO_MANUFACTURER));
printf("Farbe: %s\n", $bmw->getInfo(Automobile::INFO_COLOR));
printf("Kilometerstand: %d km\n", $bmw->getMilesDriven());
```

Wenn Sie sich an die bisher verwandte `Car`-Klasse zurückerinnern, fällt Ihnen sicherlich auf, dass ein Skript, das die gleichen Aufgaben mit Hilfe der Klasse `Car` ausführt, diesem Skript sehr ähnlich ist:

```
$bmw = new Car('BMW', 'blau');
$bmw->startEngine();
$bmw->moveForward(500);
$bmw->stopEngine();

printf("Hersteller: %s\n", $bmw->getManufacturer());
printf("Farbe: %s\n", $bmw->getColor());
printf("Kilometerstand: %d km\n", $bmw->getMilage());
```

Lediglich die Namen der Methoden sowie die Reihenfolge der Parameter unterscheiden sich in den beiden Beispielen. Weiterhin müssen Sie bei der Automobile-Klasse zuerst noch die Methode pluginKey() aufrufen, bevor Sie den Motor starten können.

Um nun einen Adapter zwischen die beiden Schnittstellen setzen zu können, müssen Sie sich über die Unterschiede und Gemeinsamkeiten zwischen den beiden Schnittstellen im Klaren sein. Tabelle 4-1 listet die wichtigsten Änderungen auf.

Tabelle 4-1: Unterschiede zwischen den beiden Schnittstellen

Vehicle	Automobile
Konstruktor erwartet Hersteller und Farbe	Konstruktor erwartet Farbe und Hersteller
Motor mit startEngine() starten	Motor mit ignite() starten, nachdem pluginKey() aufgerufen wurde
Vorwärts fahren durch moveForward()	Vorwärts fahren durch Aufrufen von drive() und Übergabe der Richtung durch Automobile::DIRECTION_FORWARD
Motor mit stopEngine() abschalten	Motor mit stopIgnition() abschalten und danach Schlüssel mit removeKey() abziehen
Gefahrene Kilometer mit getMileage() abfragen	Gefahrene Kilometer mit getMilesDriven() abfragen
Hersteller mit getManufacturer() abfragen	Hersteller mit getInfo() abfragen
Farbe mit getColor() abfragen	Farbe mit getInfo() abfragen
Tagessatz mit getDailyRate() abfragen	Tagessatz kann nicht abgefragt werden, ist fest in der Applikation definiert
Fehler werden durch die Rückgabe von false signalisiert	Fehler werden durch das Werfen einer Exception signalisiert

Der Adapter muss nun also die in dieser Tabelle gezeigten Unterschiede überbrücken, so dass eine Instanz von Automobile so verwendet werden kann, als würde sie das Interface Vehicle implementieren.

Den Adapter implementieren Sie dazu als neue Klasse AutomobileAdapter:

```
class AutomobileAdapter {
    protected $automobile;

    public function __construct(Automobile $automobile) {
        $this->automobile = $automobile;
    }
}
```

Bei der Instanziierung der Klasse übergeben Sie die Automobile-Instanz, auf deren Daten zugegriffen werden soll, dies entspricht dem Aufstecken eines Adaptersteckers auf den Stecker eines elektrischen Geräts. Über den Adapter soll es später möglich sein, das Objekt so zu verwenden, als würde es das Vehicle-Interface implementieren. Dies erreichen Sie, indem der Adapter diese Schnittstelle implementiert:

```
class AutomobileAdapter implements Vehicle {
    protected $automobile;

    public function __construct(Automobile $automobile) {
        $this->automobile = $automobile;
    }
}
```

Um dieses Interface zu implementieren, muss die Klasse die folgenden Methoden bereitstellen:

```
interface Vehicle {
    public function startEngine();
    public function moveForward($miles);
    public function stopEngine();
    public function getMilage();
    public function getDailyRate($days = 1);
    public function getManufacturer();
    public function getColor();
}
```

Adaptieren der Methoden

Mit Hilfe von Tabelle 4-1 können Sie die einzelnen Methoden sehr einfach implementieren, so leiten Sie die Anweisung einfach an die Automobile-Instanz weiter, die Sie in der Objekteigenschaft des Adapters gespeichert haben.

```
class AutomobileAdapter implements Vehicle {

    protected $automobile;

    public function __construct(Automobile $automobile) {
        $this->automobile = $automobile;
    }

    public function startEngine() {
        try {
            $this->automobile->pluginKey();
            $this->automobile->ignite();
        } catch (AutomobileException $e) {
            return false;
        }
        return true;
    }

    public function moveForward($miles) {
        try {
            $this->automobile->drive(Automobile::DIRECTION_FORWARD, $miles);
        } catch (AutomobileException $e) {
            return false;
        }
        return true;
    }
```

```
    public function stopEngine() {
        $this->automobile->stopIgnition();
        $this->automobile->removeKey();
    }

    public function getMilage() {
        return $this->automobile->getMilesDriven();
    }

    public function getDailyRate($days = 1) {
        return 75;
    }

    public function getManufacturer() {
        return $this->automobile->getInfo(Automobile::INFO_MANUFACTURER);
    }

    public function getColor() {
        return $this->automobile->getInfo(Automobile::INFO_COLOR);
    }
}
```

Dabei gibt es verschiedene Arten, wie diese Weiterleitung erfolgt:

- Sie müssen eine Methode aufrufen, die lediglich einen anderen Namen hat, jedoch die gleiche Funktionalität bietet (z.B. leitet `getMilage()` den Aufruf auf `getMilesDriven()` weiter).
- Sie müssen eine Methode aufrufen und zusätzliche Parameter übergeben (z.B. rufen `getColor()` und `getManufacturer()` `getInfo()` auf).
- Sie müssen mehrere Methoden aufrufen (z.B. `startEngine()` und `stopEngine()`).
- Sie geben einen statischen Wert zurück, weil die adaptierte Schnittstelle keine Entsprechung bietet (z.B. `getDailyRate()`).
- Sie müssen eventuell auftretende Fehler abfangen und die Signalisierung der Fehlermeldung anpassen (z.B. `startEngine()` und `moveForward()`).

Nachdem Sie nun den Adapter implementiert haben, können Sie diesen in Ihrem Beispielskript einsetzen:

```
$bmw = new Automobile('blau', 'BMW');
$car = new AutomobileAdapter($bmw);
```

Um eine `Automobile`-Instanz an die `Vehicle`-Schnittstelle anzupassen, übergeben Sie diese an den Konstruktor des `AutomobileAdapter`. Das neu erzeugte Objekt kann nun wie eine Instanz einer Klasse verwendet werden, die die `Vehicle`-Schnittstelle implementiert.

```
$car->startEngine();
$car->moveForward(500);
$car->stopEngine();
```

```
print "\nWerte der AutomobileAdapter Instanz\n";
printf("Hersteller: %s\n", $car->getManufacturer());
printf("Farbe: %s\n", $car->getColor());
printf("Kilometerstand: %d km\n", $car->getMilage());
```

Aber trotzdem können andere Applikationen weiterhin über die ursprüngliche Schnittstelle auf die Automobile-Instanz zugreifen und erhalten dabei die gleichen Werte wie beim Zugriff über die Vehicle-Schnittstelle:

```
print "Werte der Automobile-Instanz\n";
printf("Hersteller: %s\n", $bmw->getInfo(
                    Automobile::INFO_MANUFACTURER));
printf("Farbe: %s\n", $bmw->getInfo
                    (Automobile::INFO_COLOR));
printf("Kilometerstand: %d km\n", $bmw->getMilesDriven());
```

Mit Hilfe des AutomobileAdapter haben Sie es also ermöglicht, alle bestehenden Instanzen der Automobile-Klasse in der von Ihnen entwickelten Applikation verwenden zu können, ohne dass diese dafür entwickelt wurde.

Definition des Patterns

Das Adapter-Muster passt die Schnittstelle einer Klasse an die vom Client erwartete Schnittstelle an. Es ermöglicht die Zusammenarbeit von Klassen, die eigentlich auf Grund inkompatibler Schnittstellen nicht zusammenarbeiten können.

Zur Verwendung des Adapters, um zwischen zwei inkompatiblen Schnittstellen zu vermitteln, sind die folgenden Schritte nötig:

1. Lokalisieren Sie die Unterschiede zwischen der angebotenen und der geforderten Schnittstelle.
2. Implementieren Sie eine neue Klasse, die die geforderte Schnittstelle bereitstellt.
3. Schaffen Sie eine Möglichkeit, das zu adaptierende Objekt an den Adapter zu übergeben, verwenden Sie dazu zum Beispiel Dependency Injection.
4. Implementieren Sie alle von der Schnittstelle geforderten Methoden und delegieren Sie die Anfragen an die entsprechenden Methoden des Ursprungsobjekts weiter.
5. Beachten Sie Unterschiede beim Signalisieren von Fehlern.
6. Verwenden Sie in Ihrer Applikation das Adapter-Objekt, um das Ursprungsobjekt zu ummanteln.

Wenn Sie diese einfachen Schritte befolgen, adaptieren Sie leicht die verschiedensten Schnittstellen in Ihrer Applikation. Abbildung 4-4 zeigt Ihnen noch einmal die am Adapter-Pattern beteiligten Klassen und Interfaces und wie das Pattern auf das Problem der abweichenden Schnittstelle der `Automobile`-Klasse angewandt wurde.

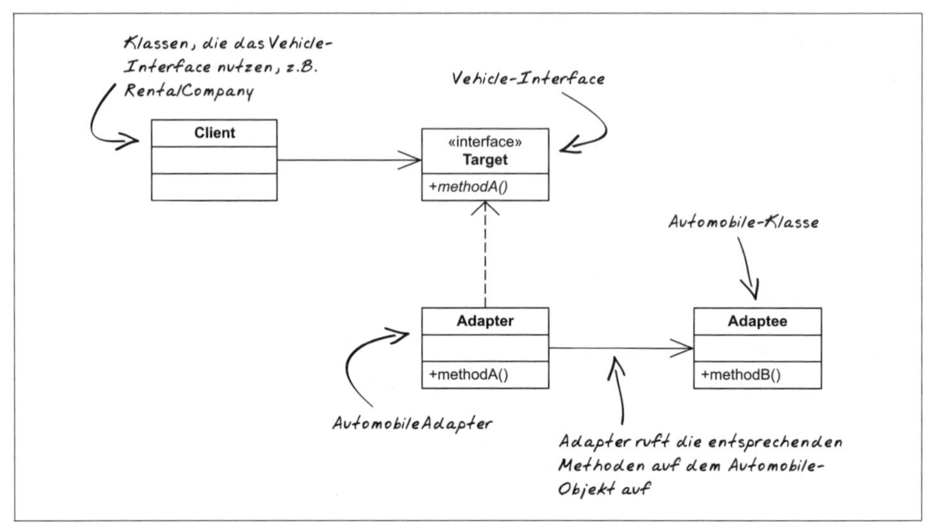

Abbildung 4-4: UML-Diagramm des Adapter-Patterns

Konsequenzen

Ein Adapter erlaubt es, die Schnittstelle einer Klasse oder deren Unterklassen an eine andere Schnittstelle anzupassen. Er macht es allerdings schwerer, das Verhalten der anzupassenden Klasse zu verändern. Dazu muss man eine Unterklasse der zu adaptierenden Klasse bilden, um diese Klasse statt der Ursprungsklasse zu adaptieren.

Der Aufwand, eine Schnittstelle zu adaptieren, kann sehr groß sein. Es ist abzuwägen, ob sich dieser Aufwand lohnt oder ob es andere Lösungen gibt, wie zum Beispiel das Deklarieren einer Schnittstelle, die nur die tatsächlich benötigten Methoden enthält. Dabei können Sie die Menge der zu adaptierenden Methoden verringern und somit Arbeitsaufwand einsparen.

Weitere Anwendungen

Adapter werden in den verschiedensten Situationen eingesetzt. Sie können sie zum Beispiel auch verwenden, wenn Sie eine Schwäche im Design Ihrer Architektur erkannt haben und diese verbessern möchten. Dabei werden jedoch Komponenten, die noch eine alte Schnittstelle verwenden, nutzlos und müssten angepasst werden. Da dies unter Umständen zu aufwendig ist, können Sie einen Adapter bereitstellen, so dass auch Komponenten, die eigentlich eine alte Schnittstelle verwenden, trotzdem mit der neuen Schnittstelle arbeiten können.

Sehr häufig werden Adapter auch dann eingesetzt, wenn eine Applikation mit einer Datenbank arbeiten muss, Sie sich aber nicht auf eine Datenbank festlegen möchten. Um jedoch auf MySQL zuzugreifen, müssen Sie eine andere API verwenden, als dies zum Beispiel beim Zugriff auf SQLite der Fall ist. Ein Adapter ermöglicht es Ihnen, in Ihrer Applikation gegen eine generische Schnittstelle zu programmieren und dann einen Adapter zu verwenden, der zwischen Ihrer Schnittstelle und der der Datenbank vermittelt. Durch Austauschen des Adapters können Sie später sehr einfach die verwendete Datenbank austauschen, ohne dass Applikationscode ausgetauscht werden müsste.

Das Decorator-Pattern

Durch das `extends`-Schlüsselwort können Sie neue Klassen implementieren, die bestehende Klassen um zusätzliche Funktionalität erweitern. Dies ist allerdings immer nur zur Kompilierzeit möglich, zur Laufzeit können Sie einzelnen Objekten mit PHP keine weiteren Funktionalitäten zuordnen. Mit dem *Decorator-Pattern* (auch *Dekorierer* genannt) ist es möglich, einem Objekt zur Laufzeit zusätzliche Funktionen hinzuzufügen.

Motivation

Im Zuge der Expansion möchte Ihre Autovermietung noch in weitere Märkte vordringen. Bisher haben Sie lediglich Autos vermietet, die direkt so vom Band gerollt sind. Mit Sonderausstattungen wäre es Ihnen sicher möglich, weitere Kunden zu gewinnen, die ein Auto nicht nur als Transportmittel sehen, sondern Wert auf Geschwindigkeit oder Extras legen. Statten Sie einige Ihrer Wagen mit Breitreifen oder Spoiler aus – Sie sprechen damit neue Kundengruppen an und können die Autos gleichzeitig noch zu einem höheren Tagessatz vermieten. In einem ersten Schritt möchten Sie die folgenden Extras mit einigen Ihrer Autos kombinieren:

- Ein Spoiler, der jedes Auto um 15 km/h schneller macht und der den Tagessatz für ein Auto um 10 Euro erhöht.
- Breitreifen, mit denen ein Auto 5% seiner Höchstgeschwindigkeit einbüßt und die den Tagessatz um 5 Euro erhöhen.
- Durch Luftdruck höhenverstellbare Stoßdämpfer, mit denen Sie die Kunden ansprechen möchten, die das Besondere wünschen. Für jedes Auto, das mit diesem Extra ausgestattet ist, könnten Sie 150% des ursprünglichen Mietbetrags berechnen.

Wenn ein Auto mit mehreren Extras ausgestattet ist, sollen natürlich auch die Kosten summiert werden.

Ein einfacher Weg, die gewünschte Funktionalität zu implementieren, wäre die Bildung neuer Unterklassen von `Car`, wie zum Beispiel `CarWithSpoiler`, `CarWithWideTyres` oder `CarWithLowRiders`. Ein Problem ergibt sich allerdings, wenn Sie Breitreifen und Spoiler kombinieren möchten, da dazu erneut eine Unterklasse gebildet wird. Mit der Anzahl der verfügbaren Extras steigt die Anzahl der zu bildenden Unterklassen exponentiell. Und wollen Sie danach alle verfügbaren Extras mit einem Cabrio kombinieren, erhöht sich die Anzahl der benötigten Klassen um den Faktor zwei. Ein weiterer Nachteil der Bildung von Unterklassen ist, dass Sie diese nicht verwenden können, um die Extras zur Laufzeit Ihren Autos hinzuzufügen. Wenn Sie also nach einer Testperiode feststellen, dass Sie Ihren Gewinn erhöhen können, indem Sie alle Autos mit Breitreifen ausstatten, ist dies nicht möglich, die Auto-Objekte sind bereits instanziiert.

Wieder bestätigt sich also die Regel, dass Vererbung nicht immer der beste Weg ist, um neue Funktionalitäten abzubilden. Stattdessen müssen Sie einen Weg wählen, bei dem mehrere Objekte miteinander kombiniert werden, und somit erneut die Komposition vorziehen.

Zweck des Patterns

Das Design Pattern, das Ihnen ermöglicht, neue Funktionen zur Laufzeit Objekten hinzuzufügen, ist der Dekorierer:

Das Decorator-Pattern erweitert ein Objekt zur Laufzeit um neue Funktionalitäten oder verändert die vorhandenen Methoden. Es bietet eine flexible Alternative zur Bildung von Unterklassen.

Damit Sie das Decorator-Pattern anwenden können, um Ihre bestehenden Auto-Objekte mit Extras zu bestücken, sind die folgenden Schritte nötig:

1. Implementieren Sie neue Klassen, die jeweils ein Extra repräsentieren.
2. Ermöglichen Sie es, beliebig viele dieser Klassen mit den eigentlichen Autos zu kombinieren, um die Eigenschaften dieser Extras den Autos hinzuzufügen.
3. Stellen Sie dabei sicher, dass sich diese Komposition weiterhin wie ein Objekt der Klasse `Car` verhält.

Bei der Implementierung des Dekorierers werden Sie ein Prinzip anwenden, das dem *Adapter* sehr ähnlich ist.

Implementierung

Bevor Sie mit der eigentlichen Implementierung des Patterns beginnen, müssen Sie das `Vehicle`-Interface um eine Methode erweitern, die die Höchstgeschwindigkeit zurückgeben kann. Das vollständige Interface verlangt nun also die folgenden Methoden:

```
interface Vehicle {
    public function startEngine();
    public function moveForward($miles);
    public function stopEngine();
    public function getMilage();
    public function getDailyRate($days = 1);
    public function getManufacturer();
    public function getColor();
    public function getMaxSpeed();
}
```

Damit ein Objekt seine Höchstgeschwindigkeit zurückliefern kann, müssen Sie ihm diese zuvor mitteilen. Der einfachste Weg dazu ist, den Konstruktor der Klasse Car um einen Parameter zu erweitern. Den übergebenen Wert speichern Sie einfach in einer Klasseneigenschaft. Die Übergabe der Höchstgeschwindigkeit im Konstruktor dient nur Demonstrationszwecken, in einer realen Anwendung würden Sie sicher eine Methode vorziehen, bei der die technischen Daten eines Fahrzeugtyps in einer Datenbank oder einer Konfigurationsdatei abgelegt werden.

In der neu zu implementierenden getMaxSpeed()-Methode geben Sie nun den gespeicherten Wert zurück.

```
class Car implements Vehicle {
    ... Eigenschaften ...
    protected $maxSpeed;

    public function __construct($manufacturer, $color, $milage = 0,
                                $maxSpeed = 100)   {
        $this->manufacturer = $manufacturer;
        $this->color = $color;
        $this->milage = $milage;
        $this->maxSpeed = $maxSpeed;
    }

    ... Methoden ...

    public function getMaxSpeed() {
        return $this->maxSpeed;
    }
}
```

Diese Änderungen müssen Sie natürlich auch in allen anderen Klassen, die die Vehicle-Schnittstelle implementieren, nachholen.

Als Nächstes machen Sie sich an die Implementierung der Extras. Da Sie stets gegen eine Schnittstelle programmieren sollen, definieren Sie wie immer zuerst eine Schnittstelle für die Extras, die Sie den Autos hinzufügen möchten. Laut Ihren Anforderungen soll ein Extra die Geschwindigkeit und den Tagessatz für die Vermietung eines Autos verändern können, ein erster Entwurf der Schnittstelle könnte also folgendermaßen aussehen:

```
interface CarExtra {
    public function getAdditionalSpeed();
    public function getAdditionalRate();
}
```

Ein Extra muss also zurückgeben können, um wie viel km/h es die maximale Geschwindigkeit und um wie viel Euro es die Tagesrate erhöhen will. Die Implementierung für einen Spoiler ist also:

```
class Spoiler implements CarExtra {
    public function getAdditionalSpeed() {
        return 15;
    }

    public function getAdditionalRate() {
        return 10;
    }
}
```

Um diesen Spoiler nun einem Auto hinzufügen zu können, sind leichte Änderungen an der Klasse Car nötig:

```
class Car implements Vehicle {
    ... Eigenschaften ...
    protected $extras = array();

    ... Methoden...
    public function addExtra(CarExtra $extra) {
        $this->extras[] = $extra;
    }
}
```

Nun können Sie einfach ein Auto und einen Spoiler erzeugen und diese miteinander kombinieren:

```
$bmw = new Car('BMW', 'blau', 0, 180);
printf("Höchstgeschwindigkeit ohne Spoiler: %d\n", $bmw->getMaxSpeed());
printf("Kosten pro Tag: %d\n", $bmw->getDailyRate());

$spoiler = new Spoiler();
$bmw->addExtra($spoiler);
printf("Höchstgeschwindigkeit mit Spoiler: %d\n", $bmw->getMaxSpeed());
printf("Kosten pro Tag: %d\n", $bmw->getDailyRate());
```

Danach geben Sie sowohl die Höchstgeschwindigkeit als auch die Tagesrate aus, einmal mit und einmal ohne Spoiler:

```
Höchstgeschwindigkeit ohne Spoiler: 180
Kosten pro Tag: 75
Höchstgeschwindigkeit mit Spoiler: 180
Kosten pro Tag: 75
```

Natürlich erhalten Sie noch in beiden Fällen die gleiche Ausgabe, Sie haben ja bisher keinen Code hinzugefügt, der dafür sorgt, dass die Werte durch den Spoiler verändert werden. Dies holen Sie jetzt im nächsten Schritt nach, indem Sie zwei Methoden der Car-Klasse modifizieren:

```
class Car implements Vehicle {
    ... Eigenschaften und Methoden ...
    public function getDailyRate($days = 1) {
        if ($days >= 7) {
            $rate = 65.90;
        }
        $rate = 75.50;
        foreach ($this->extras as $extra) {
            $rate = $rate + $extra->getAdditionalRate();
        }
        return $rate;
    }

    public function getMaxSpeed() {
        $speed = $this->maxSpeed;
        foreach ($this->extras as $extra) {
            $speed = $speed + $extra->getAdditionalSpeed();
        }
        return $speed;
    }
}
```

In den Methoden, die die Höchstgeschwindigkeit und den Tagessatz ermitteln, iterieren Sie also über alle Extras und ermitteln die Werte, die zur Geschwindigkeit bzw. dem Tagessatz addiert werden sollen. Führen Sie nun das Testskript erneut aus, erhalten Sie die gewünschten Werte:

```
Höchstgeschwindigkeit ohne Spoiler: 180
Kosten pro Tag: 75
Höchstgeschwindigkeit mit Spoiler: 195
Kosten pro Tag: 85
```

Leider haben Sie damit noch nicht allen Anforderungen entsprochen und auch schon wieder gegen einige Grundregeln objektorientierten Designs verstoßen:

- Sie haben den bestehenden Code der Klasse Car verändert, was zu Problemen führen kann.
- Der Code muss in allen anderen Klassen, die das Interface Vehicle implementieren, dupliziert werden.
- Ihre Implementierung erlaubt Ihnen nicht, die Höchstgeschwindigkeit um einen Prozentsatz zu erhöhen. Es ist nur möglich, einen absoluten Wert in einem Extra zu definieren.
- Extras können nur die Höchstgeschwindigkeit und/oder den Tagessatz eines Autos verändern. Es ist nicht möglich, die Farbe zu beeinflussen.

Sie haben nun zwar eine Möglichkeit, beliebig viele Extras hinzuzufügen, aber die optimale Lösung damit nicht gefunden.

Statt die Extra-Instanzen dem Auto-Objekt hinzuzufügen, sollten diese das Auto ummanteln und somit jeden Methodenaufruf auf dem ursprünglichen Auto filtern und den Rückgabewert verändern können. Die Vorgehensweise ähnelt also der beim Adapter. Da das ummantelte Auto sich weiterhin wie ein Auto verhalten soll, muss die Ummantelungsklasse das Interface `Vehicle` implementieren. Diese Ummantelungsklassen werden auch *Dekorierer* oder *Decorator* genannt.

Um nicht in jedem der Dekorierer alle vom Interface geforderten Methoden implementieren zu müssen, erstellen Sie zunächst eine Basisklasse, die das Auto ummantelt und alle Methodenaufrufe an das eigentliche Auto weiterreicht. Das zu ummantelnde Auto übergeben Sie wie gewohnt an den Konstruktor der neuen Dekorierer-Basisklasse:

```
abstract class VehicleDecorator implements Vehicle {

    protected $vehicle;

    public function __construct(Vehicle $vehicle) {
        $this->vehicle = $vehicle;
    }

    public function startEngine() {
        return $this->vehicle->startEngine();
    }

    public function moveForward($miles) {
        return $this->vehicle->moveForward($miles);
    }

    public function stopEngine() {
        return $this->vehicle->stopEngine();
    }

    public function getMilage() {
        return $this->vehicle->getMileage();
    }

    public function getDailyRate($days = 1) {
        return $this->vehicle->getDailyRate($days);
    }

    public function getManufacturer() {
        return $this->vehicle->getManufacturer();
    }

    public function getColor() {
        return $this->vehicle->getColor();
    }

    public function getMaxSpeed() {
        return $this->vehicle->getMaxSpeed();
    }
}
```

Da dieser Dekorierer nicht instanziiert werden soll, markieren Sie die Klasse als abstrakt. Konkrete Dekorierer können Sie nun einfach von dieser Klasse ableiten und die Methoden, deren Rückgabewerte verändert werden sollen, einfach überschreiben. Für einen Spoiler sieht die benötigte Klasse folgendermaßen aus:

```
class VehicleDecoratorSpoiler extends VehicleDecorator {
    public function getMaxSpeed() {
        $speed = $this->vehicle->getMaxSpeed();
        return $speed + 15;
    }

    public function getDailyRate($days = 1) {
        $rate = $this->vehicle->getDailyRate($days);
        return $rate + 10;
    }
}
```

Sie überschreiben lediglich die Methoden `getMaxSpeed()` und `getDailyRate()`. In jeder der Methoden rufen Sie die entsprechende Methode des dekorierten Autos auf und verändern den zurückgegebenen Wert, bevor Sie ihn an die Applikation weitergeben.

Diese zwei Objekte können Sie nun analog zum Adapter miteinander kombinieren, indem Sie beim Erzeugen des Spoilers das Auto übergeben, an das der Spoiler montiert werden soll:

```
$bmw = new Car('BMW', 'blau', 0, 180);
$mitSpoiler = new VehicleDecoratorSpoiler($bmw);
printf("Höchstgeschwindigkeit mit Spoiler: %d\n", $mitSpoiler->getMaxSpeed());
printf("Kosten pro Tag: %d\n", $mitSpoiler->getDailyRate());
```

Die Vorteile gegenüber der ersten Methode liegen auf der Hand:

- Die Klasse `Car` musste nicht verändert werden.
- Der Spoiler kann sofort für jede Klasse verwendet werden, die das Interface `Vehicle` implementiert.
- Es ist auch möglich, die Höchstgeschwindigkeit prozentual zu verändern.
- Ein Dekorierer kann Einfluss auf jede Methode nehmen.

Nachdem Sie nun eine Architektur festgelegt haben, mit der die einzelnen Extras implementiert werden müssen, können Sie sich als Nächstes an die Implementierung der Breitreifen machen. Diese erfolgt analog zum Spoiler:

```
class VehicleDecoratorWideTyres extends VehicleDecorator {

    public function getMaxSpeed() {
        $speed = $this->vehicle->getMaxSpeed();
        return round($speed * 0.95);
    }

    public function getDailyRate($days = 1) {
```

```
        $rate = $this->vehicle->getDailyRate($days);
        return $rate + 5;
    }
}
```

Auch hier überschreiben Sie lediglich die Methoden, die für die Ermittlung der Höchstgeschwindigkeit und des Tagessatzes zuständig sind. Und auf dem gleichen Weg, auf dem Sie einen Spoiler hinzugefügt haben, können Sie nun auch dem Auto zusätzlich noch Breitreifen hinzufügen:

```
$mitSpoilerUndReifen = new VehicleDecoratorWideTyres($mitSpoiler);
printf("Höchstgeschwindigkeit mit Spoiler und Breitreifen: %d\n",
        $mitSpoilerUndReifen->getMaxSpeed());
printf("Kosten pro Tag: %d\n", $mitSpoilerUndReifen->getDailyRate());
```

Im Konstruktor des neuen Dekorierers übergeben Sie das zuvor dekorierte Objekt. Da dieses auch das `Vehicle`-Interface implementiert, können Sie es wie ein undekoriertes Auto verwenden. Es gibt keine Grenze dafür, wie viele Dekorierer geschachtelt werden können.

Mit Hilfe des Dekorierer-Musters ist es Ihnen also möglich, die einzelnen Funktionen zur Laufzeit beliebig einem Objekt hinzuzufügen. Dazu waren keine Änderungen an bestehendem Quellcode nötig.

Definition des Patterns

Das Decorator-Pattern erweitert ein Objekt zur Laufzeit um neue Funktionalitäten oder verändert die vorhandenen Methoden. Es bietet eine flexible Alternative zur Bildung von Unterklassen.

Um dies zu erreichen, gehen Sie die folgenden Schritte:

1. Erstellen Sie eine Basisklasse für die Dekorierer, die vom gleichen Typ ist wie das zu dekorierende Objekt. Leiten Sie dazu eine Unterklasse von der zu dekorierenden Klasse ab oder implementieren Sie die entsprechenden Interfaces, die auch von der zu dekorierenden Klasse implementiert werden.
2. Implementieren Sie einen Konstruktor in der Basisklasse, dem ein zu dekorierendes Objekt übergeben werden kann. Speichern Sie dieses Objekt in einer Objekteigenschaft.
3. Implementieren Sie alle Methoden der Basisklasse, indem Sie den Aufruf an das dekorierte Objekt weiterreichen.
4. Implementieren Sie beliebige konkrete Implementierungen der Dekorierer, die Sie von der Basisklasse ableiten. Verändern Sie das Verhalten der Dekorierer, indem Sie einzelne Methoden überschreiben.
5. Kombinieren Sie beliebig viele Dekorierer, indem Sie diese ineinander verschachteln.

Wenn Sie diesen Schritten folgen, so ist es ein Leichtes, immer dann das Decorator-Pattern einzusetzen, wenn Sie Funktionalität zur Laufzeit einem Objekt hinzufügen möchten. Abbildung 4-5 zeigt Ihnen die Akteure des Decorator-Patterns und wie dieses auf das aktuelle Problem angewandt wurde.

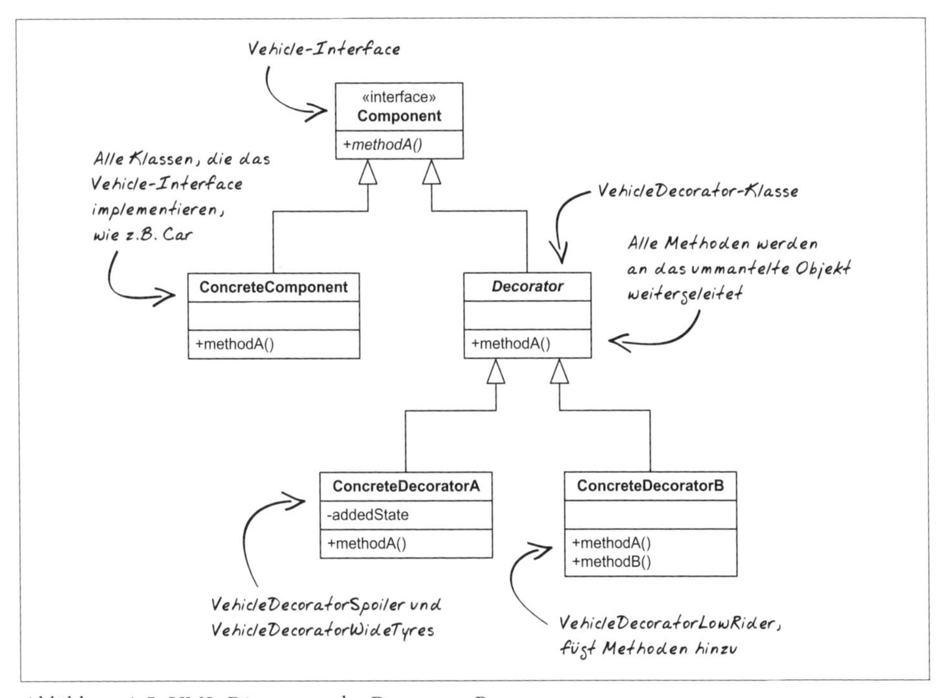

Abbildung 4-5: UML-Diagramm des Decorator-Patterns

Konsequenzen

Die Anwendung des Decorator-Patterns schafft eine größere Flexibilität, als dies mit statischer Vererbung möglich ist. Zum einen können Sie mit Hilfe von Dekorierern Funktionalität zur Laufzeit hinzufügen. Weiterhin ist es möglich, diese Funktionalität pro Objekt anzuwenden oder sogar dieselbe Funktionalität zweimal demselben Objekt hinzuzufügen.

Außerdem hilft Ihnen dieses Muster, Ihre Klassen möglichst schlank zu halten, statt Funktionalität hinzuzufügen, die nur in einigen Fällen benötigt wird.

Achten Sie allerdings darauf, dass Sie die Funktionalitäten nicht in zu viele kleine Dekorierer-Klassen aufteilen, um so die möglichen Nachteile des Decorator-Patterns zu vermeiden:

- Viele Dekorierer machen den Code unübersichtlich und kompliziert. Andere Entwickler können sehr schlecht nachvollziehen, warum sich ein Objekt so verhält, wie es sich verhält.

- Jede Schachtelung eines Dekorierers macht Ihre Applikation langsamer, da die Anzahl der benötigten Methodenaufrufe steigt.

Setzen Sie das Decorator-Pattern also nur dann ein, wenn Sie sicher sind, dass die einzelnen Funktionalitäten beliebig miteinander kombinierbar sein müssen.

Weitere Anwendungen

Bisher haben Sie das Decorator-Pattern nur verwendet, um bestehende Methoden zu verändern. Dekorierer sind allerdings nicht darauf beschränkt, wie das Beispiel mit den höhenverstellbaren Stoßdämpfern zeigt:

```
class VehicleDecoratorLowrider extends VehicleDecorator {

    protected $height = 20;

    public function getDailyRate($days = 1) {
        $rate = $this->vehicle->getDailyRate($days);
        return $rate * 1.5;
    }

    public function moveUp($inch) {
        $this->height = $this->height + $inch;
    }

    public function moveDown($inch) {
        $this->height = $this->height - $inch;
    }

    public function getHeight() {
        return $this->height;
    }
}
```

Dieser Dekorierer überschreibt, wie schon die bisherigen Dekorierer, die `getDailyRate()`-Methode, um den Tagessatz zu erhöhen. Aber zusätzlich fügt er dem Objekt noch neue Methoden hinzu, um die Stoßdämpfer zu bedienen. Nachdem Sie den Dekorierer angewandt haben, können Sie diese verwenden:

```
$bmw = new Car('BMW', 'blau', 0, 180);

$lowrider = new VehicleDecoratorLowrider($bmw);
printf("Kosten pro Tag: %d\n", $lowrider->getDailyRate());

$lowrider->moveDown(3);
printf("Inch über dem Boden: %d\n", $lowrider->getHeight());
```

Führen Sie diesen Code aus, so erhalten Sie wie erwartet die folgende Ausgabe:

```
Kosten pro Tag: 113
Inch über dem Boden: 17
```

Wenn Sie allerdings genau aufgepasst haben, ist Ihnen sicherlich aufgefallen, dass durch das Hinzufügen von Methoden ein Problem auftreten kann, sofern Sie verschiedene Dekorierer schachteln, die unterschiedliche Methoden bieten.

Das folgende Beispiel illustriert das Problem:

```
$bmw = new Car('BMW', 'blau', 0, 180);

$lowrider = new VehicleDecoratorLowrider($bmw);
$spoiler = new VehicleDecoratorSpoiler($lowrider);

printf("Kosten pro Tag: %d\n", $spoiler->getDailyRate());

$spoiler->moveDown(3);
printf("Inch über dem Boden: %d\n", $spoiler->getHeight());
```

Wenn Sie dieses Beispiel ausführen, wird PHP mit einer Fehlermeldung reagieren, da die Klasse `VehicleDecoratorSpoiler` die Methode `moveDown()` nicht zur Verfügung stellt. Diese wird nur von der Klasse `VehicleDecoratorLowrider` zur Verfügung gestellt, auf die Sie jedoch nicht direkt zugreifen. Um nun die beiden Dekorierer miteinander kombinieren zu können, ohne zusätzliche Methoden zu verlieren, müsste die Spoiler-Klasse diese Methodenaufrufe weiterdelegieren. Dazu müsste sie jedoch wissen, wie die Methoden der `Lowrider`-Klasse heißen. Somit müsste gegen eine konkrete Implementierung programmiert werden, was Sie ja vermeiden möchten.

Um dieses Problem zu lösen, bietet Ihnen PHP die Möglichkeit, Aufrufe von Methoden, die nicht deklariert wurden, abzufangen. Wie bereits in Kapitel 1 beschrieben, müssen Sie dazu lediglich die Methode `__call()` implementieren. Da diese Funktionalität in allen Dekorierern benötigt wird, fügen Sie die neue Methode in der Basisklasse ein:

```
abstract class VehicleDecorator implements Vehicle {
    ... vom Interface geforderte Methoden ...
    public function __call($method, $args) {
        return call_user_func_array(
                   array($this->vehicle, $method),
                   $args
               );
    }
}
```

Nun führen Sie das Beispiel erneut aus, und Sie erhalten statt der Fehlermeldung die erwartete Ausgabe:

```
Kosten pro Tag: 123
Inch über dem Boden: 17
```

Der Tagessatz errechnet sich jetzt aus den Gebühren des Autos, plus 50% des Preises für die höhenverstellbaren Stoßdämpfer und weiteren 10 Euro für den Spoiler.

Überprüfen, ob eine Methode existiert

Mit einem kleinen Trick können Sie trotz der Verwendung des __call()-Interzeptors eine Möglichkeit schaffen, mit der Sie überprüfen können, ob ein dekoriertes Objekt eine bestimmte Methode durch einen seiner Dekorierer hinzugefügt bekommen hat.

Dazu implementieren Sie einfach eine weitere Methode in der Basisklasse der Dekorierer, die genau diesem Zweck dient:

```
abstract class VehicleDecorator implements Vehicle {
    ... vom Interface geforderte Methoden ...
    public function providesMethod($name) {
        if (method_exists($this, $name)) {
            return true;
        }
        if ($this->vehicle instanceof VehicleDecorator) {
            return $this->vehicle->providesMethod($name);
        }
        return false;
    }
}
```

In dieser Methode überprüfen Sie zunächst, ob das Objekt selbst die Methode implementiert, indem Sie die PHP-Funktion method_exists() verwenden. Ist dies nicht der Fall, testen Sie, ob der Dekorierer einen weiteren Dekorierer ummantelt. In diesem Fall delegieren Sie die Methodenüberprüfung an den nächsten Dekorierer weiter.

In Ihrem Skript können Sie nun die Existenz einer Methode überprüfen, bevor Sie diese aufrufen:

```
$bmw = new Car('BMW', 'blau', 0, 180);
$lowrider = new VehicleDecoratorLowrider($bmw);
$spoiler = new VehicleDecoratorSpoiler($lowrider);
if ($spoiler->providesMethod('moveDown')) {
    $spoiler->moveDown(3);
}
```

Dadurch haben Sie wieder ein gewisses Maß an Sicherheit zurück.

Und obwohl das Objekt, auf dem die Methoden moveDown() und getHeight() aufgerufen werden, diese nicht kennt, werden sie so lange weiterdelegiert, bis ein Dekorierer sich dafür verantwortlich fühlt. In diesem Fall ist dies die Klasse VehicleDecoratorLowrider.

PHP bietet hierbei Möglichkeiten, die Sie in anderen Sprachen vergeblich suchen. Durch die Verwendung der Interzeptor-Methode __call() können die einzelnen Dekorierer beliebige neue Methoden zur Verfügung stellen, ohne dadurch die Kombinationsmöglichkeiten einzugrenzen. Die __call()-Implementierung reicht den

Methodenaufruf so lange an den nächsten Dekorierer weiter, bis sie beim ursprünglichen Objekt angekommen ist. Dort wird dann schließlich eine Fehlermeldung erzeugt, wenn keiner der Dekorierer die Methode implementiert hat. Einen Nachteil hat dies jedoch leider auch. Um festzustellen, ob ein Auto über den `Lowrider`-Dekorierer um höhenverstellbare Stoßdämpfer ergänzt wurde, können Sie nicht den `instanceof`-Operator verwenden, da das Objekt, das Sie überprüfen, ein beliebiger anderer Dekorierer sein kann. Ihr Quellcode wird somit also fehleranfälliger und für andere Entwickler schwerer zu durchschauen. Sie sollten also vor dem Einsatz der `__call()`-Methode abwägen, ob Ihnen die Flexibilität wichtiger ist als die Sicherheit, die Ihnen ein Interface bietet, das absichert, dass eine bestimmte Methode existiert.

Das Proxy-Pattern

Wenn Ihre Objekte von verschiedenen Komponenten Ihrer Anwendung benutzt werden, kann es hilfreich sein, wenn nicht jeder dieser Clients Zugriff auf die gesamte Funktionalität hat. So soll zum Beispiel eine Anwendung, die von einem Mechaniker bedient wird, nicht in der Lage sein, auf den Tagessatz eines Autos oder auf Kundendaten zuzugreifen.

Bei der Integration solcher Sicherheits- und Kontrollmechanismen hilft Ihnen das *Proxy-Pattern*, mit dem Sie den Zugriff auf die tatsächlichen Objekte kontrollieren können.

Motivation

Um mehr Kunden zu gewinnen, möchte Ihre Autovermietung ein zweites Mietmodell präsentieren. Dieses bietet an, ein Auto nicht für einen ganzen Tag zu mieten, sondern bereits beim Mieten anzugeben, wie viele Kilometer mit dem Auto gefahren werden sollen, und nur diese Kilometer zu bezahlen. Sind die Kilometer gefahren, soll das Auto nicht mehr bewegt werden können. Denn warum sollte etwas, das die Mobiltelefonanbieter mit ihren Prepaid-Karten anbieten, nicht auch für Autos funktionieren?

Diesen Kunden müssen Sie also ein Objekt ausliefern, das sich wie ein Auto verhält, das jedoch kontrolliert, wie viele Kilometer gefahren wurden, und den Aufruf der Methode `moveForward()` unterbindet, wenn das zuvor definierte Limit bereits erreicht ist. Das Limit soll von außerhalb des Objekts gesetzt werden können, um nicht nur einen Tarif des »Prepaid-Autos« anzubieten. Alle anderen Methoden des Autos sollen unverändert bleiben.

Sie möchten also den Zugriff auf das Auto zur Laufzeit Ihrer Applikation kontrollieren und bei Bedarf unterbinden können.

Zweck des Patterns

Das Pattern, das sich mit dem kontrollierten Zugriff auf Objekte befasst, ist das Proxy-Pattern:

Das Proxy-Pattern kontrolliert den Zugriff auf ein Objekt mit Hilfe eines Stellvertreters, der an Stelle des eigentlichen Objekts verwendet wird.

Um das Proxy-Pattern auf die Anforderungen des »Prepaid-Autos« anzuwenden, müssen Sie die folgenden Schritte durchlaufen:

1. Implementieren Sie ein Stellvertreter-Objekt, das wie ein Objekt vom Typ `Vehicle` verwendet werden kann.
2. Delegieren Sie alle Methodenaufrufe auf dem Stellvertreter an das Objekt weiter, das kontrolliert werden soll.
3. Implementieren Sie in der `moveForward()`-Methode eine Überprüfung, ob die bezahlten Kilometer bereits aufgebraucht sind, und signalisieren Sie dies gegebenenfalls durch eine Exception.

Bei dieser Art der Anwendung des Proxy-Patterns spricht man von einem *Schutz-Proxy*, da das Stellvertreter-Objekt das eigentliche Objekt vor unbefugtem Zugriff schützt. Neben dem Schutz-Proxy gibt es noch zwei weitere Ausprägungen des Proxy-Musters:

- Ein *virtueller Proxy* kontrolliert den Zugriff auf ein Objekt, dessen Erzeugung ressourcenaufwendig ist. Dieser Proxy wird häufig verwendet, um eine Vorschau für Bilder anzuzeigen, die nicht geladen werden sollen.
- Ein *Remote-Proxy* kontrolliert den Zugriff auf ein Objekt, das sich auf einem entfernten Rechner befindet. Nach Implementierung des Schutz-Proxy werden Sie ein Beispiel für einen Remote-Proxy kennen lernen.

Nachdem Sie jetzt die verschiedenen Proxy-Arten kennen, wenden Sie sich wieder Ihrem aktuellen Problem und dessen Lösung mit Hilfe des Proxy-Patterns zu.

Implementierung

Bei der Implementierung des Adapter- und des Decorator-Musters haben Sie gelernt, dass Sie bei der Implementierung eines Objekts, das sich wie ein anderes Objekt verhalten soll, dessen Schnittstellen implementieren müssen. Diese Erkenntnis gilt natürlich auch für den Schutz-Proxy, den Sie implementieren möchten.

Im ersten Schritt deklarieren Sie also eine neue Klasse `VehicleProxy`, die als Stellvertreter für jedes Objekt verwendet werden kann, das die `Vehicle`-Schnittstelle implementiert. Das Objekt, für das der Proxy verwendet werden soll, übergeben Sie bei der Erzeugung des Stellvertreter-Objekts einfach an den Konstruktor, eine Technik, die Sie bereits in verschiedenen anderen Patterns erfolgreich verwendet haben, um feste Abhängigkeiten zwischen den einzelnen Objekten zu vermeiden.

```
class VehicleProxy implements Vehicle {

    protected $vehicle;

    public function __construct(Vehicle $vehicle) {
        $this->vehicle = $vehicle;
    }

    public function startEngine() {
        return $this->vehicle->startEngine();
    }

    public function moveForward($miles) {
        return $this->vehicle->moveForward($miles);
    }

    public function stopEngine() {
        return $this->vehicle->stopEngine();
    }

    public function getMilage() {
        return $this->vehicle->getMilage();
    }

    public function getDailyRate($days = 1) {
        return $this->vehicle->getDailyRate($days);
    }

    public function getManufacturer() {
        return $this->vehicle->getManufacturer();
    }

    public function getColor() {
        return $this->vehicle->getColor();
    }

    public function getMaxSpeed() {
        return $this->vehicle->getColor();
    }
}
```

Die Implementierung der einzelnen Methoden erfolgt immer nach dem gleichen Schema: Sie delegieren den Methodenaufruf auf dem Stellvertreter-Objekt einfach an das Objekt, das eigentlich angesprochen werden sollte, weiter. Diese `VehicleProxy`-Klasse kann nun als Basisklasse für verschiedene Schutz-Proxies verwendet werden, indem man in den abgeleiteten Klassen einfach die Methoden überschreibt, die geschützt werden sollen, und dort die Überprüfungen durchführt.

Sie können diese Klasse nun also auch als Basis für den Prepaid-Proxy verwenden. Dazu leiten Sie die neue Klasse `PrepaidVehicleProxy` von der `VehicleProxy`-Klasse ab und überschreiben die entsprechenden Methoden:

Dem Konstruktor soll neben dem eigentlichen Objekt, für das ein Stellvertreter erzeugt wird, noch die Anzahl der bezahlten Kilometer übergeben werden können. Diese wird in der Eigenschaft `$maxMileage` des Objekts gespeichert.

In der Methode `moveForward()` muss ein Check implementiert werden, der überprüft, ob die bezahlten Kilometer bereits erreicht wurden. Dazu wird der Klasse eine zweite Eigenschaft hinzugefügt, die die gefahrenen Kilometer zählt. Diese können nun einfach mit den bezahlten Kilometern verglichen werden.

Durch Addieren der bereits gefahrenen sowie der noch zu fahrenden Kilometer kann man testen, ob der Aufruf der Methode zu einer Überschreitung des Limits führen würde. Ist dies der Fall, berechnen Sie, um wie viele Kilometer das bezahlte Limit überschritten werden würde, und werfen eine `MilageLimitExceededException`, um zu signalisieren, dass die Methode mit diesem Wert nicht ausgeführt werden darf.

Wenn das Limit noch nicht überschritten wurde, addieren Sie die zu fahrenden Kilometer zu den bereits gefahrenen Kilometern und delegieren den Methodenaufruf an das eigentliche Objekt weiter.

```
class PrepaidVehicleProxy extends VehicleProxy {

    protected $maxMileage;
    protected $milesDriven = 0;

    public function __construct(Vehicle $vehicle, $maxMileage) {
        parent::__construct($vehicle);
        $this->maxMileage = $maxMileage;
    }

    public function moveForward($miles) {
        if (($this->milesDriven + $miles) > $this->maxMileage) {
            $exceeded = $miles - ($this->maxMileage - $this->milesDriven);
            throw new MilageLimitExceededException($this->maxMileage, $exceeded);
        }
        $this->milesDriven = $this->milesDriven + $miles;
        return $this->vehicle->moveForward($miles);
    }
}
```

Bevor Sie den Proxy testen können, müssen Sie zunächst noch die fehlende `MilageLimitExceededException` implementieren. Wie jede Exception leiten Sie diese von der `Exception`-Basisklasse ab. Allerdings überschreiben Sie dieses Mal den Konstruktor. Diesem möchten Sie zwei Werte übergeben können:

1. Die Information, für wie viele Kilometer bereits bezahlt wurde, also wo das Limit liegt.
2. Die Information, um wie viele Kilometer der Aufrufer versucht hat, dieses Limit zu überschreiten.

Beide Werte speichern Sie in Eigenschaften des Objekts und bieten die entsprechenden Getter-Methoden an, um die Werte abzufragen.

```
class MilageLimitExceededException extends Exception {
    protected $limit = null;
    protected $exceeded = null;

    public function __construct($limit, $exceeded) {
        $this->limit = $limit;
        $this->exceeded = $exceeded;
        $this->message = "Sie wollten das Limit von {$this->limit}km
                          um {$this->exceeded}km überschreiten.";
    }

    public function getLimit() {
        return $this->limit;
    }

    public function getExceeded() {
        return $this->exceeded;
    }
}
```

Außerdem setzen Sie im Konstruktor noch die Eigenschaft `$message` des Objekts. Diese Eigenschaft wird von der `getMessage()`-Methode der `Exception`-Basisklasse zurückgegeben und auch verwendet, wenn eine Exception nicht verarbeitet und dadurch in eine PHP-Fehlermeldung konvertiert wird.

Diese Methode, eine Exception zu verwenden, hat verschiedene Vorteile. Zum einen transportieren Sie in der Exception zusätzliche Informationen zum aufgetretenen Fehler, die später von der Anwendung, die den Fehler abfängt, verwendet werden können. Und zum anderen haben Sie das Erzeugen der Fehlermeldung zentral an einer Stelle gekapselt, anstatt überall im Code Fehlermeldungen zu erzeugen. Der Text der Meldung kann also an einer Stelle zentral geändert werden.

Nachdem Sie den Prepaid-Proxy implementiert haben, können Sie ihn in einem Testskript einsetzen. Dazu instanziieren Sie wie gewohnt zunächst ein normales `Car`-Objekt, das Sie dann beim Erzeugen an den Proxy übergeben. In diesem Schritt legen Sie auch die Anzahl der Kilometer fest, die maximal mit diesem Auto gefahren werden dürfen.

Danach verwenden Sie einfach die Proxy-Instanz statt des ursprünglichen `Car`-Objekts. Nachdem Sie den Motor mit der `startEngine()`-Methode gestartet haben, verwenden Sie die `moveForward()`-Methode, um mit dem Auto zu fahren.

Eventuelle Exceptions fangen Sie mit Hilfe eines `try/catch`-Blocks.

```
$bmw = new Car('BMW', 'blau');
$proxy = new PrepaidVehicleProxy($bmw, 500);

$proxy->startEngine();
```

```
try {
    $proxy->moveForward(400);
    print "Erfolgreich 400km gefahren.\n";
    $proxy->moveForward(300);
    print "Erfolgreich 300km gefahren.\n";
} catch (MilageLimitExceededException $e) {
    print $e->getMessage() . "\n";
}

print "Kilometerstand : {$proxy->getMilage()}km.\n";
$proxy->stopEngine();
```

Wenn Sie dieses Skript ausführen, erhalten Sie die folgende Ausgabe:

```
Erfolgreich 400km gefahren.
Sie wollten das Limit von 500km um 200km überschreiten.
Kilometerstand : 400km.
```

Der erste Methodenaufruf konnte also noch erfolgreich durchgeführt werden, da das Limit auf 500 km gesetzt wurde und Sie nur 400 km fahren wollten. Beim zweiten Aufruf wird allerdings eine Exception geworfen, da die weiteren 300 km, die gefahren werden sollten, das Limit von 500 km um 200 km überschreiten würden.

Mit Hilfe dieses Proxy-Objekts können Sie nun also für jedes Ihrer Autos ein Limit festsetzen, das nicht überschritten werden kann. Weitere Kontrollmechanismen könnten problemlos durch Implementieren neuer Proxy-Klassen in die Anwendung integriert werden. So wäre es zum Beispiel ein Leichtes, einen Proxy zu schreiben, der dafür sorgt, dass das Dach eines Cabrios im Winter nicht geöffnet werden darf.

Definition des Patterns

Das Proxy-Pattern kontrolliert den Zugriff auf ein Objekt mit Hilfe eines Stellvertreters, der an Stelle des eigentlichen Objekts verwendet wird.

Um einen Schutz-Proxy in beliebigen Situationen zu implementieren, befolgen Sie diese Schritte:

1. Implementieren Sie eine Klasse, die alle Interfaces implementiert, die von der Klasse, deren Instanzen Sie schützen möchten, implementiert werden.
2. Delegieren Sie in allen Methoden den Aufruf an das eigentliche Subjekt, also das Objekt, das die Arbeit erledigt, weiter.
3. Leiten Sie die konkreten Proxy-Implementierungen von dieser Basisklasse ab und implementieren Sie die Schutzmechanismen in den relevanten Methoden.

Auf den ersten Blick sieht es so aus, also wäre ein Proxy nichts anderes als ein *Decorator*. Der Unterschied zwischen den beiden Mustern liegt allerdings in der Art, in der sie verwendet werden. Während der Decorator ein Objekt um Methoden und Zuständigkeiten erweitert, wird ein Proxy als Stellvertreter für ein Objekt verwendet. Im Fall des Schutz-Proxy entzieht der Proxy dem Subjekt sogar Zuständigkeiten.

Ein weiterer Unterschied ist, dass bei Verwendung eines Proxy dieser in manchen Fällen das Objekt, das er vertritt, selbst erzeugt, während es beim Decorator immer übergeben wird. Bei der Verwendung eines Decorators weiß der Client meistens auch nicht, dass er nicht direkt mit dem ursprünglichen Objekt arbeitet, die Verwendung des Decorators ist in diesem Fall vollkommen transparent. Wenn Sie einen Proxy einsetzen, ist Ihnen in den meisten Fällen bekannt, dass Sie einen Stellvertreter an Stelle des eigentlichen Objekts verwenden. Ein UML-Diagramm, das die beteiligten Klassen und deren Beziehungen zueinander zeigt, finden Sie in Abbildung 4-6.

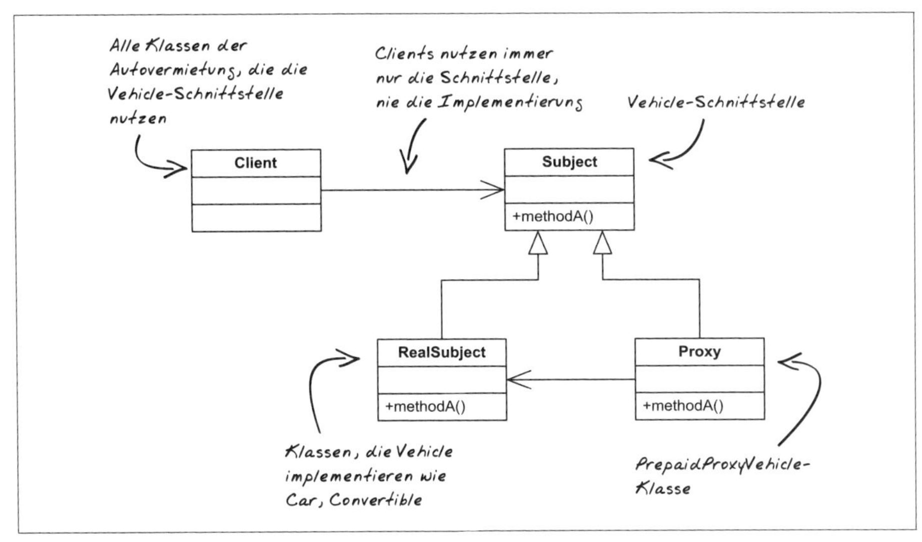

Abbildung 4-6: UML-Digramm des Proxy-Patterns

Konsequenzen

Das Proxy-Pattern führt Indirektion beim Zugriff auf ein Objekt in Ihre Anwendung ein. Je nach Art des Proxy kann diese Indirektion sehr unterschiedlich sein, aber für alle Arten gilt, dass Sie nie direkt auf dem eigentlichen Objekt arbeiten.

So kann das Objekt sich auf einem entfernten Server oder einem anderen Prozess befinden. Wenn Sie einen virtuellen Proxy einsetzen, ist das Objekt unter Umständen noch nicht einmal im Speicher vorhanden.

Wie alle Patterns, bei denen ein Objekt ein anderes ummantelt, wird Ihre Applikation etwas verlangsamt und etwas mehr Speicher benötigen. Außerdem können Sie sich nicht mehr auf konkrete Typen verlassen, wenn Sie mit einem Objekt arbeiten, sondern müssen immer mit den Schnittstellen prüfen, ob das Objekt vom gewünschten Typ ist. Ein Proxy kann also nur dann eingesetzt werden, wenn Sie die Regel befolgen, dass Sie immer gegen Schnittstellen statt gegen konkrete Implementierungen programmieren.

Weitere Anwendungen

Besonders deutlich wird der Unterschied zwischen Decorator und Proxy, wenn Sie statt eines Schutz-Proxy einen *Remote-Proxy* implementieren.

Nehmen Sie an, Ihre Autovermietung möchte nun auch ins Ausland expandieren, und Sie müssen Ihre Preise in verschiedene Währungen umrechnen, um diese in der entsprechenden Landeswährung auf der Website anzeigen zu können. Sie implementieren also eine kleine Klasse, die Ihnen einen Umrechnungskurs für ein bestimmtes Land zurückliefern kann:

```
class RateConverter {
    protected $rates = array(
                            'usa' => 1.2,
                            'uk'  => 0.7
                        );

    public function getRate($country) {
        if (!isset($this->rates[$country])) {
            throw new Exception('Unbekanntes Zielland angegeben.');
        }
        return $this->rates[$country];
    }
}
```

In der Eigenschaft `$rates` haben Sie für jedes Land, in das Sie expandieren möchten, einen Umrechnungskurs registriert, auf den Sie über die `getRate()`-Methode zugreifen können:

```
$converter = new RateConverter();
$rate = $converter->getRate('usa');

print "Umrechnungskurs : {$rate}\n";
$euro   = 75;
$dollar = $euro * $rate;
printf("%.2f EUR sind umgerechnet %.2fUS$.\n", $euro, $dollar);
```

Nach Instanziierung des Objekts rufen Sie die `getRate()`-Methode auf und verwenden den Devisenkurs, um 75 Euro in US-Dollar umzurechnen.

```
Umrechnungskurs : 1.2
75.00 EUR sind umgerechnet 90.00US$.
```

Nach Möglichkeit möchten Sie für diese Umrechnung einen tages- oder sogar stundenaktuellen Kurs verwenden, da Währungen sehr starken Schwankungen unterlegen sein können. Das bedeutet allerdings, dass Sie das `$rates`-Array sehr häufig manuell verändern müssten. Sie könnten die Werte zwar in eine Konfigurationsdatei auslagern, jedoch hätten Sie damit nur den Namen der Datei verändert, die regelmäßig angepasst werden muss, was Ihnen keinerlei Arbeitszeit einspart.

Da Ihre Autovermietung allerdings nicht das einzige Unternehmen ist, das international operiert, können Sie davon ausgehen, dass diese Umrechnungstabelle bereits an anderer Stelle existiert. Es gibt sogar Webseiten, die diese Informationen als *Webservice* zur Verfügung stellen. Bei einem Webservice können Sie fremde Objekte und deren Methoden ansprechen, indem Sie die Methodenaufrufe über ein XML-Protokoll von einem Rechner zum anderen schicken. Das bekannteste dieser Protokolle ist *SOAP*, das in PHP 5 durch eine Extension unterstützt wird.

Weitere Informationen zu SOAP und der PHP-Unterstützung finden Sie im *PHP 5 Kochbuch* aus dem O'Reilly-Verlagsprogramm.

Die Website *XMethods.com* stellt Ihnen einen solchen SOAP-Service[3] zur Verfügung, mit dem Sie den Umrechnungskurs zwischen zwei Währungen erhalten können. Dazu senden Sie einen HTTP-Request mit dem folgenden XML-Dokument an die Website:

```
<SOAP-ENV:Envelope xmlns:SOAP-ENV="http://schemas.xmlsoap.org/soap/envelope/"
xmlns:xsi="http://www.w3.org/1999/XMLSchema-instance" xmlns:xsd="http://www.w3.org/
1999/XMLSchema">
<SOAP-ENV:Body>
<ns1:getRate xmlns:ns1="urn:xmethods-CurrencyExchange" SOAP-ENV:
encodingStyle="http://schemas.xmlsoap.org/soap/encoding/">
<country1 xsi:type="xsd:string">Euro</country1>
<country2 xsi:type="xsd:string">USA</country2>
</ns1:getRate>
</SOAP-ENV:Body>
</SOAP-ENV:Envelope>
```

Dieses XML-Dokument enthält die folgenden Informationen:

- Den Namen der Methode, die Sie aufrufen möchten (`getRate()`).
- Die beiden Parameter, die Sie beim Aufruf der Methode übergeben möchten (Euro und USA).

Als Rückgabewert erhalten Sie auf Ihren HTTP-Request erneut ein XML-Dokument:

```
<SOAP-ENV:Envelope xmlns:SOAP-ENV="http://schemas.xmlsoap.org/soap/envelope/"
xmlns:xsi="http://www.w3.org/1999/XMLSchema-instance" xmlns:xsd="http://www.w3.org/
1999/XMLSchema">
<SOAP-ENV:Body>
<ns1:getRateResponse xmlns:ns1="urn:xmethods-CurrencyExchange" SOAP-ENV:
encodingStyle="http://schemas.xmlsoap.org/soap/encoding/">
<return xsi:type="xsd:float">1.2112</return>
</ns1:getRateResponse>
</SOAP-ENV:Body>
</SOAP-ENV:Envelope>
```

3 *http://www.xmethods.com/ve2/ViewListing.po?key=uuid:D784C184-99B2-DA25-ED45-3665D11A12E5*

Dieses Dokument enthält nun den Rückgabewert der getRate()-Methode des Objekts, das sich auf dem Server der *XMethods.com*-Website befindet. Alle weiteren XML-Tags sind nur Teil des Protokolls und werden benötigt, um die Daten korrekt in die entsprechenden Datentypen zu konvertieren. Für Ihre Anwendung wäre es ideal, wenn Sie die getRate()-Methode, die Sie bisher in Ihrer Anwendung verwendet haben, einfach durch die getRate()-Methode des entfernten Objekts austauschen könnten, ohne sich mit dem SOAP-Protokoll in Ihrer Applikation befassen zu müssen.

Wenn Sie sich noch einmal an die Definition des Proxy zurückerinnern, werden Sie feststellen, dass sie auch auf dieses Problem passt. Sie möchten in Ihrer Applikation einen Platzhalter verwenden, der wie das entfernte Objekt verwendet werden kann und den Zugriff auf dieses entfernte Objekt kontrolliert. Man spricht hierbei von einem *Remote-Proxy*. Dieser kümmert sich darum, die Methodenaufrufe entsprechend an das entfernte Objekt weiterzuleiten, dessen Antwort anzunehmen und als Rückgabe der aufgerufenen Methode zurückzuliefern.

Wenn das entfernte Objekt, wie in diesem Fall, über das SOAP-Protokoll angesprochen werden kann, bietet PHP 5 bereits eine Möglichkeit, diesen Remote-Proxy für Sie zu erstellen. Alles was Sie dazu benötigen, ist ein *WSDL-Dokument*. Dabei handelt es sich um eine Beschreibung des entfernten Objekts und der Methoden, die dieses anbietet, in einem XML-Format. Für das Objekt, das von *XMethods.com* zur Verfügung gestellt wird, um Währungen umzurechnen, finden Sie das WSDL-Dokument unter der URL *http://www.xmethods.net/sd/2001/CurrencyExchangeService.wsdl*. Wollen Sie nun auf Basis dieses Dokuments ein Proxy-Objekt erstellen, genügt eine Zeile PHP-Code:

```
$proxy = new SoapClient('http://www.xmethods.net/sd/2001/CurrencyExchangeService.
wsdl');
```

Die Klasse SoapClient wird von PHP zur Verfügung gestellt, sofern Sie die SOAP-Erweiterung beim Kompilieren von PHP aktiviert haben. Beim Instanziieren eines neuen SoapClient-Objekts werden WSDL und Proxy dynamisch erzeugt. Sie können nun die Methoden des entfernten Objekts auf dem Proxy aufrufen, als würde dieser die Methoden lokal zur Verfügung stellen:

```
$rate = $proxy->getRate('euro', 'usa');

print "Umrechnungskurs : {$rate}\n";
$euro   = 75;
$dollar = $euro * $rate;
printf("%.2f EUR sind umgerechnet %.2fUS$.\n", $euro, $dollar);
```

Das SoapClient verpackt den Methodenaufruf in XML und führt den HTTP-Request durch, mit dem die Methode auf dem entfernten Objekt aufgerufen wird. Sie erhalten beim Ausführen des Skripts die folgende Ausgabe:

```
Umrechnungskurs : 1.2112
75.00 EUR sind umgerechnet 90.84US$.
```

Um das Proxy-Objekt mit allen seinen Methoden dynamisch zur Verfügung stellen zu können, greift PHP auf den `__call()`-Interzeptor zurück, den Sie bereits in Kapitel 1 kennen gelernt und beim Decorator selbst angewandt haben.

Möchten Sie auf ein entferntes Objekt zugreifen und dabei ein anderes Protokoll als SOAP verwenden, können Sie dies in einer eigenen Implementierung der `__call()`-Methode tun.

Neben SOAP gibt es noch weitere bekannte Webservice-Protokolle, wie zum Beispiel *XML-RPC* oder *REST*.

Obwohl sowohl Remote-Proxy als auch Schutz-Proxy das Proxy-Pattern verwenden, sind sie in der Art der Implementierung grundsätzlich verschieden.

Das Facade-Pattern

Mit steigender Anzahl der Features und Klassen Ihrer Applikation wird diese immer schwerer zu erweitern. Es wird Sie eine Menge Zeit kosten, neue Teammitglieder in alle Bereiche der Applikation einzuarbeiten, damit diese wissen, welche Klassen in welchem Zusammenhang zueinander stehen. Eine ausführliche Dokumentation und eine Visualisierung der Zusammenhänge mit Hilfe von UML-Diagrammen können Ihnen dabei zwar helfen, lösen können Sie das Problem jedoch nicht.

Das Innenleben komplexer Objektkompositionen hinter einer einfacheren Schnittstelle ist die Aufgabe des *Facade-Patterns*, auch *Fassade* gennant. Mit Hilfe dieses Patterns ermöglichen Sie es anderen Entwicklern, Teile Ihrer Funktionalität zu nutzen, ohne dass diese dazu alle Klassen sowie deren Details kennen müssen.

Motivation

Nachdem Ihre Autovermietungssoftware in PHP 5 bereits in vielen Teilen des Unternehmens erfolgreich eingesetzt wird, möchte nun auch der Einkauf davon profitieren. Es soll eine Anwendung geschaffen werden, mit der der Kauf und das Hinzufügen der Autos zum Fuhrpark möglich sein soll. Die Umstellung auf dasselbe System hat den Vorteil, dass die gekauften Autos sofort auch in allen anderen Subsystemen der Anwendung zur Verfügung stehen, sie können also direkt nach dem Erwerb bereits vermietet werden.

Die Einkaufsabteilung verfügt über ein eigenes Team aus Softwareentwicklern, das die neue Anwendung größtenteils selbstständig umsetzen wird. Dieses Team möchte die von Ihnen bereitgestellte API verwenden, um die Autos dem Fuhrpark hinzuzufügen. In einem ersten Meeting mit dem Softwareentwicklungsteam stellen Sie die API der benötigten Komponenten vor:

```
$debugger = new DebuggerEcho();
$company = new RentalCompany();
```

```
$bmwManufacturer = new CarManufacturer('BMW');
$car = $bmwManufacturer->sellVehicle('blau');
$id = 'BMW-1';
$company->addToFleet($id, $car);

$peugeotManufacturer = new ConvertibleManufacturer('Peugeot');
$car = $peugeotManufacturer->sellVehicle('rot');
$id = 'Peugeot-1';
$company->addToFleet($id, $car);
```

Um ein neues Auto-Objekt zu erzeugen, muss eine der *Fabriken* verwendet werden, die Sie in Kapitel 3 implementiert haben. Durch den Aufruf der `sellVehicle()`-Methode erhalten Sie dann ein Objekt, das das `Vehicle`-Interface implementiert, zurück.

Um diese Neuerwerbung nun dem Fuhrpark hinzuzufügen, muss eine Instanz der `RentalCompany`-Klasse erzeugt werden. Dieser muss jedoch im Konstruktor ein Objekt vom Typ `Debugger` übergeben werden, das sich um die Verarbeitung der Debugging-Meldungen kümmert. Über die Methode `addToFleet()` fügen Sie das Auto nun dem Fuhrpark hinzu, wobei Sie neben dem Objekt auch noch eine eindeutige ID übergeben, unter der es im Fuhrpark gespeichert wird. Bisher haben Sie diese ID immer selbst vergeben, wenn nun allerdings mehrere Subsysteme neue IDs vergeben, müssen Sie sicherstellen können, dass jede ID tatsächlich nur einmal verwendet wird.

Eine einfache Lösung ist das Hinzufügen einer neuen Methode zur `RentalCompany`-Klasse, die die IDs verwaltet:

```
class RentalCompany {
    ... Eigenschaften und Methoden der Klasse ...

    public function getNextId() {
        return 'Car-' . count($this->fleet);
    }
}
```

Eine andere Möglichkeit wäre zum Beispiel die Implementierung eines Singleton-Objekts, das die eindeutigen IDs verwaltet, wie zum Beispiel die folgende Klasse:

```
class IdCreator {
    protected static $instance = null;
    private $currentId = 0;

    public static function getInstance() {
        if (self::$instance == null) {
            self::$instance = new IdCreator();
        }
        return self::$instance;
    }

    protected function __construct() {
    }
```

```
        private function __clone() {
        }

        public function getNextId() {
            return 'Car-' . $this->currentId++;
        }
    }
```

Unter Zuhilfenahme dieser neuen Klasse zur Erzeugung der ID sieht der Quellcode, den das Einkaufsteam verwenden muss, folgendermaßen aus:

```
$bmwManufacturer = new CarManufacturer('BMW');
$car = $bmwManufacturer->sellVehicle('blau');
$id = IdCreator::getInstance()->getNextId();
$company->addToFleet($id, $car);

$peugeotManufacturer = new ConvertibleManufacturer('Peugeot');
$car = $peugeotManufacturer->sellVehicle('rot');
$id = IdCreator::getInstance()->getNextId();
$company->addToFleet($id, $car);
```

Nachdem Sie alle beteiligten Interfaces, Klassen und Objekte sowie deren Beziehungen zueinander kurz vorgestellt haben, blicken Sie in die Runde und sehen nur Fragezeichen in den Gesichtern des Teams. Auf Ihre Frage, ob es noch unklare Punkte in der Benutzung der API gibt, reagiert der Teamleiter des Einkaufsteams mit einer Gegenfrage: »Wir wollen doch nur neue Auto-Objekte erzeugen und dem Fuhrpark hinzufügen. Warum müssen wir denn das gesamte Innenleben der Applikation kennen? Wer für das Erzeugen der IDs zuständig ist, ist für uns nicht wichtig. Und vor allem, was passiert, wenn API-Änderungen nötig sind?«

Entsetzt stellen Sie fest, dass diese Frage berechtigt ist. Da Sie die gesamte Architektur konzipiert haben, ist für Sie alles einfach zu verwenden, aber andere Entwickler möchten sich nicht um die Zusammenhänge der einzelnen Klassen kümmern, sondern lediglich über eine einfache API auf Teile Ihrer Applikation zugreifen.

Zweck des Patterns

Um dem neuen Entwicklungsteam eine vereinfachte Schnittstelle auf die Teilkomponenten zur Verfügung zu stellen, verwenden Sie das Facade-Muster:

Das Facade-Pattern bietet eine vereinheitlichte Schnittstelle für einen Satz von Schnittstellen. Sie bietet eine hochstufigere Schnittstelle, die die Verwendung des Basissystems vereinfacht.

Mit einer Fassade können Sie also dem Einkauf über eine einfache API den Zugriff auf Ihre Objekte ermöglichen, ohne dass der Client, der die Fassade nutzt, wissen muss, wie das von ihr verdeckte System arbeitet. Um eine Fassade zu implementieren, sind folgende Schritte nötig:

1. Implementieren einer neuen Klasse für die Fassade.

2. Schaffen einer Möglichkeit, mit der die Fassade Zugriff auf die Fabriken und das RentalCompany-Objekt bekommt.
3. Implementieren einer Methode, mit der ein neues Auto erstellt und dem Fuhrpark hinzugefügt werden soll.

Führen Sie nun also diese Schritte aus, um dem Einkauf das Leben leichter zu machen.

Implementierung

Für die Fassade, die der Einkauf nutzen kann, implementieren Sie eine neue Klasse mit dem Namen PurchasingFacade. Es ist anzunehmen, dass diese Fassade nicht die einzige ist, die Sie implementieren müssen.

Die RentalCompany-Instanz übergeben Sie im Konstruktor und speichern diese in einer Objekteigenschaft. Um beliebig viele Herstellerklassen für die einzelnen Fahrzeugtypen verwenden zu können, speichern Sie diese in einem Array in einer weiteren Objekteigenschaft. Über eine Methode addManufacturer() können beliebige Herstellerklassen registriert werden, solange diese von der AbstractManufacturer-Klasse abgeleitet werden. Neben dem Hersteller selbst, übergeben Sie eine ID, mit der er intern gespeichert werden kann.

```
class PurchasingFacade {
    protected $company = null;
    protected $manufacturers = array();

    public function __construct(RentalCompany $company) {
        $this->company = $company;
    }

    public function addManufacturer($id, AbstractManufacturer $manufacturer) {
        $this->manufacturers[$id] = $manufacturer;
    }
}
```

Damit haben Sie bereits die ersten beiden der zu erledigenden Schritte implementiert, es fehlt lediglich eine Methode, mit der der Einkauf Ihre Applikation anweisen kann, ein neues Fahrzeug zu erwerben und dieses dem Fuhrpark hinzuzufügen.

Dazu implementieren Sie die Methode purchase(), der ein Hersteller und eine Farbe übergeben werden kann. Falls der Hersteller nicht vorher über die Methode addManufacturer() registriert wurde, werfen Sie an dieser Stelle eine Exception. Ansonsten erzeugen Sie ein neues Auto, weisen den IdCreator an, die nächste ID zurückzuliefern, und fügen das neue Auto unter dieser ID dem Fuhrpark hinzu. Als Letztes geben Sie das neu gekaufte Auto aus der Methode zurück.

```
class PurchasingFacade {
    ... Eigenschaften und Methoden ...
```

```
        public function purchase($manufacturer, $color) {
            if (!isset($this->manufacturers[$manufacturer])) {
                throw new UnknownManufacturerException(
                                                  'Der Hersteller ist nicht bekannt.');
            }
            $vehicle = $this->manufacturers[$manufacturer]->sellVehicle($color);
            $id = IdCreator::getInstance()->getNextId();
            $this->company->addToFleet($id, $vehicle);

            return $vehicle;
        }
    }
```

Um nun eine Fassade für den Einkauf zu erzeugen, sind die folgenden Schritte nötig:

```
$company = new RentalCompany(new DebuggerEcho());
$bmwManufacturer = new CarManufacturer('BMW');
$peugeotManufacturer = new ConvertibleManufacturer('Peugeot');

$facade = new PurchasingFacade($company);
$facade->addManufacturer('bmw', $bmwManufacturer);
$facade->addManufacturer('peugeot', $peugeotManufacturer);
```

Dieses Fassaden-Objekt kann nun vom Einkauf verwendet werden, um ein neues Auto zu erwerben und dieses automatisch dem Fuhrpark hinzuzufügen. Dabei ist kein Wissen über die verwendeten Fabriken, die Methode zur Erzeugung der eindeutigen ID oder die API der `RentalCompany`-Klasse nötig.

```
$facade->purchase('bmw', 'blau');
$facade->purchase('peugeot', 'rot');
```

Das neue Softwareentwicklungsteam kann sich also voll und ganz auf die eigenen Aufgaben konzentrieren und nutzt Ihre Klassen über eine vereinfachte Schnittstelle.

Definition des Patterns

Das Facade-Pattern bietet eine vereinheitlichte Schnittstelle für einen Satz von Schnittstellen. Sie bietet eine hochstufigere Schnittstelle, die die Verwendung des Basissystems vereinfacht.

Wollen Sie eine Fassade implementieren, sind also immer die folgenden Schritte nötig:

1. Identifizieren Sie die Klassen und Objekte eines Systems, die hinter einer Fassade versteckt werden sollen.
2. Definieren Sie die Operationen, die die Fassade ermöglichen soll.
3. Implementieren Sie eine Fassaden-Klasse und schaffen Sie Möglichkeiten, mit deren Hilfe die Fassade auf die versteckten Komponenten zugreifen kann.

4. Implementieren Sie Methoden in der Fassaden-Klasse, die einen vereinfachten Zugriff auf die einzelnen Komponenten des Systems ermöglichen und verwendet werden können, um die Operationen auszuführen.

Wie die einzelnen Klassen bei der Implementierung einer Fassade zueinander in Verbindung stehen, entnehmen Sie Abbildung 4-7.

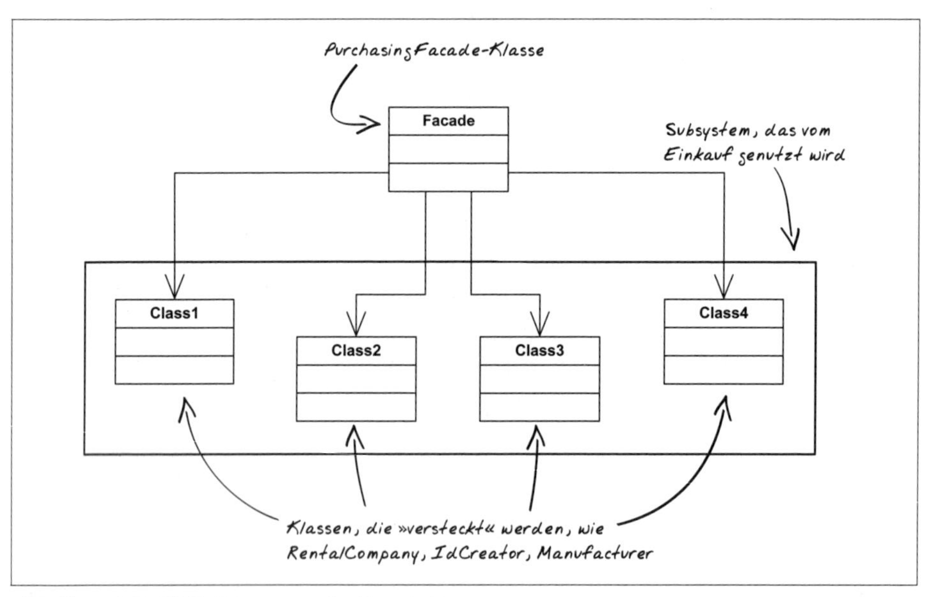

Abbildung 4-7: UML-Diagramm des Facade-Patterns

Konsequenzen

Auf den ersten Blick ähnelt die Fassade dem *Adapter-Pattern*, das Sie weiter oben in diesem Kapitel angewandt haben. Allerdings wird die Fassade im Gegensatz zum Adapter nicht angewandt, um eine Schnittstelle an eine andere Schnittstelle anzupassen. Stattdessen vereinfacht die Fassade eine bestehende Schnittstelle und schafft somit eine neue Zugriffsmöglichkeit. Eine Fassade reduziert die Anzahl der Klassen, die von einem Client verwendet werden müssen, und macht das Subsystem einfacher nutzbar.

Die Fassade fördert auch etwas, das Sie als weitere Regel der objektorientierten Softwareentwicklung in Ihr Regelbuch aufnehmen können:

> *Halten Sie die Anzahl der Klassen, mit denen Ihre Objekte interagieren, möglichst niedrig.*

Wenn Sie diesem Prinzip, das auch als *Prinzip der Verschwiegenheit* oder *Information-Hiding* bekannt ist, folgen, vermeiden Sie, dass Ihre Klassen zu fest aneinander gekoppelt sind. Durch den Einsatz der Fassade können Sie im obigen Beispiel alle darunter liegenden Komponenten, wie die Fabriken oder auch die Klasse zur Erzeugung der eindeutigen ID, austauschen, ohne dass die Klassen, die die Fassade nutzen, verändert werden müssten. Alles was Sie tun müssten, wäre, die Fassade an die neuen Gegebenheiten anzupassen. Sie kapseln also sozusagen mehrere Objekte und Klassen in einem weiteren Objekt.

Weitere Anwendungen

In der Applikation der Autovermietung könnten Sie noch beliebige weitere Fassaden implementieren und zum Beispiel der Buchhaltung oder der Kundenverwaltung einen einfachen Zugriff auf die benötigten Daten und Operationen bieten.

Eine weitere Anwendung der Fassade, die Sie sehr häufig in der Realität antreffen werden, ist eine *Datenbank-Fassade*. Diese versteckt den eigentlichen Datenbankzugriff und den verwendeten SQL-Code hinter entsprechenden Methoden. Damit können Sie problemlos die Datenbankstruktur verändern oder sogar auf ein anderes Datenbanksystem umsteigen, ohne dass Sie Applikationscode ändern müssen.

Statt viele kleine, verteilte Änderungen durchzuführen, müssen Sie nur zentral an einer Stelle den Quellcode der Fassade ändern.

Übersicht über die Strukturmuster

Abschließend gibt Ihnen Tabelle 4-2 noch einmal einen kurzen Überblick über alle in diesem Kapitel verwendeten Patterns.

Tabelle 4-2: Übersicht über die Strukturmuster

Pattern	Zweck	Konsequenzen
Composite (Kompositum)	Fügt mehrere Objekte zu einer Baumstruktur zusammen, die wie ein einzelnes Blatt verwendet werden kann.	Neue Komponenten können leicht eingefügt werden. Entwurf wird sehr schnell allgemein.
Adapter (Adapter)	Passt eine Schnittstelle an die vom Client erwartete Schnittstelle an.	Ursprünglich nicht kompatible Klassen werden kompatibel. Spezialisierung der adaptierten Klasse ist schwerer. Kann zu sehr unterschiedlichen Aufwänden führen.
Decorator (Dekorierer)	Erweitert Objekte zur Laufzeit um neue Funktionalitäten.	Schafft größere Flexibilität als der Einsatz von Vererbung. Klassen werden schlanker. Erhöht die Anzahl der Klassen in der Applikation.

Tabelle 4-2: Übersicht über die Strukturmuster (Fortsetzung)

Pattern	Zweck	Konsequenzen
Proxy (Proxy)	Kontrolliert den Zugriff auf ein Objekt mit Hilfe eines Stellvertreters. Zugriff auf ein Objekt auf einem anderen Server (Remote-Proxy). Erzeugen des Objekts beim ersten Zugriff (virtueller Proxy). Durchführen von Verwaltungsaufgaben (Schutz-Proxy).	Führt Indirektion beim Zugriff auf Objekte ein.
Facade (Fassade)	Bietet eine abstrakte Schnittstelle, die die Verwendung eines Subsystems vereinfacht.	Reduziert Anzahl der Klassen, die vom Client verwendet werden müssen. Fördert lose Kopplung zwischen dem Subsystem und den Klassen, die dieses nutzen.

KAPITEL 5

Verhaltensmuster

Mit Hilfe von Design Patterns können Sie nun elegant Objekte erzeugen und kennen auch Muster, mit deren Hilfe Sie Objekte zu komplexeren Strukturen zusammensetzen können. In diesem Kapitel werden Sie Muster implementieren, die sich mit dem Verhalten und der Interaktion der einzelnen Objekte befassen. Diese Muster beschreiben nicht nur die beteiligten Klassen und Objekte, sondern auch die Art und Weise, wie diese zur Laufzeit miteinander interagieren.

Mit Hilfe des *Template-Method*-Patterns können Sie einen Algorithmus zunächst abstrakt schrittweise definieren und mit Hilfe von Vererbung in Unterklassen die einzelnen Schritte des Algorithmus implementieren. Das *Subject/Observer-Pattern* tritt in Aktion, wenn ein Objekt den Zustand eines anderen Objekts überwachen möchte. Da auch bei Verhaltensmustern die bisher definierten Regeln gelten, stellt dieses Muster sicher, dass das überwachte und das überwachende Objekt lose gekoppelt sind und damit leicht ausgetauscht werden können. Das *Command-Pattern* hingegen ist nützlich, wenn eine Anfrage an ein Objekt nicht direkt an das Objekt gestellt werden soll, sondern stattdessen gekapselt werden muss. Dadurch wird ermöglicht, dass die Anfrage als Teil einer Kette gespeichert und ausgeführt werden kann.

Die letzten beiden Muster dieses Kapitels sind bei komplexen Objektkompositionen besonders hilfreich. Mit dem *Visitor-Pattern* können Sie Informationen aus Objekten extrahieren, die Ihnen öffentlich nicht zugänglich sind. Dabei müssen Sie nicht einmal die Struktur der Objekte kennen. Das *Iterator-Pattern* ermöglicht Ihnen schließlich, auf eine abstrahierte Art einen Objektbaum zu traversieren, ohne die Struktur des Baums zu kennen. Dadurch können Sie die Struktur der Objekte anpassen, ohne den Code zu ändern, der die Objekte verarbeitet.

Das Subject/Observer-Pattern

Es ist unvermeidlich, dass die Objekte Ihrer Applikationen miteinander interagieren. Doch dadurch entsteht häufig eine sehr enge Kopplung zwischen den einzelnen

Objekten, die die Wiederverwendbarkeit der einzelnen Klassen verringert, da diese Abhängigkeiten zueinander haben.

Entstehen diese Abhängigkeiten, weil ein Objekt informiert werden muss, wenn sich die Eigenschaften eines anderen Objekts verändern, kann das *Subject/Observer-Pattern*, auch *Beobachter-Muster* genannt, Abhilfe schaffen.

Motivation

Um sicherzustellen, dass die Autos, die Sie an Ihre Kunden vermieten, stets in einem guten Zustand sind und allen Sicherheitsstandards genügen, müssen diese regelmäßig zur Inspektion. Wann ein Auto zur Inspektion sollte, hängt davon ab, wie viele Kilometer damit gefahren wurden. So könnten die Regeln für die Inspektion zum Beispiel wie folgt lauten:

1. Nach 1.000 gefahrenen Kilometern soll ein Auto zur Erstinspektion.
2. Danach soll das Auto alle 2.500 Kilometer zur Inspektion.

Nun könnten Sie einfach in der Klasse `RentalCompany` einen Check integrieren, der bei der Rückgabe eines Autos überprüft, ob eine der beiden Regeln greift. Dazu müssten Sie lediglich die `returnVehicle()`-Methode ein wenig anpassen.

Dies hat jedoch mehrere Nachteile:

- Sie können den Code, der überprüft, wann ein Auto zur Inspektion muss, nicht einfach austauschen. Was passiert zum Beispiel, wenn Cabrios zur Inspektion müssen, wenn das Dach 100-mal geöffnet und wieder geschlossen wurde?
- Was passiert, wenn die Kilometermarke überschritten wird, ohne dass das Auto ausgeliehen wurde? Es könnte ja durchaus vorkommen, dass das Auto nur ein paar Meter auf dem Hof bewegt wird und dabei eine der Marken überschreitet.

Viel eleganter wäre es, wenn Sie die Möglichkeit hätten, kleine Überwacher an jedes Auto zu hängen, die ständig überprüfen, ob ein Auto zur Inspektion muss. In diesen Überwachern könnten Sie beliebigen Code ausführen und somit den Kilometerstand überprüfen oder zählen, wie oft das Dach eines Cabrios geöffnet wurde.

Zweck des Patterns

In der Sprache der Design Patterns heißen diese Überwacher *Observer* und sind die eine Hälfte des *Subject/Observer-Patterns*. Die andere Hälfte ist das *Subjekt*, also das Objekt, das überwacht werden soll.

Das Subject/Observer-Pattern definiert eine Eins-zu-n-Abhängigkeit zwischen einem Subjekt und beliebig vielen Beobachtern. Wenn sich der Zustand des Objekts ändert, werden die abhängigen Objekte automatisch benachrichtigt.

Um dieses Muster auf das aktuelle Problem anzuwenden, bedeutet dies:

1. Definieren Sie eine Schnittstelle der Beobachter, mit deren Hilfe die Beobachter informiert werden können, wenn sich der Status eines Autos ändert.
2. Stellen Sie sicher, dass die Beobachter sich bei einem Auto registrieren können.
3. Ergänzen Sie in den entsprechenden Methoden der Klasse `Car` den Code, der die Beobachter informiert, sobald sich der Status eines Autos verändert.
4. Implementieren Sie die Beobachter, die anhand der zuvor definierten Regeln eine Inspektion auslösen.

Implementierung

Nachdem Sie nun wissen, dass Sie ein Subject/Observer-Pattern einsetzen müssen und wie dieses implementiert werden muss, können Sie sich daran machen, Ihre Autovermietung um eine regelmäßige Inspektion zu ergänzen.

Zuerst beginnen Sie also damit, eine Schnittstelle für einen Beobachter zu implementieren. Diese benötigt lediglich eine Methode, da der Beobachter nur eine Zuständigkeit hat: Es muss möglich sein, ihn darüber zu informieren, dass sich der Status des Subjektes, das er beobachtet, verändert hat. Das Observer-Interface sieht also folgendermaßen aus:

```
interface Observer {
    public function update(Vehicle $vehicle);
}
```

Die Methode `update()` muss aufgerufen werden, wann immer sich der Status des Subjekts verändert hat. Die Methode erwartet dabei, dass das beobachtete Auto übergeben wird. Auch wenn dies auf den ersten Blick nicht nötig erscheint, ergibt sich daraus ein großer Vorteil. Wenn Sie einen Observer verwenden, um mehrere Autos zu beobachten, würde ein Aufruf der `update()`-Methode ohne einen Parameter nicht ausreichen, da Sie nicht wüssten, welches Auto seinen Status geändert hat. Wird jedoch dieses Auto an die `update()`-Methode übergeben, können Sie einen Observer beliebig viele Autos überwachen lassen.

Als Nächstes benötigen Sie eine Möglichkeit, um die Observer bei einem Auto zu registrieren. Um das Pattern auch an anderen Stellen Ihrer Applikation verwenden zu können, sobald ein Objekt ein anderes überwachen muss, definieren Sie eine neue Schnittstelle für »observierbare Objekte«. Jedes Objekt, das später überwachbar sein soll, muss dazu diese Schnittstelle implementieren. Die Schnittstelle muss die folgenden Operationen bieten:

- Ein neuer Observer muss registriert werden können.
- Ein bereits registrierter Observer muss wieder entfernt werden können, falls er das Objekt nicht mehr überwachen möchte.

- Alle registrierten Beobachter müssen über eine Zustandsänderung informiert werden können.

Das folgende Observable-Interface erfüllt diese Anforderungen:

```
interface Observable {
    public function attach(Observer $observer);
    public function detach(Observer $observer);
    public function notify();
}
```

Die Namen der Methoden wurden dabei so gewählt, wie sie bereits in vielen Referenzimplementierungen dieses Musters verwendet wurden. Dadurch finden sich andere Entwickler sehr schnell in Ihrem Code zurecht.

Das Observable-Interface wurde nun so gestaltet, dass es an möglichst vielen Stellen Ihrer Applikation verwendet werden kann, nur leider haben Sie in der Observer-Schnittstelle bereits eine Verknüpfung mit dem Vehicle-Interface geschaffen und somit die Verwendung schon sehr stark auf die Überwachung von Gefährten aller Art begrenzt. Diese Verbindung können Sie durch eine kleine Änderung der Schnittstelle lösen:

```
interface Observer {
    public function update(Observable $observable);
}
```

Nachdem Sie die Schnittstellen nun implementiert haben, müssen Sie diese nur noch auf das konkrete Problem anwenden. Als Erstes muss also die Klasse Car das Interface Observable implementieren, schließlich soll es überwacht werden:

```
class Car implements Vehicle, Observable {
    ... Eigenschaften der Klasse ...
    protected $observers = array();

    ... Methoden der Klasse ...
    public function attach(Observer $observer) {
        $this->observers[] = $observer;
    }

    public function detach(Observer $observer) {
        $this->observers = array_diff($this->observers, array($observer));
    }

    public function notify() {
        foreach ($this->observers as $observer) {
            $observer->update($this);
        }
    }
}
```

Die Implementierung dafür ist denkbar einfach. Sie fügen der Klasse lediglich eine neue Array-Eigenschaft hinzu, die die registrierten Observer-Objekte speichert. Soll ein registrierter Observer das Objekt nicht mehr beobachten, wird er einfach aus diesem Array entfernt.

In der `notify()`-Methode, die alle registrierten Observer darüber informiert, dass sich der Zustand des Autos geändert hat, müssen Sie nur über dieses Array iterieren und auf jedem gespeicherten Observer-Objekt die Methode `update()` aufrufen, der Sie erneut das Auto übergeben, dessen Zustand sich geändert hat.

Um alle Observer über eine Statusänderung zu informieren, ist es also nur noch notwendig, einen Methodenaufruf in den entsprechenden Methoden einzufügen. Damit die Observer informiert werden, wenn sich der Kilometerstand des Autos geändert hat, müssen Sie die `moveForward()`-Methode anpassen:

```
class Car implements Vehicle, Observable {
    ... Eigenschaften und Methoden der Klasse ...
    public function moveForward($miles) {
        if ($this->engineStarted !== true) {
            return false;
        }
       $this->milage = $this->milage + $miles;
        $this->notify();
        return true;
    }
}
```

Wollen Sie die Observer auch informieren, wenn sich andere Zustände ändern, fügen Sie den Aufruf der `notify()`-Methode in den entsprechenden Codestellen ein.

Nun bleibt Ihnen nur noch die Implementierung der einzelnen Überwacher. Beginnen Sie dazu mit dem Observer, der überprüft, ob das Auto zur Erstinspektion muss:

```
class InitialInspectionObserver implements Observer {

    private $inspectionMilage;

    public function __construct($milage = 1000) {
        $this->inspectionMilage = $milage;
    }

    public function update(Observable $vehicle) {
        if (!$vehicle instanceof Vehicle) {
            return;
        }
        if ($vehicle->getMilage() >= $this->inspectionMilage) {
            print "Die Erstinspektion ist fällig, da {$this->inspectionMilage}km"
                 ."überschritten.\n";
        }
    }
}
```

Dem Konstruktor der Klasse können Sie optional einen Kilometerstand mitgeben, bei dem das Auto zur Erstinspektion muss, falls Sie den Observer auch unter anderen Bedingungen verwenden möchten. Wenn sich der Kilometerstand eines Autos verändert hat, wird dieses der `update()`-Methode übergeben. In dieser überprüfen Sie zunächst, ob das übergebene Objekt die `Vehicle`-Schnittstelle implementiert, da dies vom generischen Observer-Interface nicht gefordert wird. Wenn die Schnittstelle implementiert wird, können Sie beruhigt den Kilometerstand des Autos abfragen und diesen mit dem für die Erstinspektion definierten vergleichen.

Ist der definierte Kilometerstand überschritten, geben Sie einfach nur eine Meldung aus, in einer echten Anwendung könnten Sie diese Informationen jedoch an beliebige Adressaten schicken. Um den Observer zu testen, führen Sie den folgenden Code aus:

```
$bmw = new Car('BMW', 'rot');
$initialInspection = new InitialInspectionObserver(1000);

$bmw->attach($initialInspection);

$bmw->startEngine();
$bmw->moveForward(500);
printf("Kilometerstand: %d\n", $bmw->getMilage());
$bmw->moveForward(700);
printf("Kilometerstand: %d\n", $bmw->getMilage());
$bmw->stopEngine();
```

Sie erzeugen also zunächst ein neues `Car`-Objekt sowie einen Observer, den Sie beim erzeugten Auto registrieren. Wenn mit diesem Auto nun zuerst 500 km und anschließend 700 km gefahren werden, erhalten Sie die folgende Ausgabe:

```
Kilometerstand: 500
Die Erstinspektion ist fällig, da 1000km überschritten.
Kilometerstand: 1200
```

Wie erwartet, reagiert der Observer noch nicht, wenn erst 500 km gefahren wurden, sondern gibt die Meldung erst beim zweiten Aufruf der `moveForward()`-Methode aus. Leider ist der Observer noch nicht ganz perfekt, was Sie feststellen werden, wenn Sie mit dem Auto erneut 100 km fahren:

```
$bmw->startEngine();
$bmw->moveForward(100);
printf("Kilometerstand: %d\n", $bmw->getMilage());
$bmw->stopEngine();
```

Dabei erhalten Sie nun die Ausgabe:

```
Die Erstinspektion ist fällig, da 1000km überschritten.
Kilometerstand: 1300
```

Die Ursache dafür ist, dass der Observer sich nicht gemerkt hat, dass die Erstinspektion bereits zuvor fällig war. Dieses Problem umgehen Sie ganz leicht, indem Sie den Quellcode der `update()`-Methode etwas anpassen:

```
class InitialInspectionObserver implements Observer {

    ... Eigenschaften und Konstruktor ...
    public function update(Observable $vehicle) {
        if (!$vehicle instanceof Vehicle) {
            return;
        }
        if ($vehicle->getMilage() >= $this->inspectionMilage) {
            print "Die Erstinspektion ist fällig, da {$this->inspectionMilage}km"
                  ."überschritten.\n";
            $vehicle->detach($this);
        }
    }
}
```

Nachdem der Observer festgestellt hat, dass die Erstinspektion fällig ist, entfernt er sich selbst einfach aus der Liste der Beobachter für dieses Auto, da er nicht mehr gebraucht wird. Damit vermeiden Sie nicht nur, dass die Meldung unnötig oft ausgegeben wird, sondern Sie schonen gleichzeitig die Ressourcen Ihres Systems.

Als Letztes müssen Sie nur noch auf die gleiche Art einen Observer implementieren, der regelmäßig nach 2.500 gefahrenen Kilometern auf eine Inspektion hinweist:

```
class RegularInspectionObserver implements Observer {

    private $nextInspection = null;
    private $interval;

    public function __construct($startAt, $interval) {
        $this->nextInspection = $startAt;
        $this->interval = $interval;
    }

    public function update(Observable $vehicle) {
        if (!$vehicle instanceof Vehicle) {
            return;
        }
        if ($vehicle->getMilage() >= $this->nextInspection) {
            print "Die regelmäßige Inspektion ist fällig "
                  ."({$this->nextInspection}km).\n";
            $this->nextInspection = $this->nextInspection + $this->interval;
        }
    }
}
```

Im Konstruktor können Sie dabei übergeben, bei welchem Kilometerstand diese Inspektion zum ersten Mal durchgeführt werden soll und in welchen Intervallen sie wiederholt werden muss. Diese Werte speichern Sie in den Objekteigenschaften `$nextInspection` und `$interval`. Wenn nun in der `update()`-Methode erkannt wird, dass eine Inspektion nötig ist, wird danach der Wert in `$nextInspection` um das definierte Intervall erhöht.

Das folgende Skript zeigt, wie einfach Sie nun beide Observer einsetzen können:

```
$bmw = new Car('BMW', 'rot');

$initialInspection = new InitialInspectionObserver(1000);
$regularInspection = new RegularInspectionObserver(3500, 2500);

$bmw->attach($initialInspection);
$bmw->attach($regularInspection);

$bmw->startEngine();
$bmw->moveForward(1000);
printf("Kilometerstand: %d\n", $bmw->getMilage());
$bmw->moveForward(2000);
printf("Kilometerstand: %d\n", $bmw->getMilage());
$bmw->moveForward(500);
printf("Kilometerstand: %d\n", $bmw->getMilage());
$bmw->moveForward(1000);
printf("Kilometerstand: %d\n", $bmw->getMilage());

$bmw->stopEngine();
```

Wenn Sie dieses Skript ausführen, erhalten Sie die folgende Ausgabe:

```
Die Erstinspektion ist fällig, da 1000km überschritten.
Kilometerstand: 1000
Kilometerstand: 3000
Die regelmäßige Inspektion ist fällig (3500km).
Kilometerstand: 3500
Kilometerstand: 4500
```

Es gibt einen wichtigen Unterschied zwischen den Implementierungen der beiden Observer. Der `InitialInspectionObserver` speichert selbst keine Werte in seinen Objekteigenschaften, er ist zustandslos. Dieser Observer kann also gleichzeitig mehrere Objekte überwachen. Der `RegularInspectionObserver` hingegen speichert, wann die nächste regelmäßige Inspektion ansteht, er verfügt über einen eigenen Zustand. Da dieser Wert für verschiedene Autos abweichen kann (da er sich nach einer Inspektion erhöht), kann er nur für ein Auto verwendet werden. Wenn Sie die regelmäßige Inspektion auch für andere Autos anwenden möchten, müssen Sie dafür eigene Observer-Objekte instanziieren.

Definition des Patterns

Das Subject/Observer-Pattern definiert eine Eins-zu-n-Abhängigkeit zwischen einem Subjekt und beliebig vielen Beobachtern. Wenn sich der Zustand des Objekts ändert, werden die abhängigen Objekte automatisch benachrichtigt.

Um dieses Pattern zu implementieren, sind die folgenden Schritte nötig:

1. Definieren Sie ein Interface (`Observer`) für die Observer, das eine Methode bereitstellt, mit der die Beobachter über eine Statusänderung informiert werden können.
2. Definieren Sie ein Interface (`Observable`) für das zu beobachtende Objekt. Dieses Interface muss das Hinzufügen wie das Entfernen von Observern erlauben sowie eine Methode `notify()` fordern, mit der die Observer über eine Statusänderung informiert werden.
3. Implementieren Sie im zu beobachtenden Objekt das `Observable`-Interface.
4. Fügen Sie in den Methoden, die den Zustand des Objekts ändern, den Aufruf der `notify()`-Methode ein.
5. Implementieren Sie konkrete Observer.

Da die Observer und `Observable`-Interfaces aus dem obigen Beispiel sehr allgemein gehalten waren, können Sie diese in allen anderen Anwendungsfällen verwenden und somit die Schritte 1 und 2 überspringen.

Abbildung 5-1 zeigt in einem UML-Diagramm, wie die beteiligten Klassen zueinander in Verbindung stehen und wie das Pattern auf das aktuelle Problem angewandt werden kann.

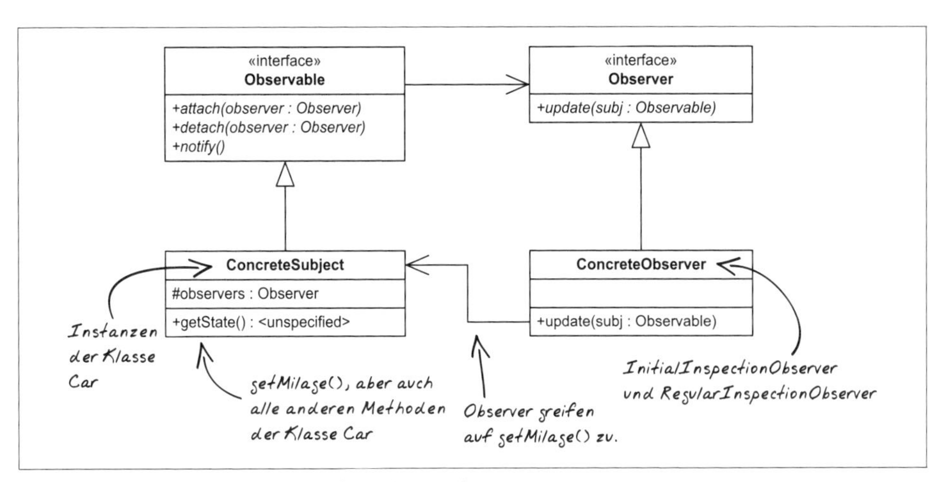

Abbildung 5-1: UML-Diagramm des Subject/Observer-Patterns

Konsequenzen

Das Subject/Observer-Pattern ermöglicht es Ihnen, Funktionalität zur Laufzeit hinzuzufügen. Durch eine lose Kopplung können Sie die Subjekte wiederverwenden, ohne dabei die Observer nutzen zu müssen. Diese lose Kopplung ermöglicht Ihnen auch, Subjekte zu implementieren, die nichts über die Beobachter wissen müssen.

Darin liegt jedoch auch die Gefahr dieses Patterns. Wenn Sie eine Operation auf dem Subjekt ausführen, kann das eine Menge an Aktualisierungen in den einzelnen Observern nach sich ziehen, von denen Sie nichts wissen.

Weitere Anwendungen

Das Subject/Observer-Pattern wird häufig eingesetzt, um die Darstellung von Daten nur dann zu aktualisieren, wenn sich auch die Daten selbst ändern. Dabei werden dann die Objekte, die die Daten speichern, zum Subjekt und die Objekte, die die Darstellung erzeugen, zu Observern.

Das Subject/Observer-Pattern und die SPL

Seit PHP 5.1 bietet Ihnen die Standard PHP Library bereits fertige Interfaces, die Sie bei der Implementierung dieses Patterns unterstützen. Das Interface für die Observer heißt dabei `SplObserver`, um Namenskonflikte mit Ihren eigenen Klassen oder Interfaces zu vermeiden. Die Methodensignatur ist jedoch identisch mit der im Beispiel verwendeten:

```
interface SplObserver {
    function update(SplSubject $subject);
}
```

Statt eines `Observable`-Interface stellt die SPL das `SplSubject`-Interface zur Verfügung, das bis auf den Namen identisch mit dem zuvor verwendeten `Observable`-Interface ist:

```
interface SplSubject {
    function attach(SplObserver $observer);
    function detach(SplObserver $observer);
    function notify();
}
```

Wenn Sie sicher sein können, dass Ihre Applikation nur auf Servern eingesetzt wird, die mit PHP 5.1 und aktivierter Standard PHP Library laufen, können Sie darauf verzichten, eigene Interfaces zu deklarieren.

Bei der Implementierung des Subject/Observer-Patterns gibt es verschiedene Variationen, die jedoch meistens gegenüber der hier vorgestellten Implementierung einige Nachteile bieten. Diese Variationen betreffen sehr häufig die Methodensignatur der `update()`-Methode, da statt des Subjekts nur die veränderten Daten übergeben werden. Eine solche Signatur könnte also zum Beispiel so aussehen:

```
interface Observer {
    public function update($mileage);
}
```

Damit würden Sie sich zwar den Aufruf der `getMilage()`-Methode sparen und müssten weniger über das Subjekt, das beobachtet wird, wissen, jedoch verliert die Architektur dabei an Flexibilität. So sind damit die folgenden Funktionen nicht mehr möglich:

- Sie sind nicht mehr in der Lage, die Entscheidung, ob eine Inspektion nötig ist, von anderen Faktoren als den gefahrenen Kilometern abhängig zu machen.
- Ein Observer kann sich selbst nicht mehr aus der Liste der registrierten Observer entfernen, wie Sie das im Beispiel der `InitialInspectionObserver`-Klasse gesehen haben.

Es ist also immer empfehlenswert, das Subjekt an die `update()`-Methode zu übergeben, um eine maximale Flexibilität zu erhalten. Ein Problem, das dabei jedoch entsteht, ist, dass Sie nicht mehr typsicher programmieren können. Der generische Observer wird nicht nur zum Beobachten eines Autos eingesetzt, sondern dieselbe Schnittstelle wird verwendet, wenn Sie das Konto eines Ihrer Kunden überwachen. In den Beispielen haben Sie das Problem umgangen, indem Sie mit Hilfe des `instanceof`-Operators den Typ des übergebenen Objekts überprüft haben. Es ist aber auch möglich, für verschiedene Anwendungsfälle eigene Schnittstellen zu nutzen, also zum Beispiel:

```
interface VehicleObserver {
    public function update(Vehicle $vehicle);
}
interface CustomerObserver {
    public function update(Customer $customer);
}
```

Sie müssen in Ihren Applikationen beim Einsatz eines Subject/Observer-Patterns abwägen, ob Ihnen Typsicherheit wichtiger ist als die Möglichkeit, einen Observer für verschiedene Subjekte zu nutzen.

Das Template-Method-Pattern

Ein Algorithmus setzt sich meistens aus vielen einzelnen Schritten zusammen, bei denen es für die verschiedenen Schritte auch unterschiedliche Lösungsmöglichkeiten gibt. Diese können einerseits unterschiedliche Performance-Auswirkungen haben, aber es ist auch möglich, dass sie die Arbeitsweise des Algorithmus beeinflussen.

Mit der *Schablonenmethode*, oder auch *Template-Method-Pattern* genannt, haben Sie ein Entwurfsmuster an der Hand, das Ihnen ermöglicht, die Einzelschritte eines Algorithmus austauschbar zu machen und dabei die Abfolge der Schritte fest zu definieren.

Motivation

Mit dem *Subject/Observer-Pattern* haben Sie einen Weg gefunden, flexible Regeln dazu zu implementieren, wann die einzelnen Autos einer Inspektion unterzogen werden müssen. Allerdings hat sich die Inspektion selbst bisher auf die Ausgabe eines Hinweises beschränkt. Dies soll nun als Nächstes geändert werden. Jedes der Fahrzeuge soll wissen, wie eine Inspektion für den entsprechenden Typ durchgeführt werden muss. Dabei unterscheiden sich die Inspektionen bei Limousinen und Cabrios:

- Bei der Inspektion einer Limousine sollen neue Zündkerzen vom Typ AF34 eingesetzt werden, bei einem Cabrio stattdessen Zündkerzen vom Typ BR76.
- Bei beiden Typen soll der Reifendruck überprüft werden, bei einer Limousine müssen die Reifen einen Druck von 2 bar haben, bei den leichteren Cabrios nur 1,6 bar.
- Schließlich soll Öl nachgefüllt werden, allerdings ist die Menge des benötigten Öls unterschiedlich. Bei einer Limousine müssen 200 ml Öl vorhanden sein, ein Cabrio benötigt allerdings nur 80 ml. In beiden Fällen soll so viel Öl nachgefüllt werden, dass schließlich 300 ml vorhanden sind.

Bei einer Inspektion müssen also jeweils Zündkerzen erneuert, der Reifendruck kontrolliert und Öl nachgefüllt werden. Allerdings unterscheidet sich die Art und Weise dieser einzelnen Handlungen bei Limousine und Cabrio.

Für die Zukunft möchten Sie auch bei allen weiteren Fahrzeugtypen sicherstellen, dass alle drei Punkte abgearbeitet werden, da nur so garantiert werden kann, dass die Fahrzeuge verkehrssicher sind. Natürlich möchten Sie aber für die Zukunft offen lassen, wie die drei Schritte durchgeführt werden sollen.

Nachdem sich beinahe alle Design Patterns auf die Objektkomposition gestützt haben, werden Sie zur Lösung dieses Problems auf ein Pattern zurückgreifen, das auf Vererbung basiert: die Schablonenmethode.

Zweck des Patterns

Bevor Sie die Schablonenmethode einsetzen, um die Inspektion der Autos zu implementieren, sehen Sie sich zunächst an, wozu sie verwendet wird:

Das Template-Method-Pattern definiert die Schritte eines Algorithmus in einer Methode und überlässt die Implementierung der einzelnen Schritte den Unterklassen. Diese können somit Teile des Algorithmus modifizieren, ohne dessen Struktur zu verändern.

Für die Implementierung der Inspektion bedeutet dies:

1. Deklarieren Sie eine abstrakte neue Basisklasse `AbstractCar`.

2. Deklarieren Sie die abstrakten Methoden `replaceSparkPlugs()`, `checkTires()` sowie `isOilLevelLow()`, die die einzelnen Schritte der Inspektion repräsentieren.
3. Implementieren Sie die Methode `refillOil()`, die so viel Öl nachfüllt, bis 300 ml erreicht sind.
4. Implementieren Sie eine finale Methode `inspect()`, die die abstrakten Methoden aufruft.
5. Leiten Sie die Klassen `Car` und `Convertible` von dieser Basisklasse ab.
6. Implementieren Sie die abstrakten Methoden in diesen Unterklassen, um die Inspektion durchzuführen.

Implementierung

Nachdem Sie wissen, was zu tun ist, um die Inspektion verschiedener Fahrzeugtypen durchzuführen, geht es nun an die soeben beschriebene Implementierung. Dazu deklarieren Sie eine neue Klasse `AbstractCar` und kopieren alle Eigenschaften und Methoden der Klasse `Car` in diese Klasse, da `AbstractCar` als neue Basisklasse verwendet werden soll.

Außerdem fügen Sie die beschriebenen abstrakten Methoden ein, die während der Inspektion aufgerufen werden sollen. Weiterhin implementieren Sie die Methode `inspect()`, die die abstrakten Methoden der Reihe nach aufruft. Über den Rückgabewert der `isOilLevelLow()`-Methode wird überprüft, ob es überhaupt nötig ist, Öl aufzufüllen. Die Methode `inspect()` wird als `final` deklariert, damit sie nicht einfach in einer abgeleiteten Klasse überschrieben werden kann, wodurch die Inspektion unvollständig sein könnte.

Als Letztes müssen Sie noch eine Eigenschaft `$oilLevel`, die den aktuellen Ölstand angibt, sowie die Methode `refillOil()` hinzufügen, die diesen auf den Wert 300 setzt. Initialisiert wird der Ölstand mit 100 ml.

```
abstract class AbstractCar implements Vehicle, Observable {
    ... Eigenschaften und Methoden der bisherigen Klasse Car ...

    protected $oilLevel = 100;

    final public function inspect() {
        print "Führe Inspektion für {$this->manufacturer} durch:\n";
        $this->replaceSparkPlugs();
        $this->checkTires();
        if ($this->isOilLevelLow()) {
            $this->refillOil();
        } else {
            print "Öl ist noch ausreichend.\n";
        }
    }
```

```
    abstract protected function replaceSparkPlugs();
    abstract protected function checkTires();
    abstract protected function isOilLevelLow();

    protected function refillOil() {
        print "Fülle ". (300 - $this->oilLevel) . "ml Öl nach.\n";
        $this->oilLevel = 300;
    }
}
```

Die Klasse AbstractCar soll die Interfaces Vehicle und Observable implementieren. Dazu ist nichts weiter zu tun, da Sie alle Methoden von der Klasse Car kopiert haben, die diese beiden Interfaces bereits erfüllt hat.

Von dieser Basisklasse leiten Sie nun die Klasse Car ab und implementieren die abstrakten Methoden. Im folgenden Beispiel wird in der Implementierung nur ein Text ausgegeben, um das Beispiel nicht unnötig komplex zu gestalten. In der isOilLevelLow()-Methode überprüfen Sie anhand der Eigenschaft $oilLevel, ob weniger als 200 ml Öl vorhanden sind, und geben in diesem Fall den Wert true zurück. Ist noch genügend Öl vorhanden, signalisieren Sie dies durch die Rückgabe von false.

```
class Car extends AbstractCar {

    protected function replaceSparkPlugs() {
        print "Ersetze Zündkerzen durch Modell AF34.\n";
    }

    protected function checkTires() {
        print "Überprüfe Reifendruck, muss 2,0 bar sein.\n";
    }

    protected function isOilLevelLow() {
        if ($this->oilLevel < 200) {
            return true;
        }
        return false;
    }
}
```

Analog dazu leiten Sie auch die Klasse Convertible von AbstractCar ab und implementieren die drei abstrakten Methoden. Dabei geben Sie in replaceSparkPlugs() und checkTires() andere Werte aus, und in der Methode isOilLevelLow() verwenden Sie einen anderen Ausdruck in der if-Abfrage.

```
class Convertible extends AbstractCar {
    protected function replaceSparkPlugs() {
        print "Ersetze Zündkerzen durch Modell BR76.\n";
    }

    protected function checkTires() {
        print "Überprüfe Reifendruck, muss 1,6 bar sein.\n";
    }
```

```
    protected function isOilLevelLow() {
        if ($this->oilLevel < 80) {
            return true;
        }
        return false;
    }
}
```

Nun können Sie sowohl für Limousinen als auch für Cabrios die Inspektion durchführen, wie das folgende Beispiel zeigt.

```
$bmw = new Car('BMW', 'blau');
$peugeot = new Convertible('Peugeot', 'rot');

$bmw->inspect();
$peugeot->inspect();
```

Wenn Sie dieses Skript ausführen, erhalten Sie die folgende Ausgabe auf dem Bildschirm:

```
Führe Inspektion für BMW durch:
Ersetze Zündkerzen durch Modell AF34.
Überprüfe Reifendruck, muss 2,0 bar sein.
Fülle 200ml Öl nach.

Führe Inspektion für Peugeot durch:
Ersetze Zündkerzen durch Modell BR76.
Überprüfe Reifendruck, muss 1,6 bar sein.
Öl ist noch ausreichend.
```

Bei beiden Autos wurde eine Inspektion durchgeführt, und anhand der Ausgabe können Sie erkennen, dass für die Limousine andere Zündkerzen und ein anderer Reifendruck verwendet wurden als für das Cabrio. Weiterhin musste in der Limousine Öl nachgefüllt werden, während beim Cabrio 100 ml noch ausreichend waren. Sie haben somit also die Anforderungen an die Inspektion komplett erfüllt.

Allerdings müssen Sie die Inspektion noch manuell ausführen, wobei diese eigentlich automatisch auf Basis des Kilometerstands durchgeführt werden soll. Dafür hatten Sie im letzten Beispiel das *Subject/Observer-Pattern* verwendet. Um dieses nun mit der Inspektion zu kombinieren, müssen Sie lediglich die verwendeten Observer anpassen:

```
class InitialInspectionObserver implements Observer {
    ... Eigenschaften und Konstruktor ...
    public function update(Observable $vehicle) {
        if (!$vehicle instanceof Vehicle) {
            return;
        }
        if ($vehicle->getMilage() >= $this->inspectionMilage) {
            $vehicle->inspect();
            $vehicle->detach($this);
        }
    }
}
```

```
class RegularInspectionObserver implements Observer {
    ... Eigenschaften und Konstruktor ...
    public function update(Observable $vehicle) {
        if (!$vehicle instanceof Vehicle) {
            return;
        }
        if ($vehicle->getMilage() >= $this->nextInspection) {
            $vehicle->inspect();
            $this->nextInspection = $this->nextInspection + $this->interval;
        }
    }
}
```

Anstatt eine Meldung auszugeben, dass eine Inspektion fällig ist, verwenden die Observer nun die `inspect()`-Methode der Autos, um die Inspektion durchzuführen. Um sicherzustellen, dass diese Methode auch vorhanden ist, fügen Sie sie noch dem `Vehicle`-Interface hinzu:

```
interface Vehicle {
    public function startEngine();
    public function moveForward($miles);
    public function stopEngine();
    public function getMilage();
    public function getDailyRate($days = 1);
    public function getManufacturer();
    public function getColor();
    public function getMaxSpeed();
    public function inspect();
}
```

Mit Hilfe von zwei Entwurfsmustern haben Sie es jetzt möglich gemacht, dass eine Inspektion automatisch ausgeführt wird, wenn ein bestimmter Kilometerstand erreicht ist, und dass für verschiedene Fahrzeugtypen unterschiedliche Inspektionen durchgeführt werden können, die trotzdem die gleiche Sicherheit gewährleisten.

Definition des Patterns

Das Template-Method-Pattern definiert die Schritte eines Algorithmus in einer Methode und überlässt die Implementierung der einzelnen Schritte den Unterklassen. Diese können somit Teile des Algorithmus modifizieren, ohne dessen Struktur zu verändern.

Um dieses Muster zu implementieren, gehen Sie immer die folgenden Schritte:

1. Implementieren Sie eine Basisklasse und deklarieren Sie dort mindestens eine abstrakte Methode.
2. Implementieren Sie eine Methode für den Algorithmus, die mindestens zwei weitere Methoden der Klasse aufruft. Dabei muss mindestens eine der Methoden eine abstrakte Methode sein.

3. Deklarieren Sie diese Methode als final.
4. Leiten Sie Unterklassen von dieser Klasse ab und implementieren Sie die abstrakten Methoden.

Im Beispiel der Inspektion wurden die abstrakten Methoden auf zwei Arten verwendet:

- Die Methoden `checkTires()` und `replaceSparkPlugs()` führen tatsächlich einen Arbeitsschritt der Inspektion durch.
- Die Methode `isOilLevelLow()` führt keinen Schritt der Inspektion durch, sondern überprüft, ob ein Schritt, der in der Basisklasse implementiert wurde, durchgeführt werden muss.

Bei der Methode `isOilLevelLow()` handelt es sich um einen so genannten *Hook*, mit dem eine Unterklasse entscheiden kann, ob ein Schritt des Algorithmus ausgeführt werden soll. Abbildung 5-2 zeigt, wie das Template-Method-Pattern das aktuelle Problem löst und wie die Klassen miteinander in Verbindung stehen.

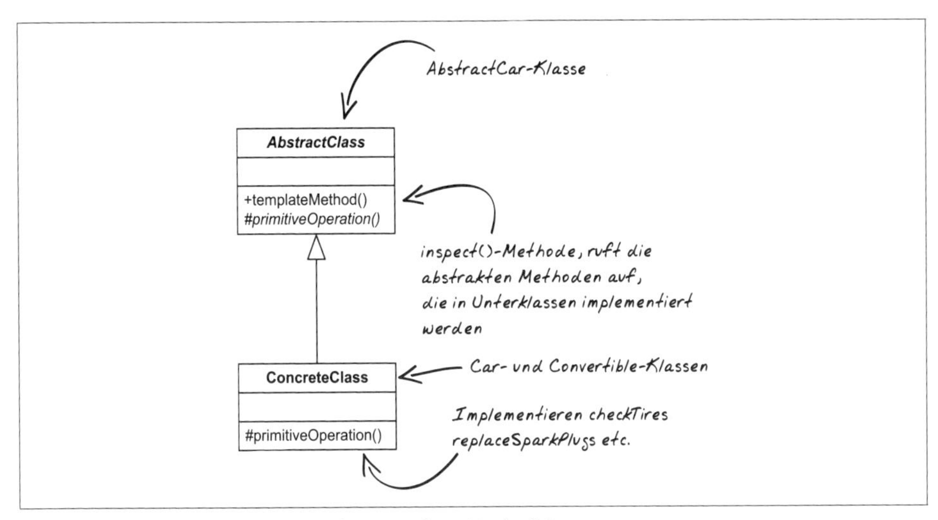

Abbildung 5-2: UML-Diagramm des Template-Method-Patterns

Konsequenzen

Die Schablonenmethode ist eines der einfachsten Patterns und wird sehr häufig eingesetzt. Sie erhöht die Wiederverwendbarkeit von Code, da Unterklassen die Möglichkeit haben, einzelne Operationen eines Algorithmus zu überschreiben.

Schablonenmethoden ermöglichen es, gemeinsamen Code herauszufaktorieren und somit gemeinsames Verhalten nur einmal implementieren zu müssen.

Weitere Anwendungen

Eine weitere Anwendung der Schablonenmethode haben Sie bereits in Kapitel 3 beim Einsatz des *Factory-Method-Patterns* kennen gelernt. Dabei wird in einer Unterklasse der Fabrik entschieden, wie ein Objekt erzeugt werden muss. Tatsächlich wird die Schablonenmethode sehr häufig eingesetzt, wenn eine Fabrikmethode implementiert wird.

Eine abgewandelte Schablonenmethode bringt PHP schon mit. Mit der Funktion `sort()` ermöglicht Ihnen PHP, ein Array mit skalaren Werten nach der Größe zu sortieren. Sehen Sie sich dazu das folgende Beispiel an:

```
$ints = array(4053, 23, 283, 20032);
sort($ints);

foreach($ints as $int) {
    print "{$int}\n";
}
```

PHP verwendet dazu einen Sortieralgorithmus, bei dem zwei nebeneinander liegende Werte miteinander verglichen und, falls der zweite Wert kleiner ist als der erste, vertauscht werden. Dies wird so lange wiederholt, bis sich die Werte in der richtigen Reihenfolge befinden.

Wenn Sie dieses Skript ausführen, erhalten Sie folgende Ausgabe:

```
23
283
4053
20032
```

Stellen Sie sich nun vor, Sie hätte ein Array, das mehrere Instanzen der Klasse `Car` enthält:

```
$cars = array(
            new Car('BMW', 'blau', 500),
            new Car('VW', 'grün', 34255),
            new Car('Porsche', 'rot', 5000),
            new Car('Mercedes', 'grau', 10),
        );
```

Diese Autos sollen nun nach den gefahrenen Kilometern sortiert werden. PHP bietet dabei mit der `sort()`-Funktion bereits einen Algorithmus, der die Einträge in einem Array sortieren kann. Allerdings kennt sich dieser Algorithmus nicht mit den Autos aus und kann diese nicht miteinander vergleichen.

PHP ermöglicht Ihnen nun, die Vergleichsmethode des Sortieralgorithmus neu zu definieren, damit zwei Autos miteinander verglichen werden können. Diese Methode implementieren Sie als statische Methode einer neuen Klasse:

```
class CarSorter {
    public static function sortByMilage(Vehicle $carA, Vehicle $carB) {
        if ($carA->getMilage() === $carB->getMilage()) {
            return 0;
        } elseif ($carA->getMilage() > $carB->getMilage()) {
            return 1;
        } else {
            return -1;
        }
    }
}
```

Der Methode werden zwei Autos übergeben. Wenn beide den gleichen Kilometerstand haben, so muss die Methode den Wert 0 zurückgeben. Ist der Kilometerstand des ersten Autos größer als der des zweiten, müssen Sie den Wert 1 zurückgeben, und wenn der Kilometerstand des zweiten Autos größer ist als der des ersten, so ist der Rückgabewert der Methode –1.

Wenn Sie nun den von PHP mitgelieferten Sortieralgorithmus zusammen mit Ihrer Vergleichsmethode nutzen möchten, verwenden Sie die Funktion `usort()`. Diese akzeptiert neben einem Array, das sortiert werden soll, noch einen *PHP Callback*. Dies kann eine globale Funktion oder auch eine statische Klassenmethode oder Methode eines Objekts sein. Das folgende Beispiel zeigt, wie Sie bei der Verwendung von `usort()` eine statische Vergleichsmethode verwenden:

```
usort($cars, array('CarSorter', 'sortByMilage'));
foreach($cars as $car) {
    print "{$car->getManufacturer()} ({$car->getMilage()}km)\n";
}
```

Führen Sie dieses Skript aus, erhalten Sie die folgende Ausgabe:

```
Mercedes (10km)
BMW (500km)
Porsche (5000km)
VW (34255km)
```

Auch wenn Sie keine Unterklassen gebildet haben, handelt es sich um eine Variante des Template-Method-Patterns. Die PHP-Entwickler sind dabei den PHP-typischen Weg gegangen und stellen die Funktionalität als Funktion zur Verfügung, die bei prozeduraler Programmierung verwendet werden kann.

Das Command-Pattern

Auch wenn Sie es bisher immer geschafft haben, nicht gegen eine konkrete Klasse zu implementieren und diese leicht auszutauschen, so sind Ihre Applikationen in einem Punkt immer noch unflexibel. Die Methodenaufrufe auf den Schnittstellen sind fest in Ihrem Code verankert und können nicht einfach zur Laufzeit der Applikation ausgetauscht werden.

Mit Hilfe des *Command-Patterns*, oder auch *Befehlsmuster* genannt, werden Sie sehen, wie Sie einzelne Methodenaufrufe auch in Klassen mit einer einheitlichen Schnittstelle kapseln können und diese somit austauschbar werden.

Motivation

Wenn mit Autos gefahren wird, werden diese schmutzig. Dies ist zwar keine Regel der objektorientierten Programmierung, die Sie in Ihr Regelbuch aufnehmen müssen, aber eine Regel der realen Welt, die Sie wahrscheinlich schon am eigenen Leib erfahren haben. Und eine weitere Regel besagt, dass ein schmutziges Auto sich nicht so gut vermieten lässt wie ein auf Hochglanz poliertes Auto. Ihre Autovermietung täte also gut daran, die Fahrzeuge des Fuhrparks regelmäßig in die Waschanlage zu schicken.

Moderne Waschanlagen bieten verschiedene Waschprogramme, wie zum Beispiel eine Standardwäsche, bei der das Auto nur einmal gewaschen und wieder getrocknet wird, oder auch eine Komfortwäsche, bei der noch eine Vorwäsche und eine Motorwäsche dazukommen und das Auto nach dem Trocknen mit Heißwachs bearbeitet wird. Diese Waschprogramme bestehen also aus einzelnen »Waschbefehlen«:

- Vorwäsche
- Einfache Wäsche
- Motorwäsche
- Trocknen
- Wachsen
- usw.

Wenn Sie nun eine Software für die Waschstraße implementieren wollen, sollte es möglich sein, diese einzelnen Komponenten beliebig zu einem Waschprogramm zusammenzustellen und somit eine Wiederverwertbarkeit des bestehenden Codes zu garantieren, wenn zum Beispiel eine Super-Komfortwäsche als neues Programm gewünscht wird, bei der zweimal gewaschen und getrocknet werden soll.

Ein erster Ansatz wäre sicher, diese verschiedenen Waschprogramme als einzelne Klassen zu implementieren:

```
interface WashingProgramme {
    public function wash(Vehicle $vehicle);
}
class SimpleWash implements WashingProgramme {
    public function wash(Vehicle $vehicle) {
        // Hier die einzelnen Schritte durchführen.
    }
}
```

```
class ComfortWash implements WashingProgramme {
    public function wash(Vehicle $vehicle) {
        // Hier die einzelnen Schritte durchführen.
    }
}
```

Dabei müssen Sie jedoch in jeder Klasse erneut die einzelnen Waschbefehle implementieren, oder Sie lagern diese in eine gemeinsame Basisklasse aus. Dabei haben Sie jedoch ein Problem: Jedes Mal, wenn die Waschstraße um einen neuen Waschbefehl ergänzt wird, muss der Quellcode der Basisklasse verändert werden. Weiterhin muss auch Quellcode geladen und kompiliert werden, der vom gewählten Waschprogramm nicht verwendet wird. Diese Lösung widerspricht also einigen der in Kapitel 2 aufgestellten Regeln.

Zweck des Patterns

Eine elegante Implementierung der einzelnen Waschprogramme wird durch die Anwendung des *Command-Patterns* ermöglicht. Sehen Sie sich dazu den Zweck des Musters an:

Das Command-Pattern kapselt einen Auftrag als Objekt. Dadurch wird ermöglicht, andere Objekte mit Aufträgen zu parametrisieren, Aufträge in eine Queue zu stellen oder diese rückgängig zu machen.

Dies entspricht genau den Anforderungen Ihrer Waschstraße. Sie möchten mehrere Waschaufträge in eine Warteschleife stellen, die der Reihe nach abgearbeitet werden sollen. Um die Waschstraße mit Hilfe dieses Musters zu implementieren, sind die folgenden Schritte nötig:

1. Implementieren Sie alle »Waschbefehle« als eigenständige Klassen, die eine einheitliche Schnittstelle bieten.
2. Implementieren Sie eine Klasse für die Waschanlage, die mehrere Programme speichern kann. Zu jedem der Programme soll es möglich sein, eine Liste von Waschbefehlen zu definieren, die bei diesem Programm ausgeführt werden müssen.
3. Implementieren Sie eine Methode in der Waschstraßen-Klasse, mit der Sie ein Programm ausführen können.

Implementierung

Die Implementierung dieser Schritte ist nahezu trivial. Beginnen Sie dazu mit der Definition der Schnittstelle einer Komponente eines Waschprogramms. Diese benötigt nur eine Methode, der das zu waschende Auto übergeben wird.

```
interface CarWashCommand {
    public function execute(Vehicle $vehicle);
}
```

Als Methodenname wurde hier execute() gewählt, obwohl ein Name wie wash() sicherlich passender gewesen wäre. Allerdings wird bei der Implementierung des Command-Patterns meist der Methodenname execute() verwendet, da ein Befehl ausgeführt werden soll. Damit wird anderen Entwicklern schnell deutlich, dass es sich bei der Klasse um eine Implementierung des Command-Patterns handelt.

Nachdem die Schnittstelle steht, müssen Sie nun die einzelnen konkreten Befehle implementieren. Beginnen Sie dazu mit einem Befehl für die einfache Wäsche:

```
class CarSimpleWashCommand implements CarWashCommand {
    public function execute(Vehicle $vehicle) {
        printf("Das Auto %s wird gewaschen.\n", $vehicle->getManufacturer());
    }
}
```

Für das Beispiel genügt es, wenn der Befehl nur ausgibt, was mit dem übergebenen Auto gemacht wird. Da der Befehl Zugriff auf öffentliche Eigenschaften und Methoden des Autos hat, könnte er diese auch nach Belieben verändern.

Ist das Auto gewaschen, muss es zumindest noch getrocknet werden können. Dazu implementieren Sie einfach einen weiteren Befehl als neue Klasse, der dasselbe Interface implementiert.

```
class CarDryingCommand implements CarWashCommand {
    public function execute(Vehicle $vehicle) {
        printf("Das Auto %s wird getrocknet.\n", $vehicle->getManufacturer());
    }
}
```

Für die Standardwäsche sind jetzt alle benötigten Klassen vorhanden, allerdings bietet die Waschstraße auch eine Komfortwäsche, deshalb müssen Sie noch die Klassen für die fehlenden Befehle implementieren. Dies sind die Vorwäsche, die Motorwäsche sowie die Heißwachsbehandlung.

Alle Klassen müssen die bestehende Schnittstelle implementieren, und auch hier genügt es, wenn erst einmal nur ausgegeben wird, was mit dem übergebenen Auto gemacht werden soll.

```
class CarPreWashCommand implements CarWashCommand {
    public function execute(Vehicle $vehicle) {
        printf("Das Auto %s wird vorgewaschen.\n", $vehicle->getManufacturer());
    }
}
class CarMotorWashCommand implements CarWashCommand {
    public function execute(Vehicle $vehicle) {
        printf("Das Auto %s bekommt eine Motorwäsche.\n",
               $vehicle->getManufacturer());
    }
}
```

```
class CarWaxingCommand implements CarWashCommand {
    public function execute(Vehicle $vehicle) {
        printf("Das Auto %s wird gewachst.\n", $vehicle->getManufacturer());
    }
}
```

Nachdem Sie die einzelnen Waschbefehle implementiert haben, kümmern Sie sich als Nächstes um die Implementierung der Klasse, die die Waschanlage repräsentiert. Diese benötigt zwei Methoden:

1. Eine Methode, um ein neues Waschprogramm zu registrieren. Dabei sollen der Name des Programms sowie die einzelnen Waschbefehle, die zum Programm gehören, übergeben werden.
2. Eine Methode, mit der ein Auto gewaschen werden kann. Dabei möchten Sie den Namen des Waschprogramms sowie das zu waschende Auto übergeben.

Eine einfache Möglichkeit, die Waschprogramme zu speichern, stellt ein assoziatives Array dar, bei dem der Name des Waschprogramms als Schlüssel verwendet wird. Die Werte des Arrays sind wiederum neue Arrays, die Referenzen auf die Waschbefehl-Objekte enthalten, die bei diesem Waschprogramm ausgeführt werden sollen.

```
class CarWash {
    protected $programmes = array();

    public function addProgramme($name, $commands) {
        $this->programmes[$name] = $commands;
    }
}
```

Sie können dieser Waschstraße also ganz einfach beliebig viele Waschprogramme hinzufügen, indem Sie mehrfach hintereinander die `addProgramme()`-Methode aufrufen. Der folgende Code konfiguriert die Waschstraße mit den zuvor beschriebenen Waschprogrammen:

```
$carWash = new CarWash();
$carWash->addProgramme('standard',
                        array(
                          new CarSimpleWashCommand(),
                          new CarDryingCommand()
                        )
                      );
$carWash->addProgramme('komfort',
                        array(
                          new CarPreWashCommand(),
                          new CarSimpleWashCommand(),
                          new CarMotorWashCommand(),
                          new CarDryingCommand(),
                          new CarWaxingCommand(),
                        )
                      );
```

Nachdem die Waschstraße konfiguriert ist, fehlt nur noch die Methode zum Starten eines Programms. In dieser müssen Sie zunächst überprüfen, ob das gewählte Waschprogramm existiert. Bei einem negativen Ergebnis reagieren Sie mit dem Werfen einer Exception. Existiert das Programm, iterieren Sie über die einzelnen im Array gespeicherten Befehle und führen diese nacheinander durch den Aufruf der execute()-Methode aus.

```
class CarWash {
    ... Eigenschaften und Methoden der Klasse ...
    public function wash($programme, Vehicle $vehicle) {
        if (!isset($this->programmes[$programme])) {
            throw new CarWashException(
                            "Das Waschprogramm {$programme} existiert nicht.");
        }
        print "Waschprogramm {$programme} wird gestartet.\n";
        foreach ($this->programmes[$programme] as $command) {
            $command->execute($vehicle);
        }
    }
}
```

Ihre Waschstraße ist damit fertig implementiert, und Sie können mit Hilfe der zwei definierten Programme Ihre Autos waschen:

```
$trabbi = new Car('Trabant', 'grau');
$bmw    = new Car('BMW', 'blau');

$carWash->wash('standard', $trabbi);
$carWash->wash('komfort', $bmw);
```

Wenn Sie dieses Skript starten, erhalten Sie die folgende Ausgabe:

```
Waschprogramm standard wird gestartet.
Das Auto Trabant wird gewaschen.
Das Auto Trabant wird getrocknet.
Waschprogramm komfort wird gestartet.
Das Auto BMW wird vorgewaschen.
Das Auto BMW wird gewaschen.
Das Auto BMW bekommt eine Motorwäsche.
Das Auto BMW wird getrocknet.
Das Auto BMW wird gewachst.
```

Wenn ein neues Waschprogramm der Waschstraße hinzugefügt werden soll, müssen Sie dazu keine der bestehenden Klassen anpassen. Solange das Programm auf die bestehenden Befehle zurückgreift, genügt ein Aufruf der addProgramme()-Methode, um ein neues Programm zu registrieren. Aber selbst das Hinzufügen neuer Befehle erfordert keine Änderungen des bestehenden Codes.

Definition des Patterns

Das Command-Pattern kapselt einen Auftrag als Objekt. Dadurch wird ermöglicht, andere Objekte mit Aufträgen zu parametrisieren, Aufträge in eine Queue zu stellen oder diese rückgängig zu machen.

Um das Command-Pattern zu implementieren, sind also die folgenden Schritte nötig:

1. Definieren Sie eine Schnittstelle für die einzelnen Befehle.
2. Implementieren Sie die konkreten Befehle, die diese Schnittstelle bereitstellen und die einzelnen Aufträge in einer Klasse kapseln.
3. Schaffen Sie eine Möglichkeit, den Client mit einem oder mehreren dieser Befehle zu parametrisieren.

Mit Client ist im aktuellen Beispiel die Waschanlage gemeint, also das Objekt, das die Befehle verwendet. Dabei müssen die Befehle nicht immer in eine Warteschlange gestellt werden. Bei anderen Anwendungen des Command-Patterns ist es auch denkbar, dass nur ein Befehl übergeben wird, der bei Eintreten einer bestimmten Bedingung ausgeführt wird. Es handelt sich trotzdem um ein Command-Pattern, da der Auftrag in einer Klasse gekapselt wird und somit zur Laufzeit ausgetauscht werden kann. Abbildung 5-3 zeigt Ihnen die im Command-Pattern beteiligten Akteure und wie diese miteinander in Verbindung stehen.

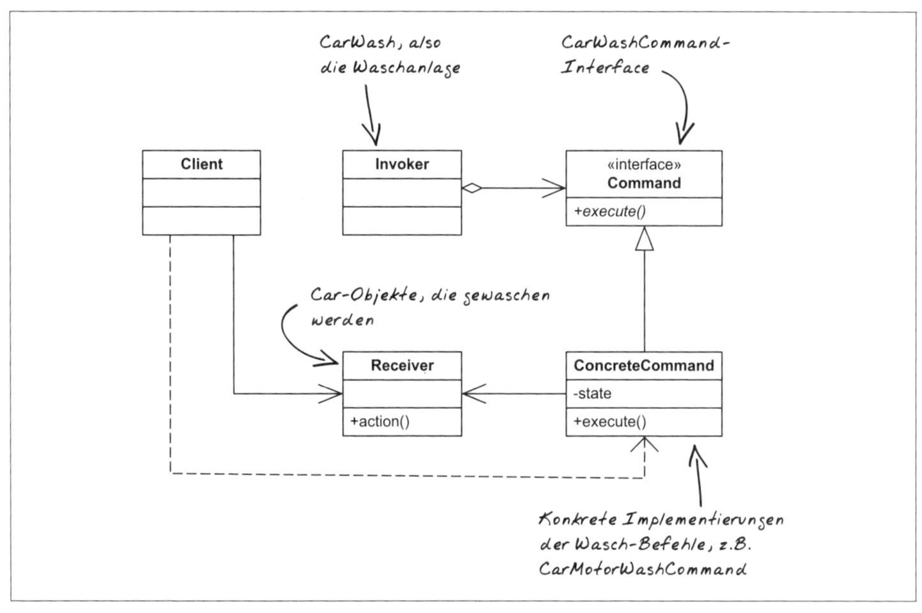

Abbildung 5-3: UML-Diagramm des Command-Patterns

Konsequenzen

Der Einsatz des Command-Patterns bringt Ihnen verschiedene Vorteile. Zum einen muss das Objekt, das die Anfrage auslöst, nicht wissen, wie die Anfrage ausgeführt wird, dafür ist ein anderes Objekt zuständig. Da die einzelnen Befehle eigene Objekte sind, bieten Ihnen diese alle Vorteile, die Sie von anderen Objekten gewohnt sind. Sie können sie also erweitern oder durch Werte von außen parametrisieren.

Zum anderen lässt sich das Command-Pattern mit dem *Composite-Pattern* verbinden, Sie können mehrere Befehle zu einem zusammenfügen und damit *Makro-Befehle* oder *Batch-Abläufe* implementieren.

Vorteilhaft ist auch, dass das Hinzufügen neuer Befehle sehr einfach ist, da dazu kein bestehender Quellcode modifiziert werden muss.

Weitere Anwendungen

Ein Vorteil des Command-Patterns ist, dass es Ihnen ermöglicht, eine Funktion zu implementieren, die die ausgeführten Aufträge rückgängig macht. Aus diesem Grund wird das Command-Pattern sehr häufig bei Installationsskripten eingesetzt.

Diese sind oft nur eine Aneinanderreihung verschiedener Dateioperationen, die dann rückgängig gemacht werden sollen, wenn das Programm wieder deinstalliert werden soll. Auf den folgenden Seiten werden Sie die nötigen Klassen für einen solchen Installer mit Hilfe des Command-Patterns implementieren.

Dazu definieren Sie zunächst das Interface für eine Dateioperation; natürlich muss dieses über eine `execute()`-Methode verfügen. Da aber gewünscht ist, jede Operation rückgängig machen zu können, fügen Sie noch eine `undo()`-Methode hinzu.

```
interface FileOperationCommand {
    public function execute();
    public function undo();
}
```

Eine Operation, die häufig beim Installieren von Anwendungen benötigt wird, ist das Kopieren von Dateien – implementieren Sie dazu also eine neue Klasse `CopyFile`. Diese bekommt im Konstruktor den Dateinamen der Datei, die kopiert werden soll, sowie den Zielnamen übergeben und speichert diese in den Objekteigenschaften.

```
class CopyFile implements FileOperationCommand {
    protected $src;
    protected $target;

    public function __construct($src, $target) {
        $this->src = $src;
```

```
        $this->target = $target;
    }

    public function execute() {
        copy($this->src, $this->target);
    }

    public function undo() {
        unlink($this->target);
    }
}
```

In der execute()-Methode verwenden Sie die PHP-Funktion copy(), um die Datei zu kopieren, auf Fehlerüberprüfung wurde verzichtet, um den Quellcode nicht unnötig komplex zu machen. Wollen Sie diese Klassen in einem Installer verwenden, den Sie in Produktionsumgebungen einsetzen, sollten Sie natürlich überprüfen, ob PHP die Berechtigungen hat, um die Datei zu kopieren. Da das Kopieren der Datei auch rückgängig gemacht werden können muss, wird ebenfalls die undo()-Methode implementiert. Das Kopieren einer Datei macht man rückgängig, indem man die erstellte Kopie einfach löscht.

Das Command-Pattern im Einsatz

Wenn Sie das Command-Pattern im Einsatz sehen möchten, dann ist das Build-Tool *Phing* (*www.phing.info*) ein gutes Beispiel dafür. Dieses Tool, das eine Portierung des Java-Tools *ant* darstellt, erlaubt Ihnen, Installationsskripten in einem XML-Format zu schreiben. Dabei können Sie XML-Tags verwenden, um Dateien zu kopieren, zu löschen oder auch Archive zu entpacken. Phing erstellt aus jedem dieser XML-Tags ein PHP-Objekt, das eine Command-Schnittstelle implementiert.

Phing erlaubt Ihnen, sehr einfach neue Befehle zu implementieren und somit die Build-Skripten um die von Ihnen benötigte Funktionalität zu erweitern.

Analog zu dieser Klasse implementieren Sie als Nächstes die RenameFile-Klasse, die als Befehl zum Umbenennen verwendet wird. Auch hierbei werden der Ursprungs- und der Zielname der Datei dem Konstruktor übergeben. Die execute()- und die undo()-Methode verwenden beide die PHP-Funktion rename(), um die Datei umzubenennen.

```
class RenameFile implements FileOperationCommand {
    protected $src;
    protected $target;

    public function __construct($src, $target) {
        $this->src = $src;
        $this->target = $target;
    }
```

```
    public function execute() {
        rename($this->src, $this->target);
    }

    public function undo() {
        rename($this->target, $this->src);
    }
}
```

Weitere Befehle, wie das Verschieben von Dateien oder das Erstellen von Ordnern, werden nach dem gleichen Schema implementiert. Wenn Sie einen Befehl zum Löschen einer Datei bereitstellen, sollten Sie nur darauf achten, dass Sie die Datei nicht wirklich löschen, sondern stattdessen in eine Art »Papierkorb« verschieben, aus dem die undo()-Methode die gelöschte Datei wieder herausholen kann.

Um nun mehrere Befehle auf einmal auszuführen, schreiben Sie eine neue Klasse Batch, die diese Befehle in einem Array speichern kann. Auch diese Klasse stellt die Methoden execute() und undo() bereit. Allerdings führt die Klasse selbst keine Dateioperationen durch, sondern iteriert nur über die einzelnen Befehle, die zuvor mit der add()-Methode hinzugefügt wurden, und führt die entsprechende execute()- oder undo()-Methode eines jeden Befehls aus.

Beachten Sie dabei, dass die Iteration in der undo()-Methode rückwärts abläuft, um die Dateioperationen in der entgegengesetzten Reihenfolge rückgängig zu machen, in der sie zuvor ausgeführt wurden.

```
class Batch implements FileOperation {
    protected $commands = array();

    public function add(FileOperationCommand $command) {
        $this->commands[] = $command;
    }

    public function execute() {
        for ($i = 0; $i < count($this->commands); $i++) {
            $this->commands[$i]->execute();
        }
    }

    public function undo() {
        for ($i = count($this->commands)-1; $i >=0 ; $i--) {
            $this->commands[$i]->undo();
        }
    }
}
```

Haben Sie es bemerkt? Um mehrere Befehle auf einmal auszuführen, wird das *Composite-Pattern* eingesetzt, bei dem sich das Aggregat aus beliebig vielen Befehlen genau so verhält wie ein einzelner Befehl.

Nun haben Sie alle Klassen, die Sie benötigen, um ein erstes Beispiel eines Installers zu implementieren. Dabei soll eine Kopie der Datei *TestFile.txt* erzeugt und diese nachträglich noch einmal umbenannt werden.

```
$batch = new Batch();
$batch->add(new CopyFile('TestFile.txt', 'CopiedFile.txt'));
$batch->add(new RenameFile('CopiedFile.txt', 'NewName.txt'));

$batch->execute();
if (file_exists('NewName.txt')) {
    print "Die Datei NewName.txt existiert.\n";
}
```

Nachdem Sie eine neue `Batch`-Instanz erzeugt haben, fügen Sie zwei Befehle hinzu und führen diese danach aus. Dieses Skript gibt den folgenden Text aus:

```
Die Datei NewName.txt existiert.
```

Da Ihre Command-Implementierung eine »Undo«-Funktion bietet, können Sie die Dateioperationen problemlos rückgängig machen, indem Sie auf dem `Batch`-Objekt die `undo()`-Methode aufrufen:

```
$batch->undo();
if (!file_exists('NewName.txt')) {
    print "Die Datei NewName.txt existiert nicht mehr.\n";
}
```

Dabei wird die Datei *NewName.txt* zuerst wieder in *CopiedFile.txt* umbenannt und danach gelöscht. Sie erhalten als Ausgabe also:

```
Die Datei NewName.txt existiert nicht mehr.
```

Mit Hilfe des Command-Patterns können Sie also sehr einfach eine »Undo«-Funktion in Ihre Applikationen einbauen. Es ist dabei nicht relevant, wie viele Aktionen rückgängig gemacht werden sollen, solange jeder einzelne Befehl nur die von ihm getätigten Änderungen rückgängig machen kann.

Das Visitor-Pattern

In manchen Situationen kann es vorkommen, dass Sie zu einem *Kompositum* von Objekten neue Operationen hinzufügen möchten, aber die Objekte selbst nicht verändern können oder wollen.

Die hinzugefügten Operationen betreffen jeden Knoten des Objektbaums und sollten demnach in einer einzelnen Einheit zusammengefasst werden, um das Verhalten dann zentral dem ganzen Baum hinzufügen zu können, ohne dass dabei der Baum selbst verändert werden muss.

Mit Hilfe des *Visitor-Patterns*, auch *Besucher-Muster* genannt, wird Ihnen dies ermöglicht. Seien Sie allerdings darauf vorbereitet, dass der Visitor Sie zwingen wird, Ihre strenge Kapselung ein wenig aufzubrechen.

Motivation

In Kapitel 2 haben Sie die Möglichkeit geschaffen, über die Klasse RentalCompany einen Mietvorgang zu starten und zu beenden. Mit Hilfe eines *Facade-Patterns* haben Sie in Kapitel 4 das Erwerben von neuen Autos vereinfacht, indem diese direkt danach auch dem Fuhrpark hinzugefügt wurden.

Ein Skript, das beide Funktionen der Autovermietung nutzt, könnte also zum Beispiel so aussehen:

```
$company = new RentalCompany(new DebuggerEcho());
$bmwManufacturer = new CarManufacturer('BMW');
$peugeotManufacturer = new ConvertibleManufacturer('Peugeot');

$facade = new PurchasingFacade($company);
$facade->addManufacturer('bmw', $bmwManufacturer);
$facade->addManufacturer('peugeot', $peugeotManufacturer);

$bmw     = $facade->purchase('bmw', 'blau');
$peugeot = $facade->purchase('peugeot', 'rot');

$schst = new Customer('schst', 'Stephan Schmidt');
$gerd = new Customer('gerd', 'Gerd Schaufelberger');

$company->rentVehicle($bmw, $schst);
sleep(3);
$company->returnVehicle($bmw);
sleep(2);
$company->rentVehicle($peugeot, $schst);
sleep(1);
$company->rentVehicle($bmw, $gerd);
sleep(4);
$company->returnVehicle($bmw);
$company->returnVehicle($peugeot);
```

Als Erstes werden die benötigten Autohersteller und die Autovermietung selbst erzeugt, danach zu einer Fassade zusammengefügt, und anschließend werden zwei neue Autos erworben. Die Fassade liefert eine Referenz auf die neuen Autos zurück.

Danach werden zwei neue Customer-Objekte instanziiert – schließlich braucht die Autovermietung auch Kunden – dann werden drei Ausleihvorgänge gestartet und zwei davon auch wieder beendet. Die Aufrufe der sleep()-Funktion im Beispiel dienen nur der Verdeutlichung, dass zwischen dem Mieten und dem Zurückbringen eines Autos Zeit vergeht. In der Realität wären dies sicher mehr als wenige Sekunden, für ein Beispiel reichen diese Sekunden allerdings aus.

Für den Jahresabschluss ist es nun gewünscht, dass alle Informationen, die zu den einzelnen Ausleihvorgängen verfügbar sind, in einer XML-Datei ausgegeben werden. Die folgenden Informationen sollen für jeden Vorgang im XML-Dokument vorhanden sein:

- Wann wurde ein Mietvorgang gestartet?
- Wann wurde er beendet?
- Welcher Fahrzeugtyp wurde ausgeliehen? Welche Farbe hatte der Wagen?
- Von welchem Kunden wurde das Auto gemietet?

Im ersten Schritt ist nur der Export dieser Daten in ein XML-Format gewünscht, allerdings schwebt schon die Anforderung im Raum, dass diese Informationen später auch über andere Schnittstellen abrufbar sein sollten.

Die benötigten Informationen sind alle innerhalb von `RentalAction`-Instanzen gespeichert, auf die Sie von außerhalb der Klasse `RentalCompany` leider nicht zugreifen können. Sie müssten den XML-Export also als neue Methode der `RentalCompany`-Klasse hinzufügen. Dagegen sprechen allerdings drei Argumente:

1. Die Methode wird nur einmal im Jahr gebraucht, um einen Jahresabschluss zu errechnen.
2. Es steht bereits im Raum, dass noch weitere Zugriffsmethoden für dieselben Daten implementiert werden. Das würde bedeuten, dass jedes Mal eine neue Methode hinzugefügt werden muss.
3. Komplizierter wird das Unterfangen, wenn auf weitere Daten zugegriffen werden soll, die nicht von außen verfügbar sind.

Wenn schon Änderungen an den bestehenden Klassen vorgenommen werden müssen, so möchten Sie wenigstens, dass diese Änderungen einen flexiblen Zugriff auf die Daten erlauben. Dies wird Ihnen durch die Anwendung des *Visitor-Patterns* ermöglicht.

Zweck des Patterns

Um zu verstehen, wie der XML-Export mit Hilfe des Visitor-Patterns implementiert werden soll, müssen Sie zunächst den Zweck des Visitors kennen:

Das Visitor-Muster ermöglicht es Ihnen, neue Operationen einer Objektstruktur hinzuzufügen, ohne die Klassen der Elemente zu verändern. Dazu kapselt es die auszuführende Operation in einer neuen Klasse.

Auf den ersten Blick mag dies etwas verwirrend erscheinen, für die neue Anforderung, die Daten der Mietvorgänge in XML zu exportieren, bedeutet es:

1. Die Operation, die allen Elementen der Objektstruktur hinzugefügt werden soll, ist der Export der Daten in ein XML-Dokument.
2. Es muss eine Klasse implementiert werden, die jedes der verwendeten Objekte in XML exportieren kann.

3. Dieses Visitor-Objekt, oder auch Besucher genannt, muss von den Elementen des Baums durch die Struktur des Baums geleitet werden, da nur die Elemente selbst Zugriff auf ihre Unterknoten haben.
4. Jedes Element der Struktur muss also diesen Besucher aufnehmen können.

Implementierung

Das Visitor-Pattern erfordert daher eine Änderung an allen Klassen, die an der Objektstruktur beteiligt sind. Im Fall der Autovermietung sind dies:

- `RentalCompany`
- `RentalAction`
- `Car`- bzw. `Vehicle`-Interface
- `Customer`

Abbildung 5-4 zeigt Ihnen, wie diese Objekte verwendet werden, um einen Objektbaum zu erzeugen.

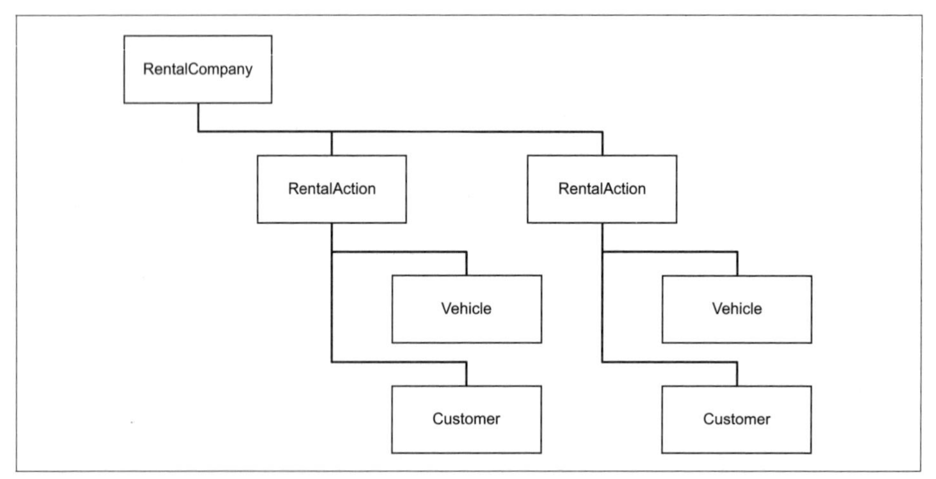

Abbildung 5-4: Aufbau der Baumstruktur

Ihre neue Klasse, die Funktionalität hinzufügen soll, muss also wissen, wie sie diese vier verschiedenen Elementtypen des Baums verarbeiten muss. Da schon geplant ist, dass nicht nur ein Exportformat verwendet werden soll, beginnen Sie mit der Definition einer neuen Schnittstelle, bevor Sie den XML-Export implementieren.

Da die neue Schnittstelle den Objektbaum nur besuchen soll, nennen Sie diese `Visitor` und fügen ihr pro Elementtyp eine `visit*()`-Methode hinzu, die immer den entsprechenden Typ übergeben bekommt, den sie besuchen soll:

```
interface Visitor {
    public function visitRentalCompany(RentalCompany $company);
    public function visitRentalAction(RentalAction $action);
    public function visitVehicle(Vehicle $vehicle);
    public function visitCustomer(Customer $customer);
}
```

Da dieser Besucher die einzelnen Objekte allerdings nicht nur von außen, sondern auch von innen besuchen soll, müssen die besuchten Klassen eine Methode implementieren, die den Visitor aufnimmt. Diese Methode nennen Sie `accept()`.

Die Implementierung dieser Methode beginnen Sie an der Wurzel des Baums in der Klasse `RentalCompany`. Wenn diese einen Besucher annimmt, soll er zuerst die Autovermietung selbst besuchen. Dazu rufen Sie einfach die Methode `visitRentalCompany()` des Besuchers auf und übergeben dieser Methode die Autovermietung. Danach iterieren Sie über alle `RentalAction`-Instanzen, also alle Mietvorgänge, und übergeben an jedes dieser Objekte den Besucher, damit dieser auch Daten der Mietvorgänge verarbeiten kann.

```
class RentalCompany {
    ... Eigenschaften und Methoden ...
    public function accept(Visitor $visitor) {
        $visitor->visitRentalCompany($this);
        foreach ($this->rentalActions as $action) {
            $action->accept($visitor);
        }
    }
}
```

Dies bedeutet also, dass in der Klasse `RentalAction` ebenfalls eine Methode mit dem Namen `accept()` implementiert werden muss, die den Visitor entgegennimmt. Auch hier weisen Sie den Besucher zunächst an, das Objekt selbst zu besuchen. Danach geben Sie den Visitor an die Objekte für das vermietete Auto und den Kunden weiter.

```
class RentalAction {
    ... Eigenschaften und Methoden ...
    public function accept(Visitor $visitor) {
        $visitor->visitRentalAction($this);
        $this->vehicle->accept($visitor);
        $this->customer->accept($visitor);
    }
}
```

Da es sich bei dem Objekt, das in der Eigenschaft `$vehicle` gespeichert wird, um ein Objekt handelt, das das `Vehicle`-Interface implementiert, müssen Sie dieses erweitern, indem Sie die Methode `accept()` hinzufügen.

```
interface Vehicle {
    ... bisherige Methoden ...
    public function accept(Visitor $visitor);
}
```

Dies bedeutet natürlich auch, dass die Klassen, die das Interface implementieren, die neue Methode benötigen. In diesem Fall betrifft das nur die Klasse `Car`, hierbei rufen Sie lediglich die Methode `visitVehicle()` des Visitors auf und übergeben das Objekt.

```
class Car implements Vehicle {
    ... Eigenschaften und Methoden ...
    public function accept(Visitor $visitor) {
        $visitor->visitVehicle($this);
    }
}
```

Als Letztes bleibt nur noch, die `accept()`-Methode auch in der Klasse `Customer` zu implementieren. Die Implementierung folgt der, die Sie bereits in den anderen Klassen verwendet haben. Es wird dabei lediglich die entsprechende Methode des Besuchers aufgerufen und das Objekt selbst übergeben.

```
class Customer {
    ... Eigenschaften und Methoden ...
    public function accept(Visitor $visitor) {
        $visitor->visitCustomer($this);
    }
}
```

Durch Implementieren dieser Methoden haben Sie nun erreicht, dass ein Besucher-Objekt den Baum traversieren kann, ohne dass es wissen muss, wie der Baum aufgebaut ist. Alles was der Besucher weiß, ist, wie er die einzelnen Knoten verarbeiten muss, die Navigation durch den Baum wird dabei von den Knoten übernommen. Diese geben den Visitor einfach an ihre Kindelemente weiter.

Ein Visitor besucht in diesem Beispiel also zunächst die Autovermietung und wird von dort der Reihe nach an jeden Mietvorgang weitergereicht. Innerhalb eines jeden Mietvorgangs besucht der Visitor außerdem das vermietete Auto sowie den Kunden, der das Auto gemietet hat.

Als Nächstes müssen Sie einen konkreten Visitor implementieren, der den Baum besucht. Bevor Sie sich da an den XML-Export wagen, beginnen Sie mit einer einfachen Implementierung, die die gewünschten Informationen einfach nur ausgibt.

Dazu müssen Sie lediglich das `Visitor`-Interface implementieren und in den entsprechenden Methoden die Getter verwenden, um die Daten der besuchten Objekte abzufragen und auszugeben:

```
class DebugVisitor implements Visitor {

    public function visitRentalCompany(RentalCompany $company) {
        print "Autovermietung\n";
    }

    public function visitRentalAction(RentalAction $action) {
```

```
            print "  + Mietvorgang von {$action->getRentDate()}";
            if ($action->isReturned()) {
                print " bis {$action->getReturnDate()}\n";
            } else {
                print " (nicht beendet)\n";
            }
        }

        public function visitVehicle(Vehicle $vehicle) {
            print "    + Auto: {$vehicle->getManufacturer()}";
            print " in " . ucfirst($vehicle->getColor()) . "\n";
        }

        public function visitCustomer(Customer $customer) {
            print "    + Kunde: {$customer->getName()}\n";
        }
    }
```

Um eine schönere Darstellung der Daten zu erreichen, rücken Sie die Informationen, die zu einem Mietvorgang gehören, entsprechend ein.

Wollen Sie den Visitor nun verwenden, übergeben Sie einfach eine Instanz an die accept()-Methode der Autovermietung:

```
$visitor = new DebugVisitor();
$company->accept($visitor);
```

Der Visitor geht jetzt seinen vorbestimmten Weg durch die Datenstruktur und besucht dabei jeden Knoten. Dort wird jeweils die entsprechende Methode aufgerufen, die die Daten aus dem aktuellen Knoten extrahiert und ausgibt.

Wenn Sie das Skript starten, erhalten Sie also die folgende Ausgabe:

```
Autovermietung
  + Mietvorgang von 2006-04-09 14:01:10 bis 2006-04-09 14:01:13
    + Auto: BMW in Blau
    + Kunde: Stephan Schmidt
  + Mietvorgang von 2006-04-09 14:01:15 (nicht beendet)
    + Auto: Peugeot in Rot
    + Kunde: Stephan Schmidt
  + Mietvorgang von 2006-04-09 14:01:16 bis 2006-04-09 14:01:20
    + Auto: BMW in Blau
    + Kunde: Gerd Schaufelberger
```

Wie gewünscht, werden also alle drei Mietvorgänge besucht und bei jedem Mietvorgang die entsprechenden Daten ausgegeben.

Auf die gleiche Art und Weise können Sie nun einen Visitor schreiben, der die PHP 5 DOM-Erweiterung nutzt, um ein XML-Dokument mit den gewünschten Daten zu erzeugen. Falls Sie noch nicht mit dieser Erweiterung gearbeitet haben, finden Sie weitere Informationen zur Nutzung ihrer Funktionen im *PHP 5 Kochbuch* aus dem O'Reilly Verlag.

```
class XMLExportVisitor implements Visitor {

    protected $doc;
    protected $root;
    protected $currentAction = null;

    public function __construct() {
        $this->doc = new DOMDocument('1.0', 'iso-8859-1');
        $this->doc->formatOutput = true;
    }

    public function visitRentalCompany(RentalCompany $company) {
        $this->root = $this->doc->createElement('rentalCompany');
        $this->doc->appendChild($this->root);
    }

    public function visitRentalAction(RentalAction $action) {
        $this->currentAction = $this->doc->createElement('rentalAction');
        $this->root->appendChild($this->currentAction);
        $this->currentAction->setAttribute('rentDate', $action->getRentDate());
        if ($action->isReturned()) {
            $this->currentAction->setAttribute('returnDate',
                                                    $action->getReturnDate());
        }
    }

    public function visitVehicle(Vehicle $vehicle) {
        $tag = $this->doc->createElement('vehicle');
        $tag->setAttribute('manufacturer', $vehicle->getManufacturer());
        $tag->setAttribute('color', $vehicle->getColor());
        $this->currentAction->appendChild($tag);
    }

    public function visitCustomer(Customer $customer) {
        $tag = $this->doc->createElement('customer');
        $tag->setAttribute('id', $customer->getId());
        $tag->setAttribute('name', $customer->getName());
        $this->currentAction->appendChild($tag);
    }

    public function asXML() {
        return $this->doc->saveXML();
    }
}
```

Im Gegensatz zum `DebugVisitor` werden hierbei die Informationen an jedem Knoten nur extrahiert und einem `DOMDocument`-Objekt hinzugefügt, anstatt direkt ausgegeben zu werden. Dieses Objekt wurde zuvor im Konstruktor erzeugt und in einer Objekteigenschaft gespeichert. Zusätzlich werden noch weitere Eigenschaften verwendet, um sich den aktuellen Knoten im XML-Dokument zu merken, damit dort weitere XML-Elemente angehängt werden können.

Schließlich wurde der Visitor noch um die Methode asXML() ergänzt, die aus dem DOMDocument-Objekt einen XML-String erzeugt und diesen zurückgibt. Nachdem der Visitor den ganzen Baum besucht hat, können Sie diese Methode verwenden, um das XML-Dokument zu erhalten, das alle gewünschten Informationen enthält:

```
$visitor = new XMLExportVisitor();
$company->accept($visitor);

print $visitor->asXML();
```

Wenn Sie das Skript nun mit diesem Visitor ausführen, sehen Sie die folgende Ausgabe auf Ihrem Bildschirm:

```
<?xml version="1.0" encoding="iso-8859-1"?>
<rentalCompany>
  <rentalAction rentDate="2006-04-09 13:53:57" returnDate="2006-04-09 13:54:00">
    <vehicle manufacturer="BMW" color="blau"/>
    <customer id="schst" name="Stephan Schmidt"/>
  </rentalAction>
  <rentalAction rentDate="2006-04-09 13:54:02">
    <vehicle manufacturer="Peugeot" color="rot"/>
    <customer id="schst" name="Stephan Schmidt"/>
  </rentalAction>
  <rentalAction rentDate="2006-04-09 13:54:03" returnDate="2006-04-09 13:54:07">
    <vehicle manufacturer="BMW" color="blau"/>
    <customer id="gerd" name="Gerd Schaufelberger"/>
  </rentalAction>
</rentalCompany>
```

Das erzeugte XML-Dokument enthält also alle Daten, die in der neuen Anforderung spezifiziert wurden. Um dieses Dokument zu erzeugen, mussten Sie zwar die beteiligten Klassen verändern, jedoch enthalten diese keinen Code, der XML erzeugt, sondern nur Logik, um einen Besucher durch alle Knoten des Baums zu leiten. Sie können nun also problemlos andere Besucher schreiben, die die Daten auf eine andere Art und Weise verarbeiten.

Definition des Patterns

Das Visitor-Muster ermöglicht es Ihnen, neue Operationen einer Objektstruktur hinzuzufügen, ohne die Klassen der Elemente zu verändern. Dazu kapselt es die auszuführende Operation in einer neuen Klasse.

Um den Visitor auch in anderen Situationen einsetzen zu können, sind die folgenden Schritte nötig:

1. Analysieren Sie, welche unterschiedlichen Elemente in der Objektstruktur vorkommen, die Sie um eine weitere Operation erweitern möchten.
2. Definieren Sie eine Schnittstelle für die Besucher-Objekte, in der Sie eine Besuchsmethode für jeden Elementtyp deklarieren.

3. Fügen Sie jeder Klasse, die in Ihrer Objektstruktur verwendet wird, eine Methode accept() hinzu, die ein Objekt annimmt, das die Visitor-Schnittstelle implementiert. In dieser Methode rufen Sie die entsprechende Besuchsmethode des Visitors auf und übergeben das aktuelle Objekt.
4. Danach iterieren Sie über alle Kindknoten des Objekts und geben den Besucher an deren accept()-Methoden weiter.

Abbildung 5-5 zeigt Ihnen ein UML-Diagramm des Visitor-Patterns und demonstriert, wie dies angewandt wurde.

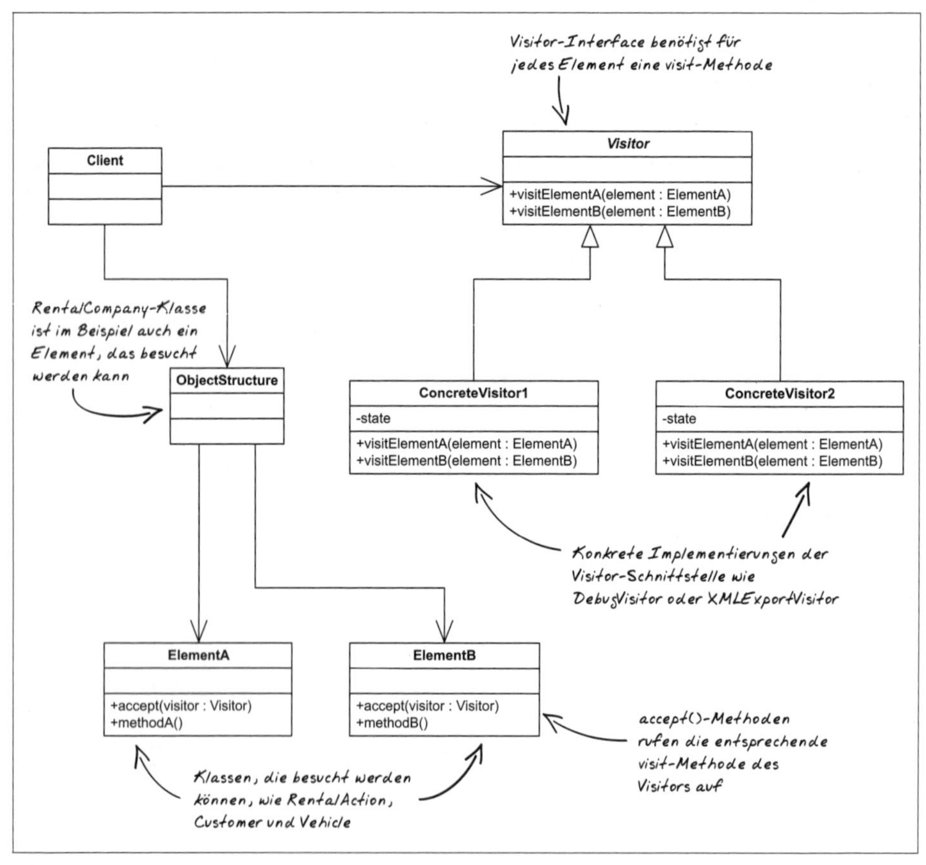

Abbildung 5-5: UML-Diagramm des Visitor-Patterns

Konsequenzen

Das Visitor-Pattern erleichtert das Hinzufügen neuer Operationen und kapselt diese in einer neuen Klasse. Es verhindert, dass zusammengehörige Operationen über die Elemente einer Datenstruktur verteilt werden.

Der Visitor ermöglicht Ihnen den Zugriff auf Daten, die Ihnen ansonsten verborgen bleiben würden. Dies hat jedoch auch seinen Preis, da Sie dafür die Kapselung Ihrer Daten aufbrechen müssen. Sie sind gezwungen, alle Informationen, die ein Visitor benötigt, über öffentliche Methoden zur Verfügung zu stellen. Vor Einsatz eines Visitors müssen Sie also abwägen, ob Ihnen die Kapselung der Daten oder die zusätzliche Funktionalität wichtiger ist.

Weiterhin erschwert die Anwendung dieses Patterns das Hinzufügen neuer Elemente zur Datenstruktur, da dazu die Schnittstelle des Visitors angepasst und auch in jedes Element die `accept()`-Methode eingefügt werden müsste.

Weitere Anwendungen

Das Visitor-Pattern wird sehr häufig eingesetzt, wenn komplexe Objektstrukturen serialisiert werden sollen. Dies kann wie im obigen Beispiel der Fall sein, wenn Daten für andere Anwendungen exportiert werden, es können aber auch ganz andere Arten der Serialisierung sein. So ist es zum Beispiel denkbar, 3-D-Modelle als Objektbäume aufzubauen und die Darstellung mit Hilfe eines Visitors zu erzeugen.

Besucher werden aber auch verwendet, um diese Objektstrukturen zu analysieren und beispielsweise zu vereinfachen. So könnte zum Beispiel ein Visitor ein DOM-Dokument traversieren und dabei zwei angrenzende Textknoten zu einem Knoten zusammenfügen.

Das Iterator-Pattern

An verschiedenen Stellen Ihrer Applikation werden Sie mit Listen konfrontiert werden, die Sie verarbeiten müssen. Dies können entweder einfache PHP-Arrays, Objekte, die eine *Collection* repräsentieren, oder auch Datenbank-Resultsets sein. Mit dem *Iterator-Pattern* wird Ihnen ein Muster an die Seite gestellt, mit dessen Hilfe Sie alle diese Listen auf die gleiche Art und Weise verarbeiten können, ohne dabei wissen zu müssen, wie die Liste intern die einzelnen Elemente speichert.

Motivation

Der Fuhrpark Ihrer Autovermietung besteht aus einer unbestimmten Anzahl von Autos. Zu Beginn Ihrer Applikation könnten diese zum Beispiel in einem einfachen PHP-Array gespeichert werden:

```
$cars = array(
          new Car('Mercedes', 'silber', 1000),
          new Car('BMW', 'blau', 0),
          new Car('VW', 'rot', 60000)
        );
```

Wollen Sie nun eine Liste aller Autos im Fuhrpark ausgeben, können Sie dazu einfach eine for-Schleife verwenden. Mit der PHP-Funktion count() können Sie dabei feststellen, wie viele Autos der Fuhrpark enthält, und somit sehr einfach alle Autos durchlaufen und zum Beispiel den Hersteller ausgeben.

```
for ($i = 0; $i < count($cars); $i++) {
    $car = $cars[$i];
    print "{$i} => {$car->getManufacturer()}\n";
}
```

Mit wachsender Anzahl Autos im Fuhrpark werden Sie nicht mehr alle Autos parallel im Speicher halten wollen. Stattdessen speichern Sie die Eigenschaft in einer beliebigen Datenquelle wie zum Beispiel einer Datenbank, einem XML-Dokument oder auch einer einfachen CSV-Datei. Eine solche CSV-Datei könnte zum Beispiel den folgenden Aufbau haben:

```
Mercedes;silber;1000
BMW;blau;0
VW;rot;60000
Mercedes;grün;0
Mercedes;rot;23000
```

Die erste Spalte beinhaltet dabei den Hersteller, die zweite Spalte die Wagenfarbe und die dritte den aktuellen Kilometerstand. Auf Basis dieser Informationen können Sie jederzeit eine Repräsentation der Autos erzeugen, indem Sie die Werte an den Konstruktor der Klasse Car übergeben.

Um dies möglichst transparent zu machen, implementieren Sie eine neue Klasse CarList, die die CSV-Datei ausliest und bei Bedarf daraus Car-Instanzen erzeugt. Dazu wird der Klasse im Konstruktor der Name der CSV-Datei übergeben. Dieser liest nun alle Zeilen aus und speichert sie in der $carDefinitions-Eigenschaft ab. Diese enthält pro Zeile der Datei ein assoziatives Array mit den Eigenschaften Hersteller, Farbe und Kilometerstand.

```
class CarList {

    protected $carDefinitions = array();
    protected $cars = array();

    public function __construct($csvFile) {
        if (!file_exists($csvFile)) {
            throw new IOException();
        }
        $fp = fopen($csvFile, 'r');
        while (false !== $line = fgetcsv($fp, 1024, ';')) {
            $this->carDefinitions[] = array(
                                        'manufacturer' => $line[0],
                                        'color'        => $line[1],
                                        'milage'       => $line[2],
                                      );
```

```
            }
        }

    }
```

Um die Anzahl der Autos im Fuhrpark zu erhalten, fügen Sie die Methode `countCars()` hinzu, die die Zeilen der Datei zählt und diesen Wert zurückliefert. Damit ein Auto-Objekt erzeugt werden kann, implementieren Sie die Methode `getCar()`, der eine Zeilennummer der Datei übergeben werden muss. Nachdem Sie überprüft haben, ob die Zeile tatsächlich existiert, erzeugen Sie eine neue `Car`-Instanz mit den in der CSV-Zeile gespeicherten Werten. Diese Instanz speichern Sie in der `$cars`-Eigenschaft, damit Sie bei einem zweiten Aufruf der `getCar()`-Methode für dieselbe Zeile auch wieder dasselbe Auto zurückliefern. Diese Technik haben Sie bereits beim *Singleton-Pattern* angewandt.

```
class CarList {
    ... Eigenschaften und Konstruktor ...
    public function countCars() {
        return count($this->carDefinitions);
    }

    public function getCar($pos) {
        if ($pos >= count($this->carDefinitions)) {
            throw new OutOfBoundsException();
        }
        if (!isset($this->cars[$pos])) {
            $this->cars[$pos] = new Car(
                                $this->carDefinitions[$pos]['manufacturer'],
                                $this->carDefinitions[$pos]['color'],
                                $this->carDefinitions[$pos]['milage']);
        }
        return $this->cars[$pos];
    }
}
```

Möchten Sie nun eine Liste aller Autos im Fuhrpark ausgeben, erzeugen Sie ein neues Objekt der Klasse `CarList` und übergeben den Dateinamen der CSV-Datei. Danach verwenden Sie eine `for`-Schleife und lassen sich vom `CarList`-Objekt Auto um Auto aus dem Fuhrpark ausgeben.

```
$list = new CarList('cars.csv');
for ($i = 0; $i < $list->countCars(); $i++) {
    $car = $list->getCar($i);
    print "{$i} => {$car->getManufacturer()}\n";
}
```

Von der Struktur ähnelt dieser Code dem Code, der verwendet wurde, um alle Einträge des einfachen PHP-Arrays zu durchlaufen, allerdings ist der Code nicht komplette identisch. Eleganter wäre es jedoch, wenn Sie sowohl für das PHP-Array als auch das `CarList`-Objekt denselben PHP-Code verwenden könnten, um alle Einträge auszugeben.

Zweck des Patterns

Die meisten Entwurfsmuster fördern die Kapselung der Daten, das *Iterator-Pattern* hingegen wird eingesetzt, um den Zugriff auf Datenstrukturen zu kapseln:

Das Iterator-Pattern ermöglicht es, auf die Elemente eines zusammengesetzten Objekts sequenziell zuzugreifen, ohne die zu Grunde liegende Struktur zu offenbaren.

Für das Iterieren über die beiden Listen bedeutet dies nun:

1. Definieren Sie eine Schnittstelle, mit der über die beiden Listen iteriert werden soll.
2. Implementieren Sie diese Schnittstelle in der Klasse `CarList`.
3. Implementieren Sie eine neue Klasse, die die `Iterator`-Schnittstelle erfüllt und mit deren Hilfe Sie die Daten im Array traversieren können.

Implementierung

In Kapitel 1 haben Sie bereits mit der Standard PHP Library (SPL) gearbeitet und gesehen, welche Klassen und Interfaces diese zur Verfügung stellt. Eine der Schnittstellen ist das `Iterator`-Interface. PHP bringt damit schon eine Implementierung des Iterator-Patterns mit.

Das `Iterator`-Interface fordert die folgenden Methoden:

```
interface Iterator {
    public function current();
    public function key();
    public function next();
    public function rewind();
    public function valid();
}
```

Damit die Klasse `CarList` dieses Interface erfüllt, müssen Sie also die folgenden Schritte erledigen:

1. Fügen Sie eine neue Eigenschaft `$pos` hinzu, mit deren Hilfe Sie sich die aktuelle Position in der Liste speichern können. Diese wurde im bisherigen Beispiel extern in der `for`-Schleife verwaltet.
2. Fügen Sie die Methode `rewind()` hinzu, die den internen Zeiger für die aktuelle Position in der Liste auf die erste Zeile zurücksetzt.
3. Fügen Sie die Methode `key()` hinzu, die die aktuelle Position des Zeigers zurückgibt.
4. Fügen Sie die Methode `next()` hinzu, die den Zeiger in der Eigenschaft `$pos` um eine Zeile erhöht.
5. Fügen Sie die Methode `valid()` hinzu, die überprüft, ob der Zeiger auf einer gültigen Zeile steht. Wenn der Zeiger die Anzahl der verfügbaren Zeilen der

Liste überschritten hat, geben Sie den Wert `false` zurück, ansonsten ist der Rückgabewert der Methode `true`.

6. Fügen Sie die Methode `current()` hinzu, die das `Car`-Objekt zurückgibt, das von der aktuellen Zeile repräsentiert wird. Dazu überprüfen Sie zunächst, ob dieses Auto zuvor schon einmal erstellt worden ist, indem Sie testen, ob die Eigenschaft `$cars` an dieser Stelle bereits ein Auto enthält.

   Ist noch kein `Car`-Objekt vorhanden, erstellen Sie ein neues auf Basis der Daten der aktuellen Zeile. Anschließend geben Sie das Auto zurück. Den Code dieser Methode können Sie mit leichten Modifikationen von der `getCar()`-Methode kopieren.

Der Code der Klasse `CarList`, die nun das `Iterator`-Interface implementiert, sieht also folgendermaßen aus:

```
class CarList implements Iterator {

    protected $carDefinitions = array();
    protected $cars = array();

    protected $pos = 0;

    public function __construct($csvFile) {
        if (!file_exists($csvFile)) {
            throw new IOException();
        }
        $fp = fopen($csvFile, 'r');
        while (false !== $line = fgetcsv($fp, 1024, ';')) {
            $this->carDefinitions[] = array(
                                        'manufacturer' => $line[0],
                                        'color'        => $line[1],
                                        'milage'       => $line[2],
                                      );
        }
    }

    public function rewind() {
        $this->pos = 0;
    }

    public function key() {
        return $this->pos;
    }

    public function next() {
        $this->pos++;
    }

    public function valid() {
        if ($this->pos < count($this->carDefinitions)) {
            return true;
        }
```

```
            return false;
        }

        public function current() {
            if (!isset($this->cars[$this->pos])) {
                $this->cars[$this->pos] = new Car(
                                    $this->carDefinitions[$this->pos]
                                                 ['manufacturer'],
                                    $this->carDefinitions[$this->pos]
                                                 ['color'],
                                    $this->carDefinitions[$this->pos]
                                                 ['milage']);
            }
            return $this->cars[$this->pos];
        }
    }
```

Nun können Sie Ihren Code zur Ausgabe aller Autos der Liste so umschreiben, dass dabei nur noch Methoden verwendet werden, die das `Iterator`-Interface voraussetzt. Dadurch ist gewährleistet, dass dieser Code mit jeder Liste, die die `Iterator`-Schnittstelle implementiert, verwendet werden kann.

```
$list = new CarList('cars.csv');

$list->rewind();
while ($list->valid()) {
    $pos = $list->key();
    $car = $list->current();
    print "$pos => {$car->getManufacturer()}\n";
    $list->next();
}
```

Vor der Schleife selbst setzen Sie durch einen Aufruf der `rewind()`-Methode den internen Zeiger an den Anfang der Liste. Dann durchlaufen Sie eine Schleife so lange, bis die `valid()`-Methode meldet, dass kein gültiger Wert mehr vorhanden ist. Innerhalb der Schleife können Sie mit Hilfe von `key()` und `current()` auf die aktuelle Position und das aktuelle Auto zugreifen, bevor Sie durch den Aufruf der `next()`-Methode den Zeiger zur nächsten Zeile bewegen.

Wenn Sie dieses Skript ausführen, erhalten Sie die folgende Ausgabe:

```
0 => Mercedes
1 => BMW
2 => VW
3 => Mercedes
4 => Mercedes
```

Die Verwendung des von der SPL zur Verfügung gestellten Interfaces verschafft Ihnen einen großen Vorteil gegenüber der Verwendung eines von Ihnen definierten Interfaces für das Iterator-Pattern. Sobald eine Klasse das `Iterator`-Interface erfüllt, können deren Instanzen in einer `foreach`-Schleife eingesetzt werden. PHP kümmert sich dabei um den Aufruf der entsprechenden Methoden.

Die folgende Schleife führt also zum gleichen Ergebnis wie die zuvor verwendete while-Schleife:

```
$list = new CarList('cars.csv');
foreach ($list as $i => $car) {
    print "$i => {$car->getManufacturer()}\n";
}
```

Um denselben Code mehrfach verwenden zu können, verpacken Sie diesen in eine statische Methode einer neuen Hilfsklasse:

```
class ListHelper {
    function displayCars(Traversable $list) {
        foreach ($list as $i => $car) {
            print "$i => {$car->getManufacturer()}\n";
        }
    }
}
```

Der Methode displayCars() kann ein beliebiges Objekt übergeben werden, das das Interface Traversable implementiert.

In Kapitel 1 haben Sie neben dem Iterator-Interface auch die IteratorAggregate-Schnittstelle kennen gelernt. Objekte, die diese Schnittstelle implementieren, können genau so in foreach-Schleifen verwendet werden wie Objekte, die das Iterator-Interface implementieren. Beide Interfaces werden vom Interface Traversable abgeleitet. Dabei handelt es sich um ein so genanntes *Tagging-Interface*, da es selbst keine Methoden fordert, sondern nur verwendet wird, um Klassen zu kennzeichnen.

Im Beispiel können Sie nun auf die statische Methode zurückgreifen, anstatt den Code dort einzufügen, wo eine Liste ausgegeben werden soll:

```
$list = new CarList('cars.csv');
ListHelper::displayCars($list);
```

Um nun die Liste auf Basis des simplen PHP-Arrays auszugeben, genügt es nicht, dieses einfach an die Methode displayCars() zu übergeben, dabei erhalten Sie die folgende Fehlermeldung:

```
Fatal error: Argument 1 must be an object of class Traversable in ch5/Iterator/
CarList/TestTraversable.php on line 19
```

Die Methode erwartet ein Objekt, das die Traversable-Schnittstelle implementiert, ein Array kann dies natürlich nicht. In Kapitel 1 haben Sie jedoch schon eine Klasse eingesetzt, die Ihnen eine Instanz bietet, die das Traversable-Interface implementiert und als Datenbasis ein Array verwendet. Die Klassen ArrayIterator und ArrayObject werden auch von der SPL zur Verfügung gestellt und helfen Ihnen, das aktuelle Problem zu lösen, ohne zusätzlichen Code implementieren zu müssen:

```
$cars = array(
        new Car('Mercedes', 'silber', 1000),
        new Car('BMW', 'blau', 0),
        new Car('VW', 'rot', 60000)
      );

$carsIterator = new ArrayIterator($cars);
ListHelper::displayCars($carsIterator);
```

Die Klasse `ArrayIterator` implementiert das `Iterator`-Interface und erwartet im Konstruktor ein Array mit den Werten, über die iteriert werden soll. Die Klasse `ArrayObject` kann genauso eingesetzt werden, allerdings implementiert diese das `IteratorAggregate`-Interface und erlaubt Ihnen die Verwendung eines externen Iterators zur Traversierung der Daten. In Kapitel 1 haben Sie bereits beide Klassen verwendet und dabei auch die Unterschiede zwischen interner Traversierung und externen Iteratoren kennen gelernt.

Externe Iteration mit IteratorAggregate

Der Vorteil bei der Verwendung von `ArrayObject` liegt darin, dass Sie gleichzeitig mehrere Iteratoren für dieselben Daten verwenden können. Bei der Implementierung des `Iterator`-Interfaces ist dies nicht gegeben, da die aktuelle Position der Iteration im Objekt selbst gespeichert wird. Wollen Sie auch bei der Iteration über das `CarList`-Objekt die Möglichkeit haben, mehrere Iteratoren parallel zu verwenden, muss die Klasse die `IteratorAggregate`-Schnittstelle statt des `Iterator`-Interfaces implementieren:

```
interface IteratorAggregate {
   public function getIterator();
}
```

Dieses Interface fordert nur eine Methode, mit der ein Iterator für die Datenstruktur erstellt werden können muss. Sie benötigen als Erstes also einen Iterator, der über die Werte eines beliebigen `CarList`-Objekts iterieren kann.

Hierfür können Sie den Großteil des Quellcodes aus dem bisher implementierten Iterator wiederverwenden. Schreiben Sie dazu eine neue Klasse `CarListIterator`, die im Konstruktor die Liste übergeben bekommt, über die iteriert werden soll. Eine Referenz auf diese Liste speichern Sie in der `$list`-Eigenschaft des Objekts.

Natürlich benötigen Sie wieder eine Eigenschaft, die die aktuelle Position in der Liste speichert. Die Methoden `key()`, `rewind()` und `next()` können komplett aus der bisherigen Implementierung übernommen werden. Die Implementierung der `valid()`- und `current()`-Methoden muss verändert werden, da diese bisher direkt mit den Daten gearbeitet haben, die nicht mehr Eigenschaften desselben Objekts sind. Diese Daten sind nun Eigenschaften des `CarList`-Objektes, das in der `$list`-Eigenschaft gespeichert wurde. Verwenden Sie nun also die Methoden dieses Objektes, um zu überprüfen, ob der Zeiger bereits die Liste verlassen hat, und um das aktuelle Auto zurückzuerhalten.

```
class CarListIterator implements Iterator {

    protected $pos = 0;
    protected $list;

    public function __construct(CarList $list) {
        $this->list = $list;
    }

    public function rewind() {
        $this->pos = 0;
    }

    public function key() {
        return $this->pos;
    }

    public function next() {
        $this->pos++;
    }

    public function valid() {
        if ($this->pos < $this->list->countCars()) {
            return true;
        }
        return false;
    }

    public function current() {
        return $this->list->getCar($this->pos);
    }
}
```

Mit Hilfe dieser Klasse können Sie nun extern über die Klasse `CarList` iterieren:

```
$list = new CarList('cars.csv');
foreach(new CarListIterator($list) as $i => $car) {
    print "$i => {$car->getManufacturer()}\n";
}
```

Dazu muss aber jeder, der über die Autos der Liste iterieren möchte, wissen, welche Klasse verwendet werden muss, um einen Iterator dafür zu erzeugen. Soll diese Klasse später einmal geändert werden, muss dies an sehr vielen Stellen des Codes gemacht werden. Das `IteratorAggregate`-Interface schafft hier Abhilfe, dass es eine Fabrikmethode fordert, mit deren Hilfe das Objekt den Iterator selbst bestimmt.

Es ist also nötig, dass Sie die `CarList`-Klasse etwas anpassen:

```
class CarList implements IteratorAggregate {
    ... Eigenschaften und Methoden der Klasse ...
    public function getIterator() {
        return new CarListIterator($this);
    }
}
```

In der Methode getIterator() erzeugen Sie also einfach eine neue Instanz von CarListIterator und übergeben die Liste, über die iteriert werden soll. Da die Klasse nun wieder das Traversable-Interface implementiert, können Sie es erneut direkt in einer foreach-Schleife verwenden:

```
$list = new CarList('cars.csv');
foreach ($list as $i => $car) {
    print "$i => {$car->getManufacturer()}\n";
}
```

Die Ausgabe ist wie in allen Beispielen, die über die Liste der Autos in der CSV-Datei iterieren, die gleiche:

```
0 => Mercedes
1 => BMW
2 => VW
3 => Mercedes
4 => Mercedes
```

Durch den Einsatz des IteratorAggregate können Sie beliebig viele Iteratoren verwenden, um über dieselben Daten zu iterieren. Ein Nachteil dabei ist jedoch, dass das zu traversierende Objekt alle Eigenschaften, die der Iterator für die Iteration benötigt, öffentlich zugänglich machen und unter Umständen somit die Kapselung aufbrechen muss.

Mit Hilfe des Iterator-Patterns haben Sie es nun also möglich gemacht, den Teil Ihrer Applikation, der die Daten verarbeitet, von der Datenhaltung zu entkoppeln. Sollten Sie nächste Woche mit einer Liste von Autos konfrontiert werden, die in einer Datenbank oder einer XML-Datei gespeichert werden, genügt es, eine neue Klasse zu schreiben, die das Iterator-Interface implementiert, und somit können Sie den bestehenden Code verwenden, um die Daten zu verarbeiten.

Definition des Patterns

Das Iterator-Pattern ermöglicht es, auf die Elemente eines zusammengesetzten Objekts sequenziell zuzugreifen, ohne die zu Grunde liegende Struktur zu offenbaren.

Um das Iterator-Pattern in anderen Situationen einsetzen zu können, gehen Sie die folgenden Schritte:

1. Wählen Sie aus, ob eine Klasse das Iterator- oder IteratorAggregate-Interface implementieren soll.
2. Implementieren Sie die vom ausgewählten Interface geforderten Methoden.

Auch wenn die Anzahl der Schritte kleiner ist als bei den meisten anderen Patterns, sollten Sie diese nicht unterschätzen. Bei der Auswahl des Interfaces sollten Sie die

Vor- und Nachteile der internen und externen Iteration sorgsam gegeneinander abwägen. Tabelle 5-1 listet erneut die wichtigsten Unterschiede auf.

Tabelle 5-1: Interne und externe Iteration

	Interne Traversierung	**Externer Iterator**
Interface	Iterator	IteratorAggregate
Anzahl der parallelen Iterationen	1	beliebig viele
Beziehung zwischen Aggregat und Iterator	Aggregat ist auch der Iterator.	Aggregat kennt Klassennamen des Iterators.
Kapselung des Aggregats	Muss nicht verändert werden.	Muss eventuell aufgebrochen werden, damit der Iterator die nötigen Eigenschaften des Aggregats abfragen kann.

Wenn in der Literatur vom Iterator-Pattern die Rede ist, wird dabei immer ein externer Iterator verwendet, und das Aggregat wird nie intern traversiert. Jedoch stellt einem PHP auch die Möglichkeit der internen Traversierung bereit, und in einigen Fällen kann diese durchaus sinnvoll eingesetzt werden. Abbildung 5-6 zeigt Ihnen ein UML-Diagramm des Iterator-Patterns, in dem ein externer Iterator eingesetzt wird.

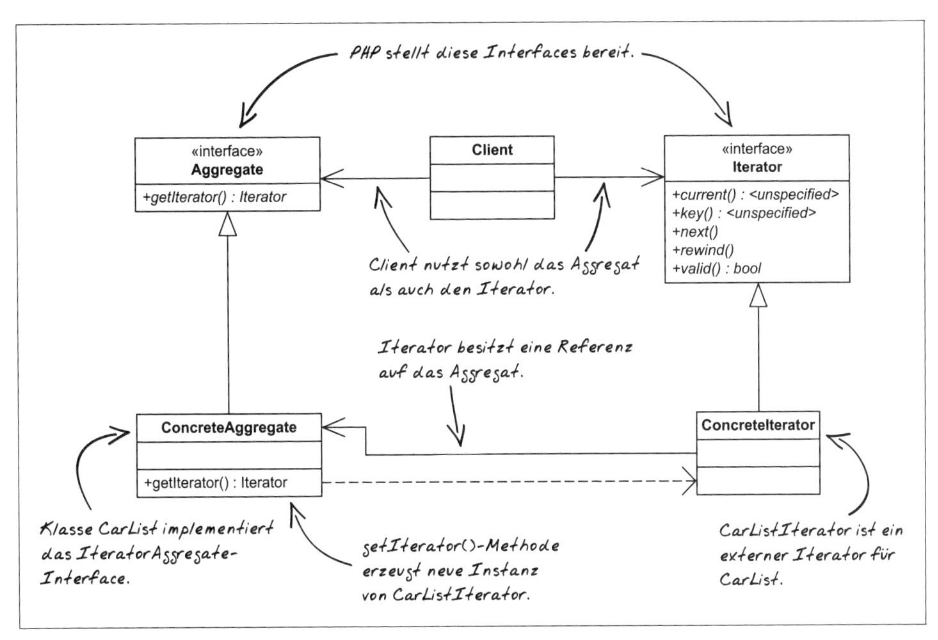

Abbildung 5-6: UML-Diagramm des externen Iterators

Konsequenzen

Der Einsatz des Iterator-Patterns bietet Ihnen mehrere Vorteile. Zum einen erlaubt es Ihnen, ein Aggregat auf verschiedene Arten zu traversieren. Dies wird nötig, wenn eine komplexe Codestruktur auf unterschiedliche Arten traversiert werden muss, um verschiedene Informationen darzustellen. Durch Bildung von Unterklassen des Iterators ist dies einfach möglich.

Wenn Sie einen externen Iterator einsetzen, wie es das Iterator-Pattern ursprünglich vorsieht, vereinfacht dieser die Schnittstelle des Aggregat-Objektes. Dieses muss lediglich die Methode `getIterator()` implementieren, die einen Iterator zurückliefert. Weiterhin erlaubt Ihnen der Einsatz eines externen Iterators, ein Aggregat mehr als einmal gleichzeitig zu traversieren.

Weitere Anwendungen

Neben den Interfaces `Iterator` und `IteratorAggregate` stellt die SPL noch einige nützliche Iteratoren bereit. Mit dem folgenden PHP-Code können Sie ermitteln, welche Iteratoren in Ihrer PHP-Version enthalten sind:

```
print "Verfügbare Iteratoren:\n";
foreach (spl_classes() as $class) {
    $refClass = new ReflectionClass($class);
    if (!$refClass->implementsInterface('Traversable')) {
        continue;
    }
    print " * {$class}\n";
}
```

Wenn Sie diesen Code mit PHP 5.1 ausführen, sollten Sie die folgende Liste erhalten. Zukünftige PHP-Versionen werden sicher noch weitere Iteratoren enthalten, da die SPL sehr aktiv weiterentwickelt wird.

```
Verfügbare Iteratoren:
 * AppendIterator
 * ArrayIterator
 * ArrayObject
 * CachingIterator
 * DirectoryIterator
 * EmptyIterator
 * FilterIterator
 * InfiniteIterator
 * IteratorIterator
 * LimitIterator
 * NoRewindIterator
 * OuterIterator
 * ParentIterator
 * RecursiveArrayIterator
 * RecursiveCachingIterator
 * RecursiveDirectoryIterator
 * RecursiveFilterIterator
 * RecursiveIterator
```

```
 * RecursiveIteratorIterator
 * SeekableIterator
 * SimpleXMLIterator
 * SplFileObject
 * SplObjectStorage
 * SplTempFileObject
```

Einer der interessantesten Iteratoren ist der `FilterIterator`. Dabei handelt es sich um eine abstrakte Klasse, die verwendet wird, wenn während der Iteration nur Werte iteriert werden sollen, die einem bestimmten Filter entsprechen. Nehmen Sie an, Sie möchten eine Liste aller Mercedes ausgeben, die im Fuhrpark enthalten sind. Ein erster Lösungsansatz wäre sicher der folgende:

```
$list = new CarList('cars.csv');
foreach ($list as $i => $car) {
    if ($car->getManufacturer() !== 'Mercedes') {
        continue;
    }
    print "$i => {$car->getManufacturer()} ({$car->getColor()})\n";
}
```

Um die einzelnen Autos unterscheiden zu können, wird neben dem Hersteller nun noch die Farbe ausgegeben. Das Ergebnis dieses Skripts ist:

```
0 => Mercedes (silber)
3 => Mercedes (grün)
4 => Mercedes (rot)
```

Allerdings mussten Sie dazu den Code verändern, der die Liste ausgibt, und dieser soll ja an beliebig vielen Stellen der Applikation genutzt werden, um eine Liste von Autos auszugeben. Hier kommt nun der `FilterIterator` ins Spiel. Dieser ummantelt einen Iterator und iteriert nur über die Werte, die dem gesetzten Filter entsprechen. Den Filter implementieren Sie hierbei als PHP-Code, indem Sie die abstrakte `accept()`-Methode mit Logik füllen:

```
class MercedesList extends FilterIterator {

    public function accept() {
        $car = $this->getInnerIterator()->current();
        if ($car->getManufacturer() === 'Mercedes') {
            return true;
        }
        return false;
    }
}
```

Mit der Methode `getInnerIterator()` erhalten Sie Zugriff auf den ursprünglichen Iterator und holen sich mit der Methode `current()` das aktuelle Auto. Wenn dies den Filterkriterien entspricht, geben Sie den Wert `true` zurück, andernfalls `false`.

Beim Instanziieren dieses Iterators übergeben Sie den ursprünglichen Iterator einfach an den Konstruktor:

```
$list = new MercedesList(new CarList('cars.csv'));
ListHelper::displayCars($list);
```

Somit war keine Änderung an der Schleife selbst nötig, es wird einfach ein anderer Iterator übergeben. Die Ausgabe enthält wie gewünscht nur eine Liste der Autos von Mercedes:

```
0 => Mercedes (silber)
3 => Mercedes (grün)
4 => Mercedes (rot)
```

Mit Hilfe des `FilterIterator` könnten Sie auch auf die gleiche Art eine Liste der Neuwagen erstellen oder Autos auf Grund der Farbe filtern.

> **Welches Pattern war das?**
>
> Wenn Sie genau aufgepasst haben, ist Ihnen sicher aufgefallen, dass Sie bei der Verwendung dieses Iterators ein Ihren bekanntes Design Pattern eingesetzt haben. Mit Hilfe des *Proxy-Patterns* kontrollieren Sie den Zugriff auf die eigentlichen Daten. Außerdem wurde das *Template-Method-Pattern* eingesetzt, um den Code, der für das Filtern der Daten zuständig ist, in Unterklassen zu verlagern.

Der `FilterIterator` implementiert dazu das `OuterIterator`-Interface. Dieses verlangt die zusätzliche Methode `getInnerIterator()` und wird von allen Iteratoren verwendet, die einen bestehenden Iterator ummanteln. In den folgenden Beispielen werden Sie noch weitere Iteratoren dieser Art verwenden.

Verzeichnisse auslesen

Die SPL bietet auch bereits einsatzfähige Iteratoren an. Einer davon ist der `DirectoryIterator`, mit dem ein Verzeichnis im Dateisystem ausgelesen werden kann. Als Basis für die folgenden Beispiele soll diese Verzeichnisstruktur dienen:

```
. (Verzeichnis)
.. (Verzeichnis)
some-dir (Verzeichnis)
    nested-dir (Verzeichnis)
    nested-file.txt (Datei)
    nested-file.xml (Datei)
some-dir-2 (Verzeichnis)
some-file.txt (Datei)
some-file.xml (Datei)
some-file-2.txt (Datei)
```

Diese enthält also sowohl Verzeichnisse als auch Dateien. Möchten Sie nun alle Dateien und Verzeichnisse ausgeben, verwenden Sie den `DirectoryIterator`:

```
$iterator = new DirectoryIterator('dir');
foreach ($iterator as $entry) {
    print "{$entry->getFilename()}\n";
}
```

Sie erhalten die folgende Ausgabe:

```
.
..
some-dir
some-dir-2
some-file-2.txt
some-file.txt
some-file.xml
```

Die Dateien in den Unterverzeichnissen wurden nicht ausgegeben, da der Iterator nur die Dateien im angegebenen Verzeichnis iteriert. Möchten Sie auch auf Dateien in Unterverzeichnissen zugreifen, verwenden Sie stattdessen den `RecursiveDirectoryIterator`. Dieser fügt jeder Datei noch eine Methode `hasChildren()` hinzu, mit der Sie überprüfen können, ob der Ordner noch weitere Unterelemente hat.

Der folgende Code kann verwendet werden, um eine Ebene tiefer zu iterieren:

```
$iterator = new RecursiveDirectoryIterator('dir');
foreach ($iterator as $entry) {
    print "{$entry->getFilename()}\n";
    if ($entry->hasChildren()) {
        foreach ($entry->getChildren() as $subEntry) {
            print " - {$subEntry->getFilename()}\n";
        }
    }
}
```

Das Skript liefert dabei die folgende Ausgabe:

```
some-dir
 - nested-dir
 - nested-file.txt
 - nested-file.xml
some-dir-2
some-file-2.txt
some-file.txt
some-file.xml
```

Sie mussten jedoch auch hier wieder den Code, der den Iterator verwendet, verändern, und für jede weitere Ebene, in die Sie tiefer ins Dateisystem vordringen möchten, ist eine weitere Veränderung nötig. Die SPL liefert hierfür einen weiteren Iterator, der den `RecursiveDirectoryIterator` ummanteln kann, den `RecursiveIteratorIterator`. Dieser bringt die hierarchische Struktur des rekursiven Iterators auf eine Ebene:

```
$recursive = new RecursiveIteratorIterator($iterator, RIT_SELF_FIRST);
foreach ($recursive as $entry) {
    print "{$entry->getFilename()}\n";
}
```

Dieses Skript gibt nun alle Dateien und Ordner aus, unabhängig davon, wie tief sich diese befinden:

```
some-dir
nested-dir
nested-file.txt
nested-file.xml
some-dir-2
some-file-2.txt
some-file.txt
some-file.xml
```

Mit der Methode `getDepth()` könnten Sie jederzeit die aktuelle Tiefe der Rekursion abfragen und somit trotzdem wieder eine hierarchische Darstellung erreichen.

Möchten Sie nur eine gewisse Anzahl an Einträgen ausgeben, verwenden Sie den `LimitIterator`. Dieser implementiert auch das `OuterIterator`-Interface und erwartet im Konstruktor zwei weitere Werte:

- den Offset der Iteration sowie
- die Anzahl der zu iterierenden Werte.

Möchten Sie also nur die ersten vier Dateien oder Ordner ausgeben, verwenden Sie dazu den folgenden Quellcode:

```
$iterator = new DirectoryIterator('dir');
$limit = new LimitIterator($iterator, 0, 4);

foreach ($limit as $entry) {
    print "{$entry->getFilename()}\n";
}
```

Sie erhalten die folgende Ausgabe:

```
.
..
some-dir
some-dir-2
```

Natürlich lassen sich alle gezeigten Iteratoren auch miteinander kombinieren; so ist es ebenfalls möglich, nur über die ersten fünf Dateien zu iterieren, die die Endung ».xml« haben, egal in welcher Verzeichnistiefe sich diese befinden. Alle Iteratoren der SPL anhand eines Beispiels zu zeigen wäre zu umfangreich, Tabelle 5-2 gibt Ihnen jedoch einen Überblick über die zum Release-Zeitpunkt von PHP 5.1 verfügbaren Iteratoren. Eine API-Dokumentation zu den einzelnen Interfaces und Klassen finden Sie in der PHP-Dokumentation[1] und der automatisch generierten API-Dokumentation[2] von Marcus Börger.

1 *http://www.php.net/manual/en/ref.spl.php*

2 *http://www.php.net/~helly/php/ext/spl/*

Tabelle 5-2: Iteratoren in PHP 5.1

Klasse	Verwendung
`AppendIterator`	Ermöglicht es, mehrere Iteratoren auf einmal zu iterieren.
`ArrayIterator`	Iteriert über ein Array.
`ArrayObject`	Stellt externe Iteratoren für ein Array bereit.
`CachingIterator`	Überprüft im Voraus, ob noch ein weiterer Eintrag im Iterator verfügbar ist.
`DirectoryIterator`	Iteriert über alle Dateien und Verzeichnisse in einem Ordner.
`EmptyIterator`	Stellt einen leeren Iterator zur Verfügung.
`FilterIterator`	Stellt eine Basisklasse für das Filtern der Werte beim Iterieren zur Verfügung.
`InfiniteIterator`	Ermöglicht unendliches Iterieren über einen Iterator. Wenn die Iteration zu Ende ist, wird wieder bei dem ersten Wert begonnen.
`IteratorIterator`	Wrapper, um Klassen, die das `Traversable`-Interface implementieren, in einen Iterator zu konvertieren.
`LimitIterator`	Beschränkt die Iteration auf eine bestimmte Anzahl an Elementen.
`NoRewindIterator`	Verbietet das Zurücksetzen des internen Zeigers eines Iterators.
`ParentIterator`	Iteriert nur über Elemente, die auch Kinder haben.
`RecursiveArrayIterator`	Iteriert über Arrays, die wiederum Arrays enthalten
`RecursiveCachingIterator`	Erhöht die Performance beim Iterieren über rekursive Datenstrukturen
`RecursiveDirectoryIterator`	Iteriert über Verzeichnisse sowie deren Unterverzeichnisse.
`RecursiveFilterIterator`	`FilterIterator` für rekursive Iteratoren.
`RecursiveIteratorIterator`	Konvertiert rekursive Iteratoren in flache Iteratoren.
`SeekableIterator`	Interface für Iteratoren, die es ermöglichen, zu einem bestimmten Element zu springen. Implementiert wird das Interface z.B. von `ArrayIterator` und `DirectoryIterator`.
`SimpleXMLIterator`	Iteriert über Elemente in einem XML-Dokument.

Übersicht über die Verhaltensmuster

Abschließend gibt Ihnen Tabelle 5-3 noch einmal einen kurzen Überblick über alle in diesem Kapitel verwendeten Patterns.

Tabelle 5-3: Überblick über die Verhaltensmuster

Pattern	Zweck	Konsequenzen
Subject/Observer (Beobachter)	Definiert 1:n-Abhängigkeit zwischen Subjekt und Beobachter-Objekten.	Lose Kopplung zwischen Subjekt und Beobachtern. Subjekt kann ohne Beobachter eingesetzt werden. Einfache Operationen können kaskadierende Aktionen in den Beobachtern auslösen.
Template-Method (Schablonenmethode)	Definiert die Schritte eines Algorithmus und überlässt die Implementierung der Schritte den Unterklassen.	Erhöht Wiederverwendbarkeit von Code. Herausfaktorieren gemeinsamen Verhaltens.

Tabelle 5-3: Überblick über die Verhaltensmuster (Fortsetzung)

Pattern	Zweck	Konsequenzen
Command (Befehl)	Kapselt einen Auftrag als Objekt.	Objekt, das die Anfrage schickt, muss nicht wissen, wie diese abgearbeitet wird. Anfragen können parametrisiert oder erweitert werden. Anfragen können in eine Queue gestellt oder rückgängig gemacht werden.
Visitor (Besucher)	Fügt neue Operationen einer Objektstruktur hinzu und kapselt diese in einer Klasse.	Ermöglicht Zugriff auf Daten, die sonst verborgen bleiben. Verhindert, dass zusammengehörige Operationen über mehrere Klassen verteilt sind. Erschwert das Hinzufügen neuer Elemente zur Datenstruktur.
Iterator (Iterator)	Ermöglicht sequenziellen Zugriff auf die Elemente eines Objekts, ohne dessen Struktur zu offenbaren.	Vereinfacht die Schnittstelle des Aggregats. Ermöglicht parallele Iteration des Aggregats. Ermöglicht unterschiedliche Arten der Iteration über das selbe Aggregat.

KAPITEL 6

Enterprise-Patterns: Datenschicht und Business-Logik

In den vorangegangenen drei Kapiteln haben Sie Patterns kennen gelernt, mit denen Sie Objekte erzeugen, diese zu komplexen Strukturen zusammenfügen und die Interaktion zwischen den einzelnen Objekten steuern können. In den folgenden beiden Kapiteln des Buchs werden Sie nun mit Patterns arbeiten, die auf Enterprise-Anwendungen zugeschnitten sind. Da PHP immer noch zu einem Großteil zur Entwicklung von Webanwendungen eingesetzt wird, werden diese Patterns anhand eines Webkontexts vorgestellt. Somit fällt es Ihnen leicht, die Beispiele auf Ihre eigenen Anwendungen zu übertragen.

Dabei werden Sie zunächst einen Überblick über den generellen Aufbau einer Webapplikation und die dabei verwendeten Schichten bekommen, bevor Sie Design Patterns anwenden, die Ihnen beim Aufbau der einzelnen Schichten helfen. Dieses Kapitel wird sich ausschließlich der Datenhaltung und Implementierung der Business-Logik widmen, während das Kapitel 7 den Fokus auf Patterns der Präsentationsschicht legen wird.

Sie werden Wege beschreiten, auf denen Sie elegant Daten persistent speichern können, ohne dabei auf den Komfort, den Sie in den vergangenen Kapiteln bei der Arbeit mit Klassen und Objekten schätzen gelernt haben, verzichten zu müssen. Dies wird Ihnen durch den Einsatz des *Row-Data-Gateway-* und des *Active-Record-Patterns* ermöglicht. Neben diesen beiden Entwurfsmustern werden Sie auch noch andere Patterns der Datenschicht kurz streifen und mit dem *Domain-Model-Pattern* ein Muster kennen lernen, das Sie schon das ganze Buch hindurch einsetzen.

Auf Ihrem Weg durch diese Schichten der Applikation werden Sie neben den angesprochenen Design Patterns auch noch zwei weitere Patterns einsetzen, die keiner der Schichten eindeutig zugeordnet werden können. So gut die absolute Trennung der Schichten in der Theorie auch klingt, in der Praxis werden Sie immer wieder gezwungen sein, in einer Schicht auf Daten zuzugreifen, die Ihnen dort gerade nicht zur Verfügung stehen. Das *Registry-Pattern* ermöglicht Ihnen, Daten an einer zentralen Stelle zu speichern und diese von anderer Stelle aus wieder abzuholen, und löst Ihnen somit dieses Problem. Um eine Schicht über Änderungen in einer anderen Schicht zu informieren, werden Sie im nächsten Kapitel das *Event-Dispatcher*-Pattern, eine Weiterentwicklung des *Subject/Observer-Patterns,* einsetzen.

Viele der in diesem Kapitel vorgestellten Muster sind nur spezialisierte Anwendungen oder Weiterentwicklungen der Basismuster, die Sie bereits in den vorangegangenen Kapiteln eingesetzt haben. Wie Sie in einigen Beispielen dieser Kapitel gesehen haben, trifft man in einer Anwendung selten nur ein Muster allein an. So haben Sie bereits das *Subject/Observer*-Pattern mit der *Schablonenmethode* kombiniert, um eine automatische Inspektion der Autos durchzuführen. Auch beim Einsatz der *Fabrikmethode* haben Sie das *Template-Method-Pattern* verwendet, ohne dass Sie zum damaligen Zeitpunkt wussten, dass es sich hierbei um ein weiteres Pattern handelt. Und in diesem Kapitel werden Sie ebenfalls feststellen, dass die Muster, die oft als Enterprise-Patterns bezeichnet werden eigentlich nur Kombinationen aus verschiedenen, Ihnen schon bekannten Patterns sind.

Im Gegensatz zu den bisherigen Kapiteln werden Sie in diesem Kapitel nicht alle Patterns von Grund auf selbst implementieren, sondern auf bestehende, erprobte Lösungen aus der Open Source-Welt zurückgreifen. Zum einen werden Sie die Anwendung *Propel* nutzen, um Daten in einer beliebigen Datenbank persistent zu speichern und auszulesen, und zum anderen werden Sie mit Hilfe der Klasse `patTemplate` Layoutinformationen von Ihrem PHP-Code trennen. Dies ermöglicht Ihnen später, bereits fertige Komponenten in Ihren eigenen Applikationen einzusetzen, die problemlos auch im Produktivbetrieb verwendet werden können. Zusätzlich kennen Sie die Muster, die hinter den Klassen stehen, und können diese besser verstehen und bei Bedarf an Ihre eigenen Bedürfnisse anpassen.

Bei der Erkundung der Enterprise-Patterns werden Sie an einigen Stellen auf fertige Implementierungen der Patterns stoßen, die generisch genug sind, dass Sie diese in Ihre eigene Applikation integrieren können. Diese Module können alle über den PEAR Installer installiert werden. Wenn Sie noch nicht mit *PEAR*, der offiziellen PHP-Klassenbibliothek vertraut sind, finden Sie weitere Hinweise dazu im Anhang dieses Buchs.

Schichten einer Applikation

Wenn Sie den Film »Shrek – Der tollkühne Held« gesehen haben, wissen Sie, dass Oger (wie Zwiebeln) verschiedene Schichten haben, wodurch das sanfte Gemüt eines Ogers durch sein erschreckendes Äußeres verdeckt wird. Bei der Lektüre dieses Kapitels werden Sie sehen, warum auch Softwareapplikationen aus verschiedenen *Schichten* (auch *Layer* oder *Tiers* genannt) aufgebaut werden sollen.

In den vorangegangenen Kapiteln haben Sie erfahren, dass die einzelnen Klassen Ihrer Applikation nicht zu eng miteinander verknüpft werden sollen. Diese *Entkopplung* ist eines der Hauptziele bei der Anwendung von Design Patterns. Die Programmierung gegen eine Schnittstelle erlaubt es Ihnen, die eigentliche Klasse, die verwendet wird, jederzeit gegen eine andere Klasse auszutauschen, solange die neue Klasse die geforderten Schnittstellen erfüllt. Aus dem gleichen Grund setzt man bei der Architektur von Anwendungen auf eine Aufteilung in mehrere Schichten. Abbildung 6-1 zeigt Ihnen, aus welchen Schichten eine Applikation in den meisten Fällen besteht.

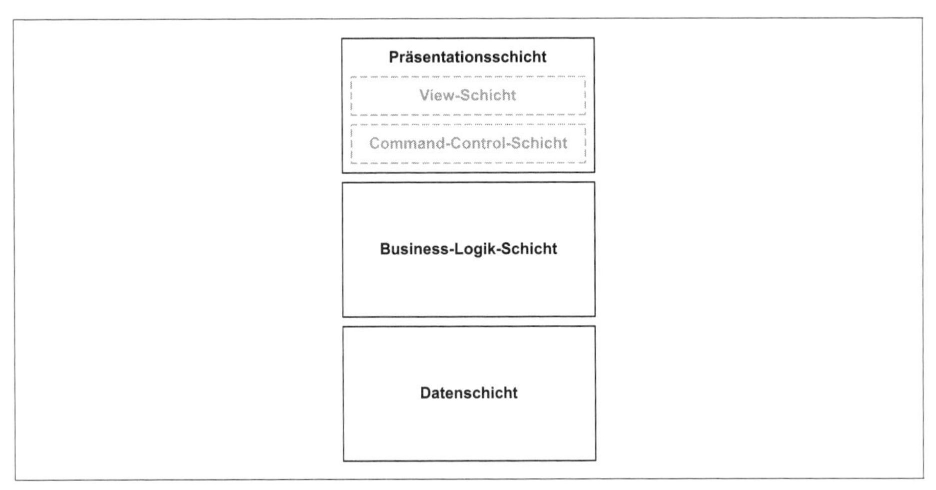

Abbildung 6-1: Schichten einer Applikation

Diese Schichten wurden so gewählt, da sie die einzelnen Hauptaufgaben einer Applikation bezeichnen. In jeder Applikation fallen die folgenden Aufgaben an, auch wenn die Gewichtung je nach Applikation unterschiedlich sein kann:

- (persistente) Speicherung der Daten
- Ausführen von Geschäftslogik
- Darstellung der Daten und der Ergebnisse der Geschäftslogik
- Interaktion mit dem Benutzer

Mit der Einführung eines Schichtenmodells werden die einzelnen Aufgaben den definierten Schichten zugeordnet:

1. Die *Datenschicht* kümmert sich darum, alle Daten, die persistent gemacht werden müssen, in einem Datenspeicher abzulegen.
2. Die Klassen der *Business-Logik-Schicht* kümmern sich um die Ausführung der Geschäftsprozesse.
3. Die *View-Schicht* übernimmt die Darstellung der Daten in einem für den Benutzer lesbaren Format.
4. Die *Command-Control-Schicht* regelt die Interaktion mit dem Benutzer.

Die Darstellung der Daten und die Interaktion der Anwendung mit dem Benutzer stehen in einem engen Verhältnis zueinander, besonders in Webanwendungen gibt die View-Schicht die HTML-Elemente aus, auf die der Benutzer klicken kann, um die Applikation zu steuern. Aus diesem Grund werden die View-Schicht und die Command-Control-Schicht auch häufig zur *Präsentationsschicht* zusammengefasst.

Doch welchen Vorteil bringt Ihnen nun die Aufteilung in diese Schichten? Stellen Sie sich vor, Sie sind mit der Implementierung der Autovermietung fertig und haben nun eine fertige Applikation, die über ein HTML-Frontend gesteuert werden kann. Nun hält jedoch die technische Entwicklung nicht inne, und Ihr Auftraggeber möchte jetzt auch eine Oberfläche für die Applikation, die über mobile Endgeräte angesteuert werden kann. Und da Ihr Auftraggeber noch weiter expandieren möchte, schließt er Partnerverträge mit anderen Unternehmen ab, die die von Ihnen implementierte Geschäftslogik über das SOAP-Protokoll ansteuern möchten, um die Vermietung der Autos ideal in eigene Anwendungen integrieren zu können. Ist Ihre Applikation in Schichten aufgeteilt, können Sie diese Anforderungen problemlos implementieren, da Sie lediglich die Präsentationsschicht, die HTML erzeugt, gegen Schichten austauschen, die die Inhalte für mobile Geräte zur Verfügung stellen oder die Methoden der Geschäftslogik als Webservice anbieten. An keiner der anderen Schichten ist dafür eine Änderung notwendig.

Da Ihre Applikation so leicht um die gewünschten Funktionen erweitert werden konnte, waren die Expansionspläne Ihres Auftraggebers erfolgreich. Leider waren diese so erfolgreich, dass die bisher verwendete SQLite-Datenbank nicht mehr performant genug ist und Sie diese gegen eine Oracle-Datenbank austauschen müssen. Auch hier kommt Ihnen wieder Ihre Schichtenarchitektur zugute. Alle Klassen, die sich um die persistente Speicherung der Daten kümmern, sind zentral in der Datenschicht abgelegt, die Sie nun problemlos gegen eine Schicht austauschen können, die eine Oracle-Datenbank zur Speicherung der Daten verwendet.

Ein weiterer Vorteil der Aufteilung in Schichten ist, dass die einzelnen Schichten unter Umständen in ganz anderen Applikationen wiederverwendet werden können. Wenn eine Applikation diesem Schichtenmodell folgt und die einzelnen Schichten problemlos ausgetauscht werden können, spricht man vom Einsatz eines *Model-View-Controllers*. Im Laufe der folgenden beiden Kapitel werden Sie die einzelnen Komponenten einer Model-View-Controller-Architektur genauer betrachten und in Beispielen einsetzen.

Bevor Sie nun an die Implementierung der einzelnen Schichten gehen, werfen Sie zunächst einen kurzen Blick auf deren Aufgaben.

Die Datenschicht

Wie der Name schon sagt, kümmert sich die *Datenschicht* um die Verwaltung der Daten. Dazu gehört sowohl das Speichern der Daten in einem beliebigen Datenspeicher als auch das Selektieren der Daten aus diesem Datenspeicher.

Model-View-Controller

Beim *Model-View-Controller* (auch MVC genannt) handelt es sich um ein Set von Design Patterns, die eingesetzt werden, um die einzelnen Schichten der Applikation voneinander zu trennen.

Die Akteure beim MVC sind:

- Der *View* stellt die Daten des Models dar. Er kann die Daten dazu beim Model abfragen.
- Das *Model* speichert die Daten der Applikation. Es kann den View über Änderungen an den Daten informieren.
- Der *Controller* nimmt die Aktionen des Benutzers an und fordert daraufhin Model oder View auf, den Zustand zu ändern.

In den meisten PHP-Anwendungen bezeichnet dieser Datenspeicher eine MySQL oder SQLite-Datenbank, jedoch kann die Datenschicht auch verwendet werden, um auf XML-Dokumente, Textdateien oder auch nur auf den Arbeitsspeicher zuzugreifen. Idealerweise muss der Rest der Applikation nicht wissen, ob die Daten in einer Datenbank oder einer XML-Datei gespeichert werden. In realen Anwendungen ist die Abstraktionsstufe meistens nicht so hoch, da dies bedeuten würde, dass man auf die Query-Features von Datenbanken verzichten würde und damit der Aufwand für die Implementierung der Applikation steigt. Stattdessen werden oft Datenbankfunktionen eingesetzt, die nur von einer bestimmten Datenbank bereitgestellt werden. Ein Beispiel dafür ist die Autoinkrement-Funktionalität von MySQL, die Ihnen erlaubt, die Zuweisung einer eindeutigen ID für einen Datensatz an die Datenbank zu delegieren. Wenn Ihre Anwendung auf diese Funktion vertraut, können Sie diese nicht einfach auf andere Datenbanken oder Datenspeicher umstellen, die dieses Feature nicht bieten. Wollen Sie eine erhöhte Portabilität, müssen Sie die eindeutige ID von Anfang an selbst erzeugen, anstatt dies von der Datenbank erledigen zu lassen. Dadurch steigt der Implementierungsaufwand.

Es gibt bereits Datenbankabstraktionsschichten, die über eine zusätzliche Schicht zwischen Ihrer Applikation und der Datenbank die Kompatibilität zwischen verschiedenen Datenbanken erhöhen. Der prominenteste Vertreter dieser *Datenbankabstraktionslayer* ist sicherlich *MDB2*.

Später in diesem Kapitel werden Sie einige Design Patterns kennen lernen, mit deren Hilfe Sie die Speicherung der Daten trotzdem bis zu einem gewissen Grad vor der Applikation verbergen und somit leicht austauschbar machen.

Die Business-Logik-Schicht

In der *Business-Logik-Schicht* finden die Geschäftsprozesse ihr Zuhause. In dieser Schicht wären die meisten der in den vorangegangenen Kapiteln implementierten Beispiele anzutreffen. Im Fall der Autovermietung würden Sie den Code zum Mieten eines Autos und der Berechnung der Mietgebühren also in dieser Schicht implementieren.

Dabei greift diese Schicht auf die Datenschicht zu, um die Daten, die für die Algorithmen nötig sind, aus dem Datenspeicher zu holen und die Ergebnisse der Berechnungen oder die veränderten Daten wieder in den Datenspeicher zurückzuschreiben. Sollen die Ergebnisse dem Benutzer angezeigt werden oder soll mit ihm interagiert werden, wird dabei immer die Präsentationsschicht eingesetzt, die Business-Logik-Schicht ist also frei von jeglichem HTML-Code. Die Business-Logik-Schicht übernimmt also den eigentlichen Zweck der Anwendung, während die anderen Schichten nur dazu da sind, Daten zu speichern oder darzustellen, und nichts mit den eigentlichen Geschäftsprozessen zu tun haben.

Es gibt sehr wenige Patterns, die speziell auf die Business-Logik-Schicht zugeschnitten sind, da ihre Aufgaben je nach Applikation stark variieren können. In dieser Schicht treffen Sie nahezu alle Patterns an, die Sie bisher kennen gelernt haben.

Die Präsentationsschicht

Wie Sie in Abbildung 6-1 gesehen haben, besteht die *Präsentationsschicht* eigentlich aus zwei Schichten, die in den meisten Fällen eng zusammenarbeiten.

Command-Control-Schicht

Die *Command-Control-Schicht* kümmert sich um die Interaktion mit dem Benutzer. Im Fall einer Webanwendung bedeutet dies, dass diese Schicht die HTTP-Anfrage verarbeitet. Dabei analysiert sie die Parameter dieser Anfrage und entscheidet dann, wie die Anfrage an die Business-Logik-Schicht weitergereicht wird, die nichts vom HTTP-Protokoll weiß. Möchten Sie Ihre Business-Logik auf verschiedene Arten (wie zum Beispiel Web-Frontend und SOAP-Service) zur Verfügung stellen, dann ist es Aufgabe der Command-Control-Schicht, die verschiedenen Anfragearten verarbeiten zu können und vereinheitlicht an die Business-Logik weiterzureichen.

In PHP ist die Verarbeitung von HTTP-Anfragen sehr einfach, da alle Details zum Request bereits in den *superglobalen Variablen* `$_REQUEST` und `$_SERVER` zur Verfügung stehen. Aber dennoch werden Sie im späteren Verlauf das *Front-Controller-Pattern* kennen lernen, das Ihre Sicht auf den Aufbau einer Webanwendung stark verändern wird.

View-Schicht

Als Letztes bleibt nun nur noch die Betrachtung der *View-Schicht*, des anderen Teils des Präsentationslayers. Diese Schicht kümmert sich um die Darstellung der Daten, damit diese in einem Webbrowser angezeigt werden können.

PHP wurde ursprünglich nur für diese Schicht entwickelt, daher ist es auch möglich, PHP-Code in HTML-Seiten einzubetten. Der Rest der Anwendung sollte nach den Vorstellungen des PHP-Erfinders Rasmus Lerdorf weiterhin in C implementiert werden. Da sich PHP jedoch weiterentwickelt hat, wird es mittlerweile in allen Schichten einer Applikation eingesetzt. Gerade deshalb wird es besonders wichtig, auch bei der Implementierung der View-Schicht darauf zu achten, dass dieser sauber von den anderen Schichten entkoppelt ist und somit leicht modifiziert oder verändert werden kann.

Am Ende des nächsten Kapitels werden Sie mit dem *Template-View* und dem *View-Helper* zwei einfache Patterns kennen lernen, die in dieser Schicht angesiedelt sind.

Patterns der Datenschicht

In den meisten Enterprise-Anwendungen werden Daten in einer Datenbank gespeichert, da diese weitaus besser mit großen Datenmengen umgehen können als einfache Ablagemethoden auf Basis von Text- oder XML-Dokumenten. Und somit befassen sich auch nahezu alle Patterns der Datenschicht mit dem Zugriff auf Datenbanken. In diesem Teil des Kapitels werden Sie anhand von Propel[1] die Entwurfsmuster *Row-Data-Gateway, Active-Record* und *Table-Data-Gateway* anwenden. Während sich die ersten beiden um den Zugriff auf eine Zeile in einer Datenbanktabelle kümmern, bildet das letzte Pattern eine Schnittstelle für alle Daten in einer Tabelle.

Nachdem Sie diese Muster im Detail untersucht haben, werden Sie abschließend noch einen Überblick über weitere Muster erhalten, die bei der Implementierung der Datenschicht hilfreich sind.

Installation von Propel

Propel ist eine Portierung von Apache Torque[2]. Propel wird verwendet, um PHP-Objekte persistent in Datenbanken zu speichern, es dient als Vermittler zwischen dem Datenspeicher und der Business-Logik. Propel ist somit in der Datenschicht einer Applikation anzusiedeln. Da Sie die folgenden Patterns anhand von Propel umsetzen werden, müssen Sie zunächst Propel auf Ihrem System installieren. Dazu verwenden Sie den PEAR-Installer. Sollten Sie noch nie mit dem PEAR-Installer gearbeitet haben, finden Sie in Anhang A eine Einführung.

---

1 *http://propel.phpdb.org*

2 *http://db.apache.org/torque/*

Propel hat Abhängigkeiten zu verschiedenen anderen PEAR-Paketen aus verschiedenen Channels. Diese müssen installiert werden, bevor Sie sich um die Installation von Propel kümmern können. Als Erstes benötigen Sie das Paket Log:

```
$ pear install Log
downloading Log-1.9.5.tgz ...
Starting to download Log-1.9.5.tgz (37,663 bytes)
.........done: 37,663 bytes
install ok: channel://pear.php.net/Log-1.9.5
```

Beim Einsatz von Propel wird dies später PHP-Code für Sie generieren. Zum Generieren dieses Quellcodes wird das Build-Tool Phing[3] verwendet, das über den Channel *pear.phing.info* als PEAR-kompatibles Paket angeboten wird und folgendermaßen installiert werden kann:

```
$ pear channel-discover pear.phing.info
Adding Channel "pear.phing.info" succeeded
Discovery of channel "pear.phing.info" succeeded

$ pear install phing/phing
Did not download optional dependencies: pear/PhpDocumentor, pear/Xdebug, use --
alldeps to download automatically
phing/phing can optionally use package "pear/PhpDocumentor" (version >= 1.3.0RC3)
phing/phing can optionally use package "pear/Xdebug" (version >= 2.0.0beta2)
downloading phing-2.2.0RC2.tgz ...
Starting to download phing-2.2.0RC2.tgz (370,184 bytes)
............................................................................done:
370,184 bytes
install ok: channel://pear.phing.info/phing-2.2.0RC2
```

Um auf die eigentliche Datenbank zuzugreifen, verwendet Propel den Datenbankabstraktionslayer *Creole*[4]. Dieser nutzt das Strategy-Pattern, um eine einheitliche Zugriffsmethode auf verschiedene Datenbanken sicherzustellen. Sowohl Creole als auch Propel können über den PEAR-Channel *pear.phpdb.org* installiert werden. Dazu müssen Sie den Channel erst bei Ihrem PEAR-Installer bekannt machen:

```
$ pear channel-discover pear.phpdb.org
Adding Channel "pear.phpdb.org" succeeded
Discovery of channel "pear.phpdb.org" succeeded
```

Propel selbst besteht aus zwei Paketen: *propel_generator* kümmert sich um die zuvor bereits angesprochene Generierung des PHP-Quellcodes, und *propel_runtime* beinhaltet Klassen, die für den Zugriff auf die Datenbank benötigt werden.

Um die folgenden Beispiele auszuführen, benötigen Sie beide Pakete. Zur automatischen Installation weiterer Abhängigkeiten wie Creole geben Sie beim `install`-Kommando die Option `--alldeps` an.

```
$ pear install --alldeps phpdb/propel_generator
downloading propel_generator-1.2.0RC1.tgz ...
```

3 *http://www.phing.info*

4 *http://creole.phpdb.org*

```
Starting to download propel_generator-1.2.0RC1.tgz (212,425 bytes)
.........................................done: 212,425 bytes
downloading creole-1.1.0RC1.tgz ...
Starting to download creole-1.1.0RC1.tgz (90,526 bytes)
...done: 90,526 bytes
install ok: channel://pear.phpdb.org/creole-1.1.0RC1
install ok: channel://pear.phpdb.org/propel_generator-1.2.0RC1

$ pear install --alldeps phpdb/propel_runtime
downloading propel_runtime-1.2.0RC1.tgz ...
Starting to download propel_runtime-1.2.0RC1.tgz (45,849 bytes)
.............done: 45,849 bytes
install ok: channel://pear.phpdb.org/propel_runtime-1.2.0RC1
```

Nachdem Sie mit Hilfe des PEAR-Installers alle Pakete installiert haben, steht Ihnen im *bin*-Verzeichnis Ihrer PEAR-Installation (normalerweise */usr/share/pear/bin*) das Skript *propel-gen* zur Verfügung. Sie sollten dafür sorgen, dass Sie dieses Skript problemlos ausführen können, indem Sie den Pfad entweder Ihrer PATH-Variablen hinzufügen oder einen symbolischen Link auf die Datei setzen. Ob die Installation erfolgreich verlaufen ist, können Sie überprüfen, in dem Sie einfach den Befehl propel-gen ausführen. Dieser sollte dann mit einem Fehler der folgenden Art reagieren:

```
$ propel-gen
Buildfile: /usr/share/pear/data/propel_generator/pear-build.xml
[resolvepath] Resolved  to /home/schst

propel-project-builder > projdircheckExists:

propel-project-builder > projdircheck:
     [echo] =====================================================
     [echo] Project directory not specified or invalid. You must
     [echo] specify the path to your project directory and your
     [echo] project directory must contain your build.properties
     [echo] and schema.xml files.
     [echo]
     [echo] Usage:
     [echo]
     [echo] $> propel-gen /path/to/projectdir [target]
     [echo]
     [echo] =====================================================
Execution of target "projdircheck" failed for the following reason: /usr/share/
pear/data/propel_generator/pear-build.xml:47:506: No pro ject directory specified.

BUILD FAILED
/usr/share/pear/data/propel_generator\pear-build.xml:47:506: No project directory
specified.
Total time: 0.4200 seconds
```

Sollte der Befehl nicht ausgeführt werden, finden Sie auf der Propel-Homepage weitere Informationen zur Installation von Propel.

Das Row-Data-Gateway-Pattern

In den bisherigen Kapiteln haben Sie die Car-Objekte der Autovermietung nicht persistent gespeichert, das heißt, nachdem ein Skript beendet wurde, wurden die veränderten Eigenschaften, wie der Kilometerstand, nicht gespeichert. Da PHP nicht wie Java über eine Virtual Machine verfügt, die Objekte zwischen zwei Requests am Leben erhält, wären die bisherigen Objekte in einer Webumgebung nutzlos gewesen. Das *Row-Data-Gateway* wird Ihnen nun ermöglichen, die verwendeten Objekte persistent zu halten. Da dieses Pattern sehr komplex ist, wird es in den meisten Anwendungen nicht neu implementiert. Stattdessen wird auf eine generische Implementierung zurückgegriffen. Für dieses Buch fiel die Entscheidung auf den Einsatz von Propel, da es sich um eine Lösung handelt, die speziell für PHP 5 implementiert wurde und sich sehr nah am Row-Data-Gateway-Pattern orientiert.

Auf den folgenden Seiten werden Sie also sehen, wie Sie mit Hilfe von Propel Daten persistent speichern können. Parallel dazu lernen Sie die Theorie des Patterns kennen, auf dem die Propel-Implementierung basiert. Dies wird Ihnen ein tieferes Verständnis für die Arbeitsweise von Propel vermitteln und Ihnen erlauben, Propel optimal zu nutzen und bei Bedarf sogar zu verändern.

Motivation

Um die Daten der Autovermietung persistent zu speichern, möchten Sie die Eigenschaften Hersteller, Farbe, Kilometerstand und Höchstgeschwindigkeit der Autos sowie die Eigenschaften Kundennummer und Name der Kunden in einer MySQL-Datenbank speichern.

Sie möchten allerdings weiterhin nicht auf den Komfort verzichten, der Ihnen durch die Verwendung von Objekten zur Repräsentation der Daten geboten wird. Es soll möglich sein, pro Datensatz ein Objekt zu verwenden, das den Datensatz verwaltet und über das der Datensatz verändert oder sogar gelöscht werden kann.

In einem zweiten Schritt möchten Sie auch die Ausleihvorgänge in derselben MySQL-Datenbank verwalten, aber weiterhin diese als Objekte in Ihrer Applikation einsetzen können.

Zweck des Patterns

Bevor Sie sich die durch Propel angebotene Lösung ansehen, wenden Sie sich zunächst dem Zweck des Row-Data-Gateway-Patterns zu, um zu verstehen, auf welchen Prinzipien Propel basiert.

Das Row-Data-Gateway dient als Repräsentation einer Zeile einer Datenbanktabelle. Es existiert eine Instanz pro Zeile, über die die Spalten der Zeile verändert werden können.

Um die Daten zu den Autos und Kunden zu speichern, benötigen Sie also sowohl eine Datenbanktabelle für die Autos als auch eine Tabelle für die Kunden und jeweils eine Klasse, deren Instanzen die Datensätze in diesen Tabellen nachbilden.

1. Sie benötigen eine Tabelle für die Autos mit den Spalten `manufacturer`, `color`, `mileage` und `maxspeed`.
2. Sie benötigen eine Tabelle für die Kunden mit den Spalten `id` und `name`.
3. Sie benötigen pro Tabelle eine Klasse; jede Spalte entspricht einer Eigenschaft des Objekts.
4. Das Objekt muss Methoden bieten, um eine neue Zeile einzufügen, bestehende Zeilen zu verändern und bestehende Zeilen zu löschen.

Um nicht jeden dieser Schritte manuell abarbeiten zu müssen, werden Sie im folgenden Beispiel Propel einsetzen. Dies stellt Ihnen Tools zur Verfügung, die Ihnen die Hauptarbeit bei der Implementierung des Patterns abnehmen. Dabei müssen Sie nur noch die Struktur der Daten einmalig definieren, der Rest wird automatisch erstellt.

Implementierung

Wenn Sie Propel einsetzen, unterscheidet sich die Arbeitsweise grundlegend von der, die Sie wahrscheinlich bisher angewandt haben, um auf Datenbanken zuzugreifen. Sicherlich haben Sie meist zuerst die benötigten Tabellen in der Datenbank manuell angelegt und danach den PHP-Code implementiert, der verwendet wird, um die Tabellen in der Datenbank zu manipulieren.

Bei der Verwendung von Propel werden diese beiden Aufgaben automatisiert und müssen nicht mehr von Ihnen durchgeführt werden. Bei der Verwendung des Row-Data-Gateway-Patterns muss für jede Tabelle in der Datenbank eine Klasse existieren, die für jede Spalte in dieser Tabelle eine Objekteigenschaft bereithält. Anstatt die gleichen Informationen an zwei Stellen pflegen zu müssen, haben Sie beim Einsatz von Propel den Vorteil, dass die Informationen darüber, welche Klassen mit welchen Eigenschaften verwendet werden sollen, zentral in einer XML-Datei gespeichert werden.

```
<database name="rentalcompany" defaultIdMethod="native">
    <table name="car">
        <column name="id" type="integer" required="true" primaryKey="true"
autoIncrement="true"/>
        <column name="manufacturer" type="varchar" size="255" required="true" />
        <column name="color" type="varchar" size="255" required="true" />
        <column name="milage" type="integer" required="true"/>
        <column name="maxspeed" type="integer" required="true"/>
    </table>
    <table name="customer">
```

```
        <column name="id" type="integer" required="true" primaryKey="true"
autoIncrement="true"/>
        <column name="name" type="varchar" size="128" required="true"/>
    </table>
</database>
```

Diese Datei, auch *Schema* genannt, enthält die folgenden Informationen:

- den Namen der Datenbank (in diesem Fall `rentalcompany`),
- alle verwendeten Datenbanktabellen (sollten den Namen entsprechen, die Sie später für Ihre Klassen verwenden möchten)
- sowie deren Felder mit den Informationen darüber, welche Datentypen diese Felder speichern sollen. Die Datentypen ähneln dabei denen, die Sie bereits von MySQL kennen.

Speichern Sie diese Datei unter dem Namen *schema.xml* in einem neuen Ordner ab.

Damit kann jedoch Propel noch nicht auf die Datenbank zugreifen. Dazu müssen Sie eine weitere Datei mit dem Namen *build.properties* im selben Ordner ablegen. Diese Datei muss die folgenden Informationen beinhalten:

```
# The name of the project
propel.project = rentalcompany

# The database driver
propel.database = mysql

# The connection parameters (optional)
propel.database.url = mysql://root:@localhost/rentalcompany
```

Über die einzelnen Optionen steuern Sie den Namen des Projekts (`rentalcompany`), den zu verwendenden Datenbanktyp (`mysql`) sowie die Zugangsdaten zur Datenbank, die verwendet werden soll. Diese beiden Dateien werden vom `propel-gen`-Skript verwendet, um sowohl die PHP-Klassen für den Zugriff als auch die SQL-Anweisungen zum Erstellen der Datenbank zu erzeugen.

Zum Schluss brauchen Sie noch eine letzte Datei mit dem Namen *runtime-conf.xml*, die die Konfiguration enthält, die von Propel zur Laufzeit verwendet wird. In dieser Datei definieren Sie erneut die Zugangsdaten für die Datenbank. Diese doppelte Konfiguration erscheint auf den ersten Blick überflüssig, sie erlaubt Ihnen aber, unterschiedliche Benutzer für die Einrichtung und den laufenden Betrieb zu nutzen.

```
<?xml version="1.0" encoding="ISO-8859-1"?>
<config>
  <log>
    <ident>propel-rentalcompany</ident>
    <level>7</level>
  </log>
  <propel>
    <datasources default="rentalcompany">
      <datasource id="rentalcompany">
```

```
            <adapter>mysql</adapter>
            <connection>
                <phptype>mysql</phptype>
                <database>rentalcompany</database>
                <hostspec>localhost</hostspec>
                <username>root</username>
                <password></password>
            </connection>
        </datasource>
    </datasources>
  </propel>
</config>
```

Neben der Datenbankverbindung können Sie in dieser Datei auch noch das Logging-Verhalten steuern. Log-Level 7 bedeutet, dass Sie jedes Query, das Propel an die Datenbank schickt, loggen möchten, um so später nachvollziehen zu können, was passiert. Eine Beschreibung der verschiedenen Logging-Möglichkeiten finden Sie in der Propel-Dokumentation[5].

Den Propel-Generator verwenden

Nachdem Sie diese Konfigurationsdateien gespeichert haben, kann der Propel-Generator seine Arbeit erledigen. Propel bietet dazu bereits ein Skript an, das den Propel-Generator von der Kommandozeile ansteuert und alle anfallenden Arbeiten für Sie erledigt. Rufen Sie dazu das Skript `propel-gen` auf und übergeben Sie den Pfad zu dem Ordner, in dem Sie die Konfigurationsdateien abgelegt haben:

```
$ propel-gen patterns/ch6/propel/rentalcompany
Buildfile: /usr/share/pear/data/propel_generator/pear-build.xml
[resolvepath] Resolved /pfad/zum/projekt to /home/oreilly/patterns/ch6/propel/
rentalcompany/.

propel-project-builder > projdircheckExists:

propel-project-builder > projdircheck:

... weitere Ausgaben des Skripts ...

BUILD FINISHED

Total time: 1.9235 second
```

Wenn Sie dieses Skript ausgeführt haben, hat es einen neuen Ordner *build* erzeugt, in dem alle generierten Dateien abgelegt wurden. Propel erzeugt eine SQL-Datei, mit der Sie die Tabellenstruktur, die zum Speichern der Objekte benötigt wird, anlegen können; diese befindet sich in *build/sql/schema.sql*. Für das Schema zum Speichern der Kunden und Autos hat diese Datei den folgenden Inhalt:

---

5 *http://propel.phpdb.org/trac/wiki/Users/Documentation/ConfigureLogging*

```
DROP TABLE IF EXISTS `car`;
CREATE TABLE `car`
(
    `id` INTEGER  NOT NULL AUTO_INCREMENT,
    `manufacturer` VARCHAR(255)  NOT NULL,
    `color` VARCHAR(255)  NOT NULL,
    `milage` INTEGER  NOT NULL,
    `maxspeed` INTEGER  NOT NULL,
    PRIMARY KEY (`id`)
)Type=MyISAM;


DROP TABLE IF EXISTS `customer`;
CREATE TABLE `customer`
(
    `id` INTEGER  NOT NULL AUTO_INCREMENT,
    `name` VARCHAR(128)  NOT NULL,
    PRIMARY KEY (`id`)
)Type=MyISAM;
```

Haben Sie eine Datenbank angelegt und hat der Benutzer, den Sie in der Datei *build.properties* definiert haben, Zugriffsrechte auf diese Datenbank, kann Propel für Sie auch das Anlegen der Tabellen übernehmen. Führen Sie dazu den folgenden Befehl aus:

```
$ propel-gen patterns/ch6/propel/rentalcompany insert-sql
```

Natürlich müssen Sie dabei den Pfad angeben, in dem Sie die Propel-Konfiguration abgelegt haben. Propel liest nun das SQL-Schema ein und legt die entsprechenden Dateien an:

```
Buildfile: /usr/share/pear/data/propel_generator/pear-build.xml
[resolvepath] Resolved patterns/ch6/propel/rentalcompany to /home/oreilly/patterns/
ch6/propel/rentalcompany.

propel-project-builder > projdircheckExists:

propel-project-builder > projdircheck:

propel-project-builder > configure:
     [echo] Loading project-specific props from ./build.properties
 [property] Loading /home/oreilly/patterns/ch6/propel/rentalcompany/build.
properties

propel-project-builder > insert-sql:
    [phing] Calling Buildfile '/usr/share/pear/data/propel_generator/build-propel.
xml' with target 'insert-sql'
 [property] Loading /usr/share/pear/data/propel_generator/build.properties
 [property] Loading /usr/share/pear/data/propel_generator/default.properties

propel > insert-sql:
[propel-sql-exec] Executing statements in file: /home/oreilly/patterns/ch6/propel/
rentalcompany/build/sql/schema.sql
[propel-sql-exec] Our new url -> mysql://root:@localhost/rentalcompany
```

```
[propel-sql-exec] Executing file: /home/oreilly/patterns/ch6/propel/rentalcompany/
build/sql/schema.sql
[propel-sql-exec] 8 of 8 SQL statements executed successfully

BUILD FINISHED

Total time: 1.2087 second
```

Neben dem SQL-Schema für die Tabellen erzeugt Propel auch eine PHP-Version der Konfiguration, die Sie später in Ihrer Applikation verwenden können, um auf die Datenbank zuzugreifen. Diese Konfiguration wird in der Datei *build/conf/rental-company-conf.php* gespeichert:

```
<?php
// This file generated by Propel convert-props target on 05/01/06 13:54:42
// from XML runtime conf file .../patterns/ch6/propel/rentalcompany/runtime-conf.
xml
return array (
  'log' =>
  array (
    'ident' => 'propel-rentalcompany',
    'level' => '7',
  ),
  'propel' =>
  array (
    'datasources' =>
    array (
      'rentalcompany' =>
      array (
        'adapter' => 'sqlite',
        'connection' =>
        array (
          'phptype' => 'mysql',
          'database' => 'rentalcompany',
          'hostspec' => 'localhost',
          'username' => 'root',
          'password' => '',
        ),
      ),
      'default' => 'rentalcompany',
    ),
  ),
);
```

Am wichtigsten ist jedoch, dass Propel auch automatisch PHP-Klassen generiert, die den Zugriff auf die Tabellen der Datenbank abstrahieren. Da Sie zwei Tabellen car und customer definiert haben, stehen Ihnen die beiden Klassen Car und Customer zur Verfügung. Diese Klassen werden im Ordner build/classes/rentalcompany abgelegt. Damit Sie diese Klassen möglichst einfach in Ihrer Applikation einbinden können, passen Sie den Include-Pfad von PHP an und fügen den Basisordner hinzu:

```
set_include_path('./build/classes' . PATH_SEPARATOR . get_include_path());
```

Um nun Propel zu verwenden, müssen Sie nur noch die Klasse Propel einbinden und dieser den Pfad zur generierten Konfigurationsdatei übergeben:

```
require_once 'propel/Propel.php';
Propel::init('./build/conf/rentalcompany-conf.php');
```

Damit ist Propel nun in der Lage, die Verbindung zur erzeugten Datenbank herzustellen, und Sie können mit der Implementierung der Applikation beginnen.

Nutzen der generierten Klassen

Möchten Sie ein neues Car-Objekt in der Datenbank speichern, binden Sie die generierte Car-Klasse ein und erzeugen eine neue Instanz. Diese bietet Ihnen nun Setter-Methoden, um die Eigenschaften des Autos zu definieren:

```
require_once 'rentalcompany/Car.php';

$bmw = new Car();
$bmw->setManufacturer('BMW');
$bmw->setColor('blau');
$bmw->setMilage(0);
$bmw->setMaxspeed(200);
```

Um das Auto jetzt persistent zu speichern, rufen Sie die Methode save() auf, die das Car-Objekt anbietet:

```
$bmw->save();
```

Damit wird automatisch der benötigte SQL-Code erstellt und eine neue Zeile in der Datenbank angelegt, die die Eigenschaften des Objekts persistent speichert. Möchten Sie wissen, unter welcher ID das Objekt gespeichert wurde, können Sie einfach die getId()-Methode des Car-Objekts aufrufen:

```
print "Id: {$bmw->getId()}\n";
```

Weiterhin ist es möglich, dass Sie die Eigenschaften des Objekts nachträglich verändern. Ein weiterer Aufruf der save()-Methode aktualisiert die Repräsentation in der Datenbank:

```
$bmw->setMilage(5000);
$bmw->save();
```

Analog dazu können Sie auch Kunden-Objekte erzeugen und persistent in der Datenbank ablegen:

```
require_once 'rentalcompany/Customer.php';

$schst = new Customer();
$schst->setName('Stephan Schmidt');
$schst->save();

$gerd = new Customer();
$gerd->setName('Gerd Schaufelberger');
$gerd->save();
```

Natürlich wollen Sie nicht nur Objekte persistent in der Datenbank speichern, sondern diese auch zu einem späteren Zeitpunkt erneut aus der Datenbank lesen. Damit Sie dazu keinen SQL-Code selbst schreiben müssen, der die Informationen zu einem Auto oder einem Kunden selektiert, bietet Propel die *Peer*-Klassen. Für jede Tabelle in der Datenbank wird neben der Klasse, die eine Zeile repräsentiert, auch eine Klasse mit statischen Methoden generiert, die für das Selektieren der Daten aus der Datenbank zuständig ist. Diese Klassen sind `CarPeer` und `CustomerPeer`. Beide Klassen bieten die Methode `retrieveByPK()`, mit der ein Objekt anhand des Primärschlüssels, den Sie bei der Definition des Schemas angegeben haben, ausgewählt werden kann. Um den BMW mit der ID 1 aus der Datenbank zu holen, verwenden Sie den folgenden Code:

```
$bmw = CarPeer::retrieveByPK(1);
```

Lassen Sie sich die Eigenschaften des Objekts ausgeben, um zu überprüfen, ob es sich tatsächlich um dasselbe Auto handelt:

```
print "Marke: {$bmw->getManufacturer()}\n";
print "Farbe: {$bmw->getColor()}\n";
print "KM   : {$bmw->getMilage()}\n";
```

Führen Sie das Skript aus, erhalten Sie die folgende Ausgabe:

```
Marke: BMW
Farbe: blau
KM   : 5000
```

Dies zeigt Ihnen auch, dass das nachträgliche Verändern des Kilometerstands in die Datenbank übernommen wurde.

Komplexere Selektionen

Um weitere Selektionsmöglichkeiten von Propel zu testen, fügen Sie zunächst noch zwei weitere `Car`-Objekte der Datenbank hinzu:

```
$bmw2 = new Car();
$bmw2->setManufacturer('BMW');
$bmw2->setColor('rot');
$bmw2->setMilage(0);
$bmw2->setMaxspeed(180);
$bmw2->save();

$vw = new Car();
$vw->setManufacturer('Volkswagen');
$vw->setColor('grau');
$vw->setMilage(10000);
$vw->setMaxspeed(160);
$vw->save();
```

Mit Hilfe der `Criteria`- und der `CarPeer`-Klasse von Propel können Sie nun zum Beispiel alle BMWs aus der Datenbank selektieren. Die `Criteria`-Klasse wird dabei verwendet, um die Suchkriterien zu definieren, ohne dabei auf SQL zurückgreifen zu müssen. Stattdessen erzeugen Sie eine Criteria-Instanz und verwenden die add()-Methode, um Filter auf die einzelnen Felder zu setzen. Um alle BMWs aus der Datenbank zu selektieren, verwenden Sie das folgende Criteria-Objekt:

```
$c = new Criteria();
$c->add(CarPeer::MANUFACTURER, 'BMW');
```

Die Klasse CarPeer bietet für jede Spalte der car-Tabelle eine Konstante, die den Namen der Spalte enthält. Verwenden Sie immer diese Konstante, um Tippfehlern bei der Definition von Suchbedingungen vorzubeugen.

Um nun alle Objekte zu erhalten, die diesem Suchkriterium entsprechen, übergeben Sie dieses Objekt an die statische doSelect()-Methode der CarPeer-Klasse. Diese liefert ein Array zurück, das alle Car-Objekte enthält, die zu Ihren Suchkriterien passen, und über das Sie nun iterieren können, um die einzelnen Objekte zu verarbeiten:

```
$cars = CarPeer::doSelect($c);
foreach ($cars as $car) {
    print "{$car->getManufacturer()} ({$car->getColor()})\n";
}
```

Wenn Sie dieses Skript ausführen, erhalten Sie die folgende Ausgabe:

```
BMW (blau)
BMW (rot)
```

Es wurden also beide BMWs gefunden, die Sie zuvor in der Datenbank abgelegt hatten. Analog dazu ist es über ein anderes Criteria-Objekt möglich, alle Autos zu selektieren, die einen Kilometerstand größer als 2.000 km haben:

```
$c = new Criteria();
$c->add(CarPeer::MILAGE, 2000, Criteria::GREATER_THAN);
$cars = CarPeer::doSelect($c);
foreach ($cars as $car) {
    print "{$car->getManufacturer()} ({$car->getMilage()})\n";
}
```

Beim Hinzufügen eines Suchkriteriums mit der add()-Methode können Sie über einen dritten Parameter noch die Vergleichsmethode angeben; wenn kein Parameter übergeben wird, wird auf Gleichheit getestet. Und natürlich ist es auch möglich, mehrere Kriterien zu kombinieren. Möchten Sie nur die BMWs mit einem Kilometerstand größer als 2.000 km auswählen, kombinieren Sie die beiden Kriterien einfach:

```
$c = new Criteria();
$c->add(CarPeer::MANUFACTURER, 'BMW');
$c->add(CarPeer::MILAGE, 2000, Criteria::GREATER_THAN);
```

In diesem Beispiel erhalten Sie nur noch ein Car-Objekt zurück, da die anderen Objekte eine der Bedingungen nicht erfüllen.

Datenbank-Relationen definieren

Bisher standen die Autos und Kunden noch in keiner Beziehung zueinander, in Ihrer Applikation wurden diese jedoch mit Hilfe der RentalAction-Klasse in Mietvorgängen miteinander kombiniert. Propel erlaubt es Ihnen auch, diese Zusammenhänge auf Objektbasis herzustellen und persistent in einer Datenbank zu speichern.

Dazu verwenden Sie eine dritte Tabelle rentalaction, die benutzt werden soll, um die Mietvorgänge zu speichern. Wenn Sie sich an die Implementierung der Mietvorgänge zurückerinnern, wissen Sie, dass zu jedem Mietvorgang vier Informationen gehören:

- Das Auto, das vermietet wird.
- Der Kunde, der das Auto mietet.
- Das Datum, an dem der Mietvorgang gestartet wurde.
- Das Datum, an dem der Mietvorgang beendet wurde.

Diese vier Daten müssen nun in der Tabelle rentalaction gespeichert werden. Anstatt das Auto und den Kunden zu speichern, speichern Sie in einer relationalen Datenbank nur die Primärschlüssel der entsprechenden Objekte. Da sowohl die car-Tabelle als auch die customer-Tabelle eine Ganzzahl als Primärschlüssel nutzen, definieren Sie zwei Spalten car_id und customer_id und geben als Typ jeweils integer an. Um die Datumsinformationen zu speichern, verwenden Sie den Datentyp timestamp.

Damit Propel weiß, welche Tabellen durch die Spalten car_id und customer_id referenziert werden sollen, müssen Sie für beide Spalten über das <foreign-key/>-Tag angeben, auf welche Tabelle sich der Fremdschlüssel bezieht und welches Feld in dieser Tabelle verwendet wird, um die Beziehung herzustellen. Sie müssen in der Datei *schema.xml* also die folgenden Änderungen vornehmen:

```
<database name="rentalcompany" defaultIdMethod="native">
    ... Definition der Tabellen car und customer ...
    <table name="rentalaction">
        <column name="car_id" type="integer" required="true"/>
        <column name="customer_id" type="integer" required="true"/>
        <column name="rentDate" type="timestamp" required="true"/>
        <column name="returnDate" type="timestamp" required="false"/>
        <foreign-key foreignTable="car">
            <reference local="car_id" foreign="id"/>
        </foreign-key>
        <foreign-key foreignTable="customer">
            <reference local="customer_id" foreign="id"/>
        </foreign-key>
    </table>
</database>
```

Danach rufen Sie das propel-gen-Skript erneut auf, um den SQL-Code sowie die entsprechenden PHP-Klassen für die Mietvorgänge zu generieren. Dabei erzeugt Propel die folgende SQL-Anweisung, die zum Anlegen der neuen Tabelle genutzt werden kann:

```
CREATE TABLE `rentalaction`
(
    `car_id` INTEGER  NOT NULL,
    `customer_id` INTEGER  NOT NULL,
    `rentDate` DATETIME  NOT NULL,
    `returnDate` DATETIME,
    INDEX `rentalaction_FI_1` (`car_id`),
    CONSTRAINT `rentalaction_FK_1`
        FOREIGN KEY (`car_id`)
        REFERENCES `car` (`id`),
    INDEX `rentalaction_FI_2` (`customer_id`),
    CONSTRAINT `rentalaction_FK_2`
        FOREIGN KEY (`customer_id`)
        REFERENCES `customer` (`id`)
)Type=MyISAM;
```

Und natürlich hat Propel auch die Klassen RentalAction und RentalActionPeer erzeugt, die den Zugriff auf die neue Tabelle abstrahieren. Um nun einen neuen Mietvorgang zu starten, erzeugen Sie eine neue Instanz der RentalAction-Klasse und übergeben der Methode setRentdate() die aktuelle Zeit, indem Sie die time()-Funktion von PHP verwenden:

```
$rentalAction = new Rentalaction();
$rentalAction->setRentdate(time());
```

Als Nächstes müssen Sie das Auto übergeben, das vermietet werden soll. Dieses selektieren Sie einfach anhand des Primärschlüssels aus der Datenbank und übergeben es an die setCar()-Methode. Propel akzeptiert hier eine Instanz eines Objekts, das die referenzierte Tabelle repräsentiert. Alternativ dazu können Sie auch die Methode setCarId() verwenden und die ID des Autos übergeben.

```
$bmw = CarPeer::retrieveByPK(1);
$rentalAction->setCar($bmw);
```

Als Letztes müssen Sie nun noch den Kunden übergeben. Diesen könnten Sie entweder mit Hilfe der CustomerPeer-Klasse aus der Datenbank selektieren, oder Sie legen, falls der Kunde noch nicht existiert, diesen einfach an, indem Sie ein neues Customer-Objekt instanziieren:

```
$carsten = new Customer();
$carsten->setName('Carsten Lucke');
```

Dieses Objekt übergeben Sie nun der setCustomer()-Methode der RentalAction-Klasse und speichern den Mietvorgang danach ab:

```
$rentalAction->setCustomer($carsten);
$rentalAction->save();
```

Beim Aufruf der `save()`-Methode stellt Propel fest, dass der verwendete Kunde noch nicht persistent in der Datenbank gespeichert wurde, und speichert diesen automatisch in der `customer`-Tabelle. Danach fügt Propel eine neue Zeile in die `rentalaction`-Tabelle ein, die den Kunden und das Auto über den Primärschlüssel referenziert.

Mit Hilfe von Propel und dem *Row-Data-Gateway-Pattern* haben Sie nun Objekte, die den bisher verwendeten Objekten sehr ähnlich sind, persistent in einer Datenbank gespeichert. Dabei muss die Applikation, die die Objekte verwendet, keinen SQL-Code nutzen und weiß auch nichts darüber, wie die Objekte in einem persistenten Datenspeicher abgelegt sind. Natürlich haben Sie nur einen kleinen Teil des Funktionsumfangs von Propel kennen gelernt. Propel erlaubt es Ihnen auch, komplexere Selektionen an die Datenbank zu schicken oder Objekte dauerhaft zu löschen, wobei Propel sich darum kümmert, auch die verknüpften Objekte zu löschen. Auf der Propel-Homepage finden Sie eine umfangreiche Dokumentation der verfügbaren Features.

Definition

Das Row-Data-Gateway dient als Repräsentation einer Zeile einer Datenbanktabelle. Es existiert eine Instanz pro Zeile, über die die Spalten der Zeile verändert werden können.

Um dieses Pattern auch in anderen Situationen einsetzen zu können, sind die folgenden Schritte nötig:

1. Erstellen Sie für jede Datenbanktabelle eine Klasse, die für jede Spalte der Tabelle eine Eigenschaft besitzt.
2. Implementieren Sie für jede Eigenschaft eine Setter- und eine Getter-Methode.
3. Fügen Sie zu diesen Klassen Methoden hinzu, mit denen Sie SQL-Code erzeugen, der die Eigenschaften des Objekts in der Datenbank speichern, aktualisieren oder auch löschen kann.
4. Implementieren Sie für jede Tabelle eine weitere Klasse, die statische Methoden bietet, mit denen Sie Objekte anhand von verschiedenen Kriterien aus der Datenbank selektieren können.

Wenn Sie Propel einsetzen, kann es alle diese Schritte automatisch für Sie erledigen. Als Basis dafür genügt eine Definition aller Tabellen Ihrer Datenbank in einem XML-Format. Abbildung 6-2 zeigt Ihnen ein UML-Diagramm des Row-Data-Gateway-Patterns und erklärt, wie das Pattern in Propel umgesetzt wurde.

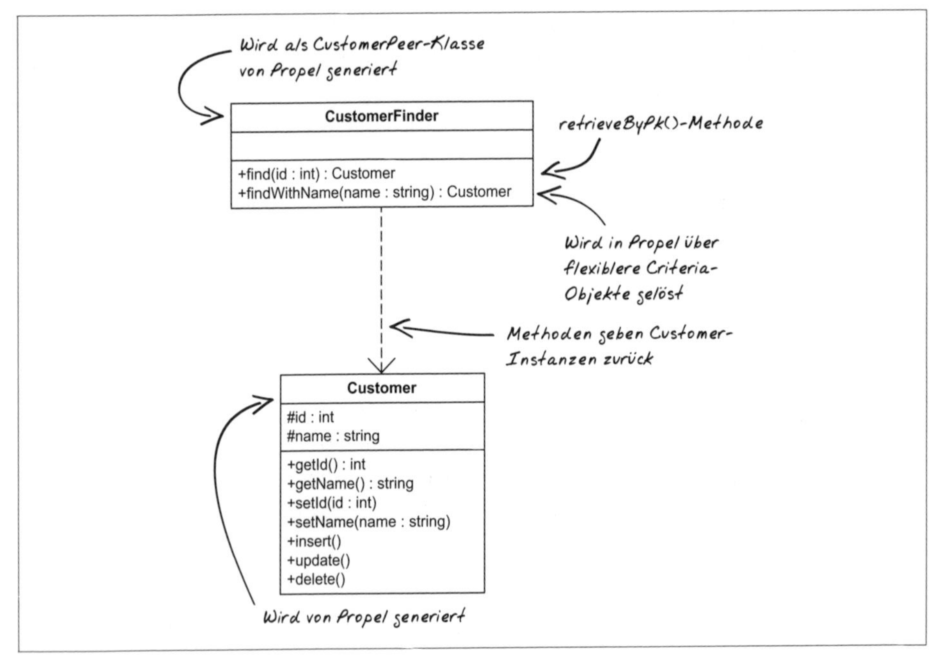

Abbildung 6-2: UML-Digramm des Row-Data-Gateway-Patterns

Konsequenzen

Wenn Sie das Row-Data-Gateway-Pattern in Ihrer Anwendung einsetzen, befreien Sie Ihre Applikation vollständig von SQL-Anweisungen. Ihre Anwendung kann dadurch problemlos mit verschiedenen Datenbanken verwendet werden.

Durch den Verzicht auf spezielle Datenbank-Features und den Einsatz einer Schicht zwischen Applikation und Datenbank wird Ihre Applikation nicht mehr so performant funktionieren wie bei einer direkten Nutzung der Datenbank-Features von PHP.

Weitere Anwendungen

Neben Propel gibt es noch weitere Open Source-Lösungen, die das Row-Data-Gateway-Pattern implementieren, so dass es in den meisten Fällen nicht nötig sein wird, das Pattern selbst von Grund auf in Ihren eigenen Applikationen implementieren zu müssen. Dadurch sparen Sie sehr viel Entwicklungszeit ein, die Sie stattdessen in die Planung der Architektur investieren können.

Neben Propel existieren zum Beispiel die folgenden Lösungen:

- *DB_DataObject*[6] ist eine Implementierung des Row-Data-Gateways, die hauptsächlich von Alan Knowles entwickelt wird. Allerdings fehlen dieser Implemen-

6 *http://pear.php.net/package/DB_DataObject*

tierung einige Features, wie zum Beispiel die Generierung der SQL-Statements. Auch das Design ist nicht so sauber wie das von Propel. Allerdings funktioniert DB_DataObject bereits mit PHP 4. Außerdem arbeitet Alan Knowles an einer PHP-Erweiterung[7], die die gleiche Funktionalität bietet und damit performanter ist.

- *DB_DataContainer*[8] ist eine weitere Implementierung, die dem Row-Data-Gateway sehr nahe kommt. Allerdings wird dabei kein PHP-Quellcode generiert, sondern die Klassen müssen manuell erstellt werden. Auch bei dieser Implementierung ist das Design nicht so sauber wie bei Propel, und die Anzahl der Features ist ebenfalls geringer. So ist es zum Beispiel nicht möglich, Verknüpfungen zwischen den Tabellen herzustellen.

Neben diesen Lösungen existieren noch weitere Klassen und Pakete, die das Problem der persistenten Speicherung von Objekten in einer Datenbank zu bewältigen versuchen. Die meisten dieser Lösungen verwenden dabei in der einen oder anderen Art und Weise das Row-Data-Gateway-Pattern, vermischen es jedoch auch mit anderen Patterns aus der Datenschicht.

Wenn Sie dieses Problem in Ihren Applikationen lösen müssen, ist Propel die richtige Wahl, da es noch aktiv weiterentwickelt wird und auch eine sehr saubere Implementierung mit einem klar strukturierten Design vorlegt.

Das Active-Record-Pattern

Ein weiteres Pattern, das stark mit dem *Row-Data-Gateway* verwandt ist, ist das *Active-Record-Pattern*. Dies fügt noch weitere Logik den Objekten hinzu, so dass diese nicht nur für das persistente Speichern der Daten zuständig sind. Wie schon bei der Implementierung des Row-Data-Gateway-Patterns können Sie auch hier auf eine fertige Lösung zurückgreifen, da dieses Pattern ebenfalls von Propel unterstützt wird. Aber auch wenn Propel Ihnen bereits eine Implementierung dieses Patterns liefert, hilft Ihnen das Verständnis des Patterns, Propel optimal einzusetzen.

Motivation

In den bisherigen Kapiteln haben Sie in den einzelnen Klassen Logik implementiert, mit der Sie den Ablauf der Applikation gesteuert haben. So war es zum Beispiel möglich, die Methode `startEngine()` auf einem `Car`-Objekt aufzurufen und danach mit der Methode `moveForward()` eine bestimmte Anzahl an Kilometern zu fahren.

---

7 *http://pecl.php.net/package/DBDO*

8 *http://www.appelsiini.net/~tuupola/php/DB_DataContainer/*

Diese Methoden sind Methoden, die *Domänenlogik* (auch *Geschäftslogik* genannt) bereitstellen. Bei dieser Art von Logik handelt es sich um Aufgaben, die die Anwendung erfüllen soll, wie zum Beispiel Berechnungen, die auf Eingaben des Benutzers basieren.

Nachdem die Klasse `Car` nun durch Propel generiert wurde und das *Row-Data-Gateway-Pattern* implementiert, ist diese (sowie alle anderen Klassen, die Propel generiert hat) nur noch für das Speichern der Daten in einer Datenbank zuständig. Dadurch müssen Sie zusätzliche Klassen implementieren, die die Persistenzklassen nutzen. Eleganter wäre es jedoch, wenn die Klassen, die bereits die Domänenlogik enthalten, gleichzeitig auch das Wissen darüber besitzen, wie die Informationen persistent gemacht werden können.

Zweck des Patterns

Um dies zu erreichen, setzen Sie das Active-Record-Pattern ein.

Ein Active-Record ist ein Objekt, das eine Zeile in einer Datenbank repräsentiert, den Datenbankzugriff kapselt und Domänenlogik diesen Daten hinzufügt.

Um dies für die `Car`-Objekte zu implementieren, sind die folgenden Schritte nötig.

1. Implementieren Sie eine Klasse, die als Repräsentation einer Zeile der `car`-Tabelle dient.
2. Fügen Sie dieser Klasse Methoden hinzu, um auf die Datenbanktabelle zuzugreifen.
3. Fügen Sie Methoden für die Domänenlogik hinzu, wie zum Beispiel das Starten des Motors oder auch eine Methode `moveForward()`, um mit dem Auto zu fahren.

Implementierung

Die ersten beiden Schritte werden von Propel erledigt. Propel bietet Ihnen bereits eine Klasse `Car`, die den Datenbankzugriff abstrahiert. Einzelne Instanzen dieser Klasse werden verwendet, um eine Zeile der Tabelle `car` zu repräsentieren.

Natürlich ist Propel nicht in der Lage, dieser Klasse Methoden für die Domänenlogik hinzuzufügen, da Propel nichts über die Domäne einer Autovermietung weiß, sondern lediglich mit Datenbanken umgehen muss. Propel macht es Ihnen jedoch durch Vererbung sehr einfach, Domänenlogik der Klasse `Car` hinzuzufügen. Um zu verstehen, wie dies funktioniert, werfen Sie einen Blick auf Abbildung 6-3.

Wenn Sie das `propel-gen`-Skript verwenden, um Klassen für den Datenbankzugriff zu generieren, erzeugt Propel nicht nur die Klasse `Car`, sondern auch eine abstrakte Klasse `BaseCar`. Diese Klasse `BaseCar` liegt im Verzeichnis *build/classes/om* und enthält den generierten PHP-Code. Diese Klasse wird von der Klasse `BaseObject` abge-

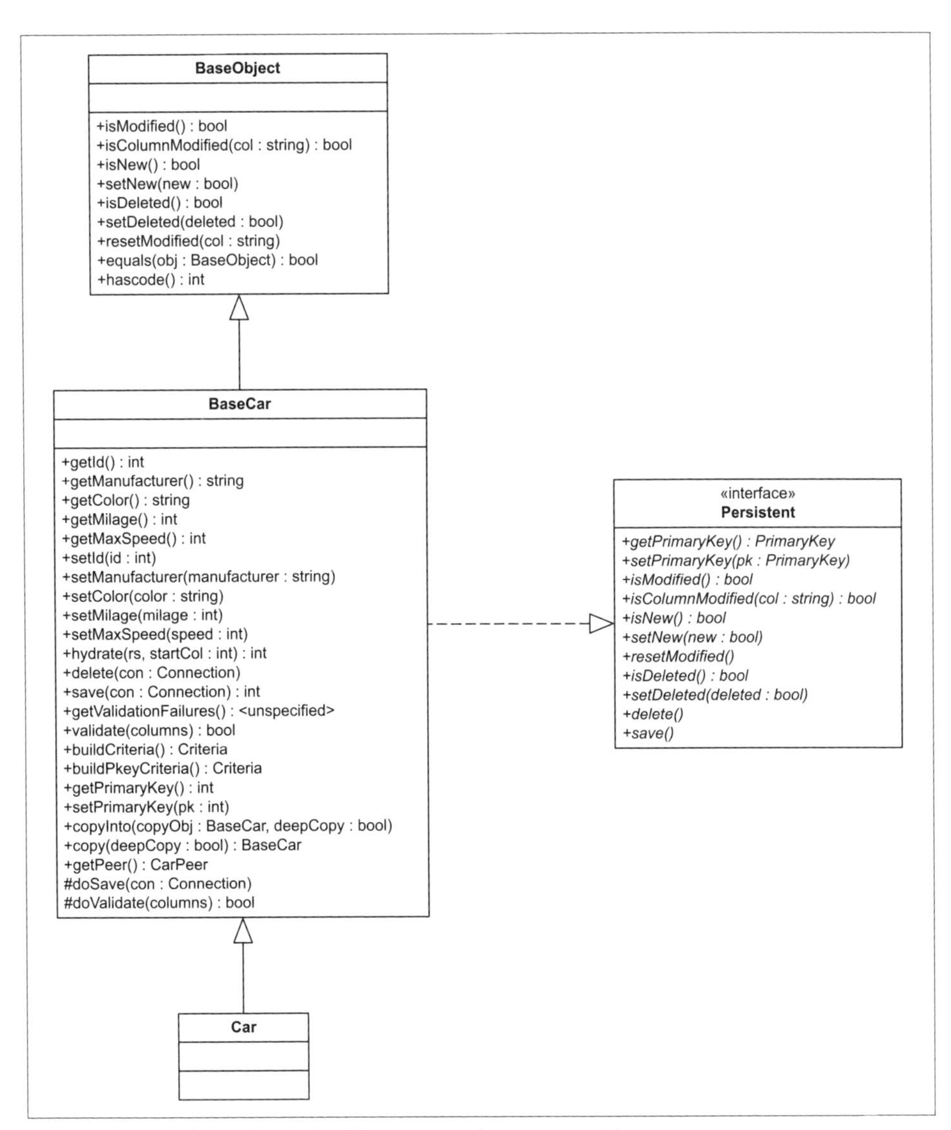

Abbildung 6-3: Klassenhierarchie der von Propel generierten Klassen

leitet, die einige Methoden zur Verfügung stellt, die von allen generierten Klassen gleichermaßen benötigt werden.

Weiterhin implementiert die Klasse `BaseCar` das von Propel definierte Interface `Persistent`. Dieses Interface fordert zum Beispiel die Methode `save()`, die Sie in den letzten Beispielen verwendet haben, um ein Auto persistent in der Datenbank zu speichern. Neben den Methoden, die vom Interface verlangt werden, stellt diese

Klasse auch die Setter- und Getter-Methoden zur Verfügung, mit denen der Zugriff auf die Eigenschaften des Objekts ermöglicht werden. Statt der Klasse Car könnten Sie also theoretisch auch die Klasse BaseCar verwenden, um auf die Datenbank zuzugreifen, wäre diese nicht als abstrakt deklariert.

Die Klasse Car hingegen ist eine leere Klasse, die lediglich von der Klasse BaseCar abgeleitet wird und somit alle Eigenschaften und Methoden dieser Klasse erbt. Wenn Sie die Datei *Car.php* öffnen, sehen Sie den folgenden PHP-Code:

```
/**
 * Skeleton subclass for representing a row from the 'car' table.
 *
 *
 *
 * This class was autogenerated by Propel on:
 *
 * 04/30/06 15:00:12
 *
 * You should add additional methods to this class to meet the
 * application requirements.  This class will only be generated as
 * long as it does not already exist in the output directory.
 *
 * @package rentalcompany
 */
class Car extends BaseCar {

} // Car
```

Die im Quellcode eingebettete Dokumentation gibt schon Auskunft darüber, warum Propel nicht eine Klasse, sondern stattdessen zwei zur Verfügung stellt. In der leeren Klasse Car ist es Ihnen freigestellt, beliebige weitere Methoden zu implementieren, die von Ihrer Applikation benötigt werden. Wenn Sie das propel-gen-Skript erneut aufrufen, überprüft dieses, ob die Datei *Car.php* bereits existiert, und überschreibt sie in diesem Fall nicht, damit Ihre Änderungen an der Datei nicht überschrieben werden.

Trotzdem ist es Ihnen möglich, die zu Grunde liegende Datenbankstruktur zu verändern und Propel anzuweisen, die Klassen für den Datenbankzugriff neu zu erstellen.

Als Nächstes machen Sie nun aus dem *Row-Data-Gateway*, den Propel für Sie vollständig generiert hat, ein *Active-Record*. Dadurch haben Sie zwei Vorteile:

- Die Car-Objekte stellen wie in allen vorherigen Beispielen des Buchs Domänenlogik zur Verfügung.
- Die Car-Objekte können durch den Aufruf der save()-Methode persistent in einer Datenbank gespeichert werden.

Dazu fügen Sie einfach die Domänenlogik in die generierte Klasse Car ein, indem Sie die entsprechenden Methoden aus Ihrer alten Car-Klasse kopieren. Dabei müssen Sie jedoch auf einige Dinge achten:

- Greifen Sie niemals direkt auf eine der von Propel verwalteten Eigenschaften der Klasse zu, sondern verwenden Sie immer die Getter- und Setter-Methoden. Diese stellen sicher, dass die geänderten Werte bei einem Aufruf der save()-Methode tatsächlich in die Datenbank geschrieben werden.
- Wenn Sie einen Konstruktur implementieren, müssen Sie daran denken, dass Propel selbst auch Instanzen der Klasse erzeugt (zum Beispiel bei der Verwenden der Klasse CarPeer) und dass Propel keine Werte an den Konstruktor übergibt. Alle Parameter, die im Konstruktor erwartet werden, müssen also auch mit einem Default-Wert versehen werden.
- Eigenschaften, die Sie in der Datenschicht persistent halten möchten, dürfen nicht in der Klasse Car deklariert werden, sondern müssen in das XML-Schema aufgenommen werden.

Unter Beachtung dieser Punkte ist es also ein Leichtes, die Klasse Car mit Domänenlogik zu versehen:

```
class Car extends BaseCar implements Vehicle {

    protected $engineStarted = false;

    public function __construct($manufacturer = null, $color = null, $milage = 0) {
        $this->setManufacturer($manufacturer);
        $this->setColor($color);
        $this->setMilage($milage);
    }

    public function __destruct() {
        if ($this->engineStarted) {
        $this->stopEngine();
        }
    }

    public function startEngine() {
        $this->engineStarted = true;
    }

    public function moveForward($miles) {
        // Wenn der Motor nicht läuft, kann nicht gefahren werden.
        if ($this->engineStarted !== true) {
            return false;
        }
        // Kilometerstand erhöhen.
        $this->setMilage($this->getMilage() + $miles);
        return true;
    }
```

```
    public function stopEngine() {
        $this->engineStarted = false;
    }

    public function getDailyRate($days = 1) {
        if ($days >= 7) {
            return 65.90;
        }
        return 75.50;
    }
}
```

Die Klasse stellt jetzt nicht nur die aus den vorherigen Kapiteln bekannten Methoden bereit, sondern implementiert dadurch auch wieder das `Vehicle`-Interface. Sie können diese Klasse also als vollwertigen Ersatz in den Beispielen der vorherigen Kapitel einsetzen. Und als Bonus implementiert die Klasse auch noch eine Abstraktionsschicht für die Speicherung der Daten, wie das folgende Beispiel zeigt:

```
$bmw = new Car('BMW', 'blau');

$bmw->startEngine();
$bmw->moveForward(200);
$bmw->stopEngine();
$bmw->save();
$id = $bmw->getId();

$bmw2 = CarPeer::retrieveByPK($id);
print "Marke: {$bmw2->getManufacturer()}\n";
print "KM    : {$bmw2->getMilage()}\n";
```

Nachdem Sie ein neues Auto instanziiert haben, fahren Sie mit diesem 200 km, bevor Sie es speichern. Danach holen Sie dasselbe Objekt anhand seiner ID aus der Datenbank und geben seine Eigenschaften aus:

```
Marke: BMW
KM    : 200
```

Wie Sie sehen können, wird der korrekte Kilometerstand in der Datenbank gespeichert.

Um sicherzustellen, dass alle Änderungen an den Objekten gespeichert werden, können Sie den Aufruf der `save()`-Methode in den Destruktor der Klasse aufnehmen. Dadurch speichert sich das Objekt selbst, bevor es aus dem Speicher gelöscht wird.

Mit Hilfe des Active-Record-Patterns konnten Sie nun also Domänenlogik mit der Logik zur persistenten Speicherung der Daten in einer Klasse vereinen.

Definition

Ein Active-Record ist ein Objekt, das eine Zeile in einer Datenbank repräsentiert, den Datenbankzugriff kapselt und Domänenlogik diesen Daten hinzufügt.

Um dieses Pattern in anderen Situationen einsetzen zu können, führen Sie die folgenden Schritte aus:

1. Erstellen Sie für jede Tabelle in Ihrer Datenbank eine Klasse, deren Instanzen eine Zeile der Tabelle repräsentieren.
2. Fügen Sie diesen Klassen Methoden hinzu, um Daten in der Tabelle einzufügen, zu verändern oder zu löschen.
3. Fügen Sie den Klassen nun Methoden für die Ausführung weiterer domänenspezifischer Logik hinzu. Achten Sie dabei darauf, dass diese Methoden die Datenbankabstraktion nicht umgehen.

Wie schon beim *Row-Data-Gateway-Pattern* ist die Implementierung des *Active-Record-Patterns* mit Propel einfach. Propel stellt Ihnen für jede Tabelle eine Klasse zur Verfügung, die Sie um die entsprechende Domänenlogik ergänzen können. Sie müssen dabei lediglich darauf achten, dass Sie immer die Setter- und Getter-Methoden verwenden, wenn Sie auf von Propel verwaltete Eigenschaften zugreifen. Abbildung 6-4 zeigt Ihnen ein UML-Diagramm des Active-Record-Patterns und demonstriert, wie dies in Propel angewandt wurde.

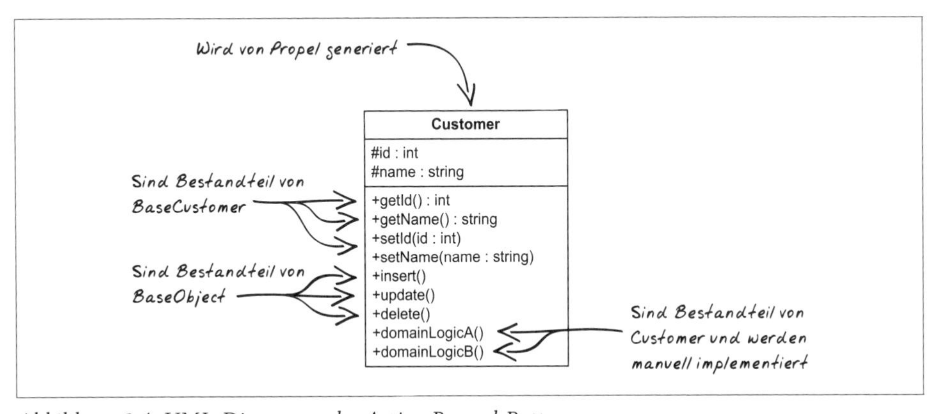

Abbildung 6-4: UML-Diagramm des Active-Record-Patterns

Konsequenzen

Wie der Einsatz des Row-Data-Gateway-Patterns führt auch der Einsatz des Active-Record-Patterns dazu, dass Ihre Applikation von SQL-Code befreit wird und auf verschiedene Datenbanksysteme portiert werden kann.

Es führt allerdings auch dazu, dass die Domänenlogik untrennbar mit dem Code der Datenschicht verbunden ist und diese Schichten sich überschneiden. Wenn Sie Propel einsetzen, stellt dies kein großes Problem dar, da der Code physikalisch nicht vermischt, sondern durch Einsatz von Vererbung in zwei verschiedenen Klassen implementiert wird.

Weitere Anwendungen

Neben den Autos können Sie das Active-Record-Pattern ebenfalls in den anderen Klassen der Autovermietung einsetzen und somit auch Domänenlogik den Kundenobjekten oder der Klasse `RentalAction` hinzufügen.

Somit können Sie schließlich wieder dieselbe API wie zu Beginn des Buchs verwenden, sind aber plötzlich in der Lage, alle Objekte persistent zu speichern und damit auch problemlos in einer Webumgebung einzusetzen.

Falls Sie sich schon seit Beginn der Lektüre dieses Buchs gewundert haben, warum die Persistenzschicht der Applikation aus allen Beispielen verbannt wurde, nur um diese einfacher verständlich zu machen, sind Sie nun sicherlich beruhigter. Wenn Sie Propel in der Datenschicht einsetzen, können Sie trotzdem weiterhin alle Patterns aus den vorangegangenen Kapiteln einsetzen und die einzelnen Objekte trotzdem problemlos persistent in einer Datenbank ablegen.

Weitere Patterns der Datenschicht

Neben den Patterns *Row-Data-Gateway* und *Active-Record* gibt es noch weitere Patterns, die bei der Implementierung der Datenschicht Ihrer Anwendung gute Dienste leisten können.

Das Table-Data-Gateway-Pattern

Mit dem Row-Data-Gateway konnten Sie bisher nur eine Zeile in Ihren Tabellen verwalten. Sicher möchten Sie jedoch in einigen Fällen auf mehr als einen Datensatz Ihrer Tabellen zugreifen, ohne dabei für jede einzelne Zeile in Ihrer Tabelle eine Instanz eines Objekts zu erzeugen. Dabei kommt das *Table-Data-Gateway-Pattern* ins Spiel.

Ein Table-Data-Gateway ist eine Klasse, das alle Zeilen einer Datenbank über eine einzelne Instanz verwaltet. Dazu bietet die Klasse zustandslose Methoden, um Daten aus der Tabelle zu selektieren, Daten zu aktualisieren oder neue Zeilen einzufügen.

Propel implementiert neben dem Row-Data-Gateway- und dem Active-Record-Pattern auch Teile des Table-Data-Gateway-Patterns. So bieten die `Peer`-Klassen die Möglichkeit, statt einer Liste von Objekten auch direkt das Ergebnis einer SQL-

Abfrage als Result-Set zu erhalten und zu bearbeiten. Genauso ist es möglich, Werte zu übergeben, um diese als neue Zeile einzufügen oder bestehende Zeilen zu aktualisieren, ohne dazu ein Objekt instanziieren zu müssen. Stattdessen kann dazu die Criteria-Klasse verwendet werden, die als Container für die Werte dient. Möchten Sie mit Hilfe des Table-Data-Gateways ein neues Auto hinzufügen, verwenden Sie dazu den folgenden Code:

```
$values = new Criteria();
$values->add(CarPeer::MANUFACTURER, 'BMW');
$values->add(CarPeer::COLOR, 'blau');
$values->add(CarPeer::MILAGE, 5000);

CarPeer::doInsert($values);

$values = new Criteria();
$values->add(CarPeer::MANUFACTURER, 'BMW');
$values->add(CarPeer::COLOR, 'rot');
$values->add(CarPeer::MILAGE, 0);

CarPeer::doInsert($values);
```

Dieser Code fügt zwei neue BMWs in die Datenbank ein, ohne dass Sie dazu eine Instanz der Klasse Car erzeugen mussten.

Wollen Sie diese Autos wieder aus der Tabelle auslesen, ohne dabei die Car-Klasse zu benutzen, können Sie die Methode doSelectRS() verwenden. Statt ein Array mit Car-Objekten zu liefern, ermöglicht Ihnen diese Methode, direkt das Result-Set der Datenbank zu nutzen, somit auf die Werte zugreifen zu können:

```
$c = new Criteria();
$c->add(CarPeer::MANUFACTURER, 'BMW');
$result = CarPeer::doSelectRS($c);
while ($result->next()) {
    $manufacturer = $result->get(2);
    $color = $result->get(3);

    print "{$manufacturer} ($color)\n";
}
```

Die get()-Methode des Result-Sets gibt dabei den Wert einer Spalte zurück. Wollen Sie die Autos auch wieder aus der Datenbank löschen, verwenden Sie dazu die doDelete()-Methode der Klasse CarPeer:

```
$c = new Criteria();
$c->add(CarPeer::MANUFACTURER, 'BMW');
CarPeer::doDelete($c);
```

Diese Anweisungen löschen alle Autos, deren Hersteller BMW ist.

Sie können mit Hilfe von Propel also auch auf die Daten einer Tabelle zugreifen, ohne dabei für jede Zeile der Tabelle ein eigenes Objekt instanziieren zu müssen.

Bevor Sie eine Applikation umsetzen, müssen Sie sich also entscheiden, ob Sie zur Repräsentation einer Zeile ein eigenes Objekt benötigen oder ob es ausreichend ist, direkt mit dem Result-Set der Datenbank zu arbeiten.

Neben den Gateway-Patterns gibt es jedoch noch weitere Design Patterns, die in der Datenschicht angesiedelt sind. Diese werden Sie nicht mehr im Detail anwenden, jedoch ist es hilfreich, wenn Sie von der Existenz der Patterns wissen, um sich bei Bedarf genauer über deren Arbeitsweise informieren zu können.

Das Data-Mapper Pattern

Das *Data-Mapper-Pattern* unterscheidet sich stark von den bisher verwendeten Design Patterns der Datenschicht.

Das Data-Mapper-Pattern definiert eine Schicht, die dafür zuständig ist, die Objekte einer Applikation auf den Datenspeicher zu mappen. Die Objekte bleiben voneinander und vom Mapper vollkommen unabhängig.

Der Einsatz dieses Patterns empfiehlt sich vor allem in zwei Fällen:

1. Die Objektstrukturen unterscheiden sich sehr stark von den Strukturen, die in relationalen Datenbanken abgebildet werden können. In der Mapper-Schicht kann beliebig komplexer Code dafür zuständig sein, die relevanten Informationen aus den Objekten zu extrahieren und diese in einer Datenbank oder einem anderen Datenspeicher abzulegen.
2. Die Objekte sollen in unterschiedlichen Schichten gespeichert werden. Dies kann entweder bereits parallel passieren, oder es ist noch offen, ob die Objekte zu einem späteren Zeitpunkt in einer anderen Art von Datenspeicher abgelegt werden.

Bei der Anwendung dieses Patterns enthalten Ihre Objekte keinerlei SQL-Code und erben auch nicht von Klassen, die SQL-Code enthalten. Die Objekte müssen nicht einmal wissen, ob sie überhaupt in einer Datenbank gespeichert werden.

Das Identity-Map-Pattern

Das *Identity-Map-Pattern* löst ein Problem, das durch die Anwendung eines der vorangegangenen Patterns erst aufgetreten ist. Wenn Sie sich den folgenden Code ansehen, fällt Ihnen vielleicht auf, welches Problem hier entsteht:

```
$bmw = CarPeer::retrieveByPK(1);
$bmw2 = CarPeer::retrieveByPK(1);

$bmw->setMilage(5000);
print "{$bmw->getMilage()}\n";
print "{$bmw2->getMilage()}\n";
```

Die Objekte `$bmw` und `$bmw2` repräsentieren beide dasselbe Auto, das unter dem Primärschlüssel 1 in der Datenbank gespeichert wurde. Wenn Sie jedoch eines der Objekte verändern, übernimmt das andere diese Änderung nicht automatisch. Somit haben Sie also zwei *Kopien* des Autos erzeugt. Wenn Sie die Änderungen auch wieder persistent in die Datenbank schreiben, werden die Probleme noch größer, da die zweite Änderung die erste Änderung überschreibt. Die Identity-Map löst dieses Problem, indem eine weitere Schicht zwischen die Applikation und die Datenbank gelegt wird, die vor dem Auslesen eines Objekts aus der Datenbank überprüft, ob dieses Objekt bereits existiert. Ist dies der Fall, wird dasselbe Objekt zurückgegeben, damit keine zwei Kopien eines Objekts entstehen können. Die Aufgabe einer Identity-Map ist zusammengefasst also folgende:

Die Identity-Map stellt sicher, das jedes Objekt nur einmal aus dem Datenspeicher geladen wird. Dazu speichert es die Objekte und sucht diese zuerst in der Map, falls sie erneut referenziert werden.

Es handelt sich hierbei also um ein *Singleton-Pattern* für Objekte, die in einem Datenspeicher abgelegt wurden. Dieses Pattern wird von Propel bislang nicht implementiert, es kann jedoch bei Bedarf leicht integriert werden, indem Sie die entsprechenden `Peer`-Klassen um diese Funktionalität erweitern.

Intermezzo: Das Registry-Pattern

In der Theorie klingt die Aufteilung einer Applikation in Schichten, die sich keine Daten teilen, wie eine sehr gute Idee. In der Praxis werden Sie jedoch häufig auf das Problem stoßen, dass manche Objekte und Daten in mehr als einer Schicht benötigt werden. Diese Objekte müssen also bei den Methodenaufrufen von einer Schicht zur nächsten durchgereicht werden. Oft endet dies damit, dass Methoden Objekte, die sie selbst nicht benötigen, einfach nur durchreichen, da diese von einer anderen Schicht benötigt werden. Dabei werden Methodensignaturen schnell sehr komplex und unübersichtlich.

Das *Registry-Pattern* bietet Ihnen eine Möglichkeit, Daten an einer zentralen Stelle abzulegen, auf die alle Schichten Ihrer Applikation zugreifen können. Damit entfällt die Anforderung, Objekte durch die Schichten durchzureichen.

Motivation

Nehmen Sie an, Sie speichern die Konfiguration Ihrer Applikation in einem Objekt der Klasse `Configuration`. Die Erzeugung des Objekts ist sehr ressourcenaufwendig, daher möchten Sie nur eine Instanz des Objekts verwenden. Sie benötigen jedoch an verschiedenen Stellen Ihrer Applikation Zugriff auf dieses Objekt. Analog dazu verwenden Sie eine `Logger`-Klasse, die ein Protokoll in eine Logdatei schreibt und die Sie auch an verschiedenen Stellen Ihrer Applikation nutzen möchten. Da verschiedene Logs geschrieben werden, soll es auch verschiedene Instanzen dieser Klasse geben.

In Kapitel 3 haben Sie das *Singleton-Pattern* kennen gelernt und möchten dieses nun einsetzen, um einen globalen Zugriffspunkt auf die jeweiligen Objekte zu erhalten. Allerdings wurden beide Klassen nicht von Ihnen implementiert, deshalb ist es nicht möglich, in die Klassen selbst Code einzufügen. Außerdem soll es von beiden Klassen beliebig viele Instanzen geben können, falls noch eine zweite Konfiguration benötigt wird.

Zweck des Patterns

Eine Möglichkeit, den Zugriff aus allen Schichten auf diese Objekte zu ermöglichen, wäre der Einsatz von globalen Variablen. Da diese allerdings problembehaftet sind – sie können zum Beispiel aus Unachtsamkeit überschrieben werden – sollten Sie stattdessen auf das *Registry-Pattern* zurückgreifen.

Eine Registry speichert Objekte oder Informationen, die von anderen Objekten gemeinsam genutzt werden. Auf die Registry kann über einen globalen Zugriffspunkt zugegriffen werden.

Um eine Registry, die das `Configuration`- und das `Logger`-Objekt speichern kann, zu implementieren, sind die folgenden Schritte nötig:

1. Implementieren Sie eine neue Klasse `Registry` und implementieren Sie mit Hilfe des Singleton-Patterns einen globalen Zugriffspunkt.
2. Implementieren Sie Methoden, um die Informationen in der Registry zu speichern.
3. Implementieren Sie Methoden, um auf die Informationen in der Registry zuzugreifen.

Implementierung

Um den globalen Zugriffspunkt zu schaffen, verwenden Sie das Singleton-Pattern, das Sie bereits in Kapitel 3 eingesetzt haben. Dazu fügen Sie der Klasse `Registry` eine statische Eigenschaft `$instance` hinzu und verbieten die Nutzung des Konstruktors sowie der Clone-Funktionalität von außerhalb der Klasse.

Um das Objekt zu instanziieren, implementieren Sie eine Methode `getInstance()`, die eine neue Instanz erstellt, sofern diese nicht bereits vorhanden ist.

```
class Registry {
    protected static $instance = null;

    public static function getInstance() {
```

```
        if (self::$instance === null) {
            self::$instance = new Registry();
        }
        return self::$instance;
    }

    protected function __construct() {
    }

    private function __clone() {
    }
}
```

Nun müssen Sie nur noch Methoden implementieren, mit deren Hilfe Daten in der Registry abgelegt werden können und auf die wieder zugegriffen werden kann. Intern speichern Sie diese Daten einfach in einem Array `$values`.

Um Informationen in diesem Array ablegen zu können, verwenden Sie die Methode `set()`, der ein Name übergeben wird, unter dem die Information gespeichert werden soll, sowie natürlich das zu speichernde Objekt selbst. Um auf das gespeicherte Objekt zugreifen zu können, implementieren Sie eine Methode `get()`, der nur der beim Speichern verwendete Name übergeben wird. Diese liefert das unter diesem Namen abgelegte Objekt zurück.

```
class Registry {
    ... Eigenschaften und Methoden der Klasse ...

    protected $values = array();

    public function set($key, $value) {
        $this->values[$key] = $value;
    }

    public function get($key) {
        if (isset($this->values[$key])) {
            return $this->values[$key];
        }
        return null;
    }
}
```

Damit haben Sie schon eine funktionsfähige Registry implementiert, die Sie im nächsten Schritt nun testen können. Als Erstes benötigen Sie dazu jedoch die Objekte, die in der Registry abgelegt werden sollen. Der Einfachheit halber deklarieren Sie dazu zwei leere Klassen:

```
class Configuration {
}
class Logger {
}
```

Nun holen Sie sich mit `getInstance()` Ihre eindeutige Registry und verwenden die `set()`-Methode, um jeweils eine Instanz dieser Klassen in der Registry abzulegen:

```
$registry = Registry::getInstance();
$registry->set('config', new Configuration());
$registry->set('logger', new Logger());
```

Benötigen Sie nun in einer anderen Schicht Ihrer Applikation Zugriff auf eines dieser Objekte, holen Sie sich wieder eine Referenz auf die Registry und nutzen dann die `get()`-Methode, um auf die abgelegten Objekte zuzugreifen:

```
$reg = Registry::getInstance();

print_r($reg->get('config'));
print_r($reg->get('logger'));
```

Wenn Sie diesen Code ausführen, sehen Sie wie erwartet die folgende Ausgabe:

```
Configuration Object
(
)
Logger Object
(
)
```

Sie konnten also die beiden Objekte über die Verwendung einer Registry problemlos von einer Stelle Ihrer Applikation zu einer anderen transportieren, ohne dass dazu die Klassen der transportierten Objekte erweitert werden mussten.

Leider hat mit dieser Registry das Hauptproblem der globalen Variablen wieder Einzug in Ihre Applikation gehalten. Schauen Sie sich dazu den folgenden Codeausschnitt an:

```
$config = array(
            'dir'   => '/var/www/',
            'debug' => true
          );
$registry->set('config', $config);
```

Hierbei wird ein einfaches PHP-Array unter dem Namen `config` in der Registry abgelegt. Diesen Namen hatten Sie jedoch auch schon für die Instanz der `Configuration`-Klasse genutzt, die jetzt bei Ausführung dieses Codes überschrieben wird.

Würden Sie nun das Objekt wieder aus der Registry holen und eine Methode auf dem Objekt aufrufen wollen, reagiert PHP mit einer Fehlermeldung, da statt des erwarteten Objekts ein Array zurückgeliefert wird, das natürlich keine Methoden zur Verfügung stellt. Die Registry macht aktuell noch nichts anderes, als globale Variablen in einem Array nachzubilden.

Um dieses Problem zu umgehen, sollte die Registry absichern, dass unter einem bestimmten Namen immer ein Objekt eines bestimmten Typs abgelegt werden kann. Somit können Sie beim erneuten Zugriff auf das Objekt sicherstellen, dass Sie die erwartete Rückgabe erhalten. Um dies zu ermöglichen, unterbinden Sie zunächst den öffentlichen Zugriff auf die set()- und get()-Methoden, indem Sie diese als protected deklarieren. Um trotzdem Objekte abspeichern zu können, implementieren Sie neue Methoden, die immer nur ein Objekt eines bestimmten Typs akzeptieren und diese unter einem zuvor fest definierten Namen im Array abspeichern.

Um sowohl die Konfiguration als auch den Logger in der Registry abspeichern zu können, benötigen Sie zwei Methoden:

- setConfiguration() erwartet ein Objekt vom Typ Configuration und legt dieses unter dem Namen config im Array ab.
- setLogger() akzeptiert nur ein Objekt vom Typ Logger und speichert dieses mit dem Key *logger* im Array ab.

Analog dazu implementieren Sie die Methoden getConfiguration() und getLogger(), um den öffentlichen Zugriff auf die Objekte zu erlauben. Ihre geänderte Registry sieht nun also folgendermaßen aus:

```
class Registry {
    ... Eigenschaften und Konstruktor ...

    const KEY_CONFIGURATION = 'config';
    const KEY_LOGGER = 'logger';

    protected function set($key, $value) {
        $this->values[$key] = $value;
    }

    protected function get($key) {
        if (isset($this->values[$key])) {
            return $this->values[$key];
        }
        return null;
    }

    public function setConfiguration(Configuration $config) {
        $this->set(self::KEY_CONFIGURATION, $config);
    }

    public function setLogger(Logger $logger) {
        $this->set(self::KEY_LOGGER, $logger);
    }

    public function getConfiguration() {
        return $this->get(self::KEY_CONFIGURATION);
    }

    public function getLogger() {
        return $this->get(self::KEY_LOGGER);
    }
}
```

Um einen Überblick über die intern verwendeten Namen zu erhalten, wurden diese als Klassenkonstanten definiert. Zum Abspeichern der beiden Objekte in dieser Registry muss nun der folgende Code verwendet werden:

```
$registry = Registry::getInstance();
$registry->setConfiguration(new Configuration());
$registry->setLogger(new Logger());
```

Analog dazu muss auch der Code, der die Objekte aus der Registry holt, angepasst werden:

```
$reg = Registry::getInstance();
print_r($reg->getConfiguration());
print_r($reg->getLogger());
```

Durch diese Änderung ist die Registry typsicher geworden, und Sie können sich darauf verlassen, immer die erwarteten Objekte zu erhalten.

Wenn Sie häufig auf Objekte zugreifen müssen, die innerhalb der Registry gespeichert sind, ist es sinnvoll, statische Hilfsmethoden zu implementieren, um nicht für jeden Zugriff auf ein Objekt die `getInstance()`-Methode verwenden zu müssen.

```
public static function getLoggerStatic() {
    return self::getInstance()->getLogger();
}
```

Sie können bei Bedarf auch alle Getter- und Setter-Methoden statisch implementieren und somit gänzlich auf den Einsatz der `getInstance()`-Methode verzichten.

Die Registry bietet also eine einfache Möglichkeit, beliebige Informationen zwischen den Schichten Ihrer Applikation auszutauschen, ohne dabei die Gefahren globaler Variablen in Ihre Anwendung einzuführen.

Definition

Eine Registry speichert Objekte oder Informationen, die von anderen Objekten gemeinsam genutzt werden. Auf die Registry kann über einen globalen Zugriffspunkt zugegriffen werden.

Um eine Registry zu implementieren, sind immer die folgenden Schritte nötig:

1. Implementieren Sie eine neue Klasse für die Registry und verwenden Sie dabei das Singleton-Pattern, um einen globalen Zugriffspunkt auf die einzige Instanz der Klasse bereitzustellen.
2. Implementieren Sie die nicht öffentlichen `get()`- und eine `set()`-Methode, um Objekte in einer Klasseneigenschaft abspeichern zu können.

3. Deklarieren Sie für jedes abzulegende Objekt eine Klassenkonstante, die den Namen enthält, unter dem das Objekt intern abgelegt wird.
4. Implementieren Sie typsichere Setter-Methoden für jedes zu speichernde Objekt, das die entsprechende Klassenkonstante verwendet, um das Objekt intern zu speichern.
5. Implementieren Sie für jedes gespeicherte Objekt eine Methode, um auf das Objekt zugreifen zu können.

Wenn Sie diesen Schritten folgen, ist die Implementierung des Registry-Entwurfsmusters eine leichte Übung. Abbildung 6-5 zeigt Ihnen ein UML-Diagramm des Registry-Patterns.

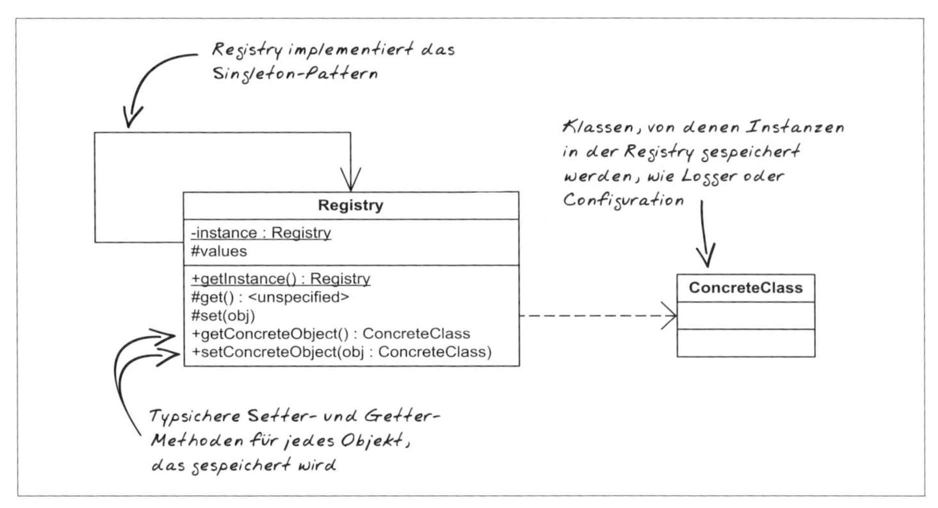

Abbildung 6-5: UML-Diagramm des Registry-Patterns

Konsequenzen

Durch den Einsatz des Registry-Patterns minimieren Sie den Gebrauch von globalen Variablen. Weiterhin kann die Registry dazu genutzt werden, die Signaturen der Methoden, die Objekte benötigen, die in der Registry vorhanden sind, zu vereinfachen. Ohne den Einsatz der Registry müssten diese Objekte als Parameter an die entsprechenden Methoden übergeben werden.

Die Registry durchbricht aber auch das strikte Schichtenmodell, indem sie es ermöglicht, Objekte zwischen den verschiedenen Schichten auszutauschen.

Ein weiteres Problem des Registry-Patterns ist, dass die Klasse um neue Methoden erweitert werden muss, wenn ein neues Element in der Registry gespeichert werden soll.

Weitere Anwendungen

In einer Applikation kann es durchaus mehr als eine Registry geben. Alle Daten, die in der bisher verwendeten Registry gespeichert wurden, sind auf Grund der Architektur von PHP nur innerhalb des aktuellen HTTP-Requests verfügbar. Am Ende des Requests gibt PHP den verwendeten Speicher wieder frei, so dass alle Objekte, die im Skript verwendet wurden, aus dem Speicher gelöscht werden. Der Begriff *Scope* bezeichnet hierbei die Gültigkeit der Objekte, im obigen Beispiel handelt es sich um den *Request-Scope*. Neben diesem gibt es in den meisten Applikationen noch zwei weitere Gültigkeitsbereiche für Daten. Der *Session-Scope* bezeichnet Daten, die während der gesamten Session eines Benutzers Gültigkeit besitzen, während der *Application-Scope* Daten bezeichnet, die für alle Benutzer einer Applikation identisch sind.

Daten, die für alle Benutzer gültig sind und von diesen gleichzeitig verwendet werden können, werden in PHP-Applikationen sehr oft in Datenbanken abgelegt, da PHP, anders als zum Beispiel Java, keine Möglichkeit bietet, um Objekte im Speicher zu halten, auf die von allen Benutzern zugegriffen werden kann.

Einen Session-Scope kennt PHP jedoch bereits seit PHP 4, als die Session-Erweiterung eingeführt wurde. Diese ermöglicht es einem Entwickler, Daten zu kennzeichnen, die beim nächsten Request desselben Benutzers erneut zur Verfügung stehen sollen. PHP kümmert sich darum, die Daten zwischen den beiden Requests persistent zu speichern. In einer Standard-PHP-Installation werden diese im Dateisystem abgelegt.

Diese Funktionalität kann man sich zu Nutze machen, um eine Session-Registry zu implementieren, die Objekte speichert, die zwischen zwei Requests einer Session ausgetauscht werden sollen. Dazu implementieren Sie eine neue Klasse `SessionRegistry`, die von der bisherigen `Registry`-Klasse abgeleitet wird und die Session-Funktionen von PHP nutzt, um die Daten innerhalb der Session zu speichern.

```
class SessionRegistry extends Registry {

    public static function getInstance() {
        if (self::$instance === null) {
            self::$instance = new SessionRegistry();
        }
        return self::$instance;
    }

    protected function __construct() {
        session_start();
        if (!isset($_SESSION['__registry'])) {
            $_SESSION['__registry'] = array();
        }
    }
```

```
    protected function set($key, $value) {
        $_SESSION['__registry'][$key] = $value;
    }

    protected function get($key) {
        if (isset($_SESSION['__registry'][$key])) {
            return $_SESSION['__registry'][$key];
        }
        return null;
    }
}
```

Dazu müssen Sie lediglich im Konstruktor die Funktion `session_start()` aufrufen. Danach werden alle Daten, die Sie in der Superglobalen `$_SESSION` ablegen, persistent zwischen zwei Requests gespeichert. In dieser Variablen legen Sie ein neues Array unter dem Namen `__registry` an, das in den `get()`- und `set()`-Methoden statt der `$values`-Eigenschaft verwendet wird, um die Objekte in der Registry abzulegen.

Nun müssen Sie nur noch eine `getInstance()` Methode implementieren, um eine Instanz der Klasse `SessionRegistry` erhalten zu können, und dann haben Sie die Registry schon auf Session-Scope umgestellt. Das folgende Beispiel kann einfach im Browser geöffnet werden und zeigt, dass nichts weiter nötig ist, um Objekte in einem Request in der Registry abzulegen und diese bei einem weiteren Request wieder auszulesen:

```
$registry = SessionRegistry::getInstance();

if (isset($_GET['read'])) {
    print '<pre>';
    print_r($registry->getConfiguration());
    print_r($registry->getLogger());
    print '</pre>';

} else {
    $registry->setConfiguration(new Configuration());
    $registry->setLogger(new Logger());

    printf('<a href="%s?read=true&amp;%s">Nächster Request</a>',
          $_SERVER['SCRIPT_NAME'], SID);
}
```

In diesem Beispiel steuert der URL-Parameter `read`, ob Daten aus der Registry ausgelesen oder hineingeschrieben werden sollen. In einer realen Applikation können jedoch auch unterschiedliche Skripten auf die Registry zugreifen.

Patterns der Business-Logik-Schicht

Die Schicht, die in den meisten Anwendungen am kritischsten betrachtet wird, ist sicherlich die *Business-Logik-Schicht*. Sie enthält die Logik, die eine Anwendung erst sinnvoll macht. Denn was nützt eine Darstellung oder persistente Speicherung von Daten, wenn die Daten selbst nicht verarbeitet oder in einen Zusammenhang gebracht werden. Die Business-Logik-Schicht sorgt dafür, dass eine Applikation Probleme der realen Welt beseitigt oder Arbeiten erleichtert; in ihr implementieren Sie die vom Auftraggeber gestellten Anforderungen.

Es gibt sehr wenige Patterns, die speziell auf die Business-Logik-Schicht zugeschnitten sind, denn schließlich sind die Anforderungen an diese Schicht von Applikation zu Applikation sehr unterschiedlich. Sie werden also in diesem Teil des Buchs keine weiteren Design Patterns kennen lernen, sondern stattdessen erfahren, dass Sie bereits seit der ersten Seite des ersten Kapitels ein Pattern angewandt haben, ohne es zu wissen.

Das Domain-Model-Pattern

Geschäftslogik kann in einigen Applikationen sehr komplex und ständigen Veränderungen unterworfen sein. Das *Domain-Model-Pattern* hilft Ihnen, die Anforderungen der Geschäftslogik so abzubilden, dass deren Komplexität leichter bewältigt werden kann.

Motivation

Bereits im gesamten Verlauf des Buchs haben Sie sich mit der Geschäftslogik einer Autovermietung befasst. Die Anforderungen reichten dabei vom Einkauf der Autos über die Vermietung sowie die Berechnung von Tagessätzen bis zur regelmäßigen Wartung der Fahrzeuge. Mit Hilfe von Klassen und Objekten haben Sie eine virtuelle Kopie der realen Daten und Abläufe implementiert, in der Sie die Probleme gelöst haben. Die Abbildung und Strukturierung von realen Vorgängen in der Software ist eine der zentralen Anforderungen an Sie als Softwareentwickler.

Zweck des Patterns

Um Anforderungen der realen Welt auf Software zu übertragen, wird das Domain-Model-Pattern eingesetzt.

Das Domain-Model-Pattern definiert ein Objektmodell der Geschäftsdomäne, das sowohl Daten als auch Verhalten, wie Regeln oder Prozesse, beinhaltet.

In den bisherigen Kapiteln haben Sie diese Regel bereits umgesetzt. Dazu waren die folgenden Schritte nötig:

1. Sie haben für alle Beteiligten, wie Autovermietung, Hersteller, Autos, Kunden etc., eigene Klassen implementiert.

2. Auch für die Regeln der Geschäftslogik haben Sie eigene Klassen implementiert.
3. Mit Hilfe verschiedener Entwurfsmuster haben Sie dann die einzelnen Akteure und Prozesse in eine enge Beziehung zueinander gebracht. Dadurch konnten Sie zum Beispiel entscheiden, wie ein Auto produziert werden muss, wann eine Inspektion fällig ist oder wie ein Mietprozess abzulaufen hat.

Implementierung

Die Implementierung dieses Musters liegt bereits hinter Ihnen. Dabei deklarierten Sie für jedes *Domänenobjekt* eine Klasse in Ihrer Applikation. Um die Autovermietung umzusetzen, waren die folgenden Klasse notwendig:

- `RentalCompany` als Repräsentation der Autovermietung selbst.
- Das `Vehicle`-Interface sowie die Klassen `Car`, `Convertible` und `Airplane`, die das Interface implementieren. Diese Klassen repräsentieren die einzelnen Fahrzeuge, die vermietet werden können.
- Die Klasse `Customer`, die einen Kunden der Autovermietung repräsentiert.

Jede dieser Klassen besitzt die gleichen Eigenschaften, die auch sein Gegenstück in der realen Welt besitzt. Weiterhin haben Sie in den Klassen auch Methoden implementiert, die dem Verhalten der Objekte in der realen Welt nacheifern.

Bei der Weiterentwicklung der Applikation haben Sie das Domain-Model um weitere Domänenobjekte ergänzt, die andere Akteure der Geschäftsprozesse oder die Regeln der Prozesse repräsentieren. Mit Hilfe von Struktur- und Verhaltensmustern haben Sie die Klassen und Objekte zueinander in Verbindung gesetzt oder miteinander agieren lassen.

Definition

Das Domain-Model-Pattern definiert ein Objektmodell der Geschäftsdomäne, das sowohl Daten als auch Verhalten, wie Regeln oder Prozesse, beinhaltet.

Wollen Sie dieses Pattern einsetzen, sind die folgenden Schritte nötig:

1. Analysieren Sie die Anforderungen der Geschäftslogik und arbeiten Sie dabei die Geschäftsdaten, die beteiligten Akteure sowie die Regeln heraus.
2. Implementieren Sie sowohl für die Daten als auch die Akteure und Regeln eigene Klassen, die deren Eigenschaften und Verhalten nachbilden.
3. Arbeiten Sie dabei mit Vererbung und den zuvor kennen gelernten Mustern, um die Klassen und Objekte zueinander in Beziehung zu setzen.

Ein UML-Diagramm wie bei den anderen Patterns suchen Sie an dieser Stelle vergeblich, da fast jedes der UML-Diagramme in den vorherigen Kapiteln auch als UML-Diagramm für das Domain-Model-Pattern gesehen werden kann. Genauso vielfältig wie das Einsatzgebiet ist auch die Anordnung der Klassen und Objekte bei diesem Muster.

Konsequenzen

Der Einsatz des Domain-Model-Patterns erzwingt immer, dass Ihre Anwendung auf objektorientiertem Design basiert. Wenn Sie dieses Pattern nutzen, wird eine zusätzliche Komplexität zum Aufbau Ihrer Applikation hinzugefügt.

Diese hat jedoch den Vorteil, dass zukünftige Erweiterungen leichter implementiert werden können, wie viele Beispiele in den vorangegangenen Kapiteln zeigen.

Weitere Anwendungen

Das Domain-Model-Pattern kann überall dort optimal eingesetzt werden, wo eine Applikation mit Daten aus der realen Welt arbeiten muss. Das Domain-Model wird oft schon nicht mehr als Entwurfsmuster angesehen, da es in fast jeder Anwendung, die auf objektorientiertem Code aufbaut, eingesetzt wird.

Sehr häufig wird beim Design des Domänenmodells bereits zumindest mit einem Auge auf die Datenschicht geschielt, um sicherzustellen, dass die Objekte leicht persistent abgespeichert werden können. Muster wie das Active-Record-Pattern, bei dem jede Klasse einer Datenbanktabelle entspricht, sind dabei sehr hilfreich.

Übersicht über die verwendeten Patterns

Abschließend gibt Ihnen Tabelle 6-1 noch einmal einen kurzen Überblick über alle in diesem Kapitel verwendeten Patterns, die in der Daten- oder Business-Logik-Schicht eingesetzt werden können.

Tabelle 6-1: Übersicht über die Patterns der Daten- und Business-Logik-Schicht

Pattern	Zweck	Konsequenzen
Row-Data-Gateway	Repräsentation einer Zeile einer Datenbanktabelle, über die die Zeile verändert werden kann.	Verbannt SQL-Anweisungen aus der Applikation. Erlaubt Portierung der Anwendung auf beliebige Datenbanken, ohne die Applikation ändern zu müssen. Verringert Performance der Anwendung.
Active-Record	Repräsentation einer Zeile einer Datenbanktabelle mit zusätzlicher Domänenlogik.	Verbannt SQL-Anweisungen aus der Applikation. Erlaubt Portierung der Anwendung auf beliebige Datenbanken, ohne die Applikation ändern zu müssen. Verringert Performance der Anwendung. Vermengt Domänenlogik mit Logik zum Speichern der Daten.

Tabelle 6-1: Übersicht über die Patterns der Daten- und Business-Logik-Schicht (Fortsetzung)

Pattern	Zweck	Konsequenzen
Registry	Speichert Objekte und stellt diese über einen globalen Zugriffspunkt zur Verfügung.	Vermeidet Nutzung globaler Variablen. Verkürzt Signaturen der Methoden, die die Objekte benötigen. Erschwert das Hinzufügen neuer Elemente. Durchbricht die klare Trennung der Schichten.
Domain-Model	Definiert Klassen, die Akteure, Verhalten oder Prozesse der realen Welt repräsentieren.	Erzwingt objektorientiertes Design. Erhöht die Komplexität beim Entwurf der Anwendung. Erhöht Erweiterbarkeit.

KAPITEL 7

Enterprise-Patterns: Die Präsentationsschicht

Nachdem Sie in den bisherigen Kapiteln Design Patterns angewandt haben, um die Business-Logik sowie die Datenschicht Ihrer Applikation erweiterbar zu halten, werden Sie in diesem letzten Kapitel auf Patterns stoßen, die Ihnen bei der Darstellung der Daten sowie der Interaktion mit dem Benutzer helfen. Die Design Patterns in diesem Kapitel sind der *Präsentationsschicht* zuzuordnen, die in *Command-Control-Schicht* und *View-Schicht* unterteilt werden kann.

Mit Hilfe des *Front-Controller-Patterns* werden Sie die verschiedenen Schichten Ihrer Architektur sauber voneinander entkoppeln und die einzelnen Komponenten wiederverwenden können. Um zusätzliche Logik in die Anwendung zu integrieren, werden Sie das *Intercepting-Filter-Pattern* einsetzen, das es Ihnen ermöglicht, die Anfrage eines Benutzers zentral zu modifizieren, bevor die eigentliche Business-Logik auf die Anfrage reagiert.

Nachdem Sie die Anfrage des Benutzers mit Hilfe dieser Patterns verarbeitet haben, werden Sie das *Template-View-Pattern* verwenden, um dem Benutzer das Ergebnis seiner Anfrage im Browser anzuzeigen. Dieses Pattern ermöglicht es Ihnen, die Darstellung der Daten von den eigentlichen Daten zu trennen und somit dieselbe Applikation zum Beispiel für mobile Endgeräte zur Verfügung zu stellen. Um Codeduplizierung an dieser Stelle zu vermeiden, werden Sie das *View-Helper-Pattern* einsetzen, das häufig genutzte Ausgabelogik zentral bereitstellt.

Zudem werden Sie mit dem *Event-Dispatcher* ein Pattern einsetzen, das keiner der Schichten zugeordnet werden kann, sondern die Kommunikation zwischen den einzelnen Schichten verbessert.

Patterns der Command-Control-Schicht

Eine Webapplikation ist nur dann eine echte Applikation und keine statische HTML-Homepage, wenn sie mit dem Benutzer hinter dem Browser interagiert.

Der Browser schickt HTTP-Anfragen und verpackt darin Informationen, die entweder als GET-Parameter an einen Link angefügt wurden oder die der Benutzer in ein Formular eingetragen hat. Ihre Webanwendung reagiert nun auf diese Anfragen und wertet dabei alle übergebenen Informationen aus. Diese können entweder nur dazu verwendet werden, um zu entscheiden, welche verfügbaren Informationen ein Benutzer sehen möchte, oder die übermittelten Daten sollen sogar persistent in der Datenschicht Ihrer Applikation gespeichert werden, damit diese bei späteren Besuchen erneut verfügbar sind.

Die *Command-Control-Schicht* stellt dabei sicher, dass die Business-Logik-Schicht nicht direkt mit dem HTTP-Protokoll verknüpft werden muss. Dadurch wird es möglich, die Geschäftslogik von der Webanwendung zu entkoppeln und auch in einem anderen Kontext zu nutzen. Auf diese Weise können Sie die Geschäftslogik neben der ursprünglichen Anwendung auch in einer Desktop-Applikation mit PHP-GTK oder einem Kommandozeilenskript einsetzen, ohne dafür Anpassungen vorzunehmen.

Mit Hilfe des Front-Controller-Patterns werden Sie einen zentralen Einstiegspunkt für Ihre Applikation schaffen, um Aufgaben, die für jede angeforderte Seite Ihrer Applikation gleich sind, zentral an einer Stelle abzuarbeiten. Ihnen wird das bereits angewandte *Command-Pattern*, dem die Command-Control-Schicht einen Teil ihres Namens verdankt, erneut begegnen, indem Sie spezialisierte Logik Ihrer Anwendung in `Command`-Objekte auslagern.

Und schließlich werden Sie mit Hilfe des `Intercepting-Filter-Patterns` die Anfragen bearbeiten, bevor und nachdem Ihre eigentliche Applikation darauf reagiert. Mit Hilfe dieses Patterns schaffen Sie eine Plugin-Schnittstelle, mit deren Hilfe zusätzliche Logik in die Verarbeitung der Anfrage eingefügt werden kann.

Das Front-Controller-Pattern

Die Aufgabe der Command-Control-Schicht in einer Webanwendung ist es, den HTTP-Request zu analysieren und die Anfrage mit allen enthaltenen Parametern an den entsprechenden Teil der Anwendung weiterzuleiten sowie deren Antwort an den Browser zurückzuschicken.

Da PHP bereits von Anfang an als Sprache für die Entwicklung von Webanwendungen gedacht war, wird diese Aufgabe bereits von PHP implementiert. Der Webserver ruft bei einem HTTP-Request eine Datei auf dem Server auf, die von PHP interpretiert wird. In dieser Datei können Sie über die Superglobalen `$_GET`, `$_POST`, `$_COOKIES`, `$_FILES` und `$_SERVER` auf alle in der Anfrage enthaltenen Parameter zugreifen und diese in Ihrer Business-Logik verwenden. PHP kümmert sich um die Verarbeitung der Anfrage und der entsprechenden Parameter und bietet Ihnen eine einfache, wenn auch nicht objektorientierte Schnittstelle, um darauf zuzugreifen. Die

Antwort Ihrer Applikation können Sie ebenso einfach an den Browser, der die Anfrage gesendet hat, zurückschicken, indem Sie zum Beispiel die `print`-Anweisung nutzen. Alles was an den Standard-Ausgabestrom (*STDOUT*) geschickt wird, senden PHP und der Webserver wieder an den Client zurück.

Sie mögen sich also fragen, warum die Command-Control-Schicht erneut implementiert werden sollte und warum sie Teil dieses Buchs ist. Dem Umstand, dass PHP bereits einen sehr einfachen Zugriff auf die Daten eines HTTP-Requests erlaubt, hat PHP zwar einen großen Teil seines Erfolgs zu verdanken, jedoch gibt es auch eine Kehrseite der Medaille. In vielen PHP-Applikationen werden in dieser Schicht die grundlegenden Regeln der Softwareentwicklung über Bord geworfen, und stattdessen wird nicht gegen Schnittstellen programmiert, Code dupliziert, oder es werden andere Verbrechen am Quellcode begangen. Sollen diese Applikationen später erweitert werden, stößt man genau in dieser zuvor vernachlässigten Schicht auf Probleme, die die Erweiterung komplizierter machen.

Das *Front-Controller-Pattern* wird Ihnen zeigen, wie Sie die Command-Control-Schicht so implementieren, dass Sie vor zukünftigen Anforderungen an die Applikation keine Angst haben müssen.

Motivation

Die Anforderungen an die Command-Control-Schicht einer Applikation sind mannigfaltig:

- Die Schicht soll das HTTP-Protokoll so abstrahieren, dass die Applikation vom Webumfeld entkoppelt werden kann, um so Teile der Anwendung auch über ein anderes Protokoll ansteuern zu können.
- Eine Webanwendung soll aus beliebig vielen Seiten bestehen können, die entweder Daten ausgeben oder Daten vom Benutzer entgegennehmen können.
- Es soll möglich sein, sehr einfach neue Seiten hinzuzufügen, die vollständig neue Logik enthalten können
- Es soll aber dennoch auch möglich sein, Logik, die auf allen Seiten benötigt wird, nur einmal zentral implementieren zu müssen.

Zur Verarbeitung einer Anforderung an eine Website müssen sehr viele Dinge erneut bei jeder Anfrage erledigt werden, um zum Beispiel die Sicherheit der Website zu gewährleisten. Um diese Arbeiten nur einmal erledigen zu müssen, können Sie das *Front-Controller-Pattern* einsetzen.

Zweck des Patterns

Um die oben genannten Anforderungen zu erfüllen, benötigen Sie also einen Front-Controller, der diese Aufgaben übernimmt:

Ein Front-Controller ist ein Objekt, das alle Anfragen an eine Webapplikation entgegennimmt und die Arbeiten durchführt, die bei allen Anfragen identisch sind. Zur Erzeugung der Antwort auf die Anfrage leitet es die Anfragen an die Objekte weiter, die die unterschiedlichen Anfragen verarbeiten können.

Um einen Front-Controller zu implementieren, sind die folgenden Schritte nötig:

1. Implementieren Sie eine Klasse, um auf die Parameter eines HTTP-Requests zugreifen zu können. Diese muss sowohl auf die GET- und POST-Parameter als auch auf die HTTP-Header zugreifen zu können.
2. Implementieren Sie eine Klasse, die verwendet werden kann, um Daten an den Client zurückzuschicken.
3. Definieren Sie eine gemeinsame Schnittstelle für die Objekte, die die Daten der einzelnen Seiten Ihrer Webanwendung erzeugen.
4. Implementieren Sie einige Klassen gemäß dieser Schnittstelle, um Ihre Anwendung mit Leben zu füllen.
5. Implementieren Sie eine Klasse, die anhand der HTTP-Anfrage entscheidet, welche der Klassen für die Bereitstellung des Inhalts der aktuellen Anfrage zuständig ist.
6. Implementieren Sie einen Controller, der die Anfrage an die ermittelte Klasse weiterdelegiert.

Nachdem Sie nun wissen, was zu tun ist, können Sie sich als Nächstes an die Implementierung machen.

Implementierung

Um einen Front-Controller zu implementieren, benötigen Sie zunächst eine Möglichkeit, um auf die Daten der HTTP-Anfrage zuzugreifen. PHP erlaubt Ihnen dies zwar schon über die Superglobalen wie zum Beispiel `$_REQUEST`, jedoch programmieren Sie bei der Verwendung dieser Variablen gegen eine konkrete Implementierung, die noch nicht einmal von Ihnen selbst entwickelt wurde. Somit berauben Sie sich jeder Möglichkeit, zu einem späteren Zeitpunkt den HTTP-Request geben eine SOAP- oder AJAX-Anfrage auszutauschen.

Statt also diese Variablen zu verwenden, abstrahieren Sie diese über eine objektorientierte Schnittstelle. Für eine erste Version Ihres Controllers ist das folgende Interface ausreichend:

```
interface Request {
    public function getParameterNames();
    public function issetParameter($name);
    public function getParameter($name);
    public function getHeader($name);
}
```

Diese Schnittstelle definiert die folgenden Methoden:

- `getParameterNames()` liefert eine Liste der Namen aller im Request übermittelten Parameter zurück.
- `issetParameter()` überprüft, ob ein bestimmter Parameter übermittelt wurde.
- `getParameter()` gibt den Wert eines übermittelten Parameters zurück.
- `getHeader()` liefert schließlich den Wert eines bestimmten HTTP-Headers.

Da Ihre Applikation im ersten Schritt nur mit HTTP-Anfragen arbeiten wird, implementieren Sie als Nächstes eine Klasse `HttpRequest`, die den Zugriff auf eine solche ermöglicht. Dazu muss die Klasse natürlich das zuvor definierte `Request`-Interface erfüllen.

```
class HttpRequest implements Request {

    private $parameters;

    public function __construct() {
        $this->parameters = $_REQUEST;
    }

    public function issetParameter($name) {
        return isset($this->parameters[$name]);
    }

    public function getParameter($name) {
        if (isset($this->parameters[$name])) {
            return $this->parameters[$name];
        }
        return null;
    }

    public function getParameterNames() {
        return array_keys($this->parameters);
    }

    public function getHeader($name) {
        $name = 'HTTP_' . strtoupper(str_replace('-', '_', $name));
        if (isset($_SERVER[$name])) {
            return $_SERVER[$name];
        }
        return null;
    }
}
```

Im Konstruktor der Klasse kopieren Sie die Werte aus der $_REQUEST-Superglobalen in die $parameters-Eigenschaft der Klasse und implementieren die Methoden getParameterNames(), issetParameter() und getParameter() so, dass sie auf dieses Array zugreifen. In der getHeader()-Methode verwenden Sie das $_SERVER-Array, das alle übermittelten HTTP-Header enthält. Dabei müssen Sie nur darauf achten, dass PHP die Namen der Header in Großschreibung konvertiert, Bindestriche durch Unterstriche ersetzt und allen Header-Namen noch den String »HTTP_« voranstellt.

Um nun mit Hilfe dieser Klasse auf einen Parameter des Requests zuzugreifen, verwenden Sie den folgenden PHP-Code:

```
$request = new HttpRequest();
if ($request->issetParameter('Name')) {
    print "Hallo " . $request->getParameter('Name');
}
```

Dieser Code überprüft nur, ob der Parameter Name übermittelt wurde, und schickt dann einen Gruß an den Browser zurück. Der Vorteil gegenüber der Verwendung von $_REQUEST ist jedoch, dass in Ihrem Code die Herkunft der Parameter nicht bekannt sein muss. Sie könnten eine *Fabrikmethode* nutzen, um das HttpRequest-Objekt zu erhalten, und würden somit nur noch gegen die Request-Schnittstelle implementieren. Ihr Code weiß nur noch, dass er auf eine Anfrage reagiert, aber nicht, von welchem Typ die Anfrage ist.

Wenn Ihnen die Verwendung von Methodenaufrufen zu viel Tipparbeit ist und Sie deswegen lieber weiterhin nur auf ein Array mit Parametern zugreifen möchten, müssen Sie nicht auf die genannten Vorteile verzichten. Stattdessen können Sie das in Kapitel 1 vorgestellte ArrayAccess-Interface nutzen, damit sich Ihr HttpRequest-Objekt wie ein PHP-Array ansprechen lässt.

Was Sie mit der HTTP-Anfrage gemacht haben, folgt in einem zweiten Schritt auch für die HTTP-Antwort. Um Daten an den Browser zurückzusenden, genügt zwar ein einfacher print-Aufruf, aber auch hier nehmen Sie sich die Flexibilität, zu einem späteren Zeitpunkt noch weitere Features einzufügen.

Definieren Sie also ein Interface, mit dessen Hilfe Sie eine Antwort an den Client schicken können:

```
interface Response {
    public function setStatus($status);
    public function addHeader($name, $value);
    public function write($data);
    public function flush();
}
```

Dafür werden die folgenden Methoden benötigt:

- setStatus() erlaubt Ihnen, den HTTP-Status der Antwort zu setzen. Damit können Sie später signalisieren, dass eine ungültige Anfrage gesendet wurde.
- Mit Hilfe der addHeader()-Methode fügen Sie einen Header hinzu, der an den Browser geschickt werden soll.
- Die write()-Methode wird verwendet, um Daten an den Client zu senden.
- Und die flush()-Methode führt letztlich dazu, dass alle bisher übergebenen Daten an den Client geschickt werden.

Analog zur HttpRequest-Klasse benötigen Sie nun eine HttpResponse-Klasse, die das Interface implementiert:

```
class HttpResponse implements Response {
    private $status = '200 OK';
    private $headers = array();
    private $body = null;

    public function setStatus($status) {
        $this->status = $status;
    }

    public function addHeader($name, $value) {
        $this->headers[$name] = $value;
    }

    public function write($data) {
        $this->body .= $data;
    }

    public function flush() {
        header("HTTP/1.0 {$this->status}");
        foreach ($this->headers as $name => $value) {
            header("{$name}: {$value}");
        }
        print $this->body;
        $this->headers = array();
        $this->data = null;
    }
}
```

In den setStatus()-, addHeader()- und write()-Methoden verändern Sie lediglich die Eigenschaften des Objekts. Erst wenn die flush()-Methode aufgerufen wird, werden die Daten an den Client geschickt.

Wenn Sie im zuvor verwendeten Hello-World-Beispiel nun auch noch diese Klasse nutzen möchten, sieht der Code folgendermaßen aus:

```
$request = new HttpRequest();
$response = new HttpResponse();
if ($request->issetParameter('Name')) {
    $response->write("Hallo ");
```

```
        $response->write($request->getParameter('Name'));
        $response->flush();
    }
```

Auch dieses Mal müssen Sie mehr Quellcode schreiben, als wenn Sie einfach nur die print-Anweisung nutzten, jedoch überwiegen hier ebenfalls die Vorteile. Die Verwendung einer Schnittstelle, um Daten an den Client zu schicken, ermöglicht Ihnen, die Daten zu verändern, bevor diese gesendet werden. Sie könnten also eine neue Implementierung schreiben, die die Antwort in XML verpackt, das von einem Webservice-Client verarbeitet wird.

Die Command-Schnittstelle

Nachdem Sie nun die Schnittstellen für den Zugriff auf die Anfragedaten und das Senden der Antwort haben, können Sie als Nächstes die Klassen implementieren, die für die Inhalte der einzelnen Seiten zuständig sind. Doch vor das Implementieren der Klassen haben die Grundregeln das Definieren eines Interfaces gesetzt:

```
interface Command {
    public function execute(Request $request, Response $response);
}
```

Für die Erzeugung der einzelnen Seiteninhalte sind also Objekte zuständig, die das Command-Interface implementieren. Dem Einsatz des Command-Patterns hat die Command-Control-Schicht einen Teil ihres Namens zu verdanken. Der Gebrauch des *Command-Patterns*, das Sie bereits in Kapitel 5 eingesetzt haben, hat verschiedene Vorteile:

1. Die einzelnen Command-Objekte sind austauschbar.
2. Es können leicht neue Klassen hinzugefügt werden, die neue Inhalte erzeugen.
3. Ein Seitenaufbau kann von mehr als einem Command-Objekt erzeugt werden. Dazu müssen lediglich mehrere Objekte zu einem zusammengefügt werden. Dazu kann das *Composite-Pattern* eingesetzt werden, das Sie auch schon erfolgreich angewandt haben.

Das Command-Interface erfordert nur die execute()-Methode, der sowohl ein Request- als auch ein Response-Objekt übergeben werden.

Es kann durchaus sinnvoll sein, im Command-Interface mehr als eine Methode zu fordern und somit den Lebenszyklus einer Applikation in den Command-Klassen nachzubilden. Dazu fügen Sie dem Interface zum Beispiel init()- und destroy()-Methoden hinzu, die beim Start bzw. am Ende des Requests aufgerufen werden.

Nun haben Sie alles implementiert, was Sie für die Fertigstellung eines ersten Objekts, das eine Seite erzeugt, benötigen. Dazu greifen Sie auf das bisher verwendete Beispiel zurück:

```
class HelloWorldCommand implements Command {
    public function execute(Request $request, Response $response) {
        if ($request->issetParameter('Name')) {
            $response->write("Hallo ");
            $response->write($request->getParameter('Name'));
        } else {
            $response->write("Hallo Unbekannter");
        }
    }
}
```

In der `execute()`-Methode überprüfen Sie, ob die Anfrage den einen Parameter `Name` enthielt, und senden diesen wieder zurück. Ist der Parameter nicht vorhanden, senden Sie stattdessen »Hallo Unbekannter« an den Browser.

Diese Klasse können Sie nun bereits testen, ohne dass Sie dazu weitere Klassen benötigen. Schreiben Sie das folgende Skript und führen Sie es im Browser aus:

```
$request = new HttpRequest();
$response = new HttpResponse();
$command = new HelloWorldCommand();
$command->execute($request, $response);
$response->flush();
```

In Ihrem Browser sollten Sie nun den Text »Hallo Unbekannter« sehen. Versuchen Sie nun durch Anfügen von *?Name=Stephan* an die URL einen Parameter an Ihr `Command`-Objekt zu senden. Sie sehen nun stattdessen den Text »Hallo Stephan«. Dem `HelloWorldCommand`-Objekt war es dabei vollkommen egal, woher der Parameter kam.

Auf die gleiche Art können Sie nun noch weitere Command-Implementierungen schreiben. Die folgende Klasse gibt zum Beispiel den verwendeten Browser aus. Dabei macht es Gebrauch von der vom Request bereitgestellten `getHeader()`-Methode:

```
class BrowserInfoCommand implements Command {
    public function execute(Request $request, Response $response) {
        $response->write('Ihr Browser: ');
        $response->write($request->getHeader('User-Agent'));
    }
}
```

Dieses Command können Sie auf die gleiche Art ausführen wie das `HelloWorldCommand`.

CommandResolver

Sie haben nun zwar die Erzeugung des Ergebnisses von der durch PHP bereitgestellten HTTP-Umgebung entkoppelt, aber für die Implementierung des Front-Controllers fehlt Ihnen noch ein wichtiger Schritt: Bisher haben Sie direkt in der aufgerufenen PHP-Datei die zuständige `Command`-Klasse eingebunden und instanziiert. Sie sind also noch nicht so weit, dass alle Anfragen zentral durch eine PHP-

Datei verarbeitet werden können, die die Anfrage dann an die verschiedenen Command-Objekte weiterdelegiert.

Dazu benötigen Sie noch eine Klasse, die anhand einer Anfrage entscheiden kann, welche Command-Implementierung für die aktuelle Anfrage zuständig ist. Um diese Zuordnungslogik von Anfrage zu Command so flexibel wie möglich zu machen, definieren Sie dafür zunächst ein Interface `CommandResolver`.

```
interface CommandResolver {
    public function getCommand(Request $request);
}
```

Alle Klassen, die dieses Interface implementieren, sind in der Lage zu entscheiden, welcher Befehl für die Erzeugung der Antwort verwendet werden soll. Dazu verlangt das Interface eine `getCommand()`-Methode, die den Request übergeben bekommt und das entsprechende Objekt zurückliefert.

Die Logik der unterschiedlichen `CommandResolver`-Klassen kann dabei so komplex sein, wie Ihre Applikation es verlangt. Für ein erstes Beispiel genügt eine einfache Implementierung, die nach dem folgenden Schema arbeitet:

- Der Name des Commands kann in dem Parameter `cmd` (für command) übergeben werden.
- Der Wert des `cmd`-Parameters muss identisch mit dem Namen der `Command`-Klasse sein.
- Wird kein `cmd`-Parameter übergeben, soll per Default das `HelloWorldCommand` verwendet werden.

Um diese Anforderungen umzusetzen, wird jedes Command in einer eigenen PHP-Datei im Ordner *commands* gespeichert, die den gleichen Namen wie die Klasse trägt. Dadurch ergibt sich also die folgende Ordnerstruktur:

```
commands/
    BrowserInfoCommand.php
    HelloWorldCommand.php
    ... weitere Command-Implementierungen
```

Als Nächstes implementieren Sie einen `CommandResolver`, dem Sie im Konstruktor einen Pfad zu den Command-Dateien sowie den Namen eines Default-Commands übergeben können. Diese werden in Objekteigenschaften gespeichert.

```
class FileSystemCommandResolver implements CommandResolver {
    private $path;
    private $defaultCommand;

    public function __construct($path, $defaultCommand) {
        $this->path = $path;
        $this->defaultCommand = $defaultCommand;
    }
}
```

Da diese Klasse das CommandResolver-Interface implementiert, muss sie natürlich die getCommand()-Methode zur Verfügung stellen. In dieser Methode überprüfen Sie, ob der Request den Parameter cmd enthält, und versuchen, die Klasse mit diesem Namen zu laden. Ist der Parameter nicht gesetzt oder das angeforderte Command-Objekt konnte nicht geladen werden, laden Sie stattdessen das Default-Command.

```
class FileSystemCommandResolver implements CommandResolver {
    ... Eigenschaften und Konstruktor ...

    public function getCommand(Request $request) {
        if ($request->issetParameter('cmd')) {
            $cmdName = $request->getParameter('cmd');
            $command = $this->loadCommand($cmdName);
            if ($command instanceof Command) {
                return $command;
            }
        }
        $command = $this->loadCommand($this->defaultCommand);
        return $command;
    }
}
```

Als Letztes bleibt nur noch, die loadCommand()-Methode zu implementieren, die die Command-Klasse lädt und instanziiert. Dieser Teil der Klasse könnte natürlich auch sehr gut in eine statische Fabrikmethode ausgelagert und somit einfacher wiederverwendet werden. Für ein Beispiel reicht es aus, die Methode im CommandResolver zu implementieren.

```
class FileSystemCommandResolver implements CommandResolver {
    ... Eigenschaften, Konstruktor und getCommand()-Methode ...

    protected function loadCommand($cmdName) {
        $class = "{$cmdName}Command";
        $file  = "commands/{$cmdName}Command.php";
        if (!file_exists($file)) {
            return false;
        }
        include_once $file;
        if (!class_exists($class)) {
            return false;
        }
        $command = new $class();
        return $command;
    }
}
```

Möchten Sie diesen CommandResolver nun einmal in Aktion sehen, verwenden Sie dazu den folgenden Code:

```
$request = new HttpRequest();
$response = new HttpResponse();
$resolver = new FileSystemCommandResolver('commands', 'HelloWorld');
```

```
$command = $resolver->getCommand($request);
$command->execute($request, $response);
$response->flush();
```

Anstatt das Command-Objekt direkt an der Stelle zu instanziieren, an der Sie es verwenden, geben Sie diese Arbeit an den CommandResolver weiter. Dieser gibt dann eine Command-Instanz zurück, die Sie verwenden. Sie haben also Ihr Skript wieder komplett frei von der konkreten Command-Implementierung.

Versuchen Sie nun, diese Datei aufzurufen und *?cmd=BrowserInfo* an die URL anzuhängen. Sie erhalten die Ausgabe des BrowserInfo-Commands. Fordern Sie keinen speziellen Befehl an, erhalten Sie die Ausgabe des Default-Befehls.

Auf den ersten Blick sehen die URLs, die beim Einsatz eines Front-Controllers verwendet werden, nicht so schön aus, da der Name des auszuführenden Befehls als GET-Parameter übergeben werden muss. Sie können dies jedoch durch den Einsatz von URL-Rewriting sehr einfach umgehen und den Namen des Commands in der URL kodieren. Dadurch erhalten Sie zum Beispiel URLs der folgenden Form:

http://www.example.com/cmd/BrowserInfo

http://www.example.com/cmd/HelloWorld/?Name=Stephan

Durch eine Rewrite-Rule im Webserver können Sie den Namen des Commands trotzdem aus dem cmd-Parameter auslesen.

Als Letztes bleibt Ihnen nur noch, den Code, der die einzelnen Komponenten ausführt, in einer Klasse zu kapseln. Dazu dient die Klasse FrontController:

```
class FrontController {

    private $resolver;

    public function __construct(CommandResolver $resolver) {
        $this->resolver = $resolver;
    }

    public function handleRequest(Request $request, Response $response) {
        $command = $this->resolver->getCommand($request);
        $command->execute($request, $response);
        $response->flush();
    }
}
```

Im Konstruktor übergeben Sie den zu verwendenden CommandResolver, der in der handleRequest()-Methode genutzt wird, um das Command-Objekt zu bestimmen, das für die Abarbeitung der Anfrage zuständig ist. An dieses geben Sie dann das Request- und das Response-Objekt weiter, bevor Sie das Ergebnis an den Browser zurücksenden. In dieser handleRequest() Methode können Sie nun noch beliebigen Code einfügen, der bei der Abarbeitung jeder Seite ausgeführt werden soll. Mit dem

Intercepting-Filter werden Sie später ein Pattern kennen lernen, das Ihnen ermöglicht, zur Laufzeit beliebigen Code an dieser Stelle einzufügen.

Ihre *index.php*-Datei, die das Front-Controller-Pattern nutzt, enthält nun also nur noch den folgenden Code:

```
$resolver = new FileSystemCommandResolver('commands', 'HelloWorld');
$controller = new FrontController($resolver);

$request = new HttpRequest();
$response = new HttpResponse();

$controller->handleRequest($request, $response);
```

Rufen Sie jetzt die folgenden URLs in Ihrem Browser auf, um die einzelnen Commands zu testen:

```
http://localhost/front-controller/
http://localhost/front-controller/?cmd=HelloWord&Name=Stephan
http://localhost/front-controller/?cmd=BrowserInfo
```

Soll Ihre Applikation nun um eine weitere Seite ergänzt werden, genügt es, eine weitere Klasse zu schreiben, die das `Command`-Interface implementiert, und diese im *commands*-Ordner abzulegen.

Das folgende Beispiel zeigt eine Klasse, die zwei Zahlen addieren kann.

```
class AdditionCommand implements Command {

    public function execute(Request $request, Response $response) {

        if (!$request->issetParameter('a') || !$request->issetParameter('b')) {
            $response->write('Bitte Parameter "a" und Parameter "b" setzen.');
         } else {
            $a = (int)$request->getParameter('a');
            $b = (int)$request->getParameter('b');
            $sum = $a + $b;
            $response->write("{$a} + {$b} = {$sum}");
         }
        $response->flush();
    }
}
```

Nachdem Sie diese Klasse in der Datei *AdditionCommand.php* im Ordner *commands* abgespeichert haben, rufen Sie die URL *http://localhost/front-controller/?cmd=Addition&a=4&b=8* auf. Im Browser sehen Sie nun die folgende Ausgabe:

```
4 + 8 = 12
```

Sie haben damit erfolgreich Ihren ersten Front-Controller implementiert. Auf den ersten Blick mag Ihnen das Ergebnis nicht sehr spektakulär erscheinen. Zwar wäre es in prozeduralem PHP innerhalb weniger Zeilen möglich gewesen, das gleiche Ergebnis zu erreichen, jedoch bietet Ihnen die Anwendung des Front-Controller-

Patterns alle Vorzüge der objektorientierten Programmierung, die Sie in den bisherigen Kapiteln kennen gelernt haben. So können Sie nahezu jede der Klassen gegen eine andere Implementierung austauschen und zum Beispiel anhand von Konfigurationsdateien entscheiden, welches Command auf welcher Seite ausgeführt werden soll. Genauso ist es möglich, mehr als ein Command auszuführen, indem Sie das *Composite-Pattern* einsetzen oder den Request mit Hilfe des *Decorator-Patterns* um Zuständigkeiten erweitern. Und dabei bleibt Ihr Code jederzeit erweiterbar, ohne dass dabei bestehender Code verändert werden muss.

Im Laufe dieses Kapitels werden Sie noch weitere Patterns kennen lernen, die die Arbeit mit dem Controller einfacher und komfortabler machen.

Definition

Ein Front-Controller ist ein Objekt, das alle Anfragen an eine Webapplikation entgegennimmt und die Arbeiten durchführt, die bei allen Anfragen identisch sind. Zur Erzeugung der Antwort auf die Anfrage leitet es die Anfragen an die Objekte weiter, die die unterschiedlichen Anfragen verarbeiten können.

Um in anderen Webapplikationen auf dieses Pattern zurückzugreifen, verwenden Sie entweder den bestehenden Code oder befolgen diese Schritte:

1. Definieren Sie Schnittstellen zum Zugriff auf die HTTP-Anfrage und die Antwort und schreiben Sie konkrete Implementierungen dieser Interfaces.
2. Definieren Sie eine Schnittstelle für die Befehle, die die Seiten bereitstellen.
3. Schreiben Sie beliebig viele konkrete `Command`-Klassen, die diese Schittstelle implementieren.
4. Implementieren Sie einen Resolver, der das entsprechende `Command`-Objekt für eine HTTP-Anfrage zurückliefert.
5. Implementieren eine Controller-Klasse, die den Resolver verwendet, um den passenden Befehl für die aktuelle Anfrage zu erhalten, und die diesen ausführt.

Die speziellen Anforderungen Ihrer Applikation können Sie nun in die entsprechenden Stellen der Architektur problemlos integrieren. Abbildung 7-1 zeigt Ihnen ein UML-Diagramm des Front-Controllers.

Konsequenzen

Der Einsatz eines Front-Controllers erfordert einiges mehr an Arbeit, als dies nötig wäre, wenn Sie mehrere PHP-Dateien anlegen würden, die direkt vom Webserver aufgerufen werden. Wie das Beispiel gezeigt hat, sind sehr viele Interfaces und Klassen nötig, um das Pattern anzuwenden.

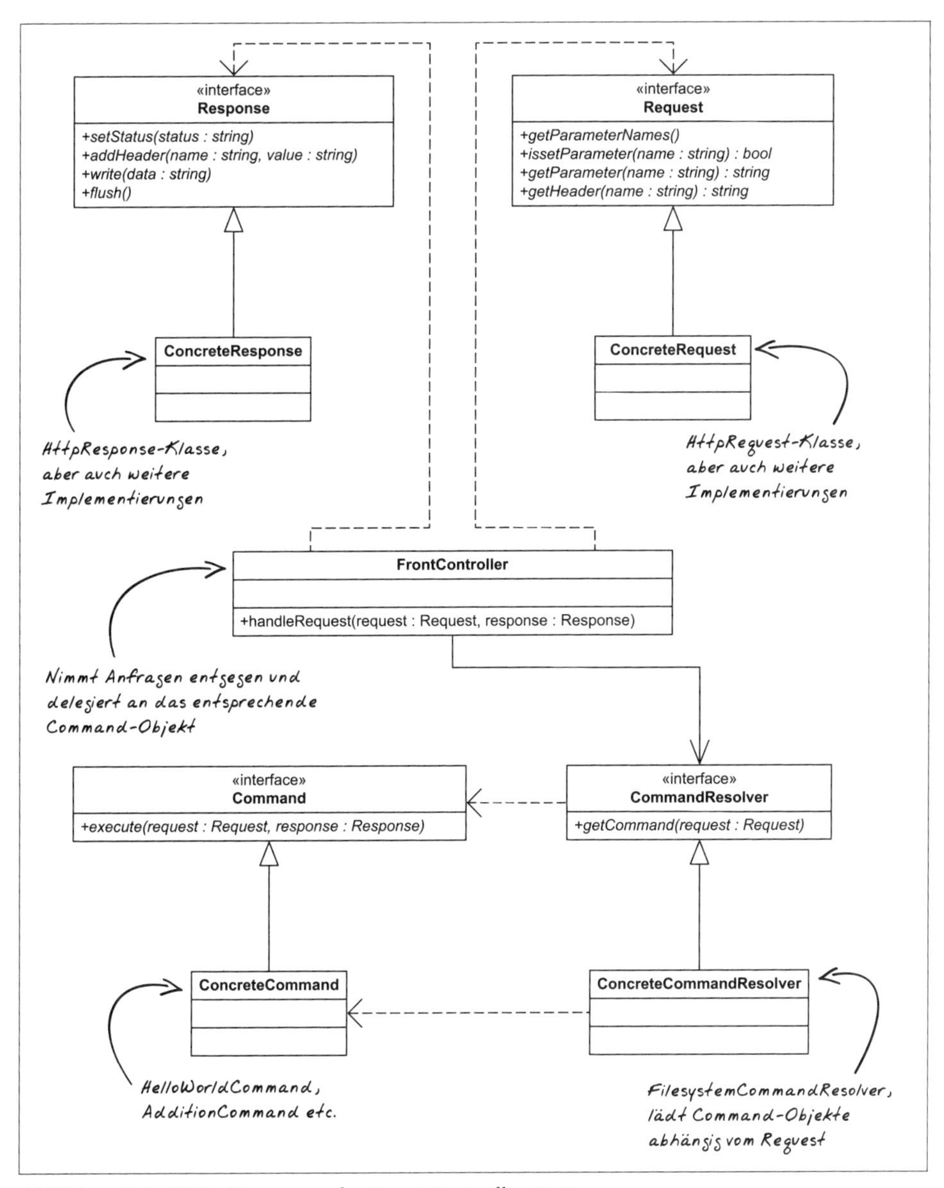

Abbildung 7-1: UML-Diagramm des Front-Controller-Patterns

Dieser Mehraufwand wird allerdings dadurch gerechtfertigt, dass der Front-Controller Codeduplizierung vermeidet und Ihre Anwendung sehr erweiterbar wird. Neue Command-Implementierungen können sehr leicht der Applikation hinzugefügt werden, ohne den bestehenden Code verändern zu müssen.

Weitere Anwendungen

Die gezeigte Front-Controller-Implementierung ist sehr simpel. Wenngleich sie als Beispiel für eine MVC-Architektur ausreichend ist, werden Sie diese in realen Anwendungen in dieser Form so gut wie nie antreffen. Die PHP-Open Source-Gemeinde bietet bereits sehr viele Front-Controller an, auf deren Basis Sie sehr einfach neue Webapplikationen implementieren können.

Ein bekanntes Beispiel ist das relativ neue *Zend Framework*[1], das einen Controller bietet, der einige interessante Features bereitstellt. Analog zum verwendeten Controller-Beispiel findet eine Zuordnung von URL zu Command hier auch einfach über den Klassennamen statt, jedoch werden nicht einfache Command-Objekte verwendet, sondern jedes Command ist ein *Action-Controller*, der je nach verwendeter URL verschiedene Aktionen ausführt. Dazu wird einfach eine Methode in der Klasse implementiert, die dem Namen der aufgerufenen Aktion entspricht. Angenommen, Sie möchten das verwendete Addition-Command als Teil eines Action-Controllers nutzen, der verschiedene mathematische Funktionen bereitstellt, dann könnte die Klasse folgendermaßen aussehen:

```
class MathController extends Zend_Controller_Action {
    public function addAction() {
        // Hier Zahlen addieren
    }
}
```

Die URL, um diesen Controller und die entsprechende Aktion aufzurufen, wäre dann *http://localhost/front-controller/math/add?a=4&b=8*. Leider abstrahiert das Zend Framework weder die HTTP-Anfrage noch die Antwort, aber trotzdem bietet es einige interessante Ansätze, die Sie in Ihren eigenen Controller-Entwurf übernehmen könnten. Die Dokumentation des Zend Framework bietet eine gute Anleitung dazu, wie der Controller zu verwenden ist.

Ein weiteres Feature, das Sie in verschiedenen Controllern finden, ist eine Zuordnungstabelle vom Request zum verwendeten Befehl für diese Seite. Dazu könnte statt einer Klasse, die den Namen des `cmd`-Parameters trägt, eine XML-Datei mit dem gleichen Namen verwendet werden, die dann beschreibt, welches Command in diesem Fall ausgeführt werden sollte. Durch Einfügen einer neuen `CommandResolver`-Implementierung kann diese Funktionalität sehr einfach in den bestehenden Controller integriert werden. Wenden Sie gleichzeitig noch das Composite-Pattern an, können Sie in der XML-Konfiguration mehr als einen Befehl definieren, die beim Aufruf der Seite nacheinander ausgeführt werden. Damit wird die Wiederverwendbarkeit der einzelnen `Command`-Objekte noch erhöht.

Benötigen Sie in Ihrer Anwendung flexible Workflows, in denen Sie die Nutzer Ihrer Website durch einen Ablauf aus mehreren Seiten führen, empfiehlt sich der Einsatz eines *Application-Controllers*. Bei diesem Controller, der eine Erweiterung

1 *http://framework.zend.com*

des Front-Controllers darstellt, geben die `Command`-Objekte einen Status zurück, anhand dessen der Controller entscheidet, welches Command als Nächstes ausgeführt werden soll. Die Zuordnung von zurückgegebenem Status und dem daraus resultierenden Command erfolgt normalerweise über eine weitere Konfiguration. Dies ermöglicht Ihnen, bei der erfolgreichen Abarbeitung eines Formulars eine andere Seite anzuzeigen, ohne dass Sie den Namen der Seite fest im PHP-Code verankern müssten.

Durch den Siegeszug der Model-View-Controller-Architektur auf dem Gebiet der Webanwendungen gibt es nahezu so viele Controller-Ausprägungen, wie es Entwickler gibt, da fast jeder Entwickler seine eigene Vorstellung vom perfekten Controller hat, der genau seine Ansprüche erfüllt. Meistens unterscheiden sich diese jedoch nur in Details, die Basisarchitektur ist identisch mit der hier vorgestellten.

Neben dem Zend Framework sind besonders die Controller des WACT[2] und des Symfony-Projekts[3] interessant. Alle drei bieten neben einer sauberen und erweiterbaren Struktur eine ausgezeichnete Dokumentation und erlauben Ihnen so, sich recht einfach in die Architektur einzufinden.

Das Intercepting-Filter-Pattern

Mit dem Front-Controller haben Sie ein zentrales PHP-Skript geschaffen, das alle Anfragen an Ihre Applikation entgegennimmt und an die zuständige Klasse weiterdelegiert.

Es ist Ihnen also leicht möglich, neue Seiten mit neuer Funktionalität hinzuzufügen – was ist aber, wenn Sie PHP vor oder nach jedem Request ausführen möchten? Solche Aufgaben könnte zum Beispiel eine zentrale Authentifizierung oder das Komprimieren der auszuliefernden Daten sein. Die Architektur des Controllers erlaubt Ihnen zwar, diesen Code zentral in der `handleRequest()`-Methode auszuführen, jedoch muss dazu bestehender Code verändert werden. Mit Hilfe des *Intercepting-Filter-Patterns* werden Sie nun einen Mechanismus schaffen, mit dem Sie solche Logik hinzufügen können, ohne dass dazu Änderungen am bestehenden Code nötig werden.

Motivation

Um den Zugriff auf Ihre Applikation durch Unbefugte zu unterbinden, möchten Sie einen Authentifizierungsmechanismus integrieren. Der Code soll jedoch nur einmal zentral integriert werden. In einem ersten Schritt möchten Sie eine einfache HTTP-Authentifizierung nutzen, wobei es offen ist, ob diese zu einem späteren Zeitpunkt gegen andere Authentifizierungsmethoden ausgetauscht werden soll.

---

2 *http://www.phpwact.org/*

3 *http://www.symfony-project.com/*

Weiterhin möchten Sie eine Möglichkeit schaffen, den von den Commands erzeugten HTML-Code zentral vor der Auslieferung verändern zu können, um zum Beispiel den HTML-Code zu komprimieren.

Zweck des Patterns

Die beschriebenen Anforderungen lassen sich beide problemlos mit dem Intercepting-Filter-Pattern lösen.

Ein Intercepting-Filter filtert eine Anfrage an eine Applikation. Er kann als Prä- oder Postprozessor genutzt werden und sowohl Anfrage als auch Antwort modifizieren. Intercepting-Filter können in einer Filterkette zusammengefasst werden.

Um die neuen Anforderungen mit Hilfe eines Intercepting-Filters zu implementieren, sind die folgenden Schritte nötig:

1. Definieren Sie eine Schnittstelle der Filterklassen, die für das Prä- oder Postprocessing zuständig sind.
2. Implementieren Sie eine Klasse, die anhand des `HttpRequest`-Objekts überprüft, ob der Benutzer authentifiziert ist, und diese Authentifikation notfalls anfordert.
3. Schaffen Sie im `FrontController` eine Möglichkeit, diesen Filter vor dem Aufruf des Commands auszuführen. Achten Sie darauf, dass mehr als ein Filter angewandt werden kann.
4. Implementieren Sie eine Klasse, die den erzeugten HTML-Code verändert.
5. Schaffen Sie eine Möglichkeit, diese Klasse nach dem Aufruf des Commands auszuführen, und ermöglichen Sie auch hier das sequenzielle Ausführen mehrerer Filter.

Implementierung

Nachdem Sie nun entschieden haben, das Intercepting-Filter-Pattern in die Controller-Architektur zu integrieren, definieren Sie als Erstes die Schnittstelle der einzelnen Filterklassen. Diese benötigt nur eine Methode, mit der der entsprechende Filter angewandt werden kann. Da dem Intercepting-Filter erneut das *Command-Pattern* zu Grunde liegt, nennen Sie diese Methode `execute()`. Der Methode soll später sowohl das `Request`- als auch das `Response`-Objekt übergeben werden, dadurch stellen Sie die nötige Flexibilität sicher und können beide Objekte im Filter nutzen oder sogar verändern.

```
interface Filter {
    public function execute(Request $request, Response $response);
}
```

Eine Anforderung ist, dass nicht nur einer, sondern beliebig viele Filter nacheinander angewandt werden können. Diese Filter sollen in einer Filterkette zusammengeführt und beim Aufruf der Applikation sequenziell ausgeführt werden. Um auch hier die Erweiterbarkeit für die Zukunft zu sichern, verwenden Sie nicht nur ein einfaches PHP-Array, sondern implementieren stattdessen eine neue Klasse `FilterChain`.

Diese Klasse bietet die Möglichkeit, über die `addFilter()`-Methode beliebig viele Filter hinzuzufügen.

```
class FilterChain {
    private $filters = array();

    public function addFilter(Filter $filter) {
        $this->filters[] = $filter;
    }

    public function processFilters(Request $request, Response $response) {
        foreach ($this->filters as $filter) {
            $filter->execute($request, $response);
        }
    }
}
```

Beim Aufruf der `processFilters()`-Methode werden die Filter in der gleichen Reihenfolge ausgeführt, in der sie zuvor hinzugefügt wurden. Dazu nutzen Sie eine einfache `foreach`-Schleife, mit der Sie über die Filter-Objekte iterieren. Der Code, der zum Registrieren und Ausführen der Filter verwendet wird, sieht folgendermaßen aus:

```
$chain = new FilterChain();
$chain->addFilter(new FilterOne());
$chain->addFilter(new FilterTwo());
$chain->processFilters(new HttpRequest(), new HttpResponse());
```

Durch den Type-Hint in der `addFilter()`-Methode haben Sie sichergestellt, dass das `$filters`-Array nur Filter-Objekte enthalten kann.

Neben dem Einsatz einer Filterkette könnten Sie auch das *Decorator-Pattern* nutzen und so beliebig viele Filter-Objekte ineinander schachteln. Dazu schreiben Sie eine abstrakte `FilterDecorator`-Klasse, die als Basis für alle Filter dient:

```
abstract class FilterDecorator implements Filter {
    private $filter;
    public function __construct(Filter $filter) {
        $this->filter = $filter;
    }
    public final function execute(Request $request,
                                  Response $response) {
        $this->filter->execute($request, $response);
```

```
            $this->doExecute($request, $response);
        }
        abstract public function doExecute(Request $request,
                                                Response $response);
    }
```

Alle Objekte, die von dieser Klasse ableiten, können nun sehr einfach ineinander geschachtelt werden, wodurch keine zweite Schnittstelle benötigt wird. Die eigentliche Filter-Logik muss nun in der `doExecute()`-Methode implementiert werden, Sie haben also auch das *Template-Method-Pattern* eingesetzt.

Als Nächstes müssen Sie die Filtekette in den Front-Controller integrieren. Und da Sie Filter sowohl vor der Abarbeitung der Anfrage durch die Applikation als auch danach einsetzen möchten, verwenden Sie zwei Filterketten, die Sie im Konstruktor der `FrontController`-Klasse initialisieren.

```
class FrontController {

    private $resolver;
    private $preFilters;
    private $postFilters;

    public function __construct(CommandResolver $resolver) {
        $this->resolver = $resolver;
        $this->preFilters = new FilterChain();
        $this->postFilters = new FilterChain();
    }
}
```

Um einen entsprechenden Filter hinzufügen zu können, implementieren Sie zwei neue Methoden `addPreFilter()` und `addPostFilter()`, die den Filter an das entsprechende `FilterChain`-Objekt weiterleiten.

```
class FrontController {
    ... Eigenschaften und Konstruktor ...
    public function addPreFilter(Filter $filter) {
        $this->preFilters->addFilter($filter);
    }

    public function addPostFilter(Filter $filter) {
        $this->postFilters->addFilter($filter);
    }
}
```

Natürlich hätten Sie auch eine andere API wählen und dem `FrontController` bereits gefüllte `FilterChain`-Objekte im Konstruktor übergeben können, jedoch macht der Einsatz einer *Fassade* den Code später leichter verständlich, da Sie nichts darüber wissen müssen, wie der Controller die Filter anordnet.

Als Letztes müssen die hinzugefügten Filter nur noch angewandt werden. Dazu fügen Sie die entsprechenden Methodenaufrufe einfach an den passenden Stellen in der handleRequest()-Methode des Front-Controllers ein:

```
class FrontController {
    public function handleRequest(Request $request, Response $response) {
        $this->preFilters->processFilters($request, $response);
        $command = $this->resolver->getCommand($request);
        $command->execute($request, $response);
        $this->postFilters->processFilters($request, $response);

        $response->flush();
    }
}
```

Die Präprozessor-Filter werden als Erstes in der handleRequest()-Methode ausgeführt, da diese Filter die HTTP-Anfrage noch ändern können, bevor die Methode die eigentliche Applikation erreicht. Nachdem die Antwort erzeugt wurde, durchlaufen Sie noch die Postprozessor-Filter, damit diese die Antwort verändern können, und senden das Ergebnis schließlich an den Client zurück. Die Architektur steht nun, und es bleibt nur noch die Implementierung der aktuellen Anforderung übrig.

Um die Daten der HTTP-Authentifizierung abzufragen, bietet PHP einen sehr einfachen Weg. Wurde mit der HTTP-Anfrage ein Benutzername geschickt, steht dieser in der Variablen $_SERVER['PHP_AUTH_USER'], analog dazu können Sie das übertragene Passwort aus der Variablen $_SERVER['PHP_AUTH_PW'] auslesen. Natürlich möchten Sie in Ihrer Applikation nicht direkt darauf zugreifen, Sie fügen also eine Methode getAuthData() der Request-Schnittstelle hinzu.

```
interface Request {
    public function getParameterNames();
    public function issetParameter($name);
    public function getParameter($name);
    public function getHeader($name);
    public function getAuthData();
}
```

Der Einfachheit halber soll diese Methode einfach nur ein assoziatives Array mit Benutzername und Passwort übermitteln – oder den Wert NULL, falls diese nicht übertragen wurden. Fügen Sie nun also diese Methode auch in der konkreten HttpRequest-Implementierung hinzu, indem Sie in der Methode überprüfen, ob der Benutzername übermittelt wurde, und die Daten in einem Array verpackt zurückliefern.

```
class HttpRequest implements Request {
    ... bisherige Methoden der HttpRequest-Klasse ...
    public function getAuthData() {
        if (!isset($_SERVER['PHP_AUTH_USER'])) {
```

```
            return null;
        }
        return array('user'        => $_SERVER['PHP_AUTH_USER'],
                     'password' => $_SERVER['PHP_AUTH_PW']);
    }
}
```

Neben dem Vorteil der Kapselung der Informationen macht die Verwendung dieser Wrapper-Methode Ihren Code auch weitaus lesbarer und sichert ihn gegen Flüchtigkeitsfehler ab, da sich keine Tippfehler beim Zugriff auf die Daten der `$_SERVER`-Variablen einschleichen können.

Nun haben Sie alles, was Sie für die Implementierung eines Filters benötigen, der testet, ob ein Benutzer bereits authentifiziert ist, und diese Authentifikation im Notfall anfordert, anstatt die Abarbeitung der Anfrage an das entsprechende Objekt weiterzugeben. Schreiben Sie also eine neue Klasse, die das `Filter`-Interface implementiert und der Sie eine Liste von Benutzern sowie deren Passwörter übergeben können:

```
class HttpAuthFilter implements Filter {
    private $authData;

    public function __construct($authData) {
        $this->authData = $authData;
    }
}
```

Bei der Instanziierung der Klasse übergeben Sie einfach nur ein assoziatives Array, dessen Keys die Namen der Benutzer und die Werte von deren Passwörter enthalten.

```
$authFilter = new HttpAuthFilter(
                        array(
                            'schst' => 'schst123',
                            'gerd'  => 'gerd123'
                        )
                  );
```

In realen Anwendungen werden Sie sicher gegen eine Datenbank oder einen LDAP-Server authentifizieren wollen und die Passwörter nicht im Klartext speichern, für eine Demonstration der Arbeitsweise eines Intercepting-Filters ist diese Authentifizierung ausreichend. Als Nächstes implementieren Sie nun die `execute()`-Methode, in der Sie zuerst überprüfen, ob Benutzername und Passwort übermittelt wurden. Wenn ja, validieren Sie diese noch gegen die Liste der Benutzer in der `$authData`-Eigenschaft. Sollten keine oder ungültige Daten übermittelt worden sein, verwenden Sie die Hilfsmethode `sendAuthRequest()`, um dem Browser mitzuteilen, dass Authentifizierung vom Server gefordert wird.

```
class HttpAuthFilter implements Filter {
    ... Eigenschaften und Konstruktor ...
    public function execute(Request $request, Response $response) {
```

```
        $authData = $request->getAuthorization();
        if ($authData === null) {
            $this->sendAuthRequest($response);
        }
        $username = $authData[0];
        $password = $authData[1];
        if (!isset($this->authData[$username]) ||
            $this->authData[$username] !== $password) {
            $this->sendAuthRequest($response);
        }
    }

    private function sendAuthRequest(Response $response) {
        $response->setStatus('401 Unauthorized');
        $response->addHeader('WWW-Authenticate',
                             'Basic realm="PHP Design Patterns"');
        $response->flush();
        exit();
    }
}
```

Dazu reicht es, den Status der Anfrage auf `401 Not Authorized` zu setzen und einen `WWW-Authenticate`-Header zu übermitteln. Der Browser blendet dabei automatisch die von der Verwendung von *.htaccess*-Dateien bekannte Authentifizierungsbox ein und schickt den Request erneut mit den eingegebenen Daten.

Um von einem Header-Code auf dessen Namen zu kommen, können Sie das PEAR-Paket HTTP[4] einsetzen. Dies erspart Ihnen, eine Liste aller HTTP-Response-Codes in Ihrer eigenen Applikation zu pflegen.

Benötigen Sie nun HTTP-Authentifizierung in Ihrer Applikation, verändern Sie lediglich die *index.php*, die alle Anfragen entgegennimmt, und fügen den soeben implementierten Filter hinzu:

```
$resolver = new FileSystemCommandResolver('commands', 'HelloWorld');
$controller = new FrontController($resolver);

$authFilter = new HttpAuthFilter(
                        array(
                           'schst' => 'schst123',
                           'gerd'  => 'gerd123'
                        )
                  );
$controller->addPreFilter($authFilter);

$request = new HttpRequest();
$response = new HttpResponse();

$controller->handleRequest($request, $response);
```

4 *http://pear.php.net/package/HTTP*

Wenn Sie jetzt diese Datei in Ihrem Browser öffnen, wird Sie dieser so lange nach Benutzername und Passwort fragen, bis Sie korrekte Daten eingegeben haben. Erst dann erhalten Sie Zugriff auf die einzelnen Commands.

Postprozessesor-Filter

Als Zweites soll nun noch ein Filter implementiert werden, der nach der Abarbeitung des Commands das Ergebnis modifiziert, bevor dieses an den Browser geschickt wird. Zunächst brauchen Sie dazu die Möglichkeit, auf den vom Command generierten HTML-Code zugreifen zu können und diesen nach der Veränderung zu überschreiben. Fügen Sie dazu die beiden Methoden `getBody()` und `setBody()` der `Response`-Schnittstelle hinzu:

```
interface Response {
    public function setStatus($status);
    public function addHeader($name, $value);
    public function write($data);
    public function flush();
    public function getBody();
    public function setBody($body);
}
```

Danach implementieren Sie die neuen Methoden auch in der `HttpResponse`-Klasse:

```
class HttpResponse implements Response {
    ... andere Methoden der HttpResponse-Klasse ...
    public function getBody() {
        return $this->body;
    }

    public function setBody($body) {
        $this->body = $body;
    }
}
```

Als Beispiel schreiben Sie nun eine neue Klasse, die einfach alle Buchstaben in Großbuchstaben konvertiert. Dazu greifen Sie in der `execute()`-Methode auf den erzeugten HTML-Code zu und wenden die `strtoupper()`-Funktion auf diesen an, bevor Sie ihn wieder an das `Response`-Objekt zurückgeben.

```
class UppercaseFilter implements Filter {
    public function execute(Request $request, Response $response) {
        $body = $response->getBody();
        $body = strtoupper($body);
        $response->setBody($body);
    }
}
```

Hinzugefügt wird dieser Filter nun auch der Datei *index.php*, verwenden Sie jedoch dieses Mal die `addPostFilter()`-Methode des Controller-Objekts, da der Filter als Postprozessor registriert werden soll.

```
$controller->addPostFilter(new UppercaseFilter());
```

Wenn Sie nun erneut die Datei in Ihrem Browser öffnen, wurden wie erwartet alle Zeichen in Großbuchstaben umgewandelt. Rufen Sie die verschiedenen Commands Ihrer Anwendung auf, und Sie werden sehen, dass der Filter auf allen Seiten eingesetzt wird.

Als Letztes implementieren Sie nun noch einen zweiten Filter, der allen Text in der Antwort nach 20 Zeichen mit Hilfe des `<br/>`-Tags umbricht:

```
class WordwrapFilter implements Filter {
    public function execute(Request $request, Response $response) {
        $body = $response->getBody();
        $body = wordwrap($body, 20, '<br/>');
        $response->setBody($body);
    }
}
```

Testen Sie diesen Filter und auch die Filterkette, indem Sie beide Filter nacheinander dem Controller hinzufügen:

```
$controller->addPostFilter(new UppercaseFilter());
$controller->addPostFilter(new WordwrapFilter());
```

Öffnen Sie nun eine Seite Ihrer Anwendung, werden Sie sehen, dass der Text sowohl in Großbuchstaben konvertiert als auch nach 20 Zeichen automatisch umbrochen wird.

Sie haben somit eine Möglichkeit, PHP-Code einzufügen, der entweder nach oder vor der Abarbeitung jeder Anfrage ausgeführt wird. Dabei zerlegen Sie die Anforderungen in kleine Filterkomponenten, die Sie zur Laufzeit miteinander kombinieren können.

Definition

Ein Intercepting-Filter filtert eine Anfrage an eine Applikation. Er kann als Prä- oder Postprozessor genutzt werden und sowohl Anfrage als auch Antwort modifizieren. Intercepting-Filter können in einer Filterkette zusammengefasst werden.

Um dieses Pattern auch in weiteren Applikationen einsetzen zu können, befolgen Sie diese Schritte:

1. Definieren Sie eine gemeinsame Schnittstelle für die Filterklassen.
2. Implementieren Sie entweder eine `FilterChain`-Klasse oder eine Basisklasse für Decorator, um mehrere Filter zu einer Kette verknüpfen zu können.
3. Fügen Sie an den Stellen Ihrer Applikation, an denen Sie Daten filtern möchten, die Aufrufe der entsprechenden Filterketten ein. Das Intercepting-Filter-Pattern ist nicht auf den Einsatz von zwei Filterketten beschränkt.

4. Schreiben Sie die konkreten Implementierungen der benötigten Filter und fügen Sie diese den entsprechenden Filterketten hinzu.

Abbildung 7-2 zeigt Ihnen das UML-Diagramm des Intercepting-Filters, das eine Filterkette einsetzte.

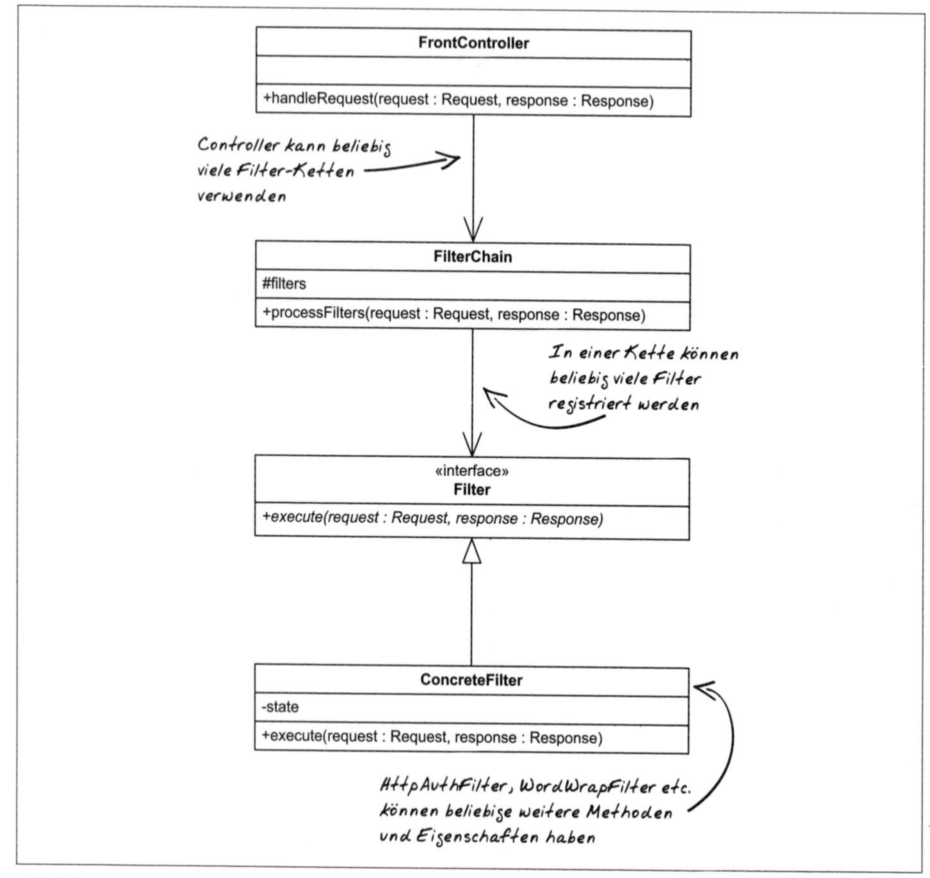

Abbildung 7-2: UML-Diagramm des Intercepting-Filter-Patterns

Konsequenzen

Der Einsatz des Intercepting-Filter-Patterns fügt eine Plugin-Schnittstelle dem Front-Controller oder anderen Controllern hinzu. Über diese Schnittstelle kann neue Funktionalität, die auf allen Seiten ausgeführt werden soll, leicht hinzugefügt werden.

Neue Filter können durch Implementieren eines Interfaces erstellt werden. Eine Filterkette erlaubt Ihnen, ähnlich wie das Decorator-Pattern, die Filter möglichst atomar zu halten und die Funktionalitäten zur Laufzeit miteinander zu kombinieren. Aus dieser losen Kopplung zwischen den Filtern ergibt sich jedoch das Problem, dass diese Filter auch nichts voneinander wissen, was den Austausch von Informationen zwischen den Filtern sehr schwer macht.

Wenn Sie dieses Pattern anwenden, erfordert es jedoch auch, dass die Filter bei jedem Request ausgeführt werden, sie können nicht auf einzelne Seiten oder Commands beschränkt werden.

Weitere Anwendungen

Mit den implementierten Beispielen haben Sie bereits häufig vorkommende Anwendungen des Intercepting-Filter-Patterns kennen gelernt. Präprozessor-Filter werden jedoch auch oft verwendet, um Daten aus der HTTP-Anfrage zu extrahieren, die von der Applikation oder den Commands benötigt werden. Dazu gehört zum Beispiel, anhand der Anfrage zu entscheiden, welche Sprache oder welcher Zeichensatz bei der Erzeugung des Seiteninhalts verwendet werden soll. Weiterhin werden diese Filter oft verwendet, um gefährliche Parameter, wie zum Beispiel JavaScript, aus den Parametern der Anfrage zu entfernen. Dadurch kann die Applikation zentral gegen Angriffe wie Cross-Site-Scripting abgesichert werden.

Postprozessor-Filter werden oft eingesetzt, um den erzeugten HTML-Code zu komprimieren, indem zum Beispiel unnötige Leerzeichen und Zeilenumbrüche entfernt werden. Falls Ihre Seite HTML-Code enthält, der nicht von ausreichend geschulten Mitarbeitern gepflegt wird, können Sie auch die Tidy-Erweiterung[5] von PHP nutzen, um den HTML-Code XHTML-gerecht aufzubereiten, bevor Sie diesen ausliefern. Sie können aber auch noch einen Schritt weitergehen und von den Commands nur den reinen Inhalt als XML-Code zur Verfügung stellen lassen, den Sie dann mit Hilfe von XSLT in das gewünschte Layout transformieren.

Wie Sie sehen, gibt es eine Vielzahl von Anwendungen für das Intercepting-Filter-Pattern, daher sollte es in keiner Model-View-Controller-Implementierung fehlen.

Intermezzo: Das Event-Dispatcher-Pattern

Mit Hilfe des *Registry*-Patterns haben Sie bereits einmal die Grenzen der einzelnen Schichten durchbrochen und Informationen an einem Platz abgelegt, auf den alle Schichten Zugriff haben. Solange Sie dafür eine Schnittstelle bieten, die es nur zulässt, Informationen zu speichern, die wirklich für alle Schichten bestimmt sind, stellt diese Durchbrechung der Schichten kein Problem dar, sondern hilft Ihnen beim Aufbau einer Applikation.

5 *http://www.php.net/tidy*

Bei der Verwendung einer Registry muss jedoch jede Schicht die Informationen aktiv aus der Schicht holen, wenn sie diese benötigt. Verändert eine Schicht eine Information in der Registry, werden die anderen Schichten nicht darüber informiert, dass sie eventuell veraltete Daten verwenden. Um dieses Problem zu umgehen, müssten also die Schichten ständig selbst überprüfen, ob ein Ereignis eingetreten ist, das die Informationen aktualisiert hat.

Möchten Sie zum Beispiel in der Business-Logik-Schicht Code ausführen, sobald ein Unbefugter versucht hat (und sei es nur das Schreiben eines Logfiles), auf die Applikation zuzugreifen, stellt Ihnen das Registry-Pattern keine Hilfsmittel zur Seite, um diese Informationen von einer Schicht in die andere zu transportieren. Stattdessen können Sie dazu jedoch das *Event-Dispatcher-Pattern* einsetzen, mit dessen Hilfe Nachrichten zwischen den Schichten ausgetauscht werden können. Weiterhin kann dieses Pattern auch eingesetzt werden, um die Kommunikation der Komponenten innerhalb einer Schicht zu verbessern.

Motivation

Um Angriffe auf Ihre Applikation frühzeitig erkennen zu können, möchten Sie ein Log mit allen ungültigen Login-Versuchen schreiben. Allerdings möchten Sie diesen Code nicht direkt in die Filterklasse, die sich um die Authentifizierung kümmert, einfügen, sondern mit einem Plugin-Mechanismus einfügen können. In einem zweiten Schritt möchten Sie es ermöglichen, die Authentifizierung von bestimmten IP-Adressen zu untersagen. Auch hierbei soll die neue Logik über eine möglichst einfache Schnittstelle eingefügt werden können, damit zu einem späteren Zeitpunkt das Blocken bestimmter IP-Adressen für verschiedene Benutzer unterschiedlich durchgeführt werden kann. Damit soll zum Beispiel ermöglicht werden, dass Außendienstmitarbeiter sich von jeder IP-Adresse einloggen können, aber Mitarbeitern, von denen bekannt ist, dass sie die Applikation nur im Büro verwenden, soll der Zugriff von IP-Adressen außerhalb des Büronetzwerks untersagt werden.

Diese Schnittstelle soll es ermöglichen, zu einem späteren Zeitpunkt noch weitere Sicherheitsmechanismen zu integrieren. Diese neuen Komponenten sollen also bei jedem erfolgreichen oder erfolglosen Login-Versuch informiert werden.

Natürlich fällt Ihnen bei dieser Anforderung der Überwachung eines Login-Mechanismus zuerst das *Subject/Observer-Pattern* ein, das Sie bereits genutzt haben, um eine Änderung des Kilometerstands festzustellen und bei Bedarf darauf zu reagieren. Allerdings unterscheidet sich diese Anforderung in einigen Punkten von der eines Subject/Observer-Patterns:

1. Die Beobachter sollen in der Lage sein, die Zustandsänderung abzubrechen, da das Login auf Grund verschiedener Kriterien verboten werden kann.

2. Das Subjekt selbst besitzt keinen Zustand, der überwacht werden kann. Ob das Login erfolgreich war oder nicht, entscheidet sich innerhalb einer `if`-Abfrage.

Aus diesen beiden Gründen kann das Subject/Observer-Pattern hier nicht eingesetzt werden. Stattdessen muss eine Lösung implementiert werden, bei der einzelne Komponenten Nachrichten verschicken können, die von anderen Komponenten verarbeitet oder sogar abgebrochen werden können.

Zweck des Patterns

Um Nachrichten zu versenden, wird das Event-Dispatcher-Pattern eingesetzt:

Ein Event-Dispatcher dient als Vermittler für Nachrichten, die von einem Absender zu beliebig vielen Adressaten geschickt werden können. Objekte registrieren sich beim Event-Dispatcher für Nachrichten eines bestimmten Typs und werden automatisch über das Eintreffen neuer Nachrichten informiert.

Um dieses Pattern in die Login-Funktionalität zu integrieren, sind die folgenden Schritte nötig:

1. Implementieren Sie eine Klasse, die alle zu einer Nachricht gehörenden Informationen speichert.
2. Implementieren Sie eine Klasse, die als Vermittler dient. Andere Objekte müssen sich an dieser Klasse für den Empfang bestimmter Nachrichten registrieren können oder auch Nachrichten abliefern, die dann verschickt werden.
3. Definieren Sie eine Schnittstelle, die Klassen implementieren muss, die Nachrichten empfangen möchten.
4. Ermöglichen Sie den Empfängern, verschickte Nachrichten zu jedem Zeitpunkt abzubrechen, und ändern Sie die Absender der Nachrichten so ab, dass diese auf abgebrochene Nachrichten reagieren können.

Implementierung

Wenn Sie bereits im Bereich der grafischen User-Interfaces oder auch mit JavaScript gearbeitet haben, sind Sie mit dem Konzept des Versendens von Nachrichten, für die sich andere Komponenten registrieren können, vertraut. Möchten Sie zum Beispiel eine JavaScript-Funktion schreiben, die beim Klick auf einen Button oder beim Verändern eines Werts in einem Texteingabefeld automatisch aufgerufen wird, registrieren Sie diese Funktion einfach als `onClick`- oder `onChange`-Handler des entsprechenden HTML-Elements. Dies können Sie entweder direkt über HTML-Attribute oder programmatisch machen. Man spricht dabei von *ereignisbasierter Programmierung*, da Funktionen beim Auftreten eines Ereignisses automatisch aufgerufen werden und somit der Ablauf der Applikation nicht durch Schleifen oder `If`-Abfragen, sondern durch das Eintreten von Ereignissen gesteuert wird.

Mit Hilfe des Event-Dispatcher-Patterns bringen Sie diese Art der Programmierung auch in Ihre PHP-Anwendungen. Wenn also bisher vom Versenden einer Nachricht gesprochen wurde, handelt es sich dabei um nichts anderes als das Auslösen eines bestimmten Ereignisses, auf das andere Objekte reagieren können.

Um Ereignisse auslösen zu können, benötigen Sie zunächst eine Klasse, deren Instanzen die einzelnen Ereignisse repräsentieren können. Zu jedem Ereignis gehören die folgenden Informationen:

- Name des Ereignisses, das aufgetreten ist. In den meisten Anwendungen wird festgelegt, dass ein Ereignis mit der Vorsilbe »on« zu beginnen hat, also zum Beispiel `onLogin` oder `onInvalidLogin` für einen erfolgreichen oder ungültigen Login-Versuch.
- Der Kontext, in dem das Objekt ausgelöst wurde. Hiermit ist oft das Objekt gemeint, das das Ereignis verursacht hat.
- Zusätzliche Informationen zum aufgetretenen Ereignis.
- Die Information, ob das Ereignis durch ein Objekt, das es verarbeitet hat, abgebrochen wurde.

Die Klasse `Event` erlaubt es, diese Informationen zu speichern und auszulesen:

```
class Event {
    private $name;
    private $context;
    private $info;
    private $cancelled = false;

    public function __construct($name, $context = null, $info = null) {
        $this->name = $name;
        $this->context = $context;
        $this->info = $info;
    }

    public function getName() {
        return $this->name;
    }

    public function getContext() {
        return $this->context;
    }

    public function getInfo() {
        return $this->info;
    }

    public function isCancelled() {
        return $this->cancelled;
    }

    public function cancel() {
        $this->cancelled = true;
    }
}
```

Weiterhin bietet die Klasse eine Methode `cancel()`, mit der der Status des Ereignisses verändert werden kann. Der Aufruf dieser Methode führt dazu, dass das Ereignis abgrochen wird.

Sie können die Klasse `Event` problemlos um weitere Eigenschaften erweitern, die Sie in den einzelnen Empfängern der Nachrichten benötigen. Haben Sie zum Beispiel ein Objekt, das Informationen zum aktuell authentifizierten Benutzer enthält, kann auch dieses mit übermittelt werden.

Oft werden auch alle wichtigen Informationen in einem `Context`-Objekt zusammengefasst, das alle Statusinformationen enthält.

Als Nächstes benötigen Sie eine Schnittstelle, die von allen Klassen implementiert werden muss, die auftretende Ereignisse verarbeiten möchten. Die Schnittstelle kann sehr einfach sein, da sie nur sicherstellen muss, dass eine Methode im Objekt existiert, die aufgerufen werden soll, wenn ein Ereignis auftritt. Es handelt sich hier um die Entsprechung der `update()`-Methode, die in einem Observer verlangt wird.

Das Interface `EventHandler` definiert also eine Methode `handle()`, der eine Instanz der `Event`-Klasse übergeben wird, die alle Informationen zum Ereignis enthält.

```
interface EventHandler {
    public function handle(Event $event);
}
```

Da Sie nun das Ereignis und das Interface für die Empfänger implementiert haben, implementieren Sie als Nächstes die Klasse, die sich um das Weiterleiten der Ereignisse an die registrierten Empfänger kümmert. Da Sie für diesen Vermittler einen globalen Zugriffspunkt bereitstellen möchten, über den er von jedem an der Applikation beteiligten Objekt verwendet werden kann, implementieren Sie diese Klasse mit Hilfe des *Singleton-Patterns*:

```
class EventDispatcher {
    static private $instance;

    static public function getInstance() {
        if (self::$instance === null) {
            self::$instance = new EventDispatcher();
        }
        return self::$instance;
    }

    protected function __construct() {
    }

    private function __clone() {
    }
}
```

Statt den new-Operator zu verwenden, um eine Instanz der Klasse zu erhalten, verwenden Sie die statische getInstance()-Methode.

Diese Klasse muss nun den Objekten, die sich für ein Ereignis registrieren wollen, eine Methode bieten, über die dies möglich ist. Dazu fügen Sie die Methode addHandler() ein, der zuerst der Name des Ereignisses, auf das reagiert werden soll, und danach das Objekt, das in diesem Fall informiert werden möchte, übergeben wird.

```
class EventDispatcher {
    ... Bisherige Methoden für Singleton ...
    private $handlers = array();
    public function addHandler($eventName, EventHandler $handler) {
        if (!isset($this->handlers[$eventName])) {
            $this->handlers[$eventName] = array();
        }
        $this->handlers[$eventName][] = $handler;
    }
}
```

Die Zuordnung von Ereignis zu Handler-Objekt speichern Sie in einer Objekteigenschaft. Wollen Sie einen neuen Handler registrieren, tun Sie das folgendermaßen:

```
class MyDebugHandler implements EventHandler {
    function handle(Event $event) {
        print $event->getName();
    }
}
$handler = new MyDebugHandler();
$dispatcher = EventDispatcher::getInstance();
$dispatcher->addHandler('onInvalidLogin', $handler);
```

Nachdem Sie eine Möglichkeit zum Registrieren für Handler geschaffen haben, müssen Sie den Objekten, die Ereignisse auslösen möchten, auch dafür eine Methode anbieten. Fügen Sie dazu die Methode triggerEvent() der Klasse EventDispatcher hinzu. Diese akzeptiert alle Informationen, die zu einem Ereignis gespeichert werden können, und erzeugt damit ein neues Event-Objekt.

Statt des Ereignisnamens sowie der zum Ereignis gehörenden Informationen akzeptiert die Methode auch eine Event-Instanz. Dadurch haben Sie die Möglichkeit, Unterklassen von Event zu bilden und diese mit zusätzlichen Informationen auszustatten.

Danach wird dieses Objekt an die entsprechenden Handler weitergegeben.

```
class EventDispatcher {
    ... bisherige Methoden für Singleton und zum Hinzufügen der Handler ...

    public function triggerEvent($event, $context = null, $info = null) {
        if (!$event instanceof Event) {
            $event = new Event($event, $context, $info);
```

```
        }
        $eventName = $event->getName();
        if (!isset($this->handlers[$eventName])) {
            return $event;
        }
        foreach ($this->handlers[$eventName] as $handler) {
            $handler->handle($event);
            if ($event->isCancelled()) {
                break;
            }
        }
        return $event;
    }
}
```

Dazu wird überprüft, ob sich Handler für dieses Ereignis registriert hatten. Wenn ja, wird über die gespeicherten Handler iteriert, die handle()-Methode der Objekte aufgerufen und dieser das Event-Objekt übergeben. Da jeder Handler die Möglichkeit hat, mit Hilfe der cancel()-Methode das Ereignis abzubrechen, wird nach dem Aufruf der Methode überprüft, ob das Ereignis abgebrochen wurde, und in diesem Fall wird auch kein weiterer Handler informiert.

Möchten Sie nun also ein Ereignis auslösen, verwenden Sie dazu den folgenden Code:

```
$dispatcher = EventDispatcher::getInstance();
$dispatcher->triggerEvent('onInvalidLogin');
```

Diesen fügen Sie in den HttpAuthFilter ein, der für die Authentifizierung des Benutzers zuständig ist. Wenn Benutzername und Passwort nicht mit den gespeicherten Daten übereinstimmen, lösen Sie das Ereignis onInvalidLogin auf und übergeben das Filter-Objekt als Kontext und das Array mit eingegebenem Benutzernamen und Passwort als zusätzliche Information.

```
class HttpAuthFilter implements Filter {
    ... Eigenschaften und Methoden ...

    public function execute(Request $request, Response $response) {
        $authData = $request->getAuthData();
        if ($authData === null) {
            $this->sendAuthRequest($response);
        }
        $username = $authData['user'];
        $password = $authData['password'];
        if (!isset($this->authData[$username]) ||
            $this->authData[$username] !== $password) {
            EventDispatcher::getInstance()->triggerEvent('onInvalidLogin',
                                                          $this, $authData);
            $this->sendAuthRequest($response);
        }
    }
}
```

Da Sie im ersten Schritt ein einfaches Logfile schreiben möchten, wenn ein missglückter Login-Versuch stattgefunden hat, schreiben Sie dafür einen Handler, der dieses Ereignis verarbeitet. Dem Konstruktor dieser Klasse können Sie den Namen der zu schreibenden Logdatei übergeben, die er in der Objekteigenschaft `$logFile` speichert.

```
class AuthLoggingHandler implements EventHandler {

    protected $logFile;

    public function __construct($logFile) {
        $this->logFile = $logFile;
    }

    public function handle(Event $event) {
        $authData = $event->getInfo();

        $fields = array(
                    date('Y-m-d H:i:s'),
                    $_SERVER['REMOTE_ADDR'],
                    $event->getName(),
                    $authData['user'],
                    $authData['password']
                 );

        error_log(implode('|', $fields) . "\n", 3, $this->logFile);
    }
}
```

In der Methode, die das Ereignis verarbeitet, extrahieren Sie den Namen des Ereignisses sowie Benutzername und Passwort aus dem `Event`-Objekt und schreiben diese zusammen mit dem aktuellen Datum und der Uhrzeit sowie der IP-Adresse in die Logdatei.

Statt die Funktion `error_log()` zu verwenden, sollten Sie entweder auf den in Kapitel 2 entwickelten Debugger oder auf ein Logging Framework wie PEAR::Log zurückgreifen.

Möchten Sie nun eine Instanz dieser Klasse als Handler für das Ereignis, das bei fehlgeschlagenem Login ausgelöst wird, registrieren, fügen Sie den folgenden Code in die *index.php*-Datei ein:

```
... Instanziieren des Controllers und anderer Objekte...
$dispatcher = EventDispatcher::getInstance();
$logger = new AuthLoggingHandler('auth.log');
$dispatcher->addHandler('onInvalidLogin', $logger);

$controller->handleRequest($request, $response);
```

Schlägt nun ein Login fehl, werden die gewünschten Daten in die entsprechende Logdatei geschrieben:

```
2006-06-05 13:50:36|127.0.0.1|onInvalidLogin|schst|foo
```

Wenn Sie sich den Code des `AuthLoggingHandler` genauer angesehen haben, ist Ihnen vielleicht aufgefallen, dass an einer Stelle gegen die Abstraktion der HTTP-Anfrage verstoßen wurde. Und zwar ermitteln Sie die IP-Adresse des Benutzers, indem Sie diese aus der Superglobalen `$_SERVER` auslesen. Stattdessen sollte die Schnittstelle des Requests um eine Methode erweitert werden, die die IP-Adresse des Benutzers zurückliefert:

```
interface Request {
    public function getParameterNames();
    public function issetParameter($name);
    public function getParameter($name);
    public function getHeader($name);
    public function getAuthData();
    public function getRemoteAddress();
}
```

Diese Methode implementieren Sie nun auch in der `HttpRequest`-Klasse, indem Sie den Zugriff auf die `$_SERVER`-Variable kapseln:

```
class HttpRequest implements Request {
    ... Eigenschaften und Methoden ...

    public function getRemoteAddress() {
        return $_SERVER['REMOTE_ADDR'];
    }

}
```

Allerdings haben Sie im `AuthLoggingHandler` keinen Zugriff auf das verwendete `Request`-Objekt und können somit die IP-Adresse nicht aus diesem auslesen. Um dieses Problem zu umgehen, setzen Sie das *Registry-Pattern* ein. Dazu können Sie die `Registry`-Klasse verwenden, die Sie bereits im vorherigen Kapitel implementiert haben. Fügen Sie der Klasse einfach Methoden hinzu, um das `Request`- und das `Response`-Objekt zu speichern und wieder darauf zuzugreifen:

```
class Registry {
    const KEY_REQUEST  = 'request';
    const KEY_RESPONSE = 'response';

    ... Eigenschaften und Methoden ...
    public function setRequest(Request $request) {
        $this->set(self::KEY_REQUEST, $request);
    }

    public function setResponse(Response $response) {
        $this->set(self::KEY_RESPONSE, $response);
    }
```

```
    public function getRequest() {
        return $this->get(self::KEY_REQUEST);
    }

    public function getResponse() {
        return $this->get(self::KEY_RESPONSE);
    }
}
```

Die richtige Stelle, um das Request- und das Response-Objekt an die Registry zu übergeben, ist die handleRequest()-Methode des Controllers. Diese bekommt die HTTP-Anfrage und die HTTP-Antwort als Objekte übergeben. Holen Sie sich also in dieser Methode eine Referenz auf die Registry und übergeben Sie dieser die zu speichernden Objekte:

```
class FrontController {
    ... Eigenschaften und Methoden ...
    public function handleRequest(Request $request, Response $response) {
        $reg = Registry::getInstance();
        $reg->setRequest($request);
        $reg->setResponse($response);

        $this->preFilters->processFilters($request, $response);
        $command = $this->resolver->getCommand($request);
        $command->execute($request, $response);
        $this->postFilters->processFilters($request, $response);

        $response->flush();
    }
}
```

Nun können Sie die AuthLoggingHandler-Klasse so umschreiben, dass diese nicht mehr direkt auf die $_SERVER-Variable zugreifen muss und stattdessen über die Registry auf das Request-Objekt zugreift. Damit ist die Klasse portabler und kann auch mit Anfragen arbeiten, bei denen das $_SERVER-Array nicht die IP-Adresse des Clients enthält:

```
class AuthLoggingHandler implements EventHandler {
    ... Eigenschaften und Konstruktor ...
    public function handle(Event $event) {
        $authData = $event->getInfo();

        $fields = array(
                      date('Y-m-d H:i:s'),
                      Registry::getInstance()->getRequest()->getRemoteAddress(),
                      $event->getName(),
                      $authData['user'],
                      $authData['password']
                  );

        error_log(implode('|', $fields) . "\n", 3, $this->logFile);
    }
}
```

Obwohl Sie nun Objekte, Informationen und Nachrichten zwischen den verschiedenen Schichten austauschen, greifen Sie an keiner Stelle direkt auf Informationen zu. Somit erhalten Sie sich immer noch die Möglichkeit, einzelne Komponenten auszutauschen, ohne dass dadurch die anderen beeinflusst würden. Für das aktuelle Beispiel des fehlerhaften Logins bedeutet dies:

- Sie können den Anfragetyp austauschen und zum Beispiel JSON-Anfragen oder auch SOAP-Anfragen mit Authentifizierung nutzen, ohne den Authentifizierungscode oder den Code, der das Log schreibt, anpassen zu müssen.
- Sie können statt einfacher HTTP-Authentifizierung auch eine sessionbasierte Authentifizierung nutzen, ohne dass Sie den Code, der das Logfile schreibt, verändern müssen. Ihr Authentifizierungscode muss lediglich das entsprechende Ereignis auslösen.
- Sie können auf eine andere Art auf ein fehlgeschlagenes Login reagieren, ohne dass Sie den Code verändern müssen, der sich um die Authentifizierung kümmert.

Möchten Sie nun auch im Falle eines erfolgreichen Logins einen Eintrag in das Log schreiben, genügt es, ein Ereignis `onLogin` auszulösen.

```
class HttpAuthFilter implements Filter {
    ... Eigenschaften und Methoden ...
    public function execute(Request $request, Response $response) {
        ... Daten aus Request holen ...
        if (!isset($this->authData[$username]) ||
            $this->authData[$username] !== $password) {
            EventDispatcher::getInstance()->triggerEvent('onInvalidLogin', $this,
                                                          $authData);
            $this->sendAuthRequest($response);
        }
        EventDispatcher::getInstance()->triggerEvent('onLogin', $this, $authData);
    }
}
```

Für dieses Ereignis registrieren Sie nun denselben Handler durch einen weiteren Aufruf der `addHandler()`-Methode:

```
$logger = new AuthLoggingHandler('auth.log');
$dispatcher->addHandler('onInvalidLogin', $logger);
$dispatcher->addHandler('onLogin', $logger);
```

Nun können Sie auch jeden erfolgreichen Login nachverfolgen, indem Sie einen Blick ins Log werfen.

```
2006-06-05 13:57:12|127.0.0.1|onLogin|schst|schst123
```

Abbrechen der Ereignisse

Wurde die Logdatei nun erfolgreich geschrieben, können Sie als Nächstes das Blockieren bestimmter IP-Adressen umsetzen. Dazu implementieren Sie einen Handler für ein erfolgreiches Login, der überprüft, ob das Login von einer blockierten IP-Adresse aus erfolgte.

Dem Konstruktor des Handlers übergeben Sie ein Array mit verbotenen IP-Adressen, die in der Eigenschaft `$blockedIps` gespeichert werden.

```
class IpCheckHandler implements EventHandler {
    protected $blockedIps;

    public function __construct($blockedIps) {
        $this->blockedIps = $blockedIps;
    }

    public function listen(Event $event) {
        $request  = Registry::getInstance()->getRequest();
        $ipAdress = $request->getRemoteAddress();

        if (in_array($ipAdress, $this->blockedIps)) {
            $event->cancel();
        }
    }
}
```

Innerhalb der `handle()`-Methode holen Sie sich auf die gewohnte Weise die IP-Adresse des Clients und überprüfen, ob diese in der Liste der verbotenen IP-Adressen vorhanden ist. In diesem Fall brechen Sie das Login-Ereignis durch einen Aufruf der `cancel()`-Methode ab.

Dieser Aufruf bewirkt aktuell noch nichts anderes, als dass die Eigenschaft `$cancelled` des `Event`-Objekts auf den Wert `false` gesetzt wird und alle Handler, die nach diesem Handler registriert wurden, nicht mehr über das Ereignis informiert werden. Damit der Login-Vorgang wirklich unterbunden wird, muss Ihre Applikation natürlich noch auf das Abbrechen des Ereignisses entsprechend reagieren.

Dazu speichern Sie den Rückgabewert der `triggerEvent()`-Methode, da diese das `Event`-Objekt zurückliefert. Anhand dieses Objekts können Sie nun mit der `isCancelled()`-Methode abfragen, ob das von Ihnen ausgelöste Ereignis durch einen Handler unterbunden wurde. Wenn dieser Fall eintritt, fordern Sie vom Benutzer einfach erneut die Authentifizierung an, indem Sie die `sendAuthRequest()`-Methode aufrufen.

```
class HttpAuthFilter implements Filter {
    ... Eigenschaften und Methoden ...
    public function execute(Request $request, Response $response) {
        ... Daten aus Request holen ...
        if (!isset($this->authData[$username]) ||
            $this->authData[$username] !== $password) {
```

```
                EventDispatcher::getInstance()->triggerEvent('onInvalidLogin',
                                                            $authData);
                $this->sendAuthRequest($response);
            }
            $event = EventDispatcher::getInstance()->triggerEvent('onLogin',
                                                                 $authData);
            if ($event->isCancelled()) {
                $this->sendAuthRquest($response);
            }
        }
    }
```

Natürlich könnten Sie an dieser Stelle stattdessen auch eine Fehlermeldung ausgeben.

> Möchten Sie einen Grund für den Abbruch eines Ereignisses angeben können, erweitern Sie die Event-Klasse um eine Eigenschaft, die diesen Grund speichern kann, und fügen einen Parameter der cancel()-Methode hinzu, die diesen Grund akzeptiert und im Objekt speichert.

Wollen Sie nun beide Handler verwenden, registrieren Sie den neuen Handler auch in der Datei *index.php* für das onLogin-Ereignis. Dabei müssen Sie darauf achten, dass Sie zuerst den IP-Check und dann den AuthLoggingHandler registrieren, ansonsten taucht in Ihrem Log ein erfolgreiches Login auf, obwohl die IP-Adresse eigentlich gesperrt war und der Benutzer sich auch nicht erfolgreich authentifizieren konnte.

```
$dispatcher = EventDispatcher::getInstance();

$ipCheck = new IpCheckHandler(array('127.0.0.1'));
$dispatcher->addHandler('onLogin', $ipCheck);

$logger = new AuthLoggingHandler('auth.log');
$dispatcher->addHandler('onInvalidLogin', $logger);
$dispatcher->addHandler('onLogin', $logger);
```

Das Event-Dispatcher-Pattern ermöglicht Ihnen, Ihre Applikationen für Erweiterungen zu öffnen, über die Sie zu Beginn der Entwicklung vielleicht noch gar nicht nachgedacht haben. So ging es sicher auch den Entwicklern von JavaScript, die sich bei der Spezifikation noch keine Gedanken darüber gemacht haben, dass mit Hilfe ereignisgesteuerter Programmierung später einmal Web-2.0-Anwendungen möglich werden.

Sie sollten sich also immer genau überlegen, welche wichtigen Ereignisse in Ihrer Applikation auftreten können, welche zusätzlichen Informationen dabei für die Entwickler neuer Handler von Relevanz sein könnten und wie Sie damit umgehen möchten, falls ein Handler das Ereignis abbricht.

Definition

Ein Event-Dispatcher dient als Vermittler für Nachrichten, die von einem Absender zu beliebig vielen Adressaten geschickt werden können. Objekte registrieren sich beim Event-Dispatcher für Nachrichten eines bestimmten Typs und werden automatisch über das Eintreffen neuer Nachrichten informiert.

Beim Event-Dispatcher-Pattern handelt es sich wie bei vielen Patterns dieses Kapitels um ein Pattern, das auf mehreren der klassischen Entwurfsmuster basiert. Wie das *Subject/Observer-Pattern* wird es verwendet, wenn mehrere Objekte ein anderes beobachten. Statt eines Subjekts wird allerdings ein neues Objekt eingesetzt, das als Vermittler dient. Das Event-Dispatcher- hat sich also auch beim *Mediator-Pattern* bedient, einem Pattern, das Sie in diesem Buch nicht kennen gelernt haben. Ein Mediator ist ein Objekt, das zwischen zwei oder mehrere andere Objekte als Vermittler geschaltet wird, es übernimmt also eine ähnliche Aufgabe wie der Event-Dispatcher.

Um dieses Pattern auch in anderen Applikationen erfolgreich einsetzen zu können, sind die folgenden Schritte nötig:

1. Definieren Sie, welche Informationen für ein Ereignis in Ihrer Applikation wichtig sind, und implementieren Sie eine Klasse, die diese Information speichern kann.
2. Definieren Sie eine Schnittstelle, die von Klassen implementiert werden muss, die Ereignisse verarbeiten. Diese Schnittstelle muss mindestens eine Methode voraussetzen, es spricht aber auch nichts dagegen, noch weitere spezialisierte Methoden zu fordern.
3. Implementieren Sie eine `EventDispatcher`-Klasse, bei der sich die einzelnen Handler registrieren können und die verwendet werden kann, um ein Ereignis auszulösen.
4. Lösen Sie an den entsprechenden Stellen mit Hilfe dieser Klasse Ereignisse aus und überprüfen Sie, ob die Ereignisse abgebrochen wurden. Reagieren Sie entsprechend auf abgebrochene Ereignisse.
5. Schreiben Sie Handler-Klassen, die die Ereignisse verarbeiten.

Abbildung 7-3 zeigt Ihnen ein UML-Diagramm des Event-Dispatcher-Patterns, wie es im obigen Beispiel angewandt wurde.

Konsequenzen

Der Einsatz des Event-Dispatcher-Patterns sorgt für eine sehr lose Kopplung zwischen den einzelnen Komponenten Ihrer Applikation. Jede der Komponenten kann beliebig viele Plugin-Schnittstellen anbieten, indem sie verschiedene Ereignisse auslöst. An diese Schnittstellen können sehr einfach neue Komponenten angedockt werden.

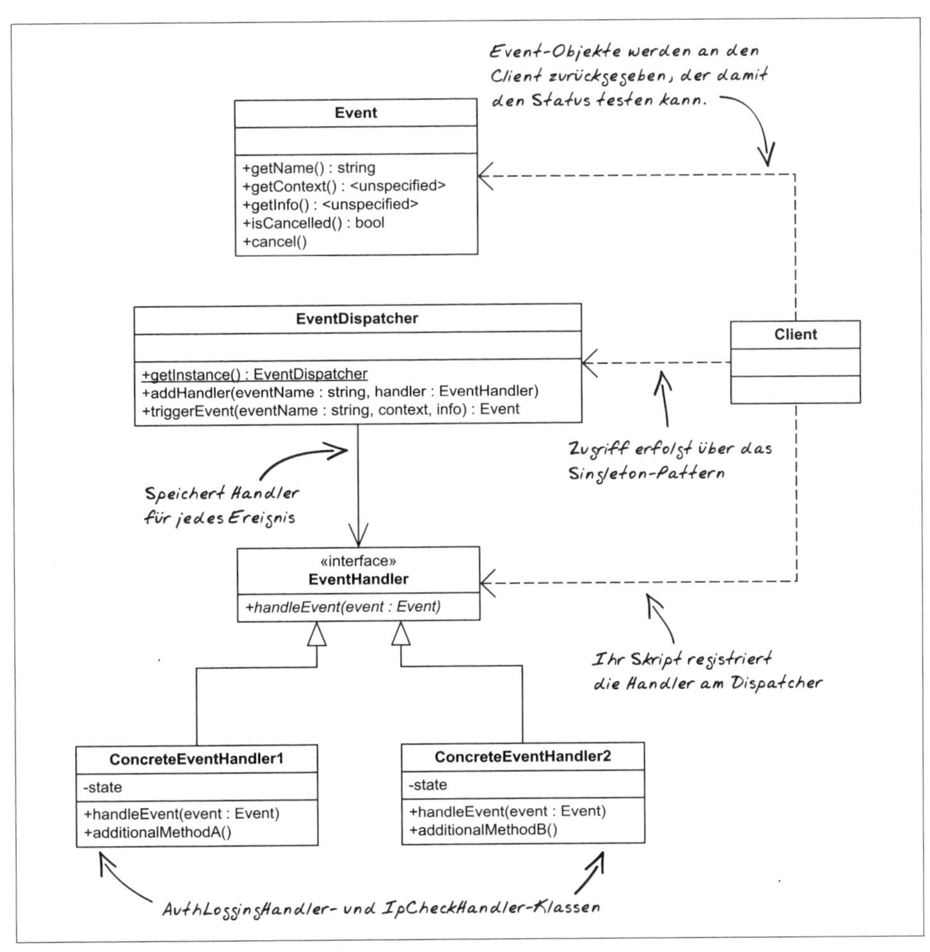

Abbildung 7-3: UML-Diagramm des Event-Dispatcher-Patterns

Diese lose Kopplung macht Ihre Architektur aber auch schwerer durchschaubar, da nie klar ist, wie und vom wem ein Ereignis verarbeitet wird. Neue Handler-Objekte können jederzeit zur Laufzeit hinzugefügt worden sein.

Da ein Event-Objekt in den `$context`- und `$info`-Eigenschaften beliebige Informationen, die von einem beliebigen Typ sein können, transportiert, verlieren Sie hier jegliche Typsicherheit. Dies kann jedoch durch spezialisierte Event-Klassen verhindert werden, in denen statt der `getContext()`- und `getInfo()`-Methoden neue Methoden implementiert werden, die nur Objekte vom gewünschten Typ zurückliefern.

Weitere Anwendungen

Das Event-Dispatcher-Pattern erlaubt es Ihnen, in allen Schichten Ihrer Architektur eine lose Kopplung zwischen verschiedenen Objekten herzustellen. Es ist damit nicht auf das Beispiel des Login-Mechanismus begrenzt. Genau so könnten Sie in die von Propel generierten Klassen der Datenschicht Ereignisse integrieren, die ausgelöst werden, wenn die Daten eines Objekts geändert werden. Ihre Darstellungsschicht könnte dann darauf reagieren und sich die neuen Daten aus der Datenschicht holen, um die Views Ihrer Webapplikation anzupassen.

Auch wenn ereignisgesteuerte Programmierung eher aus grafischen Benutzeroberflächen bekannt ist, integriert sie sich sehr gut ins Webumfeld. Es ist auch möglich, dieses Pattern mit einer Session-Registry zu kombinieren und die Event-Dispatcher-Instanz über Requests hinweg persistent zu halten. Somit erlauben Sie Objekten, sich auf einer Seite für ein Ereignis zu registrieren, das auf einer anderen Seite ausgelöst wird. Sie können also Verbindungen zwischen Code herstellen, der nicht innerhalb desselben HTTP-Requests ausgeführt wird.

Eine bereits fertige Implementierung dieses Patterns finden Sie in PEAR im Paket *Event_Dispatcher*[6]. Dies wurde nicht als Beispiel herangezogen, da es nicht in allen Punkten den Prinzipien der objektorientierten Programmierung folgt. Statt ein Interface für die Event-Handler zu definieren, können Sie jede beliebige Funktion oder Methode eines Objekts oder einer Klasse als Empfänger für bestimmte Ereignisse registrieren. Auch wenn dies Ihre Anwendung fehleranfälliger macht, bietet dieses Paket den Vorteil, dass es auch unter PHP 4 problemlos eingesetzt werden kann.

Die verwendete Implementierung kann natürlich auch noch um einige nützliche Funktionen wie zum Beispiel das Entfernen von Empfängern oder auch das Registrieren für alle Ereignisse erweitert werden.

Patterns der View-Schicht

Durch die Patterns der Command-Control-Schicht war es Ihnen möglich, die aufzurufende Logik vom eigentlichen HTTP-Request zu entkoppeln und somit die Logik der Seiten einfach auszutauschen.

Den HTML-Code, den Sie zurück an den Client senden, haben Sie jedoch direkt im Command-Objekt selbst erzeugt. Dadurch ist es Ihnen nicht möglich, dieselbe Logik mit veränderter Ausgabe zu verwenden. Dies ist jedoch eine sehr häufige Anforderung an Webapplikationen; dieselbe Applikation lässt sich oft in verschiedenen

6 *http://pear.php.nt/package/Event_Dispatcher*

Szenarien einsetzen, jedoch muss dabei das Layout an das Corporate-Design des entsprechenden Kunden angepasst werden. Dies ist die Aufgabe der *View-Schicht*.

Das *Template-View-Pattern* wird es Ihnen ermöglichen, die durch die Commands erzeugten Daten von deren Darstellung zu trennen, so dass es möglich ist, HTML-Designer die Darstellung erstellen zu lassen, ohne das diese dazu PHP-Kenntnisse benötigen. Und mit Hilfe des *View-Helper-Patterns* können Sie Logik, die sehr häufig in der View-Schicht benötigt wird, so kapseln, dass diese problemlos in den verschiedenen Views Ihrer Applikation eingesetzt werden können.

Das Template-View-Pattern

Bisher haben Sie in den Command-Implementierungen nur einfachen Text ausgegeben. Wenn Sie allerdings eine reale Webanwendung für einen Kunden entwickeln, müssen Sie an Stelle von reinem Text HTML-Code ausgeben, der Auszeichnungen für Tabellen, Textmarkierungen oder auch Bilder enthält. Durch die API des `Response`-Objekts ist dieses zwar möglich, aber, wie das folgende Beispiel zeigt, nicht besonders komfortabel.

```
$response->write('<html>');
$response->write('  <head>');
$response->write('    <title>Titel der Seite</title>');
$response->write('  </head>');
$response->write('  <body>');
$response->write('  <h1>Überschrift</h1>');
$response->write('  <p>');
$response->write('    Hallo ' . $request->getParameter('name'));
$response->write('  </p>');
$response->write('  </body>');
```

In den meisten Fällen wird ein Entwickler nicht für die Realisierung des Layouts in HTML zuständig sein. Allerdings wird auch ein normaler Designer oder HTML-Producer nicht in der Lage sein, komplexe Layouts umzusetzen und dabei diese im obigen PHP-Code zu implementieren. Dadurch liefert der Designer oft nur eine Vorlage, die dann Stück für Stück vom Entwickler in den PHP-Code eingebettet werden muss. Bei jeder Änderung des Layouts sind nun mehrere Personen involviert, und der Aufwand steigt rapide an.

Motivation

Auch bei der Arbeit im Team geht es wie in der Softwareentwicklung darum, möglichst saubere und flexible Schnittstellen zu schaffen. Eine optimale Lösung für das Problem der Vermischung von PHP-Logik und Layout besteht darin, im Command direkt auf Vorlagen zuzugreifen, die von den Designern geliefert werden.

Dadurch wird der PHP-Code von sämtlichen Layoutinformationen befreit, und die HTML-Vorlagen, auch *Templates* oder *Views* genannt, enthalten keine Logik mehr. Alle Beteiligten konzentrieren sich auf die Arbeiten, die in ihrem Kompetenzbereich liegen, und können ihre Aufgaben somit auch schneller abschließen.

Diese Vorlagen in Ihre Applikation zu integrieren ist Aufgabe des *Template-View-Patterns*. In PHP existieren bereits sehr viele einsatzfähige Versionen dieses Patterns, so dass es nicht nötig ist, dieses Pattern in jeder Applikation neu umzusetzen. Bevor Sie sich jedoch mit *patTemplate*, einer der PHP-Implementierungen dieses Patterns, befassen, werden Sie eine einfache Version des Patterns umsetzen, um zu verstehen, auf welchen Prinzipien es basiert und wie Sie es optimal einsetzen können.

Zweck des Patterns

Das Pattern, das die Trennung zwischen HTML- und PHP-Code ermöglicht, ist der Template-View.

Ein Template-View trennt den HTML-Code für die Darstellung von der Logik. Dazu werden Platzhalter für die Daten in HTML-Code eingefügt.

Um dies zu erreichen, sind die folgenden Schritte nötig:

1. Definieren Sie das Format der Platzhalter, die in der HTML-Datei verwendet werden können.
2. Implementieren Sie eine neue Klasse, die eine HTML-Vorlage mit Platzhaltern laden kann.
3. Implementieren Sie eine Methode, mit der Sie Werte für die Platzhalter übergeben können.
4. Implementieren Sie eine Methode, die die Platzhalter durch Ihre Werte ersetzt und das Ergebnis an den Client zurücksendet.

Implementierung

PHP selbst wurde ursprünglich dafür entwickelt, den C-Code, der die Programmlogik enthielt, vom HTML-Markup zu trennen. Dafür bot PHP einfache Anweisungen und Funktionen, mit denen auf Daten aus der Applikation zugegriffen werden konnte. Diese konnten direkt in den HTML-Code eingebettet werden.

Es spricht nichts dagegen, dass Sie genau dieses Format der Platzhalter erneut nutzen, um Daten aus dem Command in den HTML-Dateien auszugeben. An der Stelle, an der im Hello-World-Beispiel der Name des Besuchers ausgegeben werden soll, verwenden Sie die `print`-Anweisungen und geben die Variable `$this->Name` aus. Dabei ist nun `$this->Name` ein Platzhalter, dessen Wert von Ihrem Command definiert werden muss.

```
<html>
<head>
    <title>Hello World!</title>
</head>
<body>
   <p>Hallo <?php print $this->Name; ?>.</p>
</body>
</html>
```

Als Nächstes schreiben Sie nun eine neue Klasse `TemplateView`, die diese HTML-Vorlage laden kann und der Werte für die Platzhalter übergeben werden können:

```
class TemplateView {

    private $template;
    private $vars = array();

    public function __construct($template) {
        $this->template = $template;
    }

    public function assign($name, $value) {
        $this->vars[$name] = $value;
    }
}
```

Im Konstruktur der Klasse übergeben Sie den Namen der Vorlage, und in der Eigenschaft `$vars` speichern Sie die Werte der einzelnen Platzhalter in einem assoziativen Array. Die Klasse wird also zum Beispiel folgendermaßen verwendet:

```
$view = new TemplateView('HelloWorld');
$view->assign('Name', 'Stephan');
```

Nun fehlt der Klasse nur noch eine Methode, mit der Platzhalter durch die definierten Werte ersetzt und der resultierende HTML-Code an den Client geschickt werden kann. Da es sich bei der Template-Datei um ganz normalen PHP-Code handelt, können Sie den Code ausführen, indem Sie die Datei mit der `include`-Anweisung einbinden. Allerdings würde PHP dabei den enthaltenen HTML-Code an die Standardausgabe weiterleiten und damit eventuelle Filter umgehen, die Sie im Controller registriert haben.

Dieses Problem lässt sich mit Hilfe der *Ausgabesteuerungsfunktionen* von PHP recht einfach lösen.

```
class TemplateView {
    ... Eigenschaften und bisherige Methoden ...

    public function render(Request $request, Response $response) {
        ob_start();
        $filename = "views/{$this->template}.php";
        include_once $filename;
        $data = ob_get_clean();
        $response->write($data);
    }
}
```

Durch Aufruf der Funktion ob_start() speichert PHP alle Daten, die eigentlich ausgegeben werden würden, zwischen. Die Funktion ob_get_clean() liefert Ihnen diese Daten als String zurück und löscht den Ausgabebuffer. Nachdem Sie die Daten erhalten haben, senden Sie diese unter Verwendung der write()-Methode des Response-Objekts an den Client. Dabei werden nun eventuell registrierte Filter berücksichtigt.

In der HTML-Vorlage haben Sie über $this->Name auf den Namen zugegriffen. Da die HTML-Datei in einer Methode des TemplateView-Objekts eingebunden wird, bezieht sich der $this-Zeiger auf dieses Objekt. Das TemplateView-Objekt hat allerdings keine $Name-Eigenschaft, der Name befindet sich im assoziativen Array in der Eigenschaft $vars. Damit Sie im View trotzdem einfach auf die Werte der Platzhalter zugreifen können, verwenden Sie den __get()-Interzeptor:

```
class TemplateView {
    ... Eigenschaften und bisherige Methoden ...

    public function __get($property) {
        if (isset($this->vars[$property])) {
            return $this->vars[$property];
        }
        return null;
    }
}
```

Wenn auf eine Eigenschaft, die nicht existiert, zugegriffen wird, wird stattdessen der mit der assign()-Methode definierte Wert verwendet.

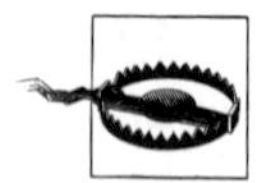

Dieser Ansatz hat einen kleinen Wermutstropfen. Sie können in den Templates keine Platzhalter verwenden, die wie Eigenschaften der TemplateView-Klasse heißen, da ansonsten die __get()-Methode nicht aufgerufen wird.

Als Letztes müssen Sie jetzt nur noch das HelloWorld-Command ändern, damit dieses einen Template-View verwendet:

```
class HelloWorldCommand implements Command {

    public function execute(Request $request, Response $response) {
        $view = new TemplateView('HelloWorld');
        if ($request->issetParameter('Name')) {
            $view->assign('Name', $request->getParameter('Name'));
        }
        $view->render($request, $response);
    }
}
```

Wenn Sie dieses Command nun aufrufen, erhalten Sie bereits wieder die korrekte Ausgabe, wenn Sie einen Namen übergeben. Übergeben Sie jedoch keinen Namen, erscheint der Text »`Hallo .`«. Um diese durch den Text »`Hallo Unbekannter.`« zu ersetzen, müssen Sie lediglich den View verändern.

```
<html>
<head>
    <title>Hello World!</title>
</head>
<body>
    <?php if ($this->Name != null): ?>
    <p>Hallo <?php echo $this->Name; ?>.</p>
    <?php else: ?>
    <p>Hallo Unbekannter.</p>
    <?php endif; ?>
</body>
</html>
```

Da der View beliebigen PHP-Code enthalten kann, können Sie in der Darstellungslogik einfache `if`-Abfragen einsetzen, mit denen die meisten HTML-Designer zurechtkommen.

Auf die gleiche Art und Weise können Sie nun das Beispiel, das zwei Zahlen addieren kann, auf die Verwendung des Template-View-Patterns umstellen. Dazu erstellen Sie zunächst die HTML-Vorlage:

```
<html>
    <head>
        <title>Rechenbeispiel</title>
    </head>
    <body>
        <?php if(isset($this->sum)): ?>
            <p><?php echo $this->a; ?> + <?php echo $this->b; ?>
                                        = <?php echo $this->sum; ?></p>
        <?php else: ?>
            <p>Bitte Parameter a und b angeben.</p>
        <?php endif; ?>
    </body>
</html>
```

Nun müssen Sie nur noch das Command anpassen, damit dieses die Werte und deren Summe an den View übergibt, sofern diese übermittelt wurden.

```
class AdditionCommand implements Command {

    public function execute(Request $request, Response $response) {
        $view = new TemplateView('Addition');

        if ($request->issetParameter('a')
         && $request->issetParameter('b')) {
            $a = (int)$request->getParameter('a');
            $b = (int)$request->getParameter('b');
            $sum = $a + $b;

            $view->assign('a', $a);
```

```
            $view->assign('b', $b);
            $view->assign('sum', $sum);
        }
        $view->render($request, $response);
    }
}
```

Auch hier ist das Command-Objekt selbst vollkommen frei von HTML-Markup und kann daher mit verschiedenen Layouts kombiniert werden.

Definition

Ein Template-View trennt den HTML-Code für die Darstellung von der Logik. Dazu werden Platzhalter für die Daten in HTML-Code eingefügt.

Das Template-View-Pattern hat es Ihnen ermöglicht, HTML-Markup von der eigentlichen Logik der Anwendung zu separieren. Dazu sind die folgenden Schritte nötig:

1. Definieren Sie ein Format der zu verwendenden Platzhalter.
2. Schreiben Sie eine Klasse, die eine HTML-Vorlage mit Platzhaltern einlesen kann und die darin verwendeten Platzhalter ersetzt.
3. Übergeben Sie den resultierenden HTML-Code an das Response-Objekt, damit er an den Client geschickt werden kann.
4. Greifen Sie in den Command-Objekten immer auf das TemplateView-Objekt zurück, wenn Sie eine Antwort auf eine Anfrage erzeugen möchten.

Abbildung 7-4 zeigt ein UML-Diagramm des Template-View-Patterns.

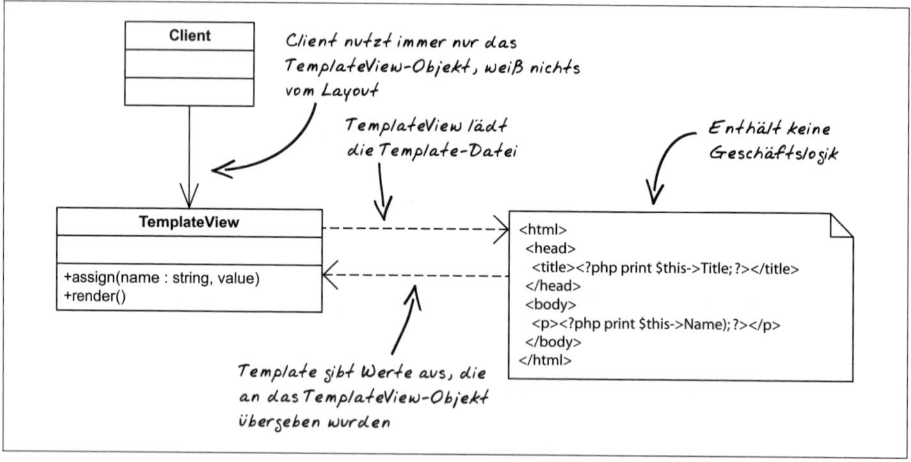

Abbildung 7-4: UML-Diagramm des Template-View-Patterns

Konsequenzen

Der Einsatz des Template-View-Patterns sorgt für eine saubere Trennung von Business-Logik und der Ausgabe der Daten. PHP-Code wird dabei nicht mehr mit HTML durchmengt. Mit dieser Trennung kommt es auch zu einer klaren Aufgabenverteilung zwischen Entwickler und Template-Designer.

Andererseits führt dieses Pattern dazu, dass die Erstellung komplexer Ausgabelogik mehr Zeit in Anspruch nimmt als die Implementierung dieser Logik ohne Anwendung des Patterns.

Die Template-Engine patTemplate

Die Implementierung des Template-View-Patterns hat zwei große Nachteile:

1. Ihre Template-Designer müssen sich zumindest ein bisschen mit PHP auskennen. Eine `If`-Anfrage in HTML einzubetten ist zwar nicht sehr komplex, aber dennoch unterscheidet sich dies doch grundsätzlich vom Schreiben von HTML-Tags.
2. Sie müssen zu Ihren Template-Designern großes Vertrauen haben, da Sie ihnen das komplette Feature-Set von PHP bereitstellen. In Ihren Templates könnte also Code enthalten sein, der die Applikation abbricht oder sogar Sicherheitslücken öffnet.

Aus diesen Gründen wird zum Einfügen der Platzhalter in die HTML-Vorlagen oft ein anderes Format als reiner PHP-Code verwendet. Und da dieses Problem fast in jeder großen Webanwendung auftritt, gibt es bereits sehr viele Lösungen für das Template-View-Pattern.

Mit den Template-Engines stehen Ihnen Pakete zur Verfügung, die Ihnen bei der Trennung von PHP- und HTML-Code helfen. Diese bieten einfache Methoden zum Ersetzen von Platzhaltern, aber auch zum Ausblenden oder Wiederholen einiger Teile einer Seite. Als Beispiel soll die Template-Engine *patTemplate*[7] verwendet werden; sollten Sie eine andere Template-Engine bevorzugen, ändert das sehr wenig an dem Weg, auf dem diese in die Commands integriert wird. patTemplate wurde unter der LGPL-Lizenz veröffentlicht und kann somit problemlos auch in kommerziellen Anwendungen eingesetzt werden. patTemplate kann über den PEAR-Installer installiert werden, weitere Informationen entnehmen Sie dem Kasten »Installation von patTemplate«.

Um patTemplate zu verwenden, müssen Sie lediglich zwei Dateien einbinden, alle anderen Klassen werden bei Bedarf von patTemplate selbst nachgeladen. Da patTemplate noch für PHP 4 entwickelt wurde, folgt es nicht den strikten Standards

7 *http://trac.php-tools.net/patTemplate*

Installation von patTemplate

patTemplate kann einfach über den PEAR-Installer installiert werden. Dazu müssen Sie zunächst den Channel *pear.php-tools.net* registrieren:

```
$ pear channel-discover pear.php-tools.net
Adding Channel "pear.php-tools.net" succeeded
Discovery of channel "pear.php-tools.net" succeeded
```

Danach können Sie das Paket *patTemplate* mit seinen Abhängigkeiten downloaden und installieren.

```
$ pear install --onlyreqdeps pat/patTemplate-alpha
Did not download optional dependencies: pat/patBBCode, use --alldeps to
download automatically
pat/patTemplate can optionally use package "pat/patBBCode"
downloading patTemplate-3.1.0a2.tgz ...
Starting to download patTemplate-3.1.0a2.tgz (84,855 bytes)
...................done: 84,855 bytes
downloading patError-1.1.0.tgz ...
Starting to download patError-1.1.0.tgz (17,579 bytes)
...done: 17,579 bytes
install ok: channel://pear.php-tools.net/patError-1.1.0
install ok: channel://pear.php-tools.net/patTemplate-3.1.0a2
```

Damit steht Ihnen *patTemplate* nun zur Verfügung. Es befindet sich im Unterverzeichnis *pat* Ihrer PEAR-Installation.

von PHP 5 und nutzt zum Beispiel das Schlüsselwort var statt public. Um Warnungen, die Sie darauf hinweisen, zu unterdrücken, sollten Sie mit Hilfe der Funktion error_reporting die Ausgabe der Warnungen unterdrücken.

```
error_reporting(E_ALL);

require_once 'pat/patErrorManager.php';
require_once 'pat/patTemplate.php';
```

Zum Schreiben einer HTML-Vorlage, die von patTemplate verwendet werden kann, legen Sie eine neue Datei *HelloWorld.tmpl* an und fügen dort den entsprechenden HTML-Code ein. patTemplate verwendet zum Hinzufügen weiterer Informationen zur Vorlage XML-Tags, die alle im Namespace patTemplate geschrieben werden müssen. Eine Liste aller verfügbaren Tags finden Sie in Tabelle 7-1.

Tabelle 7-1: patTemplate-Tags

Tag-Name	Beschreibung	wichtige Attribute
tmpl	Kennzeichnet einen Bereich der Datei als Template-Block. Der HTML-Code innerhalb des Templates kann durch die PHP-API von patTemplate angesprochen und zum Beispiel ausgeblendet oder wiederholt werden.	name definiert den Namen des Template-Blocks, type definiert den Template Typ.

Tabelle 7-1: patTemplate-Tags (Fortsetzung)

Tag-Name	Beschreibung	wichtige Attribute
`sub`	Wird nur verwendet, wenn ein Template vom Typ `condition` oder `modulo` ist. Wird verwendet, um Bereiche innerhalb eines Template-Blocks zu markieren, von denen nur einer verwendet werden kann. Entspricht einer switch/case-Anweisung in PHP.	`condition` gibt die Bedingung an, unter der der enthaltene HTML-Code ausgegeben wird.
`var`	Dient als Platzhalter, der von PHP aus ersetzt werden kann. Statt dieses Tags kann auch die Kurzform mit geschweiften Klammern verwendet werden.	`name` definiert den Namen des Platzhalters.
`link`	Funktioniert wie ein symbolischer Link im Dateisystem. Dieses Tag kann verwendet werden, um einen anderen Block mehrfach an verschiedenen Stellen auszugeben.	`src` definiert den Namen des Blocks, der verlinkt werden soll.
`comment`	Kennzeichnet einen Kommentar. Der HTML-Code innerhalb des Tags wird ignoriert.	Keine.

Mit Hilfe des Tags `<patTemplate:tmpl/>` können Sie verschiedene Bereiche Ihrer Datei als einzelne Blöcke auszeichnen, auf die Sie dann von PHP aus zugreifen können. Jede Template-Datei muss mindestens ein solches Tag enthalten. Das folgende Template kann also bereits von patTemplate eingelesen werden:

```
<patTemplate:tmpl name="HelloWorld">
<html>
<head>
    <title>Hello World!</title>
</head>
<body>
    <p>Hallo {NAME}.</p>
</body>
</html>
</patTemplate:tmpl>
```

Um einen Platzhalter für den Namen zu schaffen, der von PHP aus übergeben werden soll, verwendet dieses Beispiel den Text `{NAME}`. Alle Platzhalter in patTemplate müssen aus Großbuchstaben, Zahlen und Unterstrichen bestehen und in geschweifte Klammern eingeschlossen werden.

Statt der Syntax mit geschweiften Klammern können Sie auch das `<patTemplate:var/>`-Tag verwenden, um Platzhalter in die Vorlage einzufügen. Diese Schreibweise birgt noch weitere Features, die Sie beim *View-Helper-Pattern* kennen lernen werden. Um einen Platzhalter für den Namen zu schaffen, schreiben Sie `<patTemplate:var name="NAME"/>`.

Nachdem Sie eine Vorlage für die HTML-Ausgabe erstellt haben, können Sie Ihr Command so modifizieren, dass es mit der veränderten Vorlage arbeiten kann. Als Erstes erzeugen Sie dazu eine neue Instanz der `patTemplate`-Klasse durch Verwendung des new-Operators. Mit der Methode readTemplatesFromInput() können Sie die Vorlage laden und interpretieren. Dazu übergeben Sie der Methode den Namen der Template-Datei. Die Zuweisung eines Werts an einen Platzhalter erfolgt mit der Methode addVar(), ihr übergeben Sie drei Argumente: den Namen des Blocks, in dem sich der Platzhalter befindet, den Namen des Platzhalters und den Wert, den Sie zuweisen möchten.

Im Gegensatz zu einem einfachen View, der PHP zum Auszeichnen der Platzhalter verwendet, haben Platzhalter in patTemplate-Views einen Scope. Jeder Wert für Platzhalter gilt nur in dem Block, der beim Aufruf von addVar() übergeben wurde. Möchten Sie einen Wert für einen Platzhalter setzen, der in mehr als einem Block Gültigkeit haben soll, verwenden Sie die Methode addGlobalVar().

Als Letztes rufen Sie nun die Methode getParsedTemplate() auf, die die Platzhalter ersetzt und das Ergebnis als String zurückliefert. Der Methode können Sie optional den Namen eines Blocks übergeben. Wenn Sie keinen Namen übergeben, liefert die Methode den ersten Block zurück, der eingelesen wurde.

Der Code des veränderten Commands sieht nun folgendermaßen aus:

```
class HelloWorldCommand implements Command {

    public function execute(Request $request, Response $response) {
        $tmpl = new patTemplate();
        $tmpl->readTemplatesFromInput('views/HelloWorld.tmpl');
        if ($request->issetParameter('Name')) {
            $tmpl->addVar('HelloWorld', 'NAME', $request->getParameter('Name'));
        }
        $html = $tmpl->getParsedTemplate('HelloWorld');
        $response->write($html);
    }
}
```

Wenn Sie das Command jetzt in Ihrem Browser öffnen, erhalten Sie die erwartete Ausgabe.

Bei der Implementierung des Template-View-Patterns mit patTemplate hat sich allerdings ein bekannter Fehler eingeschlichen. Wenn Sie das Command aufrufen, ohne einen Namen zu übergeben, erhalten Sie die Ausgabe »Hallo .« anstatt wie gewünscht »Hallo Unbekannter«.

Um dies zu ändern, nutzen Sie ein neues Feature von patTemplate. Bisher haben Sie nur einen Standardblock verwendet, der lediglich Platzhalter durch Werte ersetzen konnte. Das <patTemplate:tmpl/>-Tag akzeptiert jedoch das Attribut type, mit dem verschiedene Blocktypen eingesetzt werden können. Um abzufragen, was für ein Wert für einen Platzhalter übergeben wurde, und ausgehend davon eine unterschiedliche Ausgabe zu erzwingen, nutzen Sie den Typ *Condition*. Dieser Blocktyp entspricht einem switch/case-Statement in PHP. Sie können eine Variable (also den Namen eines Platzhalters) angeben, und für verschiedene Werte dieser Variablen können Sie unterschiedlichen HTML-Code definieren.

Dazu legen Sie den Namen des Platzhalters über das Attribut conditionvar fest. Die einzelnen Fälle definieren Sie über die in den tmpl-Tags geschachtelten <patTemplate:sub/>-Tags. Für jedes dieser Tags definieren Sie über das Attribut condition, wann es angezeigt werden soll. Für dieses Attribut können Sie entweder einen beliebigen Wert definieren, der dann mit dem Wert des Platzhalters identisch sein muss, oder Sie nutzen eine der vordefinierten Bedingungen, die patTemplate unterstützt.

Mit Hilfe dieser Bedingungen können Sie HTML-Code definieren, der zum Beispiel verwendet wird, wenn kein Wert für den Platzhalter übergeben wurde. Dazu verwenden Sie das Tag <patTemplate:sub condition="__empty"/>. Analog zur default-Anweisung eines switch/case-Blocks können Sie in patTemplate den Wert __default übergeben, wenn der HTML-Code ausgegeben werden soll, falls keine der anderen Bedingungen gepasst hat.

Um nun mit Hilfe dieser Tags abzufragen, ob ein Name übergeben wurde, fügen Sie einen neuen Block Greeting vom Typ condition ein und definieren zwei Fälle für den Inhalt des Blocks:

```
<patTemplate:tmpl name="HelloWorld">
<html>
<head>
    <title>Hello World!</title>
</head>
<body>
    <patTemplate:tmpl name="Greeting" type="condition" conditionvar="NAME">
        <patTemplate:sub condition="__empty">
            <p>Hallo Unbekannter.</p>
        </patTemplate:sub>
        <patTemplate:sub condition="__default">
            <p>Hallo {NAME}.</p>
        </patTemplate:sub>
    </patTemplate:tmpl>
</body>
</html>
</patTemplate:tmpl>
```

Damit der Wert auch überprüft werden kann, weisen Sie den Namen nicht mehr dem umgebenden HelloWorld-Block zu, sondern stattdessen dem neu eingefügten Greeting-Block. Dazu müssen Sie nur eine Zeile PHP-Code anpassen:

```
class HelloWorldCommand implements Command {

    public function execute(Request $request, Response $response) {
        $tmpl = new patTemplate();
```

```
            $tmpl->readTemplatesFromInput('views/HelloWorld.tmpl');
            if ($request->issetParameter('Name')) {
                $tmpl->addVar('Greeting', 'Name', $request->getParameter('Name'));
            }
            $html = $tmpl->getParsedTemplate('HelloWorld');
            $response->write($html);
        }
    }
```

Somit hat der Template-Designer nun freie Hand darüber, wie er darauf reagieren möchte, wenn kein Name übergeben wurde. Weiterhin kann auch noch auf einzelne Namen mit einer besonderen Ausgabe reagiert werden, wie das folgende Beispiel zeigt:

```
<patTemplate:tmpl name="Greeting" type="condition" conditionvar="NAME">
    <patTemplate:sub condition="Stephan">
        <p style="font-weight:bold">Hallo Autor.</p>
    </patTemplate:sub>
    <patTemplate:sub condition="__empty">
        <p>Hallo Unbekannter.</p>
    </patTemplate:sub>
    <patTemplate:sub condition="__default">
        <p>Hallo {NAME}.</p>
    </patTemplate:sub>
</patTemplate:tmpl>
```

Dieses Beispiel demonstriert noch ein weiteres Feature von patTemplate. Da eine häufig vorkommende Aufgabe die Ausgabe von tabellarischen Daten ist, kann patTemplate problemlos damit umgehen, dass mehr als ein Wert für einen Platzhalter übergeben wird. Um ein Array mit zwei Werten zu übergeben, rufen Sie einfach die URL *http://localhost/template-view/?Name[]=Gerd&Name=Carsten* auf. Sie erhalten dabei die folgende Ausgabe:

```
Hallo Gerd.
Hallo Carsten.
```

patTemplate hat also automatisch den Block `Greeting` für die übergebenen Werte wiederholt.

In diesem Beispiel konnten Sie nur einen Bruchteil der Funktionalität kennen lernen, weitere Features von patTemplate umfassen zum Beispiel das Anwenden von Funktionen auf die übergebenen Werte, das Einlesen der Vorlage aus einer Datenbank, automatisch alternierende Zeilen beim Wiederholen eines Blocks oder auch das Anwenden von Filtern auf den erzeugten HTML-Code. Die Distribution enthält eine Fülle an Beispielen, die die einzelnen Features demonstrieren.

Das View-Helper-Pattern

Nachdem Sie nun die Darstellung der Ergebnisseiten in eigene Dokumente ausgelagert haben, die von Logik möglichst frei bleiben sollten, stellt sich dadurch ein neues Problem.

In Applikationen existieren sehr häufig einige Funktionen oder Methoden, die eigentlich nur für die Aufbereitung der Daten in der View-Schicht verwendet werden. Durch die Anwendung des Template-View-Patterns sind diese Methoden nicht mehr im View verfügbar. Das *View-Helper-Pattern* bietet eine Möglichkeit, um häufig verwendete Logik, die rein der Darstellung dient, in allen Views zur Verfügung zu stellen.

Wenn Sie eine Template-Engine nutzen, die dem Template-View-Pattern folgt, bietet diese häufig auch schon eine Implementierung des View-Helper-Patterns an. Dies gilt auch für die beim Template-View vorgestellte patTemplate-Engine. Bevor Sie jedoch die View-Helper-Implementierungen von patTemplate einsetzen, werden Sie zunächst eine einfache Version des Patterns selbst schreiben, die die simple Template-View-Implementierung mächtiger macht. Mit diesem Wissen ausgestattet, fällt es Ihnen danach leichter zu verstehen, wie patTemplate das View-Helper-Pattern umsetzt.

Motivation

Sie möchten Ihren Template-Designern die Möglichkeit bieten, die Werte, die für Platzhalter übergeben wurden, bei der Ausgabe zu verändern. So sollte es zum Beispiel möglich sein, alle Buchstaben eines Texts in Großbuchstaben zu konvertieren, den Namen des authentifizierten Benutzers auszugeben oder auch gefährliche Zeichen aus Variablen zu entfernen.

Zweck des Patterns

Zu diesem Zweck setzen Sie das *View-Helper-Pattern* ein.

View-Helper bieten Funktionalität, die in den Template-Views benötigt werden, und entkoppeln die Business-Logik von der Darstellung.

Ein View-Helper kann also ein beliebiger Teil der Logik sein, der aus den Views heraus aufgerufen werden kann. Um dieses Pattern mit Hilfe des bestehenden Template-View umzusetzen, sind die folgenden Schritte nötig:

1. Definieren Sie eine Schnittstelle für die View-Helper-Klassen.
2. Schaffen Sie eine Möglichkeit, wie aus den Views auf die einzelnen View-Helper zugegriffen werden kann.

3. Schreiben Sie konkrete Implementierungen der ViewHelper-Schnittstelle, um Text in Großbuchstaben zu konvertieren, Sonderzeichen durch deren Entities zu ersetzen und den Namen des eingeloggten Benutzers zu ermitteln.

An diesen Schritten sehen Sie bereits, dass es sich beim View-Helper-Pattern um ein sehr einfaches Muster handelt.

Implementierung

Beginnen Sie nun also zunächst mit der Definition der Schnittstelle für die View-Helper-Implementierungen. Dazu deklarieren Sie ein neues Interface, das nur eine Methode execute() fordert. Diese Methode soll später ausgeführt werden, wenn der View-Helper in einem Template-View eingesetzt wird. Da die Helper für die verschiedensten Aufgaben eingesetzt werden können, wählen Sie eine sehr einfache Methodensignatur: Die execute()-Methode akzeptiert ein Array als einzigen Parameter. Dadurch simulieren Sie variable Argumente.

```
interface ViewHelper {
    public function execute($args = array());
}
```

Als Nächstes müssen Sie in der TemplateView-Klasse eine Möglichkeit schaffen, beliebig viele Klassen zu verwalten, die das ViewHelper-Interface implementieren, und diese den Views selbst zur Verfügung zu stellen.

Dazu legen Sie zunächst ein neues Unterverzeichnis *view-helpers* an, in dem Sie alle View-Helper-Klassen abspeichern. Jede der View-Helper-Klassen endet auf »View-Helper« und befindet sich in einer Datei, die den gleichen Namen trägt wie die Klasse. Ein Helper, mit dem Text in Großbuchstaben konvertiert werden kann, trägt also den Namen UppercaseViewHelper und wird in *view-helpers/UppercaseView-Helper.php* gespeichert.

Um nun die einzelnen View-Helper dynamisch nachzuladen, fügen Sie eine Methode loadViewHelper() der Klasse TemplateView hinzu. Dieser übergeben den Namen des Helpers ohne die Endung »ViewHelper«, und die Methode liefert Ihnen eine Instanz der entsprechenden Klasse zurück. Damit von jedem View-Helper nur eine Instanz geladen werden muss, speichern Sie diese in der $helpers-Eigenschaft der Klasse.

```
class TemplateView {

    ... Eigenschaften und Methoden der Klasse ...
    private $helpers = array();

    protected function loadViewHelper($helper) {
        $helperName = ucfirst($helper);
        if (!isset($this->helpers[$helper])) {
            $className = "{$helperName}ViewHelper";
```

```
            $fileName  = "view-helpers/{$className}.php";
            if (!file_exists($fileName)) {
                return null;
            }
            include_once $fileName;
            $this->helpers[$helper] = new $className();
        }
        return $this->helpers[$helper];
    }
}
```

Als Nächstes können Sie einen konkreten View-Helper implementieren. Das folgende Beispiel zeigt einen View-Helper, der einen Text in Großbuchstaben konvertieren kann:

```
class UppercaseViewHelper implements ViewHelper {
    public function execute($args) {
        return strtoupper($args[0]);
    }
}
```

Möchten Sie diesen Helper nun in einem View verwenden, können Sie diesen mit der `loadViewHelper()`-Methode laden, danach ausführen und zum Beispiel den Namen des Benutzers übergeben:

```
<p>Hallo <?php $helper = $this->loadViewHelper('Uppercase');
                    print $helper->execute(array($this->Name)); ?>.</p>
```

Dabei muss allerdings ein Template-Designer schon wieder richtigen PHP-Code schreiben, und auch die Übersichtlichkeit des HTML-Templates leidet sehr stark unter der API der View-Helper. Um den View-Helper in den Template-Views zu nutzen, sollte eine sehr einfache API wie zum Beispiel die folgende angeboten werden:

```
<p>Hallo <?php print $this->uppercase($this->Name); ?>.</p>
```

Die Klasse `TemplateView` soll dabei dann den entsprechenden View-Helper laden und die Parameter an die `execute()`-Methode übergeben.

In PHP 5 können Sie dazu den `__call()`-Interzeptor einsetzen, mit dessen Hilfe Sie den Aufruf der nicht vorhandenen `uppercase()`-Methode abfangen und verarbeiten können. Innerhalb der `__call()`-Methode laden Sie nun also den passenden Helper und übergeben diesem alle Argumente, die Sie vom View erhalten haben:

```
class TemplateView {

    ... Eigenschaften und Methoden ...
    public function __call($methodName, $args) {
        $helper = $this->loadViewHelper($methodName);
        if ($helper === null) {
            return "Unbekannter ViewHelper $methodName";
```

```
            }
            $val = $helper->execute($args);
            return $val;
        }
    }
```

Sollte der Helper nicht existieren, liefern Sie stattdessen eine entsprechende Meldung zurück, die besagt, dass der Template-Designer einen unbekannten Helper einsetzen wollte. An dieser Stelle sollten Sie keine Exception werfen, da diese im View-Skript nicht abgefangen würde.

Auf die gleiche Art und Weise können Sie nun noch einen View-Helper schreiben, der die Methode `htmlspecialchars()` auf einen String anwendet und somit gültiges HTML produziert, falls Zeichen im String enthalten sind, die durch die entsprechenden Entities ersetzt werden sollten.

```
class EscapeViewHelper implements ViewHelper {
    public function execute($args) {
        return htmlspecialchars($args[0]);
    }
}
```

Diesen View-Helper setzen Sie nun genau so ein wie den `UppercaseViewHelper`.

```
<p>Hallo <?php print $this->Name; ?>.</p>
<p>Hallo <?php print $this->escape($this->Name); ?>.</p>
<p>Hallo <?php print $this->escape($this->uppercase($this->Name)); ?>.</p>
```

Wie dieses Beispiel zeigt, ist es sogar möglich, die einzelnen View-Helper zu schachteln.

Auf den ersten Blick sieht es so aus, als wäre der Einsatz der View-Helper-Klassen überflüssig, denn das gleiche Ergebnis könnte auch durch den folgenden Code erreicht werden:

```
<p>... <?php print htmlspecialchars(strtoupper($this->
Name)); ?>.</p>
```

Bislang sind die View-Helper nichts anderes als Wrapper um PHP-Funktionen. Durch den Einsatz von Objekten können Sie jedoch sehr einfach die Implementierung der Helper ändern, ohne dass Ihre Designer die Templates ändern müssten. Ihre Designer müssen lediglich eine Liste der einzelnen Helper kennen, aber nichts über deren Implementierung wissen.

View-Helper zum Ermitteln von Werten

Bisher haben Sie View-Helper nur dazu verwendet, die Werte, die den Platzhaltern zugewiesen wurden, zu verändern. Das Einsatzgebiet der View-Helper ist allerdings nicht darauf beschränkt. Die folgende Klasse stellt einen View-Helper zur Verfügung, der den Namen des eingeloggten Benutzers ausgibt.

Dazu greifen Sie über die Registry auf den Request zu und extrahieren dort die Benutzerdaten:

```
class AuthUsernameViewHelper implements ViewHelper {
    public function execute($args = array()) {
        $request = Registry::getInstance()->getRequest();
        $authData = $request->getAuthData();
        return $authData['user'];
    }
}
```

Ihr Template-Designer kann nun an einer beliebigen Stelle auf den Namen zugreifen und diesen ausgeben:

```
<p>Eingeloggt als <?php print $this->authUsername(); ?>.</p>
```

Dabei müssen Sie im Command keinen weiteren PHP-Code ausführen, dies wird alles bereits im View-Helper erledigt. Nach dem gleichen Prinzip können Sie zum Beispiel auch einen View-Helper implementieren, der die aktuelle Uhrzeit ausgibt. Der PHP-Code wird dabei nur geladen und ausgeführt, wenn die Information im Template auch wirklich verlangt wird.

Definition

View-Helper bieten Funktionalität, die in den Template-Views benötigt werden, und entkoppeln die Business-Logik von der Darstellung.

Um View-Helper in Ihren Templates einsetzen zu können, sind die folgenden Schritte nötig:

1. Definieren Sie eine einfache Schnittstelle für die View-Helper. Da es sich bei PHP um eine nicht typisierte Sprache handelt, ist es empfehlenswert, eine Signatur zu verwenden, bei der Sie ein Array von Argumenten übergeben können oder stattdessen auf die Methodenargumente über die Funktion `func_get_args()` zugreifen.
2. Implementieren Sie eine Methode, um die View-Helper-Implementierungen zu laden. Diese Methode kann entweder im Template-View oder in einer Factory implementiert werden.
3. Schreiben Sie konkrete Implementierungen für die View-Helper.
4. Nutzen Sie den `__call()`-Interzeptor, um einen einfachen Zugriff auf die Helper aus den Templates zu ermöglichen.

Abbildung 7-5 zeigt ein UML-Diagramm des View-Helper-Patterns, wie es im Beispiel implementiert wurde.

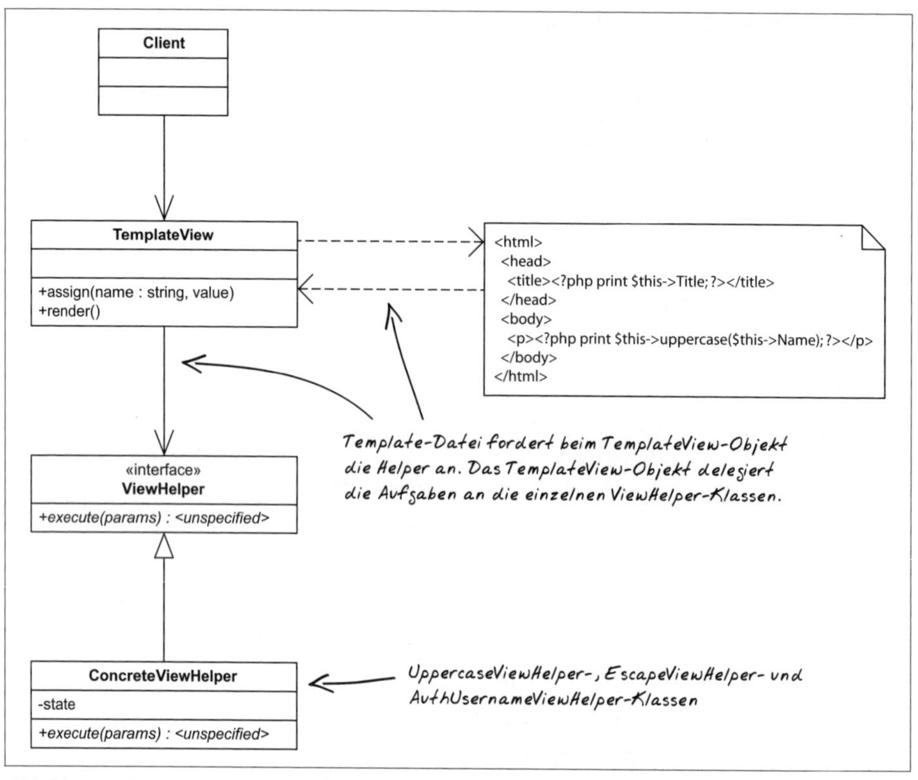
Client
TemplateView
+assign(name : string, value)
+render()
<html>
<head>
<title><?php print $this->Title; ?></title>
</head>
<body>
<p><?php print $this->uppercase($this->Name); ?></p>
</body>
</html>
Template-Datei fordert beim TemplateView-Objekt die Helper an. Das TemplateView-Objekt delegiert die Aufgaben an die einzelnen ViewHelper-Klassen.
«interface»
ViewHelper
+execute(params) : <unspecified>
ConcreteViewHelper
-state
+execute(params) : <unspecified>
UppercaseViewHelper-, EscapeViewHelper- und AuthUsernameViewHelper-Klassen

Abbildung 7-5: UML-Diagramm des View-Helper-Patterns

Konsequenzen

Durch die Anwendung des View-Helper-Patterns geben Sie den Template-Designern ein mächtiges Werkzeug an die Hand. Durch den Umstand, dass die Templates Daten anfordern können, anstatt nur mit den übergebenen Daten arbeiten zu müssen, können Sie die Command-Objekte kleiner halten und die Anwendung performanter machen.

Da die View-Helper nur atomare Logik enthalten und aus allen View-Skripten genutzt werden können, wird die Wiederverwendbarkeit des Quellcodes gefördert.

Gleichzeitig erhöht die Anwendung dieses Patterns die Komplexität der View-Skripten, da diese nun Aufrufe der View-Helper enthalten können.

View-Helper in patTemplate

Beim Template-View-Pattern haben Sie gesehen, dass es bereits fertige Implementierungen des Patterns gibt, die Sie einfach in Ihre Applikationen integrieren können. Mit der Template-Engine patTemplate haben Sie exemplarisch eine dieser Lösungen genauer betrachtet.

Wie viele Template-Engines bietet auch patTemplate eine oder, besser gesagt, zwei Implementierungen des View-Helper-Patterns und schon vorgefertigte View-Helper, die Sie in Ihrer Anwendung nutzen können. patTemplate unterteilt die View-Helper in zwei Kategorien:

- *Variablen-Modifikatoren*, die die Werte, die von PHP aus einem Platzhalter zugewiesen werden, ersetzen.
- *Template-Funktionen*, die ohne Variable arbeiten können.

Als Beispiel für einen Helper der ersten Kategorie soll wieder die Konvertierung des Texts, der von der Business-Logik übergeben wird, in Großschreibung dienen. Um dies mit patTemplate zu realisieren, müssen Sie lediglich den {NAME}-Platzhalter durch ein <patTemplate:var/>-Tag ersetzen. Den Namen des Platzhalters definieren Sie dabei über das Attribut name, und mit Hilfe des Attributs modfifier können Sie einen Helper auf den übergebenen Wert anwenden. patTemplate unterstützt dabei jede PHP-Funktion, der Sie einen String übergeben können. Um den Namen in Großbuchstaben zu konvertieren, verwenden Sie also die Funktion strtoupper():

```
<patTemplate:tmpl name="HelloWorld">
    ... HTML-Code ...
    <patTemplate:tmpl name="Greeting" type="Condition" conditionvar="NAME">
        <patTemplate:sub condition="__empty">
            <p>Hallo Unbekannter.</p>
        </patTemplate:sub>
        <patTemplate:sub condition="__default">
            <p>Hallo <patTemplate:var name="NAME" modifier="strtoupper"/>.</p>
        </patTemplate:sub>
    </patTemplate:tmpl>
    ... HTML-Code ...
</patTemplate:tmpl>
```

Dabei erhalten Sie das gleiche Ergebnis wie bei der Anwendung des UppercaseViewHelper aus dem vorigen Beispiel. Neben PHP-Funktionen können Sie jedoch auch Klassen als Modifikatoren von Variablen nutzen. Als Beispiel modifizieren Sie den PHP-Code des HelloWorld-Commands, damit dieses als globale Template-Variable die aktuelle Uhrzeit als Unix-Timestamp an das Template übergibt:

```
$tmpl = new patTemplate();
$tmpl->readTemplatesFromInput('views/HelloWorld.tmpl');
$tmpl->addGlobalVar('NOW', time());
```

In der HTML-Vorlage möchten Sie jedoch das Datum in einem anderen Format ausgeben. Dazu können Sie den von patTemplate mitgelieferten View-Helper Dateformat nutzen. Wenn Sie diesen einsetzen, können Sie über das zusätzliche Attribut format das gewünschte Format angeben:

```
<p>Heute: <patTemplate:var name="NOW" modifier="Dateformat" format="%d.%m.%Y"/></p>
```

Wenn Sie nun die Seite aufrufen, erhalten Sie automatisch den HTML-Code mit dem korrekt formatierten Datum.

```
<p>Heute: 17.06.2006</p>
```

Neue View-Helper, die auf Variablen angewandt werden, können Sie durch Implementierung neuer Klassen hinzufügen. Da patTemplate für PHP 4 entwickelt wurde und somit noch keine Interfaces unterstützt werden, erweitern Sie dazu die Klasse `patTemplate_Modifier`. Weiterhin müssen Sie die Methode `modify()` implementieren. Diese bekommt von patTemplate zwei Argumente übergeben:

- den Wert der Variablen,
- ein assoziatives Array mit allen Attributen des `<patTemplate:var/>`-Tags.

Das folgende Codefragment zeigt, wie der Dateformat-Helper implementiert wurde:

```
class patTemplate_Modifier_Dateformat extends patTemplate_Modifier {
    function modify($value, $params = array()) {
        if (!isset($params['format'])) {
            return $value;
        }
        if (!preg_match('/^[0-9]+$/', $value)) {
            $value = strtotime($value);
        }
        return strftime($params['format'], $value);
    }
}
```

Auf die gleiche Art und Weise können Sie beliebige Funktionalitäten den Helpern hinzufügen.

Template-Funktionen in patTemplate

Neben diesen so genannten Variablen-Modifikatoren erlaubt Ihnen patTemplate, noch eine zweite Gruppe von View-Helpern zu nutzen, die *Template-Funktionen*. Diese erlauben es, dass die Template-Designer durch das Einbinden von Tags innerhalb des patTemplate-Namespaces Methoden von PHP-Klassen aufrufen, die HTML-Code oder andere Inhalte bereitstellen. Als Beispiel dient dazu die patTemplate-Funktion `Img`, die als Ersatz für das HTML-Tag `<img/>` verwendet werden kann. Um über diese Funktion ein Bild in den HTML-Code einzufügen, dient das folgende Tag:

```
<patTemplate:Img src="http://www.php-tools.net/graphics/banners/pb_pattemplate.gif"/>
```

Dieses Tag akzeptiert die gleichen Attribute wie sein HTML-Pendant, hat jedoch einen entscheidenden Vorteil gegenüber dem einfachen HTML-Tag. Es ist dabei nicht nötig, dass die Größe des Bildes angegeben wird, sie wird durch die entsprechende View-Helper-Klasse automatisch berechnet. Analog zu den Variablen-Modifikatoren wird ein View-Helper vom Typ Template-Funktion durch eine PHP-

Klasse repräsentiert. Diese Klasse muss die Klasse `patTemplate_Function` erweitern und die Methode `call()` implementieren. Diese Methode bekommt von patTemplate zwei Argumente übergeben, sobald das entsprechende Tag in der HTML-Vorlage gefunden wird:

- ein assoziatives Array mit den Attributen des Tag,
- einen String mit dem HTML-Code, der zwischen dem öffnenden und schließenden Tag steht.

Die Methode muss dann lediglich einen String zurückgeben, der an Stelle des ursprünglichen Tags in der Vorlage eingefügt wird. Die Implementierung der `Img`-Funktion sieht zum Beispiel folgendermaßen aus:

```
class patTemplate_Function_Img extends patTemplate_Function {
    var $_name  ='Img';
    var $_defaults = array();

    function call ($params, $content) {
        $src= $params['src'] ? $params['src'] : $content;
        list($width, $height, $type, $attr)= getimagesize($src);

        $this->_defaults= array(
                                'border' => 0,
                                'title'  => '',
                                'alt'    => '',
                                'width'  => $width,
                                'height' => $height
                                    );

        $params = array_merge($this->_defaults, $params);
        $tags= '';
        foreach ($params as $key => $value){
            $tags.= sprintf('%s="%s" ', $key, htmlentities($value));
        }
        $imgstr= sprintf('<img %s/>', $tags);
        return $imgstr;
    }
}
```

Um nun eine Möglichkeit für den Zugriff auf den Benutzernamen zu schaffen, müssen Sie lediglich eine neue patTemplate-Funktion implementieren, die denselben Code enthält wie der View-Helper im Beispiel ohne patTemplate.

patTemplate bietet bereits einige Funktionen, die sehr hilfreich sind. So bietet es bereits Helper, die bei der Erstellung von mehrsprachigen Websites helfen, oder auch Helper, die Quellcode in verschiedenen Sprachen mit Syntax-Highlighting versehen können. Weitere Informationen zu den mitgelieferten Helpern oder auch Dokumentationen zum Schreiben neuer Helper finden Sie in der patTemplate-Dokumentation[8].

8 *http://trac.php-tools.net/patTemplate/wiki/Docs/Developer*

Übersicht über die verwendeten Patterns

Abschließend gibt Ihnen Tabelle 7-2 noch einmal einen kurzen Überblick über alle in diesem Kapitel genutzten Patterns.

Tabelle 7-2: Übersicht über die in diesem Kapitel vorgestellten Patterns

Pattern	Zweck	Konsequenzen
Front-Controller	Nimmt alle Anfragen an eine Applikation entgegen, führt gemeinsame Operationen aus und delegiert an spezialisierte Objekte weiter.	Vermeidet Codeduplizierung. Erhöht die Anzahl der benötigten Klassen, führt Komplexität ein. Hinzufügen neuer Commands ist einfach.
Intercepting-Filter	Objekte zum Filtern und gegebenenfalls Modifizieren aller Anfragen an eine Applikation.	Fügt Plugin-Schnittstelle dem Front-Controller hinzu. Filterklassen enthalten atomare Logik. Ermöglicht Komposition der Logik zur Laufzeit. Austausch von Informationen zwischen den Filtern ist schwer möglich.
Event-Dispatcher	Definiert einen Vermittler für Nachrichten mit beliebig vielen Adressaten, die sich für bestimmte Nachrichten registrieren.	Ermöglicht lose Kopplung der einzelnen Komponenten. Applikation ist schwerer zu durchschauen. Erschwert typsichere Programmierung.
Template-View	Trennt HTML-Code und Code, der für die Darstellung benötigt wird, von der Geschäftslogik.	Sorgt für klare Trennung von Domänenlogik und Ausgabelogik. Hält HTML aus PHP-Code heraus. Implementieren komplexer Ausgabelogiken wird schwerer.
View-Helper	Entkoppelt die Darstellung von der Business-Logik durch Bereitstellen von Funktionalitäten im Template-View.	Hält selten benötigte Logik aus den Command-Objekten heraus. Sorgt für erhöhte Wiederverwendbarkeit. Erhöht Komplexität der View-Skripten.

ANHANG A

Installation von PEAR

PEAR ist die Abkürzung für *PHP Extension and Application Repository*. Es steht für drei Dinge:

1. Die offizielle Klassenbibliothek von PHP, die in PHP implementierte Klassen zur Verfügung stellt, mit denen Sie alltägliche Probleme, wie die Arbeit mit Datenbanken oder verschiedenen Dateiformaten, leichter bewältigen können.
2. Den PEAR-Installer, eine PHP-Anwendung, die es Ihnen ermöglicht, Anwendungen aus dieser Bibliothek über die Kommandozeile oder andere Frontends (wie z.B. HTML oder GTK) zu installieren oder zu aktualisieren.
3. Eine Community, die hinter dem Installer und der Bibliothek steht.

Der PEAR-Installer wird standardmäßig mit PHP 5 ausgeliefert. Falls er bei Ihnen nicht installiert wurde, kontaktieren Sie am besten Ihren Administrator, da dieser die Installation von PEAR bei der Installation von PHP wahrscheinlich aktiv unterbunden hat. Eine Anleitung zur nachträglichen Installation von PEAR finden Sie auch im *PHP 5 Kochbuch* aus dem O'Reilly Verlag. Um zu überprüfen, ob PEAR installiert ist, rufen Sie den Befehl `pear -V` auf der Kommandozeile auf:

```
$ pear -V
PEAR Version: 1.4.9
PHP Version: 5.0.4
Zend Engine Version: 2.0.4-dev
Running on: Linux foo.de 2.6.11.9-050512a #1 SMP Thu May 12 20:53:02 CEST 2005 i686
```

Dieser Befehl zeigt Ihnen an, welche PEAR-Version installiert ist. Für die Beispiele in diesem Kapitel benötigen Sie PEAR mindestens in der Version 1.4.x.

Wichtige PEAR-Befehle

Nachdem Sie nun sichergestellt haben, dass der PEAR-Installer verfügbar ist, können Sie sich mit den Befehlen, die er Ihnen bietet, vertraut machen. Um einen Befehl auszuführen, rufen Sie den PEAR-Installer auf, gefolgt vom auszuführenden Befehl und eventuellen Optionen und Parametern:

```
$ pear <Befehl> <Optionen> <Parameter>
```

Möchten Sie sich eine Liste aller Pakete, die bereits auf Ihrem System installiert sind, anzeigen lassen, verwenden Sie den Befehl `list`:

```
$ pear list
Installed packages, channel pear.php.net:
=========================================
Package                  Version   State
Archive_Tar              1.3.1     stable
DB                       1.7.6     stable
Date                     1.4.3     stable
Date_Holidays            0.15.1    alpha
HTTP                     1.3.6     stable
Mail                     1.1.4     stable
Net_UserAgent_Detect     2.0.1     stable
PEAR                     1.4.9     stable
XML_Parser               1.2.6     stable
XML_Serializer           0.18.0    beta
XML_Util                 1.1.1     stable
```

Dabei wird zu jedem Paket die Versionsnummer sowie die Stabilität ausgegeben. Eine Liste aller Pakete, die verfügbar sind, erhalten Sie mit Hilfe des Befehls `list-all`.

Der wichtigste Befehl für Sie ist der Befehl `install`, mit dem Sie neue Pakete installieren können. Um ein neues Paket zu installieren, rufen Sie einfach diesen Befehl auf und übergeben den Namen des zu installierenden Pakets. Als Beispiel installieren Sie das Paket *Log*. Dabei handelt es sich um ein Paket, mit dem Debug-Meldungen Ihrer Applikation auf verschiedene Arten verarbeitet werden können, also eine professionelle Version der Debugger-Klassen aus Kapitel 2. Um dieses Paket zu installieren, führen Sie den folgenden Befehl aus:

```
$ pear install --onlyreqdeps Log
```

Der PEAR-Installer sucht nun nach dem Paket mit diesem Namen und lädt automatisch die aktuellste Version auf Ihre Festplatte. Dabei wird überprüft, ob das Paket eventuelle Abhängigkeiten zu anderen Paketen hat. In PEAR werden die gleichen Regeln eingehalten, die Sie sich während des ganzen Buchs erarbeitet haben. So wird der Code eines Pakets so implementiert, dass andere Pakete auf die bereitgestellte Funktionalität zugreifen können und diese nicht erneut selbst implementieren müssen.

Wenn Sie also das Log-Paket installieren, erhalten Sie die folgende Ausgabe:

```
Did not download optional dependencies: pear/MDB2, use --alldeps to download
automatically
downloading Log-1.9.0.tgz ...
Starting to download Log-1.9.0.tgz (36,371 bytes)
.......done: 36,371 bytes
install ok: channel://pear.php.net/Log-1.9.0
```

Das Paket wurde in der Version 1.9.0 erfolgreich auf Ihrem System installiert und kann nun verwendet werden.

Mit der Option --onlyreqdeps werden nur die Abhängigkeiten installiert, die zur grundlegenden Arbeit des Pakets benötigt werden. Manche Pakete haben jedoch auch optionale Abhängigkeiten, die installiert werden müssen, wenn ein spezielles Feature genutzt wird. Möchten Sie auch diese Abhängigkeiten automatisch installieren, verwenden Sie die Option --alldeps.

Viele Pakete in PEAR werden jedoch ständig weiterentwickelt. Wenn Sie wissen möchten, ob für eines der von Ihnen installierten Pakete eine neuere Version vorhanden ist, können Sie den Befehl list-upgrades nutzen:

```
$ pear list-upgrades
pear.php.net Available Upgrades (alpha, beta, stable):
======================================================
Channel      Package  Local            Remote           Size
pear.php.net Log      1.9.0 (stable)   1.9.4 (stable)   37kB
```

Da vom installierten Log-Paket mittlerweile eine neuere Version vorliegt, möchten Sie diese sicher installieren, schließlich wurde sie als stable markiert und somit für den produktiven Einsatz freigegeben. Zum Aktualisieren eines Pakets auf die neueste Version verwenden Sie den Befehl upgrade:

```
$ pear upgrade Log
Did not download optional dependencies: pear/MDB2, use --alldeps to download
automatically
pear/Log can optionally use package "pear/MDB2" (version >= 2.0.0RC1)
downloading Log-1.9.4.tgz ...
Starting to download Log-1.9.4.tgz (37,443 bytes)
.........done: 37,443 bytes
upgrade ok: channel://pear.php.net/Log-1.9.4
```

Nun haben Sie die aktuelle Version des Pakets installiert.

Möchten Sie ein Paket wieder deinstallieren, können Sie dazu den Befehl uninstall verwenden, der Befehl help listet Ihnen alle Befehle auf, die unterstützt werden. Weitere Informationen zur Arbeit mit dem PEAR-Installer finden Sie im PEAR-Manual[1] oder im *PHP 5 Kochbuch*.

Einbinden eines installierten Pakets

Bei der Installation von PEAR-Paketen werden die enthaltenen PHP-Dateien in einen zuvor definierten Ordner (meist */usr/share/pear*) entpackt. Dieser wird über die PHP-Konfiguration *php.ini* dem Include-Pfad hinzugefügt, so dass Sie die Klassen einbinden können, ohne einen weiteren Pfad angeben zu müssen:

```
require_once 'Log.php';
```

1 *http://pear.php.net/manual/de/*

Damit steht Ihnen die Klasse Log bereits zur Verfügung und kann verwendet werden. Wie in Kapitel 2 empfohlen, befolgt auch PEAR die Regel, dass jede PHP-Datei genau eine Klassendefinition enthalten sollte.

Andere Pakete wie zum Beispiel *XML_Parser* befinden sich nicht auf der untersten Ebene des Dateisystems. Dieses Paket gehört zu den Paketen der XML-Kategorie, was leicht am »XML_«-Präfix des Paketnamens zu erkennen ist. Um Namenskonflikten vorzubeugen, müssen alle Klassen, die das Paket bereitstellt, mit dem Präfix »XML_Parser« beginnen. Zum Auffinden der Dateien, die die Klassen enthalten, muss man lediglich den Unterstrich durch einen Slash ersetzen, da die Dateien in Unterordnern abgelegt werden:

```
require_once 'XML/Parser.php';
require_once 'XML/Parser/Simple.php';
```

Somit stehen Ihnen die beiden Klassen `XML_Parser` und `XML_Parser_Simple` zur Verfügung. Da alle PEAR-Pakete diesen Namenskonventionen folgen, ist es Ihnen ein Leichtes, eine `__autoload()`-Implementierung zu schreiben, die PEAR-Klassen einbindet:

```
function __autoload($class) {
    $file = str_replace('_', '/', $class) . '.php';
    include_once $file;
}
```

Auch wenn Sie in den Beispielen im Buch nur wenige PEAR-Pakete einsetzen werden, lohnt es sich trotzdem, sich einige der Pakete im Detail anzusehen und dabei zu erkennen, dass viele der Pakete die Design Patterns verwenden, die Ihnen in den letzten Kapiteln begegnet sind.

PEAR-Channels

Mit der Version 1.4.0 wurde der PEAR-Installer um ein nützliches Feature erweitert. Seit dieser Version ist er nicht mehr darauf beschränkt, Pakete von der PEAR-Website zu installieren. Stattdessen ist es jedem möglich, einen eigenen *Channel-Server* anzubieten, der Pakete ausliefert, die über den PEAR-Installer installiert werden können. Die Kommunikation zwischen dem Installer und dem Server erfolgt dabei über eine einfache REST-basierte XML-Schnittstelle. Damit von einem solchen Channel-Server ein Paket installiert werden kann, muss dieser zunächst dem Installer bekannt gemacht werden; dazu dient der Befehl `channel-discover`.

Da der Installer den Channel damit kennt, können Pakete, die dieser Channel anbietet, in gewohnter Weise installiert werden. Es gibt dabei lediglich zwei Unterschiede:

1. Möchten Sie die Pakete auflisten, die ein Channel anbietet, übergeben Sie den Namen des Channel mit der Option -c an den list-all-Befehl. Verwenden Sie also pear list-all -c <Channel>.
2. Um ein Paket aus einem Channel zu installieren, müssen Sie neben dem Namen des Pakets auch den Namen des Channel übergeben, verwenden Sie also pear install <Channel>/<Paket>. Das Gleiche gilt auch beim Updaten der Version oder Deinstallieren eines Pakets.

Tabelle A-1 listet die PEAR-Channels auf und zeigt Ihnen, welche Pakete von den einzelnen Channels benötigt werden.

Tabelle A-1: Wichtige PEAR-Channels und Pakete

Channel	Beschreibung	Benötigte Pakete
pear.php.net	Standard-Channel, muss nicht hinzugefügt werden	Log (benötigt von Propel)
pear.phing.info	Phing-Channel, bietet das Phing-Paket an (PHP-Portierung von Apache Ant)	phing/phing (benötigt von Propel)
pear.phpdb.org	Propel-Channel	phpdb/propel_generator, phpdb/propel_runtime, creole und jargon
pear.php.net	Standard-Channel, muss nicht hinzugefügt werden	Log (benötigt von Propel)
pear.php-tools.net	PHP Application Tools Channel, bietet diverse Pakete an	pat/patTemplate und pat/patError

Möchten Sie das Paket *patError* vom Channel *pear.php-tools.net* installieren, müssen Sie dazu die folgenden Befehle ausführen:

```
$ pear channel-discover pear.php-tools.net
Adding Channel "pear.php-tools.net" succeeded
Discovery of channel "pear.php-tools.net" succeeded
```

Ihr PEAR-Installer kennt nun den neuen Channel und ist in der Lage, Pakete, die von diesem Channel angeboten werden, zu installieren. Um Informationen zum Channel auszugeben, verwenden Sie den Befehl channel-info:

```
$ pear channel-info pear.php-tools.net
CHANNEL PEAR.PHP-TOOLS.NET INFORMATION:
=======================================
Name and Server         pear.php-tools.net
Alias                   pat
Summary                 The PHP Application Tools Channel
Validation Package Name PEAR_Validate
Validation Package      default
Version
SERVER CAPABILITIES
===================
TYPE VERSION/REST TYPE FUNCTION NAME/REST BASE
rest REST1.0           http://pear.php-tools.net/Chiara_PEAR_Server_REST/
```

Statt des vollen Namens können Sie nun auch jederzeit das Alias *pat* verwenden, wenn Sie auf den Channel zugreifen möchten. Eine Installation des Pakets *patError* erfolgt also über:

```
$ pear install pat/patError
downloading patError-1.1.0.tgz ...
Starting to download patError-1.1.0.tgz (17,579 bytes)
......done: 17,579 bytes
install ok: channel://pear.php-tools.net/patError-1.1.0
```

Auf die gleiche Art und Weise können Sie nun weitere Pakete installieren. Wann immer im Verlauf des Buchs ein Paket benötigt wird, das über den PEAR-Installer installiert werden muss, erfolgt die Installation nach dem gerade erlernten Schema.

Index

A

B

C

D

E

F

N

O

P

R

S

T

U

V

W

X

Z

Über den Autor

Stephan Schmidt ist Teamleiter bei der 1&1 Internet AG in Karlsruhe und konzipiert und entwickelt dort Webanwendungen und Bestellsysteme in PHP und Java. Seit 2001 ist er fest in der Open Source-Szene verwurzelt und betreibt die Website *PHP Application Tools* (*www.php-tools.de*), auf der er mit anderen PHP-Entwicklern verschiedene Module für PHP unter Open Source-Lizenzen veröffentlicht. 2003 trat er dem PEAR-Projekt bei und betreut mittlerweile über 15 Pakete sowie eine PECL-Extension.

Er ist regelmäßiger Autor für verschiedene internationale Fachmagazine, wie zum Beispiel für das *PHP Magazin*, *php|architect* und das *Java Magazin*. Weiterhin ist er Koautor des *PHP 5 Kochbuchs*, das auch im O'Reilly Verlag erschienen ist, sowie des Titels *Exploring PHP* aus der entwickler.press. Sein Wissen vermittelt er anderen Entwicklern regelmäßig auf Konferenzen rund um den Globus.

In seinem Leben neben PHP befasst er sich mit den goldenen 50ern, amerikanischen Superhelden-Comics und -Burlesque. Sie erreichen ihn über seine Website *http://www.schst.net* oder per Mail an *schst@php.net*.

Kolophon

Das Tier auf dem Cover von *PHP Design Patterns* ist eine Singdrossel (*Turdus philomelos*). Die Singdrossel gehört zu den Singvögeln (*Passeri*), die alle wegen ihrer besonderen Kehlkopfmembranen ausgezeichnete Sänger sind. Wie alle Drosseln ist die Singdrossel von mittlerer Größe und mit ca. 23 Zentimetern etwas kleiner als die allseits bekannte Amsel (Schwarzdrossel). Das Gefieder ist auf der Oberseite unauffällig olivbraun bis sandfarben, doch die Unterseite besticht durch ein ausgeprägtes dunkles Tropfenmuster auf hellem Untergrund. Die Flügelunterseite ist ockerfarben.

Singdrosseln leben in Wäldern, Parks, Gehölzen und Gärten und sind in ganz Europa weit verbreitet. Sie suchen ihre Nahrung, die aus Regenwürmern, Insekten, Beeren und Schnecken besteht, auf dem Boden, wo sie sich halb hüpfend, halb rennend fortbewegen. Um die Schale von erbeuteten Schnecken zu knacken, suchen sich Singdrosseln scharfkantige Steine, auf denen sie die Schnecken zertrümmern. Anhand dieser so genannten »Drosselschmieden« – geeigneten Steinen, um die zahlreiche Schneckenschalen verteilt sind – kann man das Revier einer Singdrossel gut identifizieren.

Den Gesang einer Singdrossel erkennt man schon von weitem. Zur Reviermarkierung ertönt aus den Baumwipfeln ein melodisches, rhythmisches Lied aus Flötenpfiffen und zwitschernden Lauten, das zwei- bis dreimal wiederholt wird.

Als Teilzieher wandern Singdrosseln bei Kälteeinbrüchen gen Süden. Leider kommen dabei viele Drosseln jämmerlich um, da der Singvogelfang mit großen Netzen in Italien, aber auch in anderen südeuropäischen Ländern, nach wie vor ein beliebter Sport ist.

Der Umschlagsentwurf dieses Buchs basiert auf dem Reihenlayout von Edie Freedman und stammt von Michael Oreal, der hierfür einen Stich aus *Cassell's Natural History, Volume III,* aus dem 19. Jahrhundert verwendet hat. Das Coverlayout wurde ebenfalls von Michael Oreal mit InDesign CS unter Verwendung der Schriftart ITC Garamond von Adobe erstellt. Als Textschrift verwenden wir die Linotype Birka, die Überschriftenschrift ist die Adobe Myriad Condensed und die Nichtproportionalschrift für Codes ist LucasFont's TheSans Mono Condensed. Geesche Kieckbusch hat das Kolophon geschrieben.